猫课电商运营大系

运营无忧
淘宝天猫
运营与推广实操

猫课 ◎ 编著

清华大学出版社
北京

内 容 简 介

快速提升网店运营与推广方面的技能与技巧，是广大电商从业人员的迫切愿望。资深电商培训老师蒋晖针对这方面的需求编写了本书。本书具有内容丰富、实用性强、"干货"多等特点，对于从业人员来说是一本不可多得的好书。

全书共18讲，具体内容包括店铺设置与管理，产品定位、规划与选择，供应商选择与进货成本控制，优化商品标题，商品主图设计与优化，商品页面策划与设计，获取流量的方法与技巧，利用淘宝促销活动引流，直通车推广技术与实战，超级推荐实战，智钻推广技术与实战，淘宝客推广与实战，网店数据分析，社交推广精准挖掘客户，打造爆款，引爆流量，客服管理与中差评处理，店铺管理与团队建设，开通手机淘宝让销售额飙升，涵盖了网店运营与推广中涉及的方方面面，对于读者来说，可谓是一本既有广度，也有深度的好书。

本书特别适合于准备从事淘宝、天猫网店运营与推广工作的人员，也适合于还想进一步提升经营水平的网店店主与运营人员，还可作为各类院校或培训机构的电商运营与推广方面的辅助教材，此外，对于进行电商理论研究的学者也有很好的帮助作用。

本书封面贴有清华大学出版社防伪标签，无标签者不得销售。

版权所有，侵权必究。举报：010-62782989，beiqinquan@tup.tsinghua.edu.cn。

图书在版编目（CIP）数据

运营无忧：淘宝天猫运营与推广实操 / 猫课编著 .—北京：清华大学出版社，2022.1
（猫课电商运营大系）
ISBN 978-7-302-59353-9

Ⅰ.①运… Ⅱ.①猫… Ⅲ.①网店—运营管理 Ⅳ.① F713.365.2

中国版本图书馆 CIP 数据核字 (2021) 第 215299 号

责任编辑：栾大成
封面设计：杨玉兰
责任校对：徐俊伟
责任印制：宋　林

出版发行：清华大学出版社
　　　　网　　址：http://www.tup.com.cn，http://www.wqbook.com
　　　　地　　址：北京清华大学学研大厦 A 座　　　邮　编：100084
　　　　社 总 机：010-62770175　　　　　　　　　邮　购：010-83470235
　　　　投稿与读者服务：010-62776969，c-service@tup.tsinghua.edu.cn
　　　　质 量 反 馈：010-62772015，zhiliang@tup.tsinghua.edu.cn
印 装 者：大厂回族自治县彩虹印刷有限公司
经　　销：全国新华书店
开　　本：170mm×240mm　　　印　张：23　　　字　数：545 千字
版　　次：2022 年 1 月第 1 版　　印　次：2022 年 1 月第 1 次印刷
定　　价：69.00 元

产品编号：084875-01

前言

随着互联网与电商的飞速发展，网购已经逐渐成为很多消费者生活中不可或缺的部分，同时网店之间的竞争也变得愈加激烈。为了赢得竞争，店家们通过实践与研究，总结出了大量的网店经营与推广的技术和经验，从而让网店经营变得越来越专业化和精细化，门槛相应也变得更高了。

很多新入门的网店运营人员以及店家，也已意识到运营与推广对于网店的生存和发展有着极其重要的作用，同时他们苦于没有经过系统的学习，想要在这方面有所作为，就显得有些力不从心，因此，他们迫切需要一本从多个角度深刻而广泛地讲解网店运营与推广知识的书，为自己授业解惑。

为了解决广大从业人员的学习需求，全国著名的电商培训平台——"猫课"创始人蒋晖老师根据他多年的实战和教学经验，倾力打造了一本适用于淘宝天猫平台的运营与推广技能技巧的实战宝典，并在书中提供了大量实操经验，使得读者能快速上手，少走弯路，拿来即用。

"猫课"是蒋晖老师始创于2009年的电商教育品牌，包含多个精品课程，深受电商从业人员的喜爱。蒋晖老师将众多课程中的营销部分抽取出来，经过反复论证与筛选，最终编辑成本书。

本书内容涵盖了从开店的平台选择、店铺定位与设置、商品标题优化、产品选择与定位等基础讲起，到引流方法与爆款打造，再到直通车、超级推荐、钻展、淘宝客四大推广利器的实操技巧，以及手淘的引流、营销与推广、客服与团队管理等方方面面的内容，具有内容全面、结构完整、条理清晰、应用性强的特点，此外还提供和很多资深店主的经营实战案例供读者开拓思路，这在市面上同类书籍中也是非常难得的。

本书对于网店运营新手而言无疑是一本"入门宝典"，而对于有一定经验的从业人员而言，阅读本书也可以达到提升整体经营水平的效果。此外，本书也可供高职高专、各大高校的电子商务专业学生或电子商务相关的研究人员、教学人员参考。

本书 PPT 课件下载

目录

第1讲 店铺设置与管理

1.1 熟悉淘宝开店的规则 2
1.2 淘宝店铺基本设置 3
 1.2.1 设置店铺基本信息 3
 1.2.2 开通二级域名 4
 1.2.3 设置客服子账号 5
 1.2.4 查看店铺 7
1.3 商品分类管理 7
1.4 参加保障服务 9
 1.4.1 加入"消费者保障服务" 9
 1.4.2 加入"运费险" 10
 1.4.3 公益宝贝的设置 11
1.5 运费模板的设置 13
1.6 发布商品 15
 1.6.1 发布商品不可不知的一些规则 15
 1.6.2 发布商品的类目选择 15
 1.6.3 以一口价方式发布全新商品 17
1.7 商品上、下架 19
 1.7.1 商品的上、下架策略与规则 19
 1.7.2 让商品在预定的时间自动上架 20
 1.7.3 商品的上、下架操作 21
 1.7.4 修改商品信息 22
 1.7.5 删除仓库中的商品 22
1.8 小技巧 23
 技巧1——使用淘宝助理批量管理商品 23
 技巧2——设置手机端的商品描述 26
 技巧3——为商品添加新品标 27

第2讲 产品定位、规划与选择

2.1 产品定位 29
 2.1.1 产品定位的重要性 29
 2.1.2 产品定位的策略 29
 2.1.3 产品定位的步骤 30
2.2 产品规划 31
 2.2.1 产品规划的重要性 31
 2.2.2 判断产品能不能做 31
 2.2.3 了解网上的热销商品 32
 2.2.4 产品类目分析 33
 2.2.5 怎样做好产品规划 38
2.3 产品选品 39
 2.3.1 产品选品的重要性 39
 2.3.2 选品需要考虑的产品维度 40
 2.3.3 选品的方法 41
 2.3.4 如何选择爆款商品 42
 2.3.5 选品过程中常犯的错误 43

2.4 小技巧 44
 技巧1——如何运营完全同质化的商品 44
技巧2——多类目扩张的技巧 45

第3讲　供应商选择与进货成本控制

3.1 寻找开店货源 49
 3.1.1 了解常见的进货渠道 49
 3.1.2 选择货源时应考虑的三大问题 51
 3.1.3 如何在网上寻找货源 51
3.2 如何控制进货成本 53
3.3 供应链及供应链管理 54
 3.3.1 认识供应链 54
 3.3.2 供应链管理 55

3.4 产品定价策略与方法 55
 3.4.1 产品定价法则 56
 3.4.2 产品定价策略 57
 3.4.3 产品定价方法 59
3.5 小技巧 62
 技巧1——进货有绝招 62
 技巧2——实体批发市场进货技巧 62
 技巧3——如何防范网上进货的陷阱与骗局 63

第4讲　优化商品标题

4.1 标题优化的要点 67
 4.1.1 商品标题的构成 67
 4.1.2 商品标题优化的"潜规则" 68
 4.1.3 优化商品标题的常见错误 68
 4.1.4 如何在商品标题中突出卖点 69
4.2 如何寻找合适的关键词 70
 4.2.1 淘宝下拉框 70
 4.2.2 阿里指数中的"阿里排行" 70
 4.2.3 生意参谋的"选词助手" 71
 4.2.4 建立关键词词库 72
4.3 如何筛选合适的关键词 73
 4.3.1 剔除重复关键词 73
 4.3.2 规避违规词 74
 4.3.3 剔除不相关的词 74

4.4 分析关键词 76
 4.4.1 转化率分析 76
 4.4.2 点击率分析 77
 4.4.3 人群分析 78
 4.4.4 展现指数分析 79
4.5 如何组合关键词标题 81
 4.5.1 商品标题组合原则 81
 4.5.2 常见的关键词分类 81
4.6 小技巧 83
 技巧1——常见的商品标题组合方式 83
 技巧2——利用复闲关键词，使商品标题一字两用 83
 技巧3——利用"您是不是想找"功能收集关键词 84
 技巧4——关键词的养词技巧 84

第5讲　商品主图设计与优化

5.1 主图的作用与特点 88
 5.1.1 主图的作用 88
 5.1.2 主图的特点 88
5.2 主图设计要点 89

- 5.2.1 选择合适的主图背景 90
- 5.2.2 在主图中展示商品卖点 90
- 5.2.3 在主图中标明商品价格 90
- 5.2.4 在主图中强调服务质量 91

5.3 主图优化 91
- 5.3.1 主图PCI策划法 91
- 5.3.2 主图优化的方法 92
- 5.3.3 主图优化的技巧 93

5.4 主图的制作要点 95
- 5.4.1 5张常规主图制作要点 95
- 5.4.2 主图视频的制作要点 96
- 5.4.3 移动端商品主图的制作要点 99

5.5 小技巧 100
- 技巧1——主图中的色彩搭配技巧 100
- 技巧2——四招提炼商品卖点 101

第6讲 商品页面策划与设计

6.1 认识商品详情页 105
- 6.1.1 详情页的作用 105
- 6.1.2 详情页的特点 105
- 6.1.3 详情页的内容模块 107

6.2 商品详情页策划 110
- 6.2.1 竞品的市场调研 110
- 6.2.2 消费者分析 111
- 6.2.3 商品卖点的提炼 112

6.3 商品详情页的设计 113
- 6.3.1 设计详情页应遵循的前提 113
- 6.3.2 商品详情页的设计内容 114
- 6.3.3 激发消费者兴趣 117
- 6.3.4 详情关联营销设计 118

6.4 商品详情页的排版 120
- 6.4.1 详情页的内容排版 121
- 6.4.2 详情页的页面排版 121

6.5 小技巧 122
- 技巧1——快速获得商品详情页图片 122
- 技巧2——做好商品描述的必备要素 123

第7讲 获取流量的方法与技巧

7.1 熟悉流量分配逻辑 127

7.2 淘宝天猫流量渠道 128
- 7.2.1 流量来源的分析 128
- 7.2.2 查看流量数据 129

7.3 从搜索方式研究流量 130
- 7.3.1 关键词搜索 130
- 7.3.2 类目搜索 131
- 7.3.3 个性化搜索 131
- 7.3.4 店铺搜索 133

7.4 从排序模式来研究流量 134
- 7.4.1 综合排序模式 134
- 7.4.2 销量排序模式 134
- 7.4.3 信用排序模式 135
- 7.4.4 价格排序模式 136

7.5 手机淘宝如何获取搜索流量 137
- 7.5.1 分类板块 137
- 7.5.2 微淘板块 138
- 7.5.3 推荐板块 138

7.6 小技巧 139
- 技巧1——如何获得更多淘宝免费其他流量 139
- 技巧2——为什么首页流量突然掉了 140

第8讲 利用淘宝促销活动引流

8.1 淘宝促销活动介绍 144
8.2 入驻聚划算 144
   8.2.1 聚划算的价值 144
   8.2.2 聚划算参聚类型 145
   8.2.3 参与聚划算的条件 146
   8.2.4 聚划算注意问题 147
8.3 使用淘金币 147
   8.3.1 淘金币的玩法 148
   8.3.2 参加淘金币活动 148
   8.3.3 如何设置淘金币抵扣 150
8.4 客户体验中心——免费试用 150
   8.4.1 免费试用的作用 151
   8.4.2 参加免费试用活动 151
   8.4.3 参加免费试用活动要点 152
8.5 天天特卖 153
   8.5.1 报名条件 153
   8.5.2 如何快速通过活动报名 154
   8.5.3 天天特卖收费机制 155
8.6 淘抢购 155
   8.6.1 淘抢购活动类型 156
   8.6.2 淘抢购的收费 156
   8.6.3 如何提高淘抢购活动通过率 156
8.7 "双11"活动 158
   8.7.1 报名"双11"活动 158
   8.7.2 双11备货问题 159
   8.7.3 淘宝双11运营之中小店家如何备战 159
8.8 策划店内活动 160
   8.8.1 活动类型 160
   8.8.2 活动策划要点 161
8.9 小技巧 164
   技巧1——错过双11，还有双12 164
   技巧2——同时参加淘抢购跟聚划算要注意什么 164
   技巧3——用关联销售提高活动流量的价值 165

第9讲 直通车推广技术与实战

9.1 认识直通车 169
   9.1.1 网店需不需要投放广告 169
   9.1.2 淘宝直通车投放原理 170
9.2 直通车推广基础 171
   9.2.1 投放直通车的作用 172
   9.2.2 直通车推广展示位置 172
   9.2.3 加入直通车的条件 174
   9.2.4 直通车操作流程 175
   9.2.5 直通车新建推广计划 176
9.3 直通车计费 178
   9.3.1 直通车扣费公式 178
   9.3.2 高效提高直通车质量分 178
   9.3.3 怎么看直通车是否亏本 179
9.4 直通车主图设计 181
   9.4.1 直通车主图设计要领 181
   9.4.2 直通车主图设计风格 181
   9.4.3 直通车主图的差异化 182
9.5 直通车推广的注意事项 183
   9.5.1 不是所有的产品都适合投入直通车 183
   9.5.2 绝大多数店家都忽略了这些问题 184
9.6 小技巧 185
   技巧1——直通车标品与非标品的玩法 185
   技巧2 电脑淘宝直通车与手机淘宝直通车的区别 185

第10讲　超级推荐实战

10.1　认识超级推荐　192
　　10.1.1　超级推荐和直通车定向有没有冲突　192
　　10.1.2　超级推荐投放模式　193
10.2　使用超级推荐推广商品　193
　　10.2.1　商品推广的类型　193
　　10.2.2　创建智能推广计划　194
　　10.2.3　创建自定义计划　198

10.3　超级推荐图文推广　201
　　10.3.1　创建智能推广计划　201
　　10.3.2　创建自定义计划操作　202
10.4　超级推荐直播推广　205
10.5　小技巧　207
　　技巧1——超级推荐能不能降价　207
　　技巧2——3招教你提升超级推荐转化率　208

第11讲　智钻推广技术与实战

11.1　认识智钻　211
　　11.1.1　智钻的作用　211
　　11.1.2　哪些店铺适合投放智钻　211
11.2　智钻基础知识　212
　　11.2.1　智钻展现位置　212
　　11.2.2　加入智钻的条件　214
　　11.2.3　智钻操作流程　215
11.3　设计智钻创意图　216
　　11.3.1　智钻创意工具简介　216
　　11.3.2　高点击创意图的要求　217
　　11.3.3　设计智钻创意图原则　217

11.4　智钻定向　219
　　11.4.1　智钻人群定向设定　219
　　11.4.2　定向自己店铺人群分类　220
　　11.4.3　地域定向和时间定向　220
11.5　智钻的展现和出价　221
　　11.5.1　智钻展现原理与结算方式　221
　　11.5.2　CPM和CPC两种出价方式的优点　222
11.6　小技巧　222
　　技巧1——智钻推广应注意什么　222
　　技巧2——利用达摩盘来做精准的智钻投放　223

第12讲　淘宝客推广与实战

12.1　了解淘宝客　227
　　12.1.1　什么是淘宝客　227
　　12.1.2　认识淘宝客的推广方式、适合商品　227
　　12.1.3　淘宝客推广的优势　230
12.2　申请使用淘宝客推广服务　230
　　12.2.1　使用淘宝客推广服务的条件　230
　　12.2.2　如何申请淘宝客推广服务　231

　　12.2.3　创建淘宝客推广计划　232
12.3　淘宝客推广　233
　　12.3.1　设置淘宝客佣金　233
　　12.3.2　淘宝客的招募与维护　234
12.4　小技巧　235
　　技巧1——4阶段打造淘宝客推广　235
　　技巧2——"双12"淘宝客玩法　235

第13讲　网店数据分析

13.1　网店数据的获取与整理　238
　　13.1.1　店铺运营相关数据有哪些　238
　　13.1.2　网店数据的获取方法　238
　　13.1.3　使用Excel整理、分析数据　239
13.2　网店流量分析　241
　　13.2.1　流量概况　242
　　13.2.2　来源分析　242
　　13.2.3　动线分析　243
13.3　转化率分析　244
　　13.3.1　转化率分类　244
　　13.3.2　分析转化率　246

13.4　访客数据分析　248
　　13.4.1　查看访客分布　248
　　13.4.2　查看访客对比　249
13.5　客单价分析　250
　　13.5.1　认识客单价　250
　　13.5.2　查看客单价数据　251
　　13.5.3　提高客单价的方法　251
13.6　小技巧　252
　　技巧1——关键词分析　252
　　技巧2——通过商品温度计发现商品的
　　　　　　异常　253

第14讲　社交推广精准挖掘客户

14.1　社交推广工具多渠道推广　256
　　14.1.1　QQ、QQ群与QQ空间　256
　　14.1.2　通过微博平台将粉丝转化为买家　258
　　14.1.3　建立微信人格化形象账号　259
　　14.1.4　微信朋友圈推广　260
　　14.1.5　微信公众号推广　261
　　14.1.6　贴吧、论坛精准引流到活动页面　262
　　14.1.7　通过知乎平台分割内容营销红利　263
14.2　网红达人推广　265
　　14.2.1　网红达人的推广模式　265
　　14.2.2　寻找网红达人　266

14.3　自拍短视频推广　268
　　14.3.1　短视频的优势　268
　　14.3.2　热门短视频平台　268
　　14.3.3　短视频带货　269
　　14.3.4　精心制作短视频　270
14.4　直播推广　271
　　14.4.1　哪些商品适合直播推广　271
　　14.4.2　直播技巧　273
14.5　小技巧　274
　　技巧1——直播需要哪些硬件　274
　　技巧2——网红达人推广与淘宝客推广的
　　　　　　区别　274

第15讲　打造爆款，引爆流量

15.1　打造爆款的准备工作　281
　　15.1.1　深入了解爆款　281
　　15.1.2　爆款的属性分析　281
15.2　打造爆款的准备工作　283
　　15.2.1　如何选择爆款商品　283
　　15.2.2　爆款商品如何定价　284

15.2.3　优化爆款商品关键词　284
15.2.4　优化爆款商品的主图　285
15.2.5　优化爆款商品详情页　285
15.3　爆款的推出策略　286
　　15.3.1　爆款发布前的预热　286
　　15.3.2　优选上架时间　288

15.3.3 多渠道同时发力推出爆款 289
15.4 做好爆款维护工作 290
 15.4.1 处理好退货问题 290
 15.4.2 妥善处理中差评 290
15.4.3 筹备下一个爆款 291
15.5 小技巧 292
 技巧1——有效延长爆款商品的生命周期 292
 技巧2——推新品的712法则 293

第16讲 客服管理与中差评处理

16.1 为什么要重视客服 300
 16.1.1 了解网店客服 300
 16.1.2 网店客服的工作特点 301
 16.1.3 网店客服工作的大致流程 302
 16.1.4 客服应掌握的基本技能 304
16.2 客服聊天话术与禁忌 306
 16.2.1 客服聊天话术整理与总结 306
 16.2.2 客服绝对不能碰的高压线 308
16.3 处理中差评 310

16.3.1 出现中差评怎么办 310
16.3.2 如何消除中差评 313
16.4 客服绩效考核 314
 16.4.1 考核客服的几个重要指标 314
 16.4.2 如何定制绩效考核方案 316
16.5 小技巧 318
 技巧1——客服如何通过关联销售提高客单价 318
 技巧2——双11大促销如何群发短信 318

第17讲 店铺管理与团队建设

17.1 精打细算选物流 323
 17.1.1 商品包装有讲究 323
 17.1.2 物流公司的选择 323
17.2 做好网店财务管理 325
 17.2.1 熟悉交易退款的操作 325
 17.2.2 使用Excel表格管理网店 327

17.3 团队组建 329
 17.3.1 了解常见的电商团队组织架构 329
 17.3.2 团队成员的招聘与面试 331
 17.3.3 建立电商团队管理体系 332
17.4 小技巧 333
 技巧1——如何跟踪物流进度 333
 技巧2——如何节省商品物流费用 334

第18讲 开通手机淘宝让销售额飙升

18.1 手机开店的优势 338
18.2 手淘的基本设置 338
 18.2.1 用户浏览手机淘宝页面的习惯 338
 18.2.2 手机淘宝店铺的设置 339
18.3 手机网店流量结构及转化 339
 18.3.1 手机网店流量从哪里来 339
 18.3.2 流量来了如何转化 341
18.4 做好手淘内容营销，提升店铺转换率 344

18.4.1 玩转"微淘" 344
18.4.2 玩转"淘宝头条" 346
18.4.3 玩转淘宝直播 347
18.4.4 玩转淘宝"有好货" 348
18.4.5 玩转淘宝"哇哦视频" 349
18.5 小技巧 350
 技巧1——如何解决手淘排版不美观的问题 350
 技巧2——用好码上淘，推广更便利 352

第1讲

店铺设置与管理

本章导读

店铺开通后,想要正式销售商品还需要对店铺进行一些简单的设置,比如设置店铺的基本信息,为商品进行分类,参加保障服务,设置运费模板,发布商品,最后才是将商品上架销售。因此,店家应该熟练掌握开店的一些基本规则和设置,以提高店铺运营的能力。

1.1 熟悉淘宝开店的规则

每一个行业都有自己的规则和规矩，在淘宝上开网店也是一样的，有很多规则需要遵守。如果店家一不小心违反了这些规则，则有可能无法成功发布商品，有可能刚上架的商品会被强制下架，有可能店铺会被扣分，甚至还有可能会面临店铺被封的风险。如今淘宝的规则越来越严，处罚也越来越重，店家非常有必要提前了解一下淘宝开店的规则有哪些。下面给大家梳理了几个淘宝开店过程中一定不能触碰的规则。

1. 不能出现"偷换宝贝"的情况

很多商品因为货源或者季节变换等因素无法继续销售了，这时有些店家为了不浪费之前辛苦累积起来的基础销量，会将 A 商品偷偷换成 B 商品继续销售。简单来说就是，不重新发布新商品，直接将 A 商品的相关信息更换成 B 商品的相关信息，包括商品的主图、描述图、商品属性等。消费者使用的购买链接还是之前的购买链接，但里面的商品已经完全变换了，这种情况是淘宝重点打击的对象，所以各位店家一定要尽量避免"偷换宝贝"的情况出现。

在修改商品信息时，为了避免被淘宝平台误判为"偷换宝贝"，应注意以下几点。

- 标题的更改：间隔 48 小时可更改一次，每次改动不要超过 2 个词、6 个字（调换顺序也算修改）。
- 主图的更改：间隔 24 小时可更改一次，每次只能更改一张图；建议使用调换顺序的方式去改动，如果要更改第一张主图，第一天先将图片上传到第二张主图的位置上，第二天再来调换顺序。
- 详情页的更改：间隔 24 小时可更改一次，PC 端每次改动不要超过三分之一，无线端可以一次性进行修改。
- 价格的更改：商品的价格不可以随便调整，它会直接影响商品的权重。如果一定要更改商品的价格，应该在商品下架后进行修改，低客单价商品的价格调整幅度不要超过 20%，高客单价商品的价格调整幅度不要超过 10%。

除此之外，更改商品的类目、属性等内容虽然对商品的权重影响较小，但仍然不要去频繁改动。商品的主图、标题、详情页等内容最好也不要一起修改。

2. 不能重复铺货

同一商品发布 2 个或者 2 个以上的商品链接，就会被淘宝判为重复铺货。如果商品的标题和主图都是一样的，被淘宝判定为重复铺货的可能性就更大。所以，店家在设置商品信息时，要注意商品之间的属性、一口价、销售价、主图等内容最好不要重复设置。

3. 不能放错商品类目

如果店家将商品的类目放错了，不管商品多么具有吸引力，也不管商品的上、下架时间怎么设置，这个商品都不会被客户搜索到。所以店家在设置商品类目时，一定要慎重选择商品的销售类目。

4. 不能随意设置商品价格

商品的价格必须要符合市场基本规律，如果店铺的商品价格与市场上其他同类商品的商家严重不符，也会被淘宝降权。例如，一件大衣售价为 1 元还包邮。

5. 不能邮费不符

邮费不符是常见的一种作弊方式，比如商品的价格设置为 10 元，运费却设置为 100 元。这就是利用商品的低价来吸引客户，但最终成交价格非常高，这也是淘宝明令禁止的作弊行为，店家一定要注意避免出现这种情况。

1.2 淘宝店铺基本设置

淘宝网提供的"店铺基本设置"功能可以帮助店家快捷地完成各项店铺设置操作。比如设置店铺基本信息、开通二级域名、设置客服子账号以及查看店铺等，下面分别进行介绍。

1.2.1 设置店铺基本信息

在申请网店时，就需要设置店铺的相关内容，但却无法修改店铺名称，而在店铺开张以后，店家可以在店铺设置中对店铺名称进行修改，也可以更换以前填写的其他店铺介绍。设置店铺基本信息的具体操作步骤如下。

第 1 步：进入淘宝后台的"千牛卖家中心"页面，在页面左侧的导航栏中，单击"店铺管理"栏下的"店铺基本设置"超级链接，如图 1-1 所示。

第 2 步：进入店铺基本设置页面，在这里可重新 ❶ 设置店铺名称和上传店标，❷ 单击"上传图标"按钮，如图 1-2 所示。

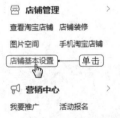

图1-1　单击"店铺基本设置"超级链接

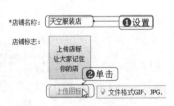

图1-2　单击"上传图标"按钮

第 3 步：弹出"打开"对话框，❶ 选择电脑中保存的店铺 LOGO 文件，❷ 单击"打开"按钮，如图 1-3 所示。

第 4 步：开始自动上传所选择的图标文件，成功后会即时显示图标到网页上，如图 1-4 所示。

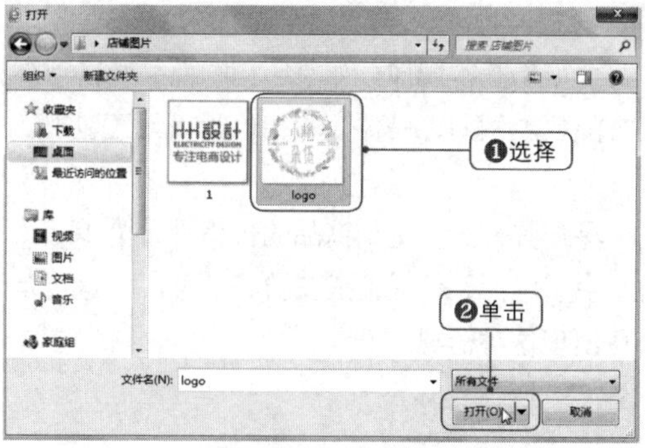

图1-3 单击"打开"按钮

图1-4 图标上传成功

第5步：❶ 设置店铺简介、经营地址、主要货源、店铺介绍等信息，❷ 单击"保存"按钮即可完成店铺基本信息设置，如图1-5所示。

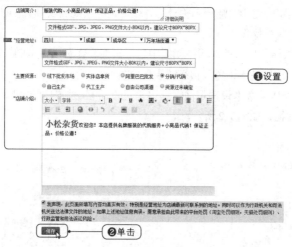

图1-5 设置店铺基本信息

1.2.2 开通二级域名

所谓域名，就是指平时网站的网址。淘宝店是在淘宝下的二级域名，是在顶级域名下，将www替换成任何自己想要设置的字母即可。具体的操作步骤如下。

第1步：在"千牛卖家中心"页面，单击"店铺管理"栏下的"域名设置"超级链接，如图1-6所示。

第2步：进入"域名设置"页面，❶输入自定义的域名，❷单击"查询"按钮进行查询，如图1-7所示。

图1-6　单击"域名设置"超级链接　　　　　图1-7　查询自定义域名

第3步：如果提示成功，则直接单击"申请绑定"按钮，如图1-8所示。

第4步：阅读淘宝域名使用规则，❶选择"同意以上规则"复选框，❷单击"绑定"按钮，如图1-9所示。

图1-8　单击"申请绑定"按钮　　　　　　　图1-9　绑定域名

第5步：提示域名绑定成功，如图1-10所示，以后客户通过访问这个网址即可浏览店铺了。

图1-10　提示域名绑定成功

提示　域名只能由字母和数字组成，不能包含字符、空格等。另外由于注册的人过多，因此重复的域名是不能通过的，大家在自定义设置的时候可以选择一些特别的域名。

1.2.3　设置客服子账号

子账号业务是淘宝网及天猫提供给卖家的一体化员工账号服务。淘宝店家使用主账号创建员工子账号并授权后，子账号可以登录"千牛工作台"进行店铺管理的相应操作，或者接待客户咨询，并且主账号可对子账号的业务操作进行监控和管理。设置客服子账号的具体操作步骤如下。

第1步：在"千牛卖家中心"页面，单击"店铺管理"栏下的"子账号管理"超级链接，如图1-11所示。

第2步：进入"子账号管理"页面，可以直接看到已经拥有的子账号和还可以创建子账号的数量，以及已冻结子账号数量，如图1-12所示。

图1-11　单击"子账号管理"超级链接　　　　图1-12　账号概况

第3步：在"子账号管理"页面，❶单击"员工管理"选项；❷选择"部门结构"选项卡；❸单击"新建员工"按钮，如图1-13所示。

图1-13　单击"新建员工"按钮

第4步：进入新页面，❶按提示输入员工和子账号信息，输入完毕后，❷单击"确认新建"按钮，如图1-14所示。

图1-14　输入员工和子账号信息

第5步：返回"员工管理"页面，❶选择"岗位管理"选项卡，❷单击"新建自定义岗位"按钮，如图1-15所示。

图1-15　新建自定义岗位

第6步：进入新页面，❶输入新建岗位信息，❷单击"保存"按钮，如图1-16所示。

在设置子账号时，为了子账号的安全，还可以为子账号设置安全保护。子账号设置完成以后员工就可以使用子账号登录"千牛工作台"进行店铺管理的相应操作，或者与客户进行沟通交流了。

1.2.4　查看店铺

填写好自己的相关店铺资料以后，就可以进入自己的店铺进行查看，同时也可以让其他好友来光顾自己的店铺，给予参考意见。

如果已登录淘宝账号，可以直接进入"千牛卖家中心"页面，在页面左侧的导航栏中，单击"店铺管理"栏下的"查看淘宝店铺"超级链接即可访问店铺，如图1-17所示。

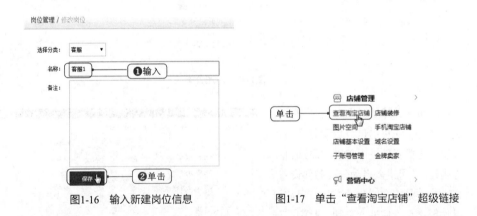

图1-16　输入新建岗位信息　　　　图1-17　单击"查看淘宝店铺"超级链接

如果没有登录淘宝账号，或者想让其他好友、客户打开自己的店铺，则可以让其直接在浏览器地址栏中输入自己的店铺网址，按下回车键即可打开店铺。

1.3　商品分类管理

新开的淘宝店铺，店家在上传完商品之后，需要对商品进行分类。合理的商品分类可以使店铺的商品类目更加清晰，使客户能够更方便快速地浏览与查找店铺中的商品。尤其是店铺中商品数量较多时，合理的分类就显得非常重要，它能够极大地方便客户，提高客户的购物体验和店铺成交量。

第1步：进入淘宝后台的"千牛卖家中心"页面，在页面左侧的导航栏中，单击"店铺管理"栏下的"宝贝分类管理"超级链接，如图1-18所示。

第2步：进入新页面，单击"添加手工分类"按钮，如图1-19所示。

图1-18　单击"宝贝分类管理"超级链接

图1-19　单击"添加手工分类"按钮

第3步：在输入框中，❶输入要设置的分类名称，依次单击分类下面的"添加子分类"，即可添加一个子分类；设置完成后，❷单击"保存更改"按钮，即可保存更改的分类设置，如图1-20所示。

图1-20　添加分类

淘宝店铺除了可以对商品进行手工分类外，还可以进行自动分类。在"宝贝分类管理"中单击"添加自动分类"，即可进入自动分类条件设置。自动分类是固定的分类方式，目前可以按照类目、属性、品牌、时间等要素划分，一般按类目归类，也可以自己选择。❶分好后一定要在类目名称前打勾，❷然后单击"确定"按钮，如图1-21所示。分类成功后单击页面右上角的"保存更改"按钮即可。

图1-21　添加自动分类

1.4 参加保障服务

新开的淘宝店铺通常都会加入淘宝平台推出的一些消费者保障服务,这样更容易增加买家的信任感。

1.4.1 加入"消费者保障服务"

淘宝消保,全称"消费者保障服务",是指淘宝店家签署了淘宝网消费者保障服务协议,承诺为消费者提供交易保障服务。消费者在淘宝网使用支付宝担保交易服务购买商品时,如果遇到收到的货物存在质量问题、商品与网上描述不符、付款后未收到货物等情况,若店家未履行承诺,消费者可以根据淘宝的规定发起维权,经判定维权成功的,淘宝网将扣划店家保证金进行违约赔付,以保障消费者的权益。

目前消费者保障服务分为:先行赔付、商品如实描述、7 天无理由退换货、假一赔三、闪电发货、正品保障等服务。其中,商品如实描述、正品保障为加入消费者保障服务的必选项,而 7 天无理由退换货、假一赔三、虚拟物品闪电发货、数码与家电 30 天维修是可以自愿根据店铺类目进行主动选择的。

1. 先行赔付

当消费者与签订"消费者保障服务协议"的淘宝店家通过支付宝服务进行交易后,若因该交易导致买家权益受损,且在买家直接要求店家处理未果的情况下,买家有权在交易成功后向淘宝平台发起针对店家的投诉,并提出赔付申请。当淘宝平台根据相关规范判定买家赔付申请成立时,则有权通知支付宝公司自店家的支付宝账户直接扣除相应金额款项赔付给买家。

2. 商品如实描述

"商品如实描述"服务是指店家承诺其对商品本身有关的信息描述属实,若店家未能履行该项承诺,则淘宝平台有权依据相关规范的规定,对由于店家违反该项承诺而导致利益受损的买家进行先行赔付。

3. 7 天无理由退换货

当消费者使用支付宝服务购买支持"7 天无理由退换货"的商品时,在签收货物(以物流签收单时间为准)后 7 天内(如有准确签收时间的,以该签收时间后的 168 小时为 7 天;如签收时间仅有日期的,以该日后的第二天零时起计算时间,满 168 小时为 7 天),若因买家主观原因不愿完成本次交易,店家有义务向买家提供退换货服务;若店家未履行其义务,则买家有权按照规定向淘宝平台发起对该店家的投诉,并申请"7 天无理由退换货"赔付。

4. 假一赔三

当消费者使用支付宝服务购买支持"假一赔三"服务的商品时,在收到货物后,如买家认为该商品为假货,且在买家直接与店家协商未果的前提下,买家有权向淘宝平台发起对该店家的投诉,并申请"假一赔三"赔付。

5. 闪电发货

"1 小时闪电发货"指店家向消费者提供在 1 小时内发送"网络游戏点卡""网游装备、游戏币、账号、代练"类目下的虚拟商品的服务。店家若无法履行承诺,须向买家进行赔偿,赔偿金额按照《淘宝用户行为管理规则》(修订版)中付款未发货的规定执行。"24 小时闪电发货"指店家向消费者提供在 24 小时内发送除"宠物/宠物食品及用品(狗、猫、小宠类及用品、水族世界、爬虫类及用品、鸟类及用品、宠物配种)/服务、其他""成人用品/避孕用品/情趣内衣"外其他类目的实物商品的服务。店家若无法履行承诺,须向买家进行赔偿,赔偿金额按照《淘宝用户行为管理规则》(修订版)中付款未发货的规定执行。

6. 正品保障

"正品保障"服务是淘宝店家必须承担的服务内容。具体为,当消费者使用支付宝服务购买商品时,若买家认定已购得的商品为假货,则有权在交易成功后 14 天内按相关规范的规定向淘宝平台发起针对该店家的投诉,并申请"正品保障"赔付。

加入"消费者保障服务",主要有以下几点好处。

- 在商品上加上特殊标记,并有独立的筛选功能,让客户可以更容易地找到该商品。
- 拥有相关服务标记的商品,可信度更高。
- 为提高交易质量,淘宝平台单品单店推荐活动只针对加入"消保"的店家开放。
- 淘宝平台橱窗推荐位规则针对加入"消保"的店家有更多奖励。
- 淘宝平台抵价券促销活动只针对加入"消保"的店家开放。
- 淘宝平台其他服务优惠活动会优先针对加入"消保"的店家开放。

加入"消费者保障服务"需要交纳一定的保证金。根据商品类目的不同,在加入"消费者保障服务"时所需支付的保证金会有所差别,大部分商品的保证金为 1000 元,但也有部分商品高于 1000 元,具体的金额淘宝平台会不时进行调整。

> **提示** "消保"的保证金冻结在了支付宝里面,以后退出"消保"或者关闭店铺时,可以将这笔保证金解冻收回。提交保证金时,必须保证支付宝中有足够的余额。支付成功以后,店家就可以在消费者保障服务栏目下,申请各种特色服务,只要符合要求即可成功开通。

1.4.2 加入"运费险"

目前淘宝平台上的运费险分为退货运费险(买家版)和退货运费险(卖家版)两类。

1. 退货运费险(买家版)

退货运费险(买家版)是指保险公司针对网络交易的特征推出的退货运费险产品,也简称"退运保险"。退货运费险(买家)目前仅针对淘宝网支持 7 天无理由退换货的商品,买家可在购买商品时选择投保,当发生退货时,在交易结束后 72 小时内,保险公司将按约定对买家的退货运费进行赔付。

退货运费险(买家版)的保费普遍较低,且投保十分便捷,只需要在购物时勾选运费险选项,并与商品费用一同支付即可。理赔时,根据收货地与退货地之间的距离,获得相应赔付。

理赔无须举证，只要买卖双方同意退货，且买家没有确认收货，卖家在线确认收到货后72小时内，保险公司就会按约定理赔到买家的支付宝账户。

2. 退货运费险（卖家版）

退货运费险（卖家版）是指在买卖双方产生退货请求时，保险公司对由于退货产生的单程运费提供保险的服务。退货运费险（卖家版）目前只针对参加"7天无理由退换货"的店家。

对淘宝店家而言，购买运费险可以增强客户购买商品的信心，提升服务品质并促使交易达成。店家不能进行选择性投保。加入运费险后，每笔交易都会扣除相应的保费。在店家填写物流单号发货时，系统会自动从支付宝账户扣费用。保费的数额根据以往的风险率决定，风险率越高收取的保费就越高。

1.4.3 公益宝贝的设置

在浏览淘宝网的时候，经常会看到有些宝贝标着公益宝贝。那么什么是淘宝公益宝贝呢？从字面上可以很好理解，就是参与公益活动的商品，即店家在上架商品时，自愿参与公益宝贝计划并且设置一定的捐款比例，当该商品成交了，店家就会捐赠一定的金额给指定的公益项目。设置公益宝贝对商品的权重是有所增加的，所以不少店家很乐意去参加这样的公益计划。那么店家怎样将商品设置为公益宝贝呢？其具体步骤如下。

第1步：进入淘宝后台的"千牛卖家中心"页面，在页面左侧的导航栏中，单击"宝贝管理"栏下的"出售中的宝贝"超级链接，如图1-22所示。

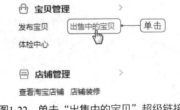

图1-22 单击"出售中的宝贝"超级链接

第2步：在"出售中的宝贝"页面，❶勾选想加入公益宝贝计划的商品，❷然后单击"设置公益"按钮，如图1-23所示。

图1-23 选择想加入公益宝贝计划的商品

第3步：首次开通，需要与支付宝签订公益宝贝代购协议，不然无法设置商品。进入签约页面，❶输入自己支付宝的相关信息，包括账号、支付密码、校验码等；❷单击"同意协议并提交"按钮，如图1-24所示。

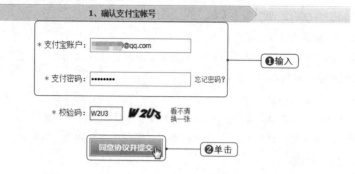

图1-24　签订公益宝贝代扣服务协议

第4步：签订协议后刷新一下页面，❶ 单击"同意参加"单选项；❷ 选择相应的公益项目以及捐款方式，并设置固定捐赠额或按商品价格比例捐赠，在达成交易时，会按照设置形式扣除相应金额到指定的公益捐赠支付宝账户中，如图1-25所示。

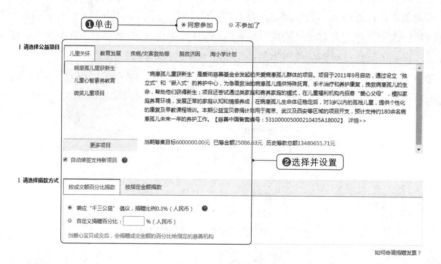

图1-25　选择公益项目和捐款方式

第5步：❶ 选择是否在公益宝贝的详情页面显示公益宝贝信息栏，完成上述操作后，❷ 单击"确定"按钮，公益宝贝就设置成功了，如图1-26所示。

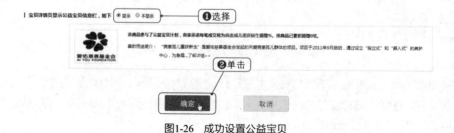

图1-26　成功设置公益宝贝

1.5 运费模板的设置

如果为每件商品都设置一次运费,工作量会非常大。实际上,很多商品常常都使用同一个运费标准,因此,店家可以预先设置一个运费模板,然后在发布商品时,指定该模板即可。这样店家就可以很方便地为一批商品设置相同的运费了,当运费模板被修改后,这批商品的运费也将一起被修改。下面以设置快递模板为例,介绍设置运费模板的具体步骤。

第1步:进入淘宝后台的"千牛卖家中心"页面,在页面左侧的导航栏中,单击"物流管理"栏下的"物流工具"超级链接,如图1-27所示。

第2步:进入新页面,❶选择"运费模板设置"选项卡,❷单击"新增运费模板"按钮,如图1-28所示。

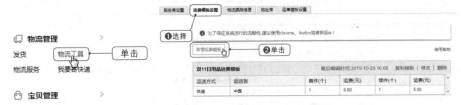

图1-27 单击"物流工具"超级链接　　　图1-28 单击"新增运费模板"按钮

第3步:进入运费模板设置页面,❶设置模板名称、宝贝地址、发货时间、是否包邮以及计价方式等信息;❷在运送方式栏中勾选"快递"复选框,❸然后单击"为指定地区城市设置运费"超级链接,如图1-29所示。

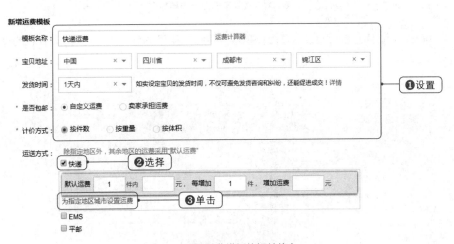

图1-29 设置运费模板的相关信息

第4步:出现快递设置框,❶设置默认运费的相关内容,❷然后单击"编辑"按钮,如图1-30所示。

图1-30　单击"编辑"按钮

第5步：出现地区设置框，❶选择使用该运费模板的地区，❷单击"保存"按钮，如图1-31所示。

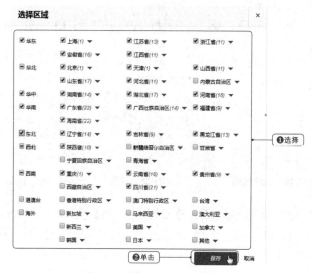

图1-31　选择运费模板使用地区

第6步：返回运费模板设置页面，单击"保存并返回"按钮，即可完成运费模板的设置，如图1-32所示。

图1-32　完成运费模板的设置

1.6 发布商品

店铺设置好之后,接下来就应该发布商品了,这样店铺才有货可卖。在发布商品前,需要先准备好商品的实物图片与资料,然后按照淘宝的规则进行发布。

1.6.1 发布商品不可不知的一些规则

在淘宝平台上每天都有成千上万的商品被发布出来,同时,也有不计其数的商品不能通过平台的发布审核。准确高效地发布商品,能够有效地增加商品被搜索到的概率;若不按规则发布商品,不但审核不能通过,还有可能导致店铺被扣分。

店家所发布的商品信息各要素应真实合理,且应与商品本身相符。若店铺出现以下任一情形,淘宝平台将对店铺做出全店商品在淘宝网单一维度搜索默认不展示的处罚。

- 所发布商品一口价与描述价格严重不符的。
- 商品标题、图片、价格、物流方式、邮费及售后服务等商品要素之间明显不匹配的。

商品要素之间明显不匹配主要表现为以下几种情形:

(1)商品发布的一口价与商品描述中标注的价格不符。例如,发布一口价为 10 元,但是却在商品描述中标注产品其他价格的;或者商品的一口价设置为 5 元,但实际却需要购买 10 件才能下单;又或者利用低价吸引流量,引导其他店铺下单。

(2)邮费与商品实际承运市场价不符。商品的一口价设置得很低,但邮费却很高,例如商品标价为 1 元,但邮费却标价为 100 元等。

(3)标题与实际描述不符。例如,标题中注明了商品包邮,但商品的实际描述中却说需要运费。

1.6.2 发布商品的类目选择

很多新手店家在发布商品的时候,不知道该选择什么类目。商品类目的选择其实是很重要的,它将会直接影响商品的搜索和展现,如果发布的商品选错了类目,有可能会被平台删除或者降低搜索权重。下面介绍 3 种最有效的商品类目选择方法。

- 按步骤选择类目。店家在发布商品时可以在分类列表区域中选择自己所销售商品的详细分类,方式为:从左到右,先选择商品的大类,然后再进一步选择商品的小分类、品牌等,如图 1-33 所示。
- 类目搜索方式。店家也可以直接在类目的搜索框中,输入所需要发布的商品关键词,如"卫衣",那系统就会自动帮助匹配出相应的类目,如图 1-34 所示。
- 单击最近使用的类目。如果之前已经发布过相同类目的商品,再次发布的时候,可直接单击"您最近使用的类目"选择相应的类目即可,如图 1-35 所示。

图1-33 按步骤选择类目

图1-34 类目搜索方式

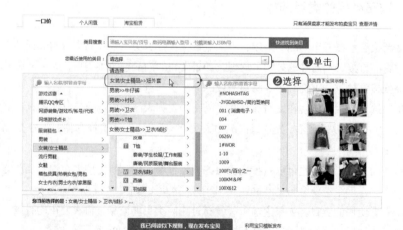

图1-35 单击最近使用的类目

很多消费者在选择所要购买的商品时，都会通过商品类别来一步步进行浏览，因此，店家在设置商品类别时，一定要做到细致、准确，这样商品被消费者搜索到的概率就会大大增加。相反，如果商品的类别设置得不准确，那么消费者在浏览的过程中，很有可能会直接将该商品排除到购买意向之外，如将"男士西服"分类到"女装"中，那么浏览女装的消费者，就会完全忽略这件商品。而且淘宝平台也对商品分类有强制性规定，随便安排商品类目是会被平台下架甚至扣分的。

1.6.3 以一口价方式发布全新商品

淘宝平台的"一口价"商品发布方式是指店家提供固定的商品价格，消费者可以此价格立即购买商品。大多数的商品只要是全新的，且方便计价，都可以采用"一口价"方式进行发布，比如服装、食品、日用百货、厨具、文具等类目的商品均可使用"一口价"方式发布。以"一口价"方式发布商品的具体操作步骤如下。

第1步：进入淘宝后台的"千牛卖家中心"页面，在页面左侧的导航栏中，单击"宝贝管理"栏下的"发布宝贝"超级链接，如图1-36所示。

第2步：在默认的"一口价"选项卡中，❶选择发布商品的类目，❷然后单击"下一步，发布商品"按钮，如图1-37所示。

图1-36 单击"发布宝贝"超级链接

图1-37 选择发布商品的类目

第3步：❶选择宝贝类型为"全新"，❷设置商品的标题及相关属性，如图1-38所示。

第4步：设置商品的颜色（可同时上传商品颜色图片）、销售价格、销售数量等信息，如图1-39所示。

第5步：上传商品图片和商品视频，填写商品的描述信息，如图1-40所示。

图1-38　设置商品的基础信息

图1-39　设置商品的销售信息

图1-40　添加商品的图文描述

第6步：继续设置商品的支付信息、物流信息和售后服务，确认无误后，直接单击下方的"提交宝贝信息"按钮，即可成功发布商品，如图1-41所示。

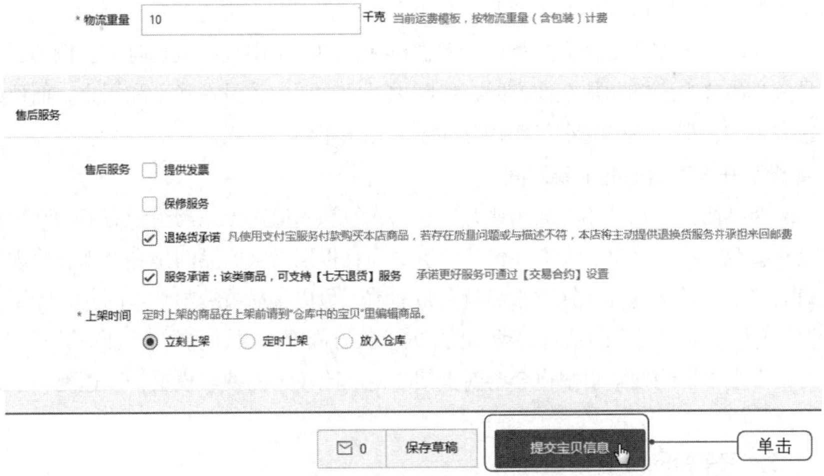

图1-41 单击"提交宝贝信息"按钮

1.7 商品上、下架

商品发布成功后,接下来店家就可以对商品进行具体的管理工作了,比如对商品进行上、下架管理,查看和修改商品信息等。

1.7.1 商品的上、下架策略与规则

商品的上、下架管理是店铺日常管理工作中非常重要的一环,商品上、下架时间及布局将直接影响商品的搜索权重和曝光度。合理安排商品的上、下架时间,能够使商品通过平台的搜索排名获取到更多的自然流量,为商品的销售奠定一个很好的基础。

根据淘宝平台的规定,商品的上架周期为7天,也就是说商品在某个时间上架,到7天后的同一时间就会下架,这是一个自动循环的周期,而这个周期内的起始时间和结束时间就是商品的上、下架时间。因此只要准确地找到商品上架或下架的最佳时间点,就能够有效地提高商品的搜索排名。那么商品在上、下架时应该注意哪些问题呢?

1. 注意目标客户的在线购物时间

根据相关的数据统计,在淘宝上,一周中通常周一和周五是流量最多的两天,因此很多店家会把商品的上、下架时间设置在周一或者周五。而一天当中网购的高峰期主要集中在三个时间段,即上午的9:00至11:00,下午的15:00至17:00以及晚上的20:00至22:00,因此,店家应当尽量把商品的上架时间设置在这几个时间点上,这样才能够获得更多的流量。

需要注意的是,虽然全网各个时段的流量变化基本上相同,但是由于销售商品的类目和

目标消费人群不同,所以客户的主要购物时段有可能会存在一定的差异。因此,店家在安排商品上架时间时,还需要结合商品类目,考虑目标客户的集中在线购物时间。例如,目标客户如果是大学生或上班族,那么他们的在线购物时间主要应该是在晚上和周末;而目标客户如果是家庭主妇,那么她们的在线购物时间主要应该集中在白天。

2. 尽量避开人气商品的下架时间

对于新商品而言,刚开始上架销售时,它的人气和销量都无法与热销商品相比较,通常会面临没有收藏、没有销量、没有评价的情况。而且根据淘宝商品的排名规则,搜索一款商品时,商品离下架时间越近,搜索排名就会越靠前,也更容易被搜索到。因此,无论是基于商品情况,还是基于消费者的从众心理,新品的上架时间都应尽量避开人气商品的下架时间。与此同时,淘宝平台的搜索引擎也会给新上架的商品比较大的搜索权重,以达到一个公平的原则。

3. 注意淘宝平台的两个禁止行为

淘宝平台禁止重复开店和重复铺货。为什么会出现重复开店或重复铺货的现象?这是因为在时间排名机制下,商品越多越占优势,因此很多店家会冒险重复开店;也有很多店家为了提高商品的搜索排名,会选择重复铺货,但这种行为会扰乱市场,使搜索出来的商品都是同样的商品,并且无法给客户带来好的购物体验,所以这两种行为都是淘宝平台明确禁止的。

1.7.2 让商品在预定的时间自动上架

商品的上、下架时间将直接关系到商品的搜索排名,越是临近下架时间的商品,在搜索排名中就越靠前(在其他条件都相同的情况下)。如果店家将某个商品的下架时间刚好控制在网购高峰期时段之后一点,那么这个商品被客户看到的可能性会很大。因此,商品的上架时间对于店家来说就显得特别重要了,因为从商品的上架时间可以控制商品的下架时间。

在发布商品时,可以指定让商品在某个时间自动上架,以方便店家更好地掌控商品的上架时间。让宝贝在指定时间自动上架的操作很简单,在发布宝贝时选择相关的选项即可,具体操作为:在"宝贝发布"页面,设置完商品的其他信息以后,❶选择"定时上架"选项,❷设定商品上架时间,确认无误后,❸单击"提交宝贝信息"按钮即可,如图1-42所示。

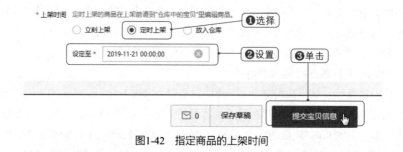

图1-42 指定商品的上架时间

1.7.3 商品的上、下架操作

虽然大多数时候商品的上、下架操作都是自动完成的，但某些特殊情况下，店家还是需要对店铺中的商品进行手工上、下架操作。

1. 商品的上架

在淘宝平台上，将商品上架的方法很简单，其操作步骤如下。

第 1 步：进入淘宝后台的"千牛卖家中心"页面，在页面左侧的导航栏中，单击"宝贝管理"栏下的"仓库中的宝贝"超级链接，如图 1-43 所示。

图1-43　单击"仓库中的宝贝"超级链接

第 2 步：在右边的页面中出现商品列表，如果要将单个商品上架，❶只需选中该商品的复选框，❷然后单击该商品右侧的"立即上架"按钮即可，如图 1-44 所示。

图1-44　上架单个商品

第 3 步：如果要同时上架多个商品，❶选中相应商品的复选框，❷然后单击商品列表上面的"批量上架"按钮即可，如图 1-45 所示。

图1-45　上架多个商品

2. 商品的下架

一般来说，商品发布后，过了 7 天就会自动下架，不需要店家进行手工管理。但有时候也会出现一些意外情况，比如突然发现商品有些质量问题，或者商品供货跟不上，此时就需要店家手工下架出售中的商品。具体的操作方法为：进入"千牛卖家中心"后，单击"宝贝管理"下面的"出售中的宝贝"超级链接，在右边的页面中出现商品列表，❶选中需要下架的商品的复选框，❷单击该商品右侧的"立即下架"按钮即可，如图 1-46 所示。

图1-46　下架出售中的商品

如果要同时下架多个出售中的商品,其操作方法与批量上架多个商品的方法类似。

1.7.4　修改商品信息

有时候店家需要对出售中的商品信息进行修改,比如修改商品的颜色、数量或价格等。具体的操作方法为:进入"千牛卖家中心"后,单击"宝贝管理"下面的"出售中的宝贝"超级链接,在右边的页面中出现商品列表,❶选中需要修改的商品的复选框,❷单击该商品右侧的"编辑商品"按钮,如图1-47所示。

图1-47　修改商品信息

随即会跳转到与发布商品时一样的页面,店家可在该页面中对产品信息进行修改,改完后单击"提交宝贝信息"按钮即可。

1.7.5　删除仓库中的商品

对于已经不再出售的商品,店家可以将它们从仓库中删除。具体的操作方法为:进入"千牛卖家中心"后,单击"宝贝管理"下面的"仓库中的宝贝"超级链接,在右边的页面中出现商品列表,❶选中要删除的商品的复选框,❷单击商品列表上面的"批量删除"按钮即可,如图1-48所示。

图1-48　删除仓库中的商品

1.8 小技巧

技巧1——使用淘宝助理批量管理商品

店铺开张后,店家需要发布的商品会越来越多,商品多了之后,就需要对商品进行各种管理。这时若登录到店铺中逐个发布、管理商品就会比较麻烦。淘宝网为此提供了"淘宝助理"工具,以方便店家们直接批量发布、管理商品。

1. 创建并上传商品

"淘宝助理"软件可以实现网店商品的离线编辑和上传,同时也可解决在线上传商品时容易出现的断线、网络故障等问题的影响,不至于把辛苦编辑的商品资料丢失,其具体的操作方法如下。

第1步:登录淘宝助理,❶单击"宝贝管理"选项卡,❷单击"创建宝贝"按钮,如图1-49所示。

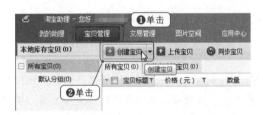

图1-49 单击"创建宝贝"按钮

第2步:弹出"创建宝贝"对话框,❶依次填写"基本信息""扩展信息""销售属性"和"宝贝描述"等选项卡内的信息,❷单击"保存"按钮,如图1-50所示。

图1-50 填写商品信息

第3步：返回"宝贝管理"页面，❶勾选需要上传的商品，❷单击"上传宝贝"按钮，弹出新"上传宝贝"对话框，确认商品信息后单击"上传"按钮即可，如图1-51所示。

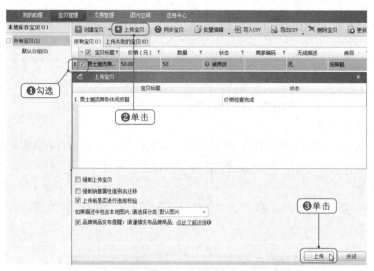

图1-51　上传商品

提示　店家也可以在第2步单击"保存"按钮，将商品信息保存在本地电脑上，待所有商品信息编辑完毕后再单击"宝贝管理"选项卡下的"上传宝贝"按钮，将本地资料上传。淘宝助理不会将之前已经上传过的商品资料再上传一次，而仅仅上传新添加的商品资料。

2. 批量编辑商品

如果要对店铺中的商品进行统一编辑，比如为所有商品的标题加上"热卖"的前缀，这时就可以使用淘宝助理来进行批量编辑，从而免去逐一修改的麻烦。当然批量编辑还有很多其他功能，这里就以为商品标题统一添加前缀为例进行讲解。

第1步：登录淘宝助理后，❶单击"宝贝管理"选项卡，❷选择要批量修改的商品，❸单击"批量编辑"下拉菜单按钮，❹选择"标题"菜单中的"宝贝名称"选项，如图1-52所示。

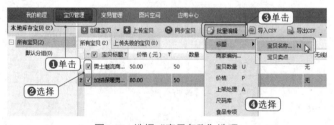

图1-52　选择"宝贝名称"选项

第2步：弹出新对话框，❶选择"前缀"复选框，❷在文本框中输入要添加的前缀，❸单击"保存"按钮，如图1-53所示。

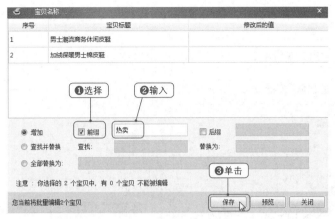

图1-53 添加标题前缀

第3步：保存完毕之后，资料还存在本地电脑上，这时还需要进行"同步"操作，单击"同步宝贝"按钮即可将修改后的资料同步到淘宝网店中，如图1-54所示。

图1-54 单击"同步宝贝"按钮

3. 备份商品

电脑会因为病毒、黑客或电源不稳定等各种问题而崩溃，一旦出现问题，就有可能造成硬盘损坏，导致商品资料丢失。因此备份商品资料是很有必要的，这样在数据出现问题后，就可以从备份文件中恢复商品资料（前提是备份文件没有存放在出问题的硬盘中）。

第1步：登录淘宝助理后，❶单击"宝贝管理"选项卡，❷单击"导出CSV"下拉菜单，❸选择"导出所有宝贝"选项，如图1-55所示。

图1-55 选择"导出所有宝贝"选项

第 2 步：弹出保存对话框，❶ 设置存放文件夹和文件名，❷ 单击"保存"按钮，如图 1-56 所示。

第 3 步：导出完毕后单击"关闭"按钮，如图 1-57 所示。

图1-56　保存导出的商品资料

图1-57　成功导出商品资料

提示 如果店家需要从备份文件中导入商品资料到淘宝助理，只需单击"导入 CSV"按钮，然后选中备份的文件，单击"打开"按钮即可完成导入。

技巧2——设置手机端的商品描述

手机端和电脑端由于显示不同，所以在发布商品时，应注意手机端的描述。发布手机端商品和"以一口价方式发布全新商品"类似，需要注意的是手机端的商品描述需要单独设置。手机端描述共有使用文本编辑、使用旺铺详情编辑器和导入电脑端描述三种模式。店家可任意选取一种，对手机端商品进行描述，如图 1-58 所示。

图1-58　手机端描述页面

电脑端和手机端的主图大小有区别，店家不能贪图便利，直接将电脑端的主图用于无线端中。店家可针对商品的卖点，结合目标客户群体特点，设计出符合手机端客户的主图来吸引更多点击。手机端商品上、下架时间，依然对搜索权重有影响。店家可通过相应的数据分析得出最适合自己商品上架的时间。

另外，在手机端可设置专属于手机客户的优惠券、店铺红包等活动。用专属手机活动的方式来活跃手机端客户。

技巧3——为商品添加新品标

淘宝网中的新品，是指在淘宝网发布的，对应的款式距该店铺第一次上架时间在 28 天内的商品。"新品标"能有效提升商品的整体排名；有新品标的商品在同样操作的情况下，搜索权重会更高、转化也更迅速。

如图 1-59 所示，在淘宝搜索栏中输入"牛仔裤"，即可在商品搜索页面中看到标有"新品标"标识的商品。

图1-59　标有"新品标"标识的商品

新品标仅针对部分商品开放，如目前开放类目：女装、箱包皮具、男包、男鞋、女士内衣/男士内衣/家居服、流行男鞋、服饰配件、童装、流行首饰等。《淘宝规则》规定，新品类目商品，存在被扣分情况严重的，即使符合新品标的规则也不能打新品标。符合条件和类目的商品还需要符合以下条件才能打新品标：

- 图片无严重"牛皮癣"；
- 非旧款重发；
- 非拍卖、二手、闲置商品；
- 商品标题中不包含"清仓""反季""换季""二手"等字样；
- 商品第一次上架时间在 28 天以内；
- 有一定的新品喜爱度。

符合打新品标的店家，不能忽略了新品标的重要影响。在条件成熟的情况下，可为商品争取到新品标，以加大商品搜索权重。

第2讲

产品定位、规划与选择

本章导读

在店铺的整个运营过程中,产品是最关键的核心竞争力之一,占有很重要的地位。因此,做好产品的定位、规划与选择,对于一家网店而言非常重要。网店的店家应该站在经营全局的高度上对产品进行管理,熟练掌握产品定位、规划与选品等技能。

2.1 产品定位

网店究竟应该销售什么样的产品？这个问题没有一个绝对的答案，因为在市场上各种品类的产品中都有销量很好的。产品的定位需要考虑到很多方面的因素，一般来说，店家会在最开始就明确产品定位，然后在产品的发展过程中不断对产品定位进行调整。

2.1.1 产品定位的重要性

网上开店的本质在于销售商品，不管是做运营还是做推广，最终目的都是吸引客户来购买商品。因此，产品始终都是店铺经营过程中最关键的因素之一。只要选对了产品，且产品本身的质量过关，再配合好的营销方式，店家就不愁赢不了利。

如今淘宝平台上面销售的产品数量越来越多，且每天都在不断地更新，导致产品的同质化现象也越来越严重。在淘宝平台上任意搜索一个产品，在搜索结果中都有可能会出现大量材质相似、功能相似，甚至连图片和描述都相似的产品。

为了让自身产品能够在同质化泛滥的产品中脱颖而出，店铺需要对自身产品实行差异化定位。所谓差异化，从平台角度来考虑，即为不同消费者的个性化需求提供大量新产品的展示；从商家角度考虑，即为在产品上寻求差异化，可以有效规避同质化产品的价格战；从消费者角度考虑，90后、00后日益成为消费主力，他们极具个性、紧追潮流、喜欢新奇事物，满足主力消费人群的需求是平台和商家共同的价值体现。

2.1.2 产品定位的策略

产品定位的核心就是要通过差异化的产品来满足目标消费者或目标消费市场的需求，通过差异化竞争来实现最终目的。根据产品的规格化不同，产品定位的策略也会有所不同，下面将从标品和非标品两个方面来讲述产品定位的策略。

1. 标品的定位策略

标品是指具有统一市场标准的产品，这类产品一般是有明确规格型号的产品，比如手机、电脑、家电产品、化妆品等。

这类产品大部分都是规格化和标准化的产品，因此在对这类产品进行定位时，可以从服务或赠品等方面对产品实行差异化定位。例如，同样是销售笔记本电脑的店铺，有些店铺只销售官方标配的产品，而有些店铺除了销售官方标配的产品，还会设置一些与电脑配套的套餐供客户选择，或者额外赠送一些增值服务，如图2-1所示。

2. 非标品的定位策略

非标品是指没有统一的市场标准和明确的规格、型号的产品，比如服装、鞋子等。非标品通常款式多、选择面广，且强调"个性化"。因此，在对这类产品进行定位时，除了适用标品的赠品和服务的差异化定位以外，还可以从产品的风格、功能特性和包装等方面进行差异化定位。例如，某店铺销售的产品本是一件普通的卫衣，但店家却将该产品的风格定位为"潮牌"，以此来吸引一批特定的客户群体进店购买，如图 2-2 所示。

图2-1　笔记本电脑的产品定位策略

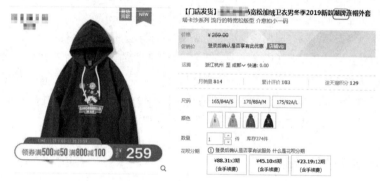

图2-2　服装类产品的定位策略

2.1.3　产品定位的步骤

产品的定位和店铺的整体运营息息相关，所以店家在开店之前，首先需要对产品有一个清晰的定位。产品定位主要有以下 3 个步骤，如图 2-3 所示。

图2-3　产品定位的步骤

（1）找出产品的竞争优势。即通过总体市场分析、竞品分析，找出产品自身的优、缺点，采取在市场上有利的产品营销策略，以获得竞争的优势。

（2）找出产品的核心优势。即店铺所销售的产品具有其他竞争者无法简单模仿的优势，这种优势在市场上更具有竞争力。

（3）制定策略。以产品分析的数据为导向，制定差异化的战略。产品定位并非一次简单的任务，而是一个需要不断调整和执行的过程，所以店铺的产品策略也需要不断变化调整，以应对市场的变化。

2.2 产品规划

产品规划是一项包含多方面内容的复杂工作,其最终目的是做好店铺的产品布局,以获得店铺的利润增长。

2.2.1 产品规划的重要性

产品是店铺最重要的核心竞争力,也是实现店铺利润的重要保障。如果没有好的产品规划,只会盲目跟风,店铺是无法持续长久地经营下去的。在电商市场中,每天都有新产品上市,为什么有的店铺一上新产品就成功了,有的店铺却失败了呢?这主要就是因为有些店铺的产品规划做得好,而有些店铺的产品规划做得不够严谨,甚至没有规划。科学合理的产品规划可以更高效迅速地将产品推向市场,其重要性主要体现在以下几个方面。

- 合理的产品规划有助于店铺或品牌形象的确定。
- 合理的产品规划能够快速增加产品销量,提升产品的利润。
- 合理的产品规划能够有效地扩大产品的市场份额。
- 合理的产品规划能够有效地延长产品的生命周期。

2.2.2 判断产品能不能做

对于网店的经营者来说,正确地选择经营的产品,是打开成功之门的重要因素之一。如果店家在开店之前没有判断产品的意识,而只是随便选择一个产品类目就开始运营,那么即使在后续的运营中投入大量的精力和时间,也不一定会取得很好的效果,反而会影响店铺的销量。那么,店家应该如何去判断一个产品能不能做呢?关键是要考虑以下几个方面的问题。

(1)产品是否有市场需求?没有市场需求的产品,即使产品的品质再好也不可能取得很好的销售效果。虽然目前电商推广渠道有很多,但是大部分客户仍然是通过搜索关键词来寻找自己所需要的产品。所以如果产品相关的关键词在淘宝上搜索量过少,则说明该产品不太适合在淘宝上销售。

(2)产品是否与消费者需求匹配?产品如果不能与消费者的需求匹配,得不到消费者的认可,这样即使投入很大的精力去运营,也注定会失败。

(3)产品是否能做出差异化?如今市场上产品的同质化现象日趋严重,所以能够让消费者感知到产品的差异化,就能获得很好的销售效果。

(4)与竞争对手相比,产品是否具有优势?产品要想获利,竞争对手店家也是不得不考虑的一个关键因素。店铺所销售的产品与竞争对手相比是否具有一定的优势?比如货源优势、客户优势、品牌优势等。如果店铺的产品没有这些优势,就没有核心竞争力,那么还怎么去和其他店铺的产品竞争呢?

(5)产品是否具有盈利能力?销售产品的最终目的就是获取利润,如果产品不能为店家带来一定的利润，那所做的一切都是无用功。通常，高毛利率的产品竞争力会比较强，因为它们可以使店家有足够的利润空间去做营销，做推广；而低毛利率产品只能依靠价格来打压竞争对手，最后还有可能会出现"赔本赚吆喝"的情况。

2.2.3 了解网上的热销商品

在网店中热销的商品，客户群都很大，如果经营得好，利润将非常可观。热销商品的类目一般会随着市场变化而变化，目前市场上相对热销的产品主要有 5 类，如图 2-4 所示。

图2-4 热销商品

- **服装类**。根据中国网购品类市场份额报告显示，服装是网上最畅销的商品。故服装类也是目前网上开店较为热门的类目。
- **美容护肤品**。女性是网上购物的主力军，且女人天性爱美，所以美容护肤品的市场前景也很宽阔。这类商品属于高频商品，只要质量过关且符合客户需求，回购率往往很高。
- **箱包类商品**。女性偏爱提包、挎包，男性需要挎包、双肩包，所以目标客户多。且线上箱包与实体店相比，更具价格优势；而且箱包也适合作为礼物赠送给对象、父母，所以整体销量较高。
- **数码家电产品**。线上购买数码家电及相关配件的客户也越来越多。因为此类产品一般都具备一定的品牌因素和价格因素。一般在线下查看实物商品，对比线上价格，如果线上更具优惠，就更倾向于线上购买。
- **流行饰品**。和箱包一样，流行饰品被大部分女性所青睐，且也容易被当作礼物赠送，故市场非常大。

热销产品不仅客户很多，而且货源也相对好找，对于网上开店来说是个不错的选择。但也正因为市场较大，其竞争也比较激烈。所以店家在选择商品时，应综合考虑。

2.2.4 产品类目分析

产品类目是为了方便消费者能够有针对性地选购产品而做设计的。产品类目规划的核心就在于通过数据分析方式来了解整个行业类目的市场情况，从而明确主攻市场的切入点。

1. 数据分析平台

店家不能盲目地根据自己的喜好来选择行业和商品，而应充分分析市场需求。所以，在开店前期，店家就应通过数据分析平台来对行业进行分析。常见的数据分析平台有阿里指数、百度指数等。

（1）阿里指数

阿里指数是以阿里电商数据为核心，专业针对电子商务市场动向研究的数据分析平台。它也是一个社会化的大数据共享平台，主要对电商市场的行业价格、供需求关系、采购趋势等数据进行分析，作为市场及行业研究的参考，帮助中小企业用户、市场研究人员，了解市场行情、查看热门行业、充分掌握市场行情的动态。阿

图2-5 阿里指数的首页

里指数的首页如图2-5所示。根据其功能的不同，目前阿里指数划分为行业大盘、属性细分、采购商素描、阿里排行等四大功能模块。

（2）百度指数

百度指数是基于百度网民搜索数据的统计分析平台，从发布之日起就被很多企业用于参考营销策略。百度指数包括需求图谱、人群画像、搜索指数、资讯关注等功能模块。店家可使用百度指数调查客户的关注和需求。百度指数的界面如图2-6所示。

图2-6 百度指数的界面

可供店家分析产品类目的平台还有很多，如京东平台的商智、淘宝平台的生意参谋等。店家可参考这些数据分析平台提供的产品类目数据来选择产品的类目。

2. 分析类目行情

阿里指数中的行业大盘功能是阿里巴巴通过对用户数据，如浏览、收藏、分享、成交等行为进行量化处理的大数据展示。行业大盘展示的内容主要包括行业数据概况、相关的热门行业及潜力行业。店家在选择类目时，可参考行业大盘数据。

在阿里指数中输入类目关键词进行查询，比如这里输入的类目关键词为"女士毛衣"，可以看到数据显示，近30天女士毛衣类目在全类目的采购指数的排名是第1名，如图2-7所示。从类目整体的趋势来看，女士毛衣随着气温的降低，整体交易呈现上升趋势。

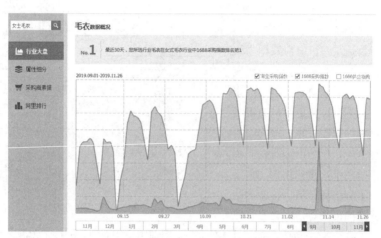

图2-7 女士毛衣行业大盘

行业大盘趋势是根据阿里巴巴电商平台的搜索、转化和成交等多方面的数据来显示的，数据趋势是实时变化的，需要店家时刻关注，提前布局和规划。

3. 分析细分市场

商品属性影响着商品的搜索排名。阿里指数中的属性细分功能可以帮助店家分析产品类目的热门基础属性、热门营销属性和价格带分布，以便店家更好地了解市场需求，进行产品定位和营销规划工作。

（1）热门基础属性。这里仍然以"女士毛衣"为例，在阿里指数的属性细分中查看该类目的热门基础属性信息，如图2-8所示。该类目商品的热门属性的展现以"产品类别"属性为默认属性，店家可以切换页面中的"袖长""毛衫工艺""款式""领型"等属性来查看细分属性中的热门属性关键词。需要注意的是，不同类目下的商品，属性关键词是不一样的。

图2-8 "女士毛衣"类目的热门基础属性

（2）热门营销属性。下拉属性细分的页面，可以显示"女士毛衣"类目的热门营销属性，如图2-9所示。根据图表和数据解读来看，"新款""创意款"是较受客户喜欢的热门属性。这时店家就可将该类热门属性关键词加入自己的商品标题中，来迎合客户的喜好，增加商品搜索权重。

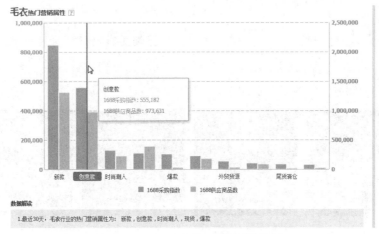

图2-9 "女士毛衣"类目的热门营销属性

（3）价格带分布。为方便店家掌握产品类目的价格情况，阿里指数还提供了产品类目的价格带分布图。如图2-10所示，继续下拉属性细分的页面，可以看到"女士毛衣"类目在近30天内，客户浏览最多的商品价格带和交易最多的商品价格带。

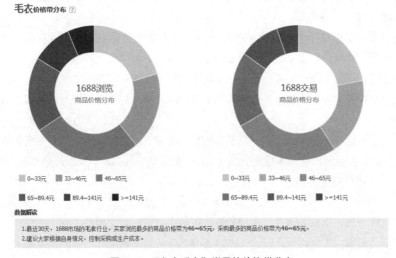

图2-10 "女士毛衣"类目的价格带分布

由于细分市场分析的切入点较多，店家需要结合自身产品的属性和卖点，多参考热门类目的属性，关注市场的需求变化，始终以客户需求为导向，找到更多符合市场潮流的类目。

4. 分析类目市场容量

市场容量分析，指的是对于市场的整体分析。只有全面地掌握市场容量和存量，才能够根据市场趋势指导店铺运营。例如，分析淘宝平台中某个类目商品的市场容量，可直接在淘宝搜索框中输入类目关键词，比如"平衡车"，再选择"销量从高到低"来查找，即可查看到最近30内的淘宝销量情况，如图2-11所示。

图2-11　"平衡车"类目在淘宝网的市场容量

- **成交量**。平衡车的成交量较高，说明市场的需求量非常大，全网成交量最高的一款商品销量高达1万+。
- **价格**。全网成交量排名靠前的平衡车商品，其价格主要集中在300元左右，从侧面说明了价格区间是影响成交转化的重要因素。
- **商品属性**。儿童平衡车的成交量大，说明市场对于平衡车的细分要求较高，精准化营销的前提是做好平衡车的细分工作，因为不同功能和属性的平衡车所对应的客户群体有所区别。

综上所述，店家想要深入研究产品类目市场的容量，就必须从行业类目的各个细分指标入手，逐步分析指标背后隐藏的信息，抽丝剥茧，精准地获取信息，找到最适合自己的类目。

5. 分析产品的竞争环境

正所谓"知己知彼，百战不殆"，商场如战场，淘宝就是一个战场。淘宝虽然用户基数庞大，但竞争却非常激烈。店家如何在这激烈竞争的市场中占有一席之地并生存下去？正确选择产品的类目至关重要。店家们可以通过"1688淘货源"平台来帮助自己判断产品的竞争环境，具体操作步骤如下所示。

第1步：进入1688淘货源首页，在搜索框中输入商品关键词，以"牛仔裤"为例，单击"搜索"按钮，如图2-12所示。

图2-12　输入商品关键词

第2步：进入商品搜索结果页面，将鼠标放置在目标商品的主图上，在商品主图下面会出现几个选择，单击"参谋"选项，如图2-13所示。

图2-13　单击"参谋"选项

第3步：在"进货参谋"页面中，可以很直观地看到该商品的零售利润、价格区间、月销量以及在售淘宝店铺数量等关键信息，如图2-14所示。

图2-14　查看竞品的相关信息

店家如果想查看更为详细的信息，可以下拉页面，查看商品具体的利润价格概况和销售概况。店家可根据"1688淘货源"平台提供的信息对商品的竞争环境进行一个基本判断。如果能找到销量好，售卖店铺数量又少的商品，其竞争力也小，经营起来相对更容易盈利。但如果是销量少，售卖店铺数量还多，其竞争力就会很大，盈利难度也会增大很多。

2.2.5 怎样做好产品规划

在进行产品规划时，根据产品的作用不同，通常可以将一家店铺的产品分为引流款、利润款、活动款和形象款 4 种类型。

1. 引流款

"引流款"顾名思义就是吸引流量的产品。流量对于网店来说是非常重要的，如果一家店铺能够多推出一些引流款产品，那么店铺的流量必定是很可观的。引流款产品的特点是毛利率趋于中间水平，产品的转化率较高。与竞争对手相比，如果产品有价格或其他方面的优势，就能在后期为店铺带来较多的免费流量。

引流款产品一般都是目标客户群体里面绝大部分客户可以接受的产品，而非小众产品。在选择引流款时，店家应该做产品数据测试，初期给予产品比较小的推广流量，观察数据状况，选择转化率较高、地域限制较少的产品。

2. 利润款

店家销售产品的最终目的是获取利润，因此利润款产品在一家店铺实际销售的产品中占比应该是最高的。利润款产品适用于目标客户群体里面某一特定的小众人群，这部分人群追求个性，因此，利润款产品应尽可能地突出产品的卖点及特点，来满足这部分人的购物心理。

以下三种类型的产品一般比较适合作为利润款产品。

- **搭售产品**。搭售的小产品往往能够贡献超高的利润。例如，母婴类目下的玩具、婴儿车、营养品搭配等。
- **独占产品**。仅此一店独有的产品。
- **高端产品**。客单价相对较高的产品。

利润款产品的前期选款对数据挖掘的要求更高，店家应该精准分析小众人群的偏好，分析出适合他们的款式、设计风格、价位区间、产品卖点等多方面因素。对于利润款产品的推广，需要以更精准的方式进行人群定向推广。推广前店家需要少量的定向数据进行测试，或者通过预售等方式进行产品调研。

3. 活动款

"活动款"产品是指店家用于做活动的产品。一般店家做活动、搞促销主要有三个原因：一是为了清库存，二是为了冲销量，三是为了品牌体验。

在选择活动款时，应以一些大众款的产品为主，但产品的原始定价不能太低。因为店家需要一个较高的折扣点，让客户看到基础销量的价格与活动折扣的落差，从而让客户产生购物的冲动。

活动款产品的利润率一般都比较低，因为店家如果想依靠活动款来赚钱的话，很有可能会陷入一种"非活动不走量"的窘境。现在淘宝平台上，很多活动产品的销量是不计入主搜排序的。因此，活动仅仅只作为让外界感知产品品牌的一个渠道，但如果能做好活动款产品后续的售后跟踪，也能在一定程度上提升活动后的复购率。

4. 形象款

"形象款"产品的主要作用是为了展示品牌形象，因此店家应该选择一些款式独特、风格独特、设计感强、价格偏高的可体现品牌价值的产品作为形象款。一家店铺可以有 3~5 个形象款产品，适合目标客户群体里面的 3~5 个细分人群。形象款仅占产品销售中极小的一部分，但它们的客单价和利润却要保持在一个较高的水平，这样才能体现商品的价值，更好地提升品牌的形象。

如图 2-15 所示的这款手机就是一款形象款产品，它体现了优秀的产品品质，展示了优秀的品牌形象，即使价格昂贵，也会让不少消费者驻足和期待。

图2-15　形象款产品

2.3　产品选品

常常有人说："选对了产品，电商经营之路就成功了一半。"这样的说法是很有道理的，因为在如今的市场环境下，店家们往往缺乏的不是产品本身，而是缺乏对产品款式受欢迎度的把控，以及对产品质量的保障。因此，店铺成功的关键在于选品。

2.3.1　产品选品的重要性

在电商运营过程中，产品选品是所有店家都必须要经历的一个必要操作。选品对于店铺的经营非常重要，店家选对了产品，才能在后期的经营中取得更好的销售成绩，获得更多的利润；如果店家产品选择错误了，不仅不能获得高额的利润，甚至还会使店铺的经营陷入困局。产品选品的重要性主要反映在以下几个方面。

- **产品的竞争力**。淘宝市场上产品的竞争是很激烈的，尤其是一些热门产品，其竞争非常大，如果新手店家既没有稳定的货源，又不认真选品，随随便便找个产品就上架销售，自然是无法与那些热卖产品竞争的。
- **产品的消费群体**。产品想要获得好的销量，消费人群是必须要考虑的一个重要因素。产品的选品将决定产品消费群体的体量和大小，通常高端产品的消费群体要比低端产品的消费群体少。

- **产品的应季性**。市场上很多产品都具有一定的季节特征，在某一段时间内销售效果是最好的。比如，取暖器产品肯定是冬季的销量最好，如果店家在夏季选择销售取暖器产品肯定是不合适的。

由此可以看出产品的选品很重要，只有针对具体的问题去选品才能解决问题，从而取得好的销售成绩。

2.3.2 选品需要考虑的产品维度

要想选择出正确的产品，首先需要从多个维度对产品进行分析，全面地掌握产品的基本情况。店家在选品时通常需要从产品的行业潜力、产品的利润空间、产品的质量、产品的优势以及产品的季节性5个维度对产品进行深度考量，如图2-16所示。

图2-16 选品需要考量的5个维度

- **产品的行业潜力**。店家选择的产品一定要是市场需求非常大的产品，这样才能有效地提高产品转化率。
- **产品的利润空间**。店家选择的产品一定要关注产品的利润空间，产品的利润高了，店家才能有更多的资本去做推广，从而获取更大的利润，从而形成一个良性的循环。一般来说，客单价高的产品，利润空间都比较高；而客单价低的产品，则利润空间相对较小。
- **产品的质量**。质量是产品的立身之本，店家在选择产品时千万不要为了保住产品的利润而牺牲产品的质量，刻意去选择一些价格低廉、质量很差的产品进行销售。这样做的后果，只会是为自己招来一大波的差评和投诉，最终导致店铺无法经营下去。
- **产品的优势**。店家选择的产品与竞争对手相比是否具有什么特殊的优势？这一点很关键，如果产品有独特的优势，那么店家就可以在后期的运营中将其提炼成产品的核心卖点，以增加产品的竞争力。
- **产品的季节性**。市场上很多产品都会受到季节因素的限制，特别是服装类的产品，比如羽绒服产品基本上都是在冬季销售的。产品是否属于应季商品也直接关系到消费者的接受度和活动申报问题，进而影响产品的销量。选择应季的产品可以大大提高产品销量，降低库存积压的风险。

2.3.3 选品的方法

在选择店铺经营的产品时,盲目跟风肯定是不可取的,但新手店家往往又没有选品的经验,常常感到难以下手,那么新手店家到底应该怎样选品呢?下面介绍几个选品的方法供大家参考。

1. 选择自己熟悉的产品或擅长的服务

网店中销售的商品既可以是有形的实体产品,也可以是无形的服务。无论店家选择哪种,首先要遵循的原则就是选择自己熟悉的产品或擅长的服务。

店家必须对自己销售的商品有足够的了解和认识,才能够在后期的运营中游刃有余,才能够保证店铺的利润,否则将来在经营的过程中可能会遇到很多不必要的困难和挫折,造成无谓的损失。因此,店家在选品时应尽量选择自己熟悉的产品或擅长的服务,这样才能使店铺更长久地经营下去。

2. 选择有较高复购率的产品

如果某款产品复购率较高,便能有效提高店铺的静默成交量,降低店铺的营销成本和客服成本,所以店家应参考同行店铺,选择有较高复购率的产品。复购率较高的产品通常是一些快消易耗品,比如纸巾、食品、清洁用品等。例如,淘宝上一家销售方便食品的店铺销售的商品,其月销售就非常高,如图2-17所示。

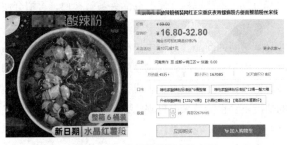

图2-17 一款销量非常高的商品

另外需要注意,如果发现竞店在销售一款产品,卖了一两个月就不卖了,那么这类产品有可能不好卖,或者进货不易,或存在其他问题等,总之一定要谨慎选择。

3. 选择价格合适的产品

店家在选品的过程中,还要明确自己选择销售什么价位的产品。如果选择的产品价格太高,可能会失去一定的潜在客户;而如果选择的产品价格太低,利润就会很低,就需要在销量上下更大的功夫。

商家在选择产品时,要从自身所处的地位来考量产品的价格问题。例如,一个具有一定品牌影响力的大商家,销售一些价格便宜低廉的产品,这就与其身份不太相符了;相反,一个兼职开网店的学生,却销售一些高端奢侈产品,这就会让客户质疑其所销售的产品是否为正品。

建议新手店家选择价格不太高的产品,这样客户的试用率会比较高;如果价格太高,试用的门槛就高了,会把一批想要尝鲜的客户挡在大门之外。

4. 选择有合适利润的产品

一般来说，合理的利润主要被三个条件制约，即客单价、毛利率和市场竞争激烈程度。

如果客单价高一点，毛利率就可以低一点。通常一件产品的毛利率在 30% ~ 40% 都是比较合理的，如果毛利率达到 70%，那么该产品的质量就可能无法保证了。

此外，利润还取决于产品的市场竞争激烈程度，如果产品的市场竞争已经非常激烈了，适当降低利润可以增加产品的竞争优势。当然，这个还是需要店家根据自己的实际情况来决定。

2.3.4　如何选择爆款商品

爆款商品是指在商品销售过程中，那些销量和人气都很高的商品。爆款商品可以给店铺引入大量的自然流量，带动全店其他商品的销量，提升店铺人气。因此，打造爆款一直是店铺运营的头等大事，那么店家们应该如何去选择那些具有爆款潜力的商品呢？

1. 了解潜力爆款商品的特点

要想打造爆款商品，首先需要选择具有爆款潜力的商品。那么，那些潜力爆款商品都有哪些特点呢？潜力爆款商品应具备以下几个特点。

- 商品的质量一定要可靠，不能选择劣质的商品去蒙蔽客户，否则会使自己店铺或品牌的信誉受损。
- 线上线下没有被品牌垄断的商品。对于中小商家来说，不适合选择品牌特征比较明显的商品作为爆款商品，因为有一定品牌知名度的商品，大多会被大品牌商家垄断，客户的品牌忠诚度也会比较高，中小商家很少有机会。
- 在不进行推广的情况下，也能带来很可观的销量。如果潜力爆款商品的自然流量多，在后期的推广中就会起到锦上添花的作用。
- 商品的客户反馈信息较好，回头客比较多。如果一款商品在销售初期就能够得到大部分客户的认可，便说明该商品很有潜力成为爆款商品。

此外，那些特别冷门的商品；不符合客户搜索习惯的商品；没有一定市场基础的商品；搜索热度太低的商品等都不适合作为爆款商品。

2. 选择爆款的方法

能不能正确地选择到一个具有潜质的爆款商品，直接关系到爆款是否能够成功打造。店家通常可以通过跟款法、活动选款法、数据分析法以及预售法等 4 种方法来选择具有潜力的爆款商品。

（1）跟款法

跟款法是指参考其他店铺的爆款来选择爆款商品，即别人什么卖得好，我们就跟着卖什么，中小商家通常使用这种选款方法。跟款法有利有弊，并不是所有的跟款商品都能够做成爆款商品。跟款法的优点在于操作简单，风险相对较小，因为其他店铺能够将商品销售得很好，说明这类商品的市场需求量较大，具有爆款的潜力；跟款法的弊端在于其他店铺已经积攒了很多销量和评价，如果自己的产品在质量或者价格上没有较大优势，很难与其竞争。

（2）活动选款法

活动选款法是指通过策划活动来选择爆款商品。天猫店铺一般多用此方法选款，例如，选定 8 ~ 12 个新款商品，置于店铺首页展示位置，进行新品促销活动。在店铺首页和商品详情内页采用各种促销方法，比如 1 折抢购、买一送一等，实现最大程度的引流，经过 1 ~ 2 天的活动，选出销量前三的商品作为爆款商品。

（3）数据分析法

数据分析法就是通过分析网店后台数据、生意参谋等多项数据来选择爆款商品。使用数据分析法选款，首先通过店铺后台，分析商品的自然流量、收藏、转化率，以及用户停留时间等一系列数据，筛选出店铺中较为优秀的商品；然后分析客户的地域、年龄、购买能力等，找出其中关联性最好的关键词；最后结合市场情况进行综合选款。

提示 如果店家开通了直通车，则可以使用直通车长尾关键词进行精准测款，测款时重点关注点击、成交、收藏、加购等指标的情况。

（4）预售法

预售法就是通过网店预售的形式来选择具有爆款潜力的商品。这种选款方法是最近几年才兴起的新玩法，它的优点在于店家既可以避免压货的风险又可以营造一种饥饿营销的效果。在未选择出爆款之前，先不用大批量地进货，而是利用预售的形式收集到客户的反馈信息，选出更受市场欢迎的商品款式，不好的款式就直接摒弃。在店铺策划一场预售活动，一般预售期为 2 周左右，店家可采用多种引流手段来吸引客户，比如，在特定时间内进行秒杀抢购。活动期间店家应重点关注店铺收藏量这一重要的参考数据，选出收藏量最高的商品作为潜力爆款商品。淘宝某店铺就采用预售方式来销售商品，如图 2-18 所示。

图2-18　采用预售方式销售的商品

2.3.5　选品过程中常犯的错误

选品的成败，将直接影响到店铺的经营。众所周知，选品时需要进行市场调研、竞品分析，制定合理的利润空间，但有时候严格执行了这些流程后，选出来的产品销量仍然不好，这可能是因为选品时出现了一些想当然的错误而造成的。下面总结了一些在选品时常犯的错误，希望新手店家在选品时能够避开这些雷区。

1. 产品的评价数量并非越多越好

不少店家在选品时会根据商品的搜索排名，在目标类目中寻找选品思路。所以，店家们通常会将那些评价数量多的产品作为自己优先考虑的对象，但这样的做法并不适当。

评价数量多的产品，一般市场容量都比较大，但这样产品的竞争就十分激烈，对于实力相对较弱的新手店家来说，竞争难度是非常大的。而且即使产品的评价数量多，也不一定所有的评价都是有利于产品销售的。一款产品虽然评价数量很多，但客户的好评却很少，一样达不到好的销售效果。因此，对于新手店家来说，通过产品评价数量来进行选品并不是最好的选品方法。

2. 分析产品评价时只考虑差评

店家们确定一款意向产品后，为了提高客户体验，通常会通过分析竞争对手的差评，以便对产品进行优化和改进，以减少差评率。其实这样的做法过于片面了。店家在分析竞争对手的产品评价时，不仅要关注差评，还应关注好评，尤其是消费者的一些真实评价。

通过分析竞争对手的好评，一方面店家可以看到消费者的使用场景，从而让自己对产品的定位更加清晰和精准；另一方面，店家还可以从好评中知道这个产品给消费者带来了什么价值，帮助消费者解决了什么实际的问题，从而更好地提炼自身产品的核心卖点。

3. 调研竞争对手时只考虑短期销量

一些店家通过对竞争对手的调研，发现竞争对手的销量最近比较好，再分析其竞争环境与产品利润空间等，发现都还不错，于是确定此产品为具有潜力的爆款商品，并向供应商下了大量订单。可是，在选品的过程中，这些店家却忽略了产品季节性这个很重要的因素，没有考虑到有些产品是因为季节性因素导致在短时间内销量走高，而当季节一过，这些产品的销售量便会急剧下滑。针对这类产品，如果订单量太大，在换季前没有销售完，就会造成大量库存积压。因此，商家在选品时，一定不要只考虑所选产品的短期销量，而应多方面进行考察。

2.4 小技巧

技巧1——如何运营完全同质化的商品

在竞争激烈的淘宝市场中，同质化现象是非常严重的，每天都有很多完全一样的商品在销售。同质化的商品普遍对质量的要求不是特别高，但在销售的过程中却能够以较为低廉的价格吸引大量的客户进行购买。所以，还是有很多意在从中低端领域切入市场的新手店家会选择经营同质化较高的商品。

众所周知，对于产品运营而言，追求差异化是至关重要的。虽然店家选择了同质化高的商品，但在运营上还是要做出差异化的，这样才能赢得市场的认可。面对完全同质化的商品，如果不能在文案设计、推广玩法上获得绝对的优势，那就只能从商品的价格入手，通过低价策略快速抢占市场。下面为大家介绍两个比较好的同质化商品运营方法。

1. 降低成本

同质化商品的竞争是很激烈的，如果单靠对商品进行创意优化，是很难打败竞争对手的。因为你的创意，有可能随时会被对手抄袭。所以，店家在经营同质化的商品时，要学会"保留"一点创意，不要一次性全部抛出，而要逐渐推出，这样可以为自己赢得时间优势，进而来推行自己的低成本战略。

降低成本的方法有很多，比如优化仓库、优化物流成本、提升员工的工作效率等。当店家将商品的经营成本降下来以后，就可以选择适当的时机通过比竞争对手更低的商品价格大力推广商品，最终以价格优势拿下市场。

2. 增加产品线

当竞争对手和你的利润都降到最低，甚至没有利润时，店家要靠什么办法来击败对手呢？这时店家可以在销售同质化商品时，多增加一条产品线，为客户提供更多的选择。

例如，A店铺和B店铺近期都在销售同一款女士睡衣，且销售价格都很低，利润都已经接近零点了。这时A店铺为了获取更多销量，决定增加一条男士睡衣的产品线，和原有的商品形成互补。A店铺在销售女士睡衣时，会主动给客户留言，告诉他们现在店铺中的男士睡衣也在做活动，和女士睡衣搭配购买，两套只要80元（单买一套商品的价格为50元）。结果34%的客户都选择购买搭配销售的商品。虽然A店铺原有的女士睡衣商品的利润很低，但他们选择搭配销售的方式，却增加了一个新的利润点。因此，经过一段时间的运营后，A店铺的利润不降反升，很快就超过了B店铺。

技巧2——多类目扩张的技巧

为了给客户提供很多的选择空间，为店铺创造更多的利润，越来越多的店家在经营店铺时会选择同时经营多个品类的商品。如果店家准备多类目经营，在选品时一定要避开以下两大陷阱。

- **可持续性较短的品类**。对于那些一时兴起的商品类目不建议店家轻易尝试，因为这类商品通常可持续性较差，销售周期较短，即使利润很高，其优势也会随着市场的下滑渐渐消失。
- **门槛较低的品类**。这类商品虽然门槛较低，但通常会有一定的地域限制，比如那些需要从义乌、金华等批发市场进货的小商品类目。由于其进货渠道不便，利润又比较低，在后期经营中会丧失整体优势。

下面为大家推荐两个比较适合做多类目扩张的类目。

- **冷门类目**。这一类目的优势在于利润较高，竞争对手偏弱，所处的市场环境很健康。
- **高门槛类目**。这一类目竞争者较少，但店家在前期的经营中会比较困难，如果能够坚持下来，后期会为店家贡献大量的利润。

冷门类目比较适合大部分中小商家切入，在不断积累实力的同时，多物色高门槛的品类，因为高门槛类目的可持续性更强。

案例　年销售额 1.3 亿元店家分享选品方法

温富强，主要做天猫、京东、淘宝平台和二类电商，年销售额 1.3 亿元。如何选品一直是很多店家的痛点，温富强在这里分享一下他的选品方法，教大家如何做高门槛、高利润的产品。

我从 2000 年开始做电视购物，后面又涉及电商。起初，做电商就采取傻瓜式的节流方式，电视上打哪个商品的广告，我就在淘宝店铺上架这个商品。如此一来，店铺的大多数客户也是通过精准搜索进店的，所以转化还不错。上架商品时，在内功方面不用花什么心思，甚至有的主图都是直接抓取电视购物截屏。虽然对电商了解不深，更谈不上运营思维，但当时收益蛮不错。

2015 年，国家开始严查电视购物，导致我们也迎来了寒冬。因为没有电视广告导流，店铺没有流量，舒服日子也随之结束。经过反思，发现自己太沉浸于舒适圈，没有学习。记得有一次去找朋友学习，他很惊讶地说："这个玩法，我们两年前就不玩了。"也是这话刺激到了我，回来后就潜心学习运营知识。经过不断的学习，店铺销售额直接提升了一倍。由此可见，学习真的很重要。

前面也提到，我不是专业的运营出身，比较擅长选品。我认为选品就和选妻子一样，只有选对了妻子，才能家庭、事业都圆满；反之，就是鸡飞狗跳，各种问题层出不穷。选品也是同样的道理，选择一个好产品，基本成功一半。下面重点讲讲我的选品思路。

1. 自带门槛的产品

比如，我现在做的一款按摩器，外观漂亮，功能强大。通过前期调研，发现国内市场没有能与之媲美的产品，竞争力很强，唯一担心的就是同行抄袭。为此，我们的供应商申请了多项专利，例如：外观专利、发明专利等。所以，我们的产品门槛很高，销量也远远领先于同类产品。

我们还有一款全球最小的制氧机，主要面向高原旅行或在藏区有短期工作的人群。这款产品也每年都会向部队以及一些援藏的干部进行供应，订单非常稳定。虽然整体销量不高，但利润可观（1 单利润可上千元）。之所以利润高，是因为这个产品没有竞品，技术领先，又有着体积小、方便携带等优势。单靠这一款产品，我们一年的利润就能达到 400 多万元。

所以，自带门槛的产品，在竞争中非常有优势。像制氧机，根本没有竞争对手。因为同类产品价格远远高于我们，但体积还没有我们的小，不便于携带。

2. 产品的稀缺性（文号资源的稀缺性）

我是做医疗器械类产品的，了解这个行业的店家都知道，这个类目的产品需要有医疗器械注册证来证明产品是经过批准的。我们有一款液体止鼾器，国内只有两个批号。其他没有国家正规批文的止鼾器，禁止销售，否则会被药监局、工商局和打假人员盯住。所以，产品文号的稀缺性，也提高了我们产品在市场当中的竞争力。

还有一款医疗器械，在国内只有 5 家工厂生产，而其中 3 家的线上销售权都在我手中。这样，我比其他两个对手更有优势，因为全网可能就 5 家在卖，有 3 家是我的。我可以通过3个品牌，用不同的价格区间去围攻竞争对手。虽然产品销量不多，但是利润高。

3. 渠道和供应链可控

因为我有做电视购物的经验，在选择独家产品方面具有优势。例如，一款产品上了卫视广告，我就马上联系该厂家，拿到这个产品的网络独家代理权。其他店家想做这个产品，必须经过我这里。但因为产品本身自带流量，所以很多店家也愿意来我拿。

另外，我也会在一些销售渠道或平台上尽量做到独家。二类电商主要就采用这个模式。如果想把某个产品在抖音、朋友圈推广，在这之前我会先和厂家签订对赌协议，拿到厂家在这个平台的独家渠道。例如，某客单价为700元的产品，我和厂家签订最低销量为2万台。所以，我基本把线上的渠道都占了，其他店家想拿货，必须找我。

当然，我们在供应链方面也有很多问题未解决。例如，之前有一个爆款做到两年类目第一，结果后期供应链质量出现问题，排名掉到第二。之前利润能在七八百万元，掉到第二后，年利润就只有两百多万元，而且还占用大部分人力和库房，所以我准备直接丢弃这个产品。

现在的难题在于前期做产品，很难和大工厂合作。因为很难得到价格方面的支持，只能选择偏弱的工厂。但是等量起来了，小工厂又很难及时交货，或者产品的良品率大量降低。这样就会造成我们辛辛苦苦把销量做起来了，又被打回原形。并且医疗器械产品都有唯一的批号，很难更改供应商。如果实在要换供应商，就必须修改厂家信息、批文信息等。而修改这些信息，又可能会被平台当成"换宝贝"处理。所以，我们也有供应链的问题，希望后期能寻找到合理的解决方法。

第3讲

供应商选择与进货成本控制

本章导读

俗话说："巧妇难为无米之炊"，经营网店也是如此，尤其不能出现货品数量与质量问题。如今是一个产品为王的时代，店家们不仅需要科学的运营方案和策略，还需要优质的供应商和产品。只有拥有更多、更优质的供应链，把商品成本降下来，才能为店铺带来更多的利润。

3.1 寻找开店货源

货源是店铺经营的基础，如果没有物美价廉的货源，一切的努力都将是徒劳。对于新手店家来说，要想找到适销对路与物美价廉兼具的网店货源供应商不仅要依靠运气，还需要一定的经验。

3.1.1 了解常见的进货渠道

对于网店而言，进货的渠道多种多样。店家可以根据自己所销售的商品、资金情况以及进货便捷性等因素综合考量，选出最适合自己的进货渠道。下面为大家列举几种常见的进货渠道。

1. 各地的大型批发市场

批发市场产品多样、地域分布广泛，能够小额批发，更加适合以零售为主的小店。批发市场的商品价格一般比较便宜，这也是店家选择最多的货源地。

从批发市场进货一般有以下特点。

- 进货时间、数量自由度很大。
- 品种繁多、数量充足，便于店家挑选。
- 价格低，有利于薄利多销。

2. B2B 电子商务批发网站

外地店家如果去距离较远的批发市场进货，所花人工费、差旅费会无形之中增加商品的进货成本。考虑到这一点，故很多批发网站纷纷上线。比如阿里巴巴旗下的 1688 批发网站，其商品类目丰富多样，为网店经营者提供了很大的选择空间，不仅能够很方便地查找货源信息，还能为小店家提供相应的服务，并且起批量很小。阿里巴巴 1688 批发网站首页如图 3-1 所示。

图3-1 阿里巴巴1688批发网站首页

网络进货相比传统渠道进货的优势是非常明显的，主要有以下几点。

- 成本优势。可以省去来回批发市场的时间成本、交通成本、住宿费、物流费用等。
- 时间优势。选购的紧迫性减少，亲自去批发市场选购由于时间所限，不可能长时间慢慢挑选，有些商品也许并未相中但迫于进货压力不得不赶快选购，网上进货则可以慢慢挑选。
- 批发数量限制优势。一般的网上批发基本上都是10件起批，有的甚至是1件起批，这样在一定程度上增大了选择余地。
- 其他优势。网络进货不但能减少库存压力，还具有批发价格透明、款式更新快等优点。

3. 厂家进货

一件商品从生产厂家到消费者手中，要经过许多环节，其基本流程如图3-2所示。商品经过多环节的流通，易产生很多额外的费用。所以，如果能减少商品流通环节，直接从厂家手里拿到货，就可以有效节约商品的进货成本。

图3-2　商品流动流程图

如果店家可以直接从厂家那里进货，且有稳定的进货量，一般都可以拿到一个较低的进货价。而且正规的厂家货源充足，信誉度高，还能争取到调换商品和退货还款等服务。

4. 外贸尾单

外贸尾单就是正式外贸订单的多余货品。外商在国内工厂下订单时，一般工厂会按5%～10%的比例多生产一些，这样做是为了万一在实际生产过程中有次品，就可以拿多生产的数量来替补，这些多出来的货品就是常说的外贸尾单货了。外贸尾单货往往性价比都很高，市场广而大，基本不缺销量。这些外贸尾单货价格十分低廉，通常为市场价格的两三折，品质做工有保证，这是一个不错的进货渠道。

5. 国外热销商品

近几年，在国内的消费市场中掀起了一股"海外代购风"。很多人一旦出国旅游，发朋友圈定位地点，都会收到亲朋好友要求代购的信息。这也侧面说明了国外热销商品在国内拥有较大的市场。如果店家在国外有亲戚朋友，可以让他们帮忙代购一些国外的热销商品，然后再由自己放到国内网站上进行售卖。

6. 库存商品与清仓商品

随着市场的变化加快，商品更新速度也在随之加快，因此库存商品及闲置物资越来越多。部分品牌商品的库存积压很多，一些店家干脆把库存全部卖给专职网络销售店家。不少品牌虽然在某一地域属于积压品，但利用网络覆盖面广的特性，完全可使其在其他地域成为畅销品。如果能经常淘到积压的品牌服饰、鞋等货物，拿到网上来销售，就一定能获得丰厚的利润。这是因为品牌积压库存有其自身优势。
- 质量好，竞争力强。
- 需求量大，市场前景看好。
- 利用网络的地域性差异提高价格。

店家在选取进货渠道时，可以根据自己商品类目属性以及多方对比来确定最合适的渠道。

3.1.2 选择货源时应考虑的三大问题

为保证能够选择到优质稳定的货源，店家在选择货源时应考虑到商品性价比、售后服务、供货三个方面的问题。

1. 商品性价比

店家在选择货源时首先应该关注的就是商品的质量和价格问题。对于中小商家而言，一般选择正规厂家生产的商品，且价格适中，具有市场竞争力的货源即可。

2. 售后服务

无论采用的是何种进货渠道，均需要考虑其售后服务的问题，尤其是关于货源数据包和货源质量的售后服务。厂家提供的货源数据包需要定期更新，否则会造成货源信息、图片落后的情况出现。对于货源质量，供货商一定要有所保证，一旦出现质量问题（比如被客户投诉商品是假货）店家可以及时与供应商联系，并进行后续处理。

3. 供货

如果商品性价比和售后服务都没有问题，店家还需要与供应商协商好具体的供货事宜。无论是生产还是供应任何一个环节出现问题，都有可能出现断货的情况，那么供应商会如何应对这些突发情况呢？市场在不断变化，消费者的需求也在不断变化，商品的款式自然也要随之变化，供应商是否有能力提供符合市场和消费者需求的商品呢？这些都是店家在选择货源时应考虑的问题。

3.1.3 如何在网上寻找货源

利用网上的 B2B 电子商务批发网站进货省事又省心，所以现在绝大多数网店的店家都会通过线上途径来采购商品。在网上寻找货源的操作方法很简单，下面以阿里巴巴 1688 平台为例，详细讲解一下如何从线上的批发网站进货。

第 1 步：进入 1688 批发网后，❶在搜索框内输入关键词，比如"毛呢大衣"，❷单击"搜索"按钮，如图 3-3 所示。

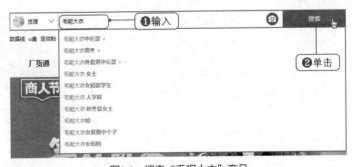

图3-3　搜索"毛呢大衣"商品

第 2 步：进入搜索结果页面，挑选货源，然后单击满意的货源，如图 3-4 所示。

图3-4 单击中意商品

第3步：进入商品详情页面，查看货源详细信息后，❶选择购买数量，❷单击"立即订购"按钮，如图3-5所示。

图3-5 商品详情页面

第4步：进入新页面，❶输入地址和联系电话，❷单击"确认收货信息"按钮，如图3-6所示。

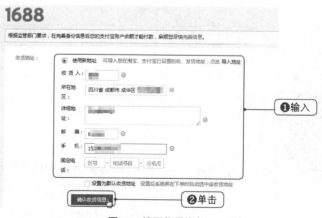

图3-6 填写收货信息

第5步：收货地址和联系信息会被保存起来，确认订单信息无误后，单击"提交订单"按钮，如图3-7所示。

图3-7 提交订单

> **提示** 店家在下单之前最好先和批发商核对好商品产地、包装、发货方式等信息。淘宝卖家也可以在"千牛卖家中心"的"货源中心"进货。

3.2 如何控制进货成本

网店运营的核心是盈利，而店铺想要获得更多的利润，控制成本是关键。商品成本是店铺经营成本中占比最大的一部分，对于这部分成本的控制主要是控制商品的进货成本。如果店铺拥有优质的供应链，就可以大大降低商品的进货成本。因此，店家可以通过一些激励手段来鼓励采购人员挖掘更多的优质供应商，比如采购人员节约进货成本1万元，奖励1000元。

商品的进货成本不仅包括购买商品的净成本，还包括进货过程中所产生的人工成本、运输成本和损耗成本等。例如，一家经营女鞋的店铺，主要通过线下的批发市场和线上的批发网站两种渠道进货。其中，店铺40%的商品来源于线下的批发市场，60%的商品来源于线上的批发网站。下面针对该女鞋店铺的两种进货渠道所产生的进货成本进行详细分析。

在线下的批发市场进货，除了商品的净成本以外，还会产生一定的人工成本；而在线上的批发网站，除了商品的净成本以外，也会产生一定的运输成本和损耗成本。因此，该店铺的进货成本构成如图3-8所示。

假设该店铺某次进货的总成本为10000元，根据店铺商品成本的构成比例，可以计算出该店铺两种不同进货渠道相对应的进货成本。

该店铺通过线下的批发市场进货所产生的商品净成本为10000×90%×40%＝3600（元），其中人工成本为10000×6%=600（元）。

该店铺通过线上的批发网站进货所产生的商品净成本为10000×90%×60%=5400(元)，

其中运输成本为 10000×3%=300（元），损耗成本为 10000×1%=100（元）。

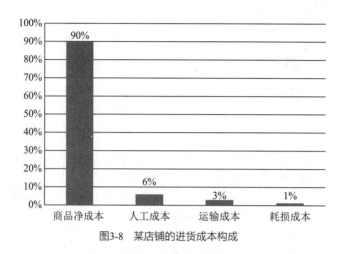

图3-8　某店铺的进货成本构成

将店铺两种不同进货渠道相对应的进货成本整理成表，如表 3-1 所示。

表3-1　两种不同进货渠道的进货成本

进货渠道	商品净成本/元	人工成本/元	运输成本/元	损耗成本/元
线下的批发市场	3600	600	——	——
线上的批发网站	5400	——	300	100

根据两种不同进货渠道的进货成本，可以进一步计算出两种不同进货渠道的进货成本消耗率。本例中，从线下的批发市场进货的成本消耗率为 600÷3600×100% = 17%；从线上的批发网站进货的成本消耗率为（300 + 100）÷5400×100% = 7%。通过计算结果可以看到，线下批发市场进货的成本消耗率远高于线上批发网站进货的成本消耗率。因此，为了降低商品的进货成本，该店铺可以考虑适当减少在线下批发市场进货的比例。

3.3　供应链及供应链管理

在竞争日益激烈的电商市场中，供应链是店家们抢占市场的核心利器，谁拥有优秀的供应链，谁就有可能获得更大的利润空间。

3.3.1　认识供应链

供应链是指由供应商、制造商（生产商）、分销商、零售商及消费者组成的具有整体功能的网络链，如图 3-9 所示。

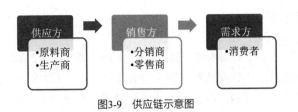

图3-9 供应链示意图

在供应链中,商品从供应方到销售方再到需求方,物流从供应方到需求方;资金流从需求方到供应方;信息流各种角色相互传递。因此,供应链也可以简单地概括为由物流、资金流和信息流组成的一个网络链。

供应链是连接供应商、店家以及消费者之间的一条"高速通道",可以有效提升店铺的运营效率。在网店经营中,一个优秀的供应链通常具备以下几个特点。

- 更好的商品(包括商品的品质和价格)。
- 更优质的服务。
- 更快的运输。
- 更优的成本。

3.3.2 供应链管理

供应链管理,又称 SCM,是指企业通过改善上、下游供应链关系,整合与优化供应链中的信息流、资金流、物流,以获得竞争优势的一种方法。供应链管理是一种集成的管理思想与方法,通常包括计划、采购、制造、配送、退货等五大基本内容,如图 3-10 所示。

图3-10 供应链管理的五大基本内容

- 计划。好的计划能够有效、低成本地为客户递送高质量、高价值的产品或服务。
- 采购。选择适合自己产品或服务的供应商,并与供应商建立一套定价、配送和付款流程。
- 制造。安排生产、测试、打包以及准备送货所需的活动。
- 配送。即物流,对客户的订单进行处理,建立仓库与派送网络,派送人员提货并送货给客户、建立货品计价系统、接收付款。
- 退货。建立网络,接收并处理客户退货以及售后服务问题。

3.4 产品定价策略与方法

产品的价格通常是影响交易成败的关键所在。如果店家在产品定价上不够科学,就会直接影响产品的竞争力和店铺的盈利能力。因此,掌握一定的产品定价策略和定价方法对于网店经营者来说非常重要。

3.4.1 产品定价法则

科学合理的产品定价，能够有效地刺激消费者的购买欲望，为产品打开销路，形成一定的竞争优势。在市场上，有的商品为了提高利润，会通过一个相对较高的定价来迎合客户的特殊需求；而有的商品为了抢占市场，则会通过一个相对较低的定价来增强市场竞争力。

1. 高定价法则

高定价法则是指通过将商品价格定位高于其他店铺商品价格的一种定价法则。这种定价法则的优点在于既能满足客户追求高品质商品、追求创新商品的消费心理，又能为店家带来更为丰厚的利润。使用高定价法则主要从以下三个角度出发。

（1）从商品价值出发

很多消费者在购买商品时都有一种价值效应，认为价格高的商品更有质量保障，特别是一些知名品牌的商品。而一些原创商品，因为其自身独具的工艺和独特性，也会使消费者产生这种"价格越高，商品越有价值"的印象。

（2）从消费者的心理需求出发

有一部分消费者在购买商品时，往往喜欢追求独特性，总是希望能够购买到与众不同的专属商品。为迎合消费者的这种心理需求，店家也可考虑使用高定价法则。例如，市面上黄金的价格相差不大，但定制款黄金饰品的价格往往要比非定制款黄金饰品的价格高很多。如图 3-11 所示为淘宝上某店铺使用高定价法则进行定价的一款裸钻定制商品。

图3-11　使用高定价法则定价的某款裸钻定制商品

（3）从服务水平出发

采用高定价法则定价的店家，除了要突显商品品质以外，还要强调服务水平。如一般商品是 7 天无理由退换货，部分使用高定价法则定价的商品，店家直接给出 30 天无理由退换货，在服务方面满足客户需求。

2. 低定价法则

低定价法则是指制定低于同类商品价格的一种定价法则。低定价法则使得商品在价格方面具有更强的竞争力，因此采用低定价法则定价能够有效提高商品的销量，有时还能带动其他商品的销售。

但是低定价法则也存在一个很大的弊端，过于低廉的商品价格往往会使消费者对商品的质量和性能产生"不信任感"和"不安全感"。因此，要想卓有成效地运用这一定价法则，需要具备以下条件。

- 进货成本低，业务经营费用低，低费用才能支撑低价格。
- 存货周转速度快，尽管商品经常降价，使利润受损，但可以尽快把商品销售出去。

- 客户对商品的性能和质量很熟悉，便宜的价格会促使客户大量购买。例如，日常生活用品、食品等商品。
- 能够向客户充分说明价格便宜的理由。
- 店铺在客户心目中拥有较高的信誉度，不会有经营假冒伪劣商品之嫌。

低定价法则有利于推动商品的销售，但相对收益也会降低。是否采用低定价法则主要取决于店家的供货和销售方式。

3.4.2 产品定价策略

产品定价的目标在于促进销售，获取利润。因此，店家在制定商品的价格时，既要考虑商品的成本问题，又要考虑目标消费者对价格的接受能力。下面介绍几种常见的产品定价策略，供店家参考。

1. 吸脂定价策略

吸脂定价策略又称为撇脂定价策略，是指在商品刚上市时，利用一些消费者的求新心理，将商品价格定位在一个较高的水平，抢在竞争对手出现之前获得一笔丰厚的利润。最后随着时间的推移和竞争环境的变化，再逐步降低价格使该商品进入普通消费者的市场。

通常来说，适用吸脂定价策略的产品主要有新商品、流行商品、价格弹性小的商品以及专利保护的产品等。如果某款商品具备以下条件，就可以采取吸脂定价策略。
- 该商品的消费群体的购买力很强，且对价格不敏感。
- 该商品的消费群体的数量众多，可以保证店铺的利润空间。
- 该商品具有明显的差异化优势，市场上暂时没有竞争对手。
- 当有竞争对手加入时，店家有能力改变定价策略，通过提高商品的性价比来提高竞争力。
- 该商品具有一定的品牌影响力。

提示 吸脂定价策略是一种追求短期利润最大化的定价策略，如果处置不当，则会影响店铺的长期发展。因此，店家采用这一定价策略时必须要小心谨慎。

2. 渗透定价策略

渗透定价策略也称为低价定价策略，是指在商品刚上市时，通过低定价尽可能多地吸引消费者的一种定价策略。这种策略是以低价为手段，以一个较低的价格打入市场。以快速占领市场为目标，在短时间内加速市场成长，以牺牲利润来获得较高的销售量和市场占有率。手机淘宝中的"天天特卖"板块里所销售的商品就是采用的这种渗透定价策略，如图 3-12 所示。

渗透定价策略的适用条件如下。
- 市场对该类商品的价格十分敏感，低价可以快速提升商品的市场占有率。
- 该商品的生产和经营费用随着经营经验和销量的增加而减少。

图 3-12 手机淘宝"天天特卖"板块

- 市场对该商品的需求旺盛，价低利薄不会引起市场的过度竞争。

3. 竞争定价策略

竞争定价策略是指以市场上相互竞争的同类商品的价格为依据制定商品价格的定价策略。店家可以通过研究竞争对手的生产、服务、质量、价格、规模、经营等因素，然后根据自身的实力，参考商品生产经营成本、市场供需求状况，以及商品质量来最终确定其价格。

在竞争激烈的快消商品市场，很多店家都是采用的这种竞争定价策略来制定商品价格。例如，某品牌的纸巾商品在淘宝上的售价都相差不太，如图 3-13 所示。

图3-13　某纸巾商品的定价

4. 组合定价策略

组合定价策略是指对互补、关联类商品，在制定商品价格时，为满足消费者的某种心理需求，将其通过价格高低搭配组合的方式进行定价的一种策略。组合定价策略是一种很好的定价策略，通常适用于相关类、搭配类、附加类、主副类等商品。通过组合定价的方式可以使不同价格的商品，在销售中相互得利，从而提升店铺的整体利润。

一家销售零食的店铺将多款小零食组合搭配后，合并定价进行销售，如图 3-14 所示。这些小零食中有的产品单价高一点，有的产品单价低一点，商家将其组合搭配后，在保证其整体利润的基础上，制定一个合理的整体价格进行销售。

图3-14　采用组合定价策略销售的商品

采取组合定价策略，一定要合理确定高价与低价的区域，使消费者易于接受，并且价格一旦确定后一般不要做经常性变动。具体的思路可以归纳为以下三步。

第一步：确定引流款商品，即确定店铺中某种商品的价格为最低价，这款商品主要作用就是吸引客户。

第二步：确定利润款商品和形象款商品，即确定店铺中某产品的价格为最高价，这款产品的主要作用是塑造店铺的品牌形象，提高店铺的利润。

第三步：店铺中的其他产品也可以根据其在店铺中的不同角度而制定不同的价格。

5. 分层定价策略

分层定价策略是一种价格差异化策略，通常是指店家向不同的客户提供相同（相近）等级、相同（相近）质量的商品时，在客户之间实行不同的销售价格。

分层定价策略可以是针对不同级别或层次的客户设置不同的价格，比如新人价、会员价、学生价等；也可以针对同一个客户的不同购买数量或购买规格收取不同价格，比如单件商品价格和套餐价格的不同，定制款和普通款价格的不同等。

如图3-15所示的这款早教机商品采用的就是分层定价策略，同一款早教机由于客户所选择的规格和套餐内容不同，所以其销售价格也会有所不同。

图3-15　采用分层定价策略销售的商品

6. 需求差异定价策略

需求差异定价策略，是指根据市场对商品的供需关系和消费者的购买力来定价的一种策略。这种定价策略通常是以时间、地点、商品以及不同的消费需求差异为定价的基本依据，根据差异决定其在基础价格上进行加价或减价。

在网店经营中，常见的需求差异定价策略主要有两种：一种是依据时间定价，例如商品在旺季价格较高，在淡季价格较低；一种是依据商品定价，例如在世界杯举办期间，与世界杯相关的一些商品，比如参赛球队的球衣、印有吉祥物标志的T恤等商品的价格会比其他同类商品的价格高。

3.4.3　产品定价方法

产品的定价是有一定方法的，一个好的定价方法可以给消费者带来不同的心理感受，并且直接影响消费者的消费意向。店家想要获得更多的销量和利润，就要善于合理地运用各种产品定价方法来吸引消费者。产品定价的方法有很多，下面就介绍几种常见的产品定价方法。

1. 成本加成定价法

成本加成定价法又叫毛利率定价法，即根据商品的单位采购成本，再加上期望的利润值形成的定价方法。成本加成定价法简单易用，所以大多数店家通常都会采用这种定价方法制定商品价格。在稳定的市场环境下，运用这种方法能够保证店家获得预期的利润，并且同类商品在各店铺的成本和加成率都相差不大，定价都很接近，所以，店铺之间的竞争压力较小。另外，这种定价方法通常带给消费者一种公平合理的感觉，比较容易被消费者接受。

提示 需要注意的是成本加成定价法没有考虑市场竞争和供求关系对价格的影响，无法适应市场的变化。

2. 习惯定价法

习惯定价法是指按照市场上已经形成的习惯来进行定价的方法。市场上有部分商品，销售时间一长，就形成了一种定价的习惯。特别是日用品、食品等快消商品，由于消费者经常购买，对其价格形成了固定印象，很容易按此价格购买商品，所以这类商品在市场上的价格基本都差不多。如图3-16所示的这款方便食品在网上的售价几乎都是一样的，说明了这样的定价一定是被大多数消费者所接受的习惯价格。

图3-16 某款方便食品的定价

采用习惯定价法定价时，店家要多参考同类商品的价格。如果自身产品定价偏高，不利于打开销量，还有可能会被消费者认为是不合理涨价；如果定价太低，又会使消费者对商品的品质产生怀疑，也不利于销售。同时，定好价格以后，店家还要尽可能地保证商品价格的稳定性，避免因价格波动给自己带来不必要的损失。

3. 分割定价法

分割定价法是指通过分解价格的方式，让消费者认为商品价格更优惠。价格分割包括以下两种形式。

- 用较小的单位报价。例如，将茶叶每千克500元报成每100克50元。
- 用较小单位商品的价格进行对比。例如，"××电冰箱每天只耗1度电，才0.52元！"

如图3-17所示的某款纸巾商品采用的就是分割定价法，该商品的售价为40包29.99元，但店家却将该商品的价格分割为每包仅约7毛，并在主图中予以重点展示，就给客户营造出一种商品非常便宜的感觉。

图3-17 分割定价法示例

4. 整数定价法

整数定价法是指店家为满足消费者求方便的心理，刻意将商品的价格制定为整数（通常以"0"作为尾数）的一种定价方法。整数定价的商品往往给客户留下方便、简洁的印象，主要适用于高品质商品或名气较大的商品。如图3-18所示，某玉吊坠商品就是采用整数定价法定价的。

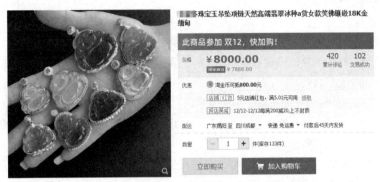

图3-18 整数定价法示例

5. 非整数定价法

相较于整数定价法，非整数定价法更为常见。非整数定价法是指当商品的价格处于整数与零头的分界线时，定价不取整数而以接近整数的方式来设定最后一位数字的定价方法。非整数定价法常常能够带给消费者一种价格低、实惠的直观感受，正好迎合了消费者希望购买实惠、便宜的产品的购物心理。例如，一件价值10元的商品，定价为9.9元，虽然只少了0.1元，但给人感觉却更实惠，也更能激发消费者的购买欲望。非整数定价法通常适用于日常较为常见的、价值较低的、更容易被消耗的产品。如某店铺销售的勺子商品就是采用的非整数定价法进行价格设定的，如图3-19所示。

6. 数字偏好定价法

数字偏好定价法是一种心理定价策略，就是利用消费者对价格数字的一种特殊心理偏好来进行定价的方法。通常情况下，消费者更乐意接受用自己钟爱的数字来进行定价的商品。在我国传统文化中，6、8、9这类数字通常都有着吉祥的寓意，比较受欢迎，因此在商品定价中最常出现。例如，某商家销售的项链商品大都选择了吉利的数字为商品定价，如图3-20所示。

图3-19 非整数定价法示例　　　图3-20 数字偏好定价法示例

3.5 小技巧

技巧1——进货有绝招

进货是一门很大的学问，如何确定进货的数量、质量、品种？什么时候补货以及如何确定补货的数量？作为网店的经营者都应该有所了解。为了保证店铺的利润，店家在进货时应该掌握以下几个进货技巧。

（1）**对店铺的经营了如指掌**。店家要想切实做好进货工作，就需要对店铺的经营洞悉分明，只有这样才能采购到客户喜欢的商品。这就需要店家尽快积累大量的店铺经营经验，提高对所采购商品的判断能力。

（2）**货比三家**。进货时，店家要多向同行请教经验，并向多家供应商咨询，认真分析比较，从中挑选出各方面都适合的优质供应商。

（3）**勤进快销**。勤进快销是加快资金周转、避免商品积压的先决条件，也是促进网店经营发展的必要措施。但具体的进货频率需要根据店铺的实际情况，以及商品的特点、货源状态、进货方式等多种因素来确定。

（4）**按不同商品的供求规律进货**。对于供求平衡、货源正常的商品，原则是少销少进，多销多进。对于货源时断时续、供不应求的商品，则需要根据市场需求来开辟货源，随时了解供货情况，随时进货。对于采取了促销措施，仍然销量不大的商品，就应当少进，甚至不进。

（5）**进货金额**。确定进货金额有一个简单的小方法，即把整个店铺的单月经营成本加起来，然后除以利润率，得出的数据就是每月要进货的金额。

（6）**进货商品种类**。店家在初次进货时，进货商品种类应该尽可能的多一些，这样可以测试一下客户对哪种商品的需求量更大。当对客户的需求有了一定了解以后，店家就可以锁定部分畅销的商品，适当调整进货的商品种类和数量了。

技巧2——实体批发市场进货技巧

批发市场鱼龙混杂，初次进货的店家由于经验不足，一般很难从批发商手中拿到一个最理想的进货价格，甚至还会遇到一些纠纷和麻烦。下面将介绍一些批发市场进货时的实战技巧，以帮助新手店家更快、更好地采购货物。

- **掌握市场情况**。进入批发市场，先不要着急问价买东西。先把整个批发市场纵观浏览一遍，把各类款式、风格的店铺分类，做到心中有数。
- **钱货当面清点**。钱款方面，要注意识别真币、假币，数额也别弄错；货品方面则要细致检查，仔细核对商品的数量、尺寸、颜色，减少瑕疵商品。
- **注意砍价力度**。批发市场主要针对批发客户，店家首次进货量一般比较小，所以砍价力度要适中。

- **发掘优质供应商**。货比三家并不是以买到低价货为目的，更重要的是要发掘优质供应商，这是以后合作中关键的一环。
- **注意财物安全**。市场里小偷比较多，店家应保管好自身财物和购买的商品。
- **不要完全被批发商的意见所左右**。部分新手店家去拿货，因为不熟悉市场行情，可能会听取批发商的意见。但由于地域不同，个体经营方式不同，批发商热销的商品自己拿来也可能会出现滞销的情况，所以店家在进货之前一定要明确好自己的经营方向以及所要采购的商品。
- **控制进货量**。首次进货注意控制数量，货物太多容易压货。
- **多收集批发商信息**。可多挑选一些批发商，并留下中意批发商的联系方式，以便今后长期合作。如果平时要货不多，又不想跑路时，可以通过电话或微信联系批发商，邮寄过来即可。

技巧3——如何防范网上进货的陷阱与骗局

通过网络渠道进货，虽然方便快捷，但由于无法与供应商面对面进行交易，所以还是存在一定的风险的。因此，店家在网上进货时一定要谨慎小心，注意进货过程中可能出现的陷阱与骗局。通过网络渠道进货时应注意如下事项。

（1）**注意供应商提供的公司信息**。一般来说，供应商会向采购对象提供公司的营业执照、公司名称、公司地址以及联系方式等基本信息。店家可以在百度或其他相关网站查询一下，看看供应商提供的公司信息是否与其所提供的公司信息相符。

（2）**注意供应商提供的网址**。如果供应商有自己的销售网站，一般会主动向采购对象提供销售网站的网址。这时店家需要对网站中所提供的商品进行研究，然后向供应商提问，进一步了解供货信息。如果供应商对店家所询问的内容含糊其辞，那么该供应商的真实性就很值得怀疑了。

（3）**注意供应商提供的汇款途径**。如果从网络渠道进货，就一定会存在汇款等问题。网上的供应商一般都是以公司为主，很少出现个人供应商，所以供应商提供的汇款账号，也应该以公司账号为主，如果是个人账号，店家就需要多留意一下了。另外，店家也可以与供应商商量，通过支付宝汇款、快递货到付款等方式支付货款。

（4）**是否支持上门看货**。正规的供应商一般都提供"上门看货"服务，如果供应商不支持上门看货，店家就要考虑一下这个供应商是不是骗子了。但有些供应商可能会对"上门看货"服务提出一定的要求，比如要求一次性采购100件商品并预交定金之后才支持上门看货。所以在是否支持上门看货这一点上，还需要店家更加仔细地辨别、分析，不能一概而论。

（5）**注意发货速度**。有些供应商的发货速度非常慢，可能下单后好几天才发货，这就会严重影响店家的信誉，造成店铺客户资源的流失。所以店家在选择供应商时，一定要关注该供应商对发货速度的承诺。另外，还要关注该供应商是否支持退换货，以免商品发生质量问题时，供应商以各种理由搪塞并拒绝退换货。

案例　店铺运营的重点

闫石磊，由传统行业转型电商行业，主营母婴商品，2018年销售额3000万。店铺的发展，离不开选品、资源、团队和供应链，这里分享自己的一些开店经验。

最初选品时，我发现母婴行业的商品有着关联性高、复购率高、客户好维护等特点，是一个塑造淘品牌相对容易的行业，于是就选择了这个行业。

2018年是我在母婴行业第2年，总结去年快速成长的主要原因是选品和升级产品。针对客户的需求，在设计和材质上都进行了创新。产品升级创新常见思路是在市场需求和客户评价中寻找突破点。这也要求我们店家必须具备发现新品的能力。我经常采用的3个方法如下：

- 网上搜索国内国外款，或搜集竞争对手。这个方法最直接，也最有效，可以把找到的产品直接拿来用。同时，我也会向厂家提需求做出产品，两方面同时进行。
- 去行业展会。行业展会上会集中出现大批产品，涵盖国内国外款，我们从中可以挖掘出很多创意点。
- 寻找针对电商的优质供应商。他不仅了解电商节奏，自身也对创新能力有要求，所以他自己就会有源源不断的创意。

接下来重点介绍供应链的3大能力。供应链涉及成本控制、产品开发、库存风险，这就要求商家对这3点进行自我预估和自我判断的能力。

1. 成本控制

成本控制是一个不断优化的过程，初期更要结合自身水平。

（1）自身出货量直接影响成本控制。小型团队本身不具备较大竞争力商谈成本，等店铺发展到后期，至少会有两家供应厂家制货供货。随着销量和供应厂家的增加，成本自然会下降。

（2）带着问题多转产业带。多转几家是为了避免大坑。因为生意好、销售体制完善的厂家不愿意过多交流。而带着问题寻找，有利于找到正确的供应链。假设我本身知道行业中一些优秀团队，如果能知道厂家与他们也有合作，那方向基本正确，成本也相对合理，因为厂方认为我是懂行人。

2. 产品开发

产品开发分为团队和供应商两方面。

（1）团队方面是指行业认知和痛点挖掘。想解决痛点，就要先带着痛点看行业中每个商品、竞争对手的店铺数量和布局。在观察自己所属行业普通对手、普通产品、普通商家的同时，寻找解决方案。其次是紧盯有实力的店家，他们同样会关注产品迭代升级，可以从他们身上获得产品的一手信息。这里店家可能直接影响产品整个年度的走势。

（2）供应商。供应商方面，不能找只会订单生产的厂商，而是要找有研发能力、能不断打样测试、卖高价高品质产品，同时自己知道升级产品的供应商。

3. 库存风险

库存风险要结合行业经验、厂家生产和大盘预估能力，进行综合分析。我个人认为利用行业大盘反推备货量，结合供应链生产和销量的模式会越来越难，因为现在大多是内容营销端口。

我们是采用EPR软件（企业资源计划）进行库存管理的，效果非常好。它会对在售库存中最近7天（或其他长度的日期，可自由设置）或每个SKU（库存保有单位）进行统计；根据已有库存为我提供售卖天数，这有利于我把握库存量较大的产品。

一旦产生库存，就针对这一部分SKU进行降维打击或降价，及时消灭难售库存。再根据7天、14天、30天的售卖情况结合行业大盘每年趋势进行备货。

4. 把握团队分工

我的团队主要分为运营部、设计部、产品优化部，仓管、客服和综合服务部。对于客服部门的要求，第1名的转化率与最后1名的差距不能超过50%。如果超过，说明最后1名客服存在问题，主管必须分析原因并汇报。

仓库发货采用ERP自动化扫描发货。由于我们没有PDA（扫描枪），所以须进行二次分拣，将产品先分类后再打包扫码。全程监控每一步，包装区根据快递单号设置为自动录像区，如果有客户收到包裹漏件或不匹配，我们随时调出监控。

但之前在管理其他部门时，我为了避免人员流动带来影响，将部门分割较细，并告诉每位员工详细工作内容。比如告诉产品优化部，具体每位员工需要负责优化的页数。这样反而减弱了员工独立解决问题的能力。所以，我建设了学习型组织，开设团队学习能力培训，同时对岗位进行标准化管理，设定日报表和计划清单。日报表是每位员工每天需要观察和发现的岗位工作内容；工作清单是每位员工每天具体处理事件的时间安排。两个表配合使用可以了解员工每个时间段分别处理的事。

想长期立足在一个单品类下不容易，不少店家也会害怕品类一直没有突破和增长。如果十分担心，就要花精力在电商社交上扩大圈子，结识更多优秀的人，改变见识和思维。

第4讲

优化商品标题

本章导读

网上开店为商品命名是非常关键的一步,一个好的商品标题能够使商品的搜索排名更靠前,获得更多的关注,进而提高商品的销量。商品标题对商品的搜索量起着重要作用,而关键词是组建标题的重要因素。所以,作为一名网店经营者应该熟练掌握收集关键词、筛选关键词、分析关键词以及组合关键词的具体方法,使商品获得更多曝光率和点击率。

4.1 标题优化的要点

大多数消费者在网上购买商品时，都是通过网购平台提供的搜索功能来查找自己想要购买的商品，而这些网购平台的搜索功能基本上是依据商品标题进行筛选和排名的。因此，做好商品标题的优化工作，可以有效提高商品被搜索到的可能性，从而增加商品被浏览以及被购买的概率。

4.1.1 商品标题的构成

好的商品标题不仅要能有效吸引客户的注意力，让客户清楚地了解商品的特性，还要能利于关键词的搜索。因此，在设计标题之前，店家有必要了解一下商品标题的构成。一般而言，一个商品标题由三部分内容构成，即商品名称词、感官词和优化词，如图4-1所示。

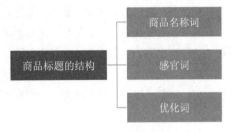

图4-1　商品标题的构成

这三部分内容的营销作用和设计要领如表4-1所示。

表4-1　商品标题各组成部分的营销作用和设计要领

组成部分	营销作用	设计要领
商品名称词	让客户快速了解所销售的是什么商品	准确描述商品是什么
感官词	增加客户对商品的兴趣	突出商品卖点，直击客户痛点
优化词	提高商品被搜索的概率	通过高频关键词，让客户更容易找到商品

例如，淘宝上某款卫衣商品的标题如图4-2所示。在该标题中，"卫衣"是商品名称词；"潮牌""羽毛刺绣""简约""百搭""原宿风""帅气"等关键词，能够激发客户点击和浏览的兴趣，属于"感官词"；"日系""圆领""外套""加绒""套头""上衣"等关键词，能够提高商品的搜索概率，属于优化词。

潮牌简约羽毛刺绣卫衣男日系圆领百搭外套原宿风帅气加绒套头上衣

价格　¥368.00
淘金币可抵扣商品价格2%

图4-2　某款卫衣商品的标题

提示　在商品标题中，感官词和优化词是增加搜索量和点击量的重要组成部分，但也不是非要出现的，唯独产品名称必须要正确出现在标题中。另外，店家在设置商品标题关键词时，必须要严格遵守淘宝的规则，否则容易遭到平台的处罚。比如，商品标题需要和商品本身一致，不能干扰搜索。商品标题中出现的所有文字描述都要客观真实，不得在商品标题中使用虚假的宣传信息。

4.1.2 商品标题优化的"潜规则"

商品标题的作用在于让客户成功通过关键词找到自己所销售的商品，因此，进行商品标题优化的主要目的就是获取更多的展现机会。那么，究竟什么样的商品标题在淘宝平台上能够获得更多展现机会呢？这些能够获得淘宝平台"偏爱"的商品标题都有哪些特点呢？

- 点击率高。商品标题的点击率越高，说明该商品在平台上受欢迎的程度越高。这样的优质商品能为平台带来大量的流量，创造更多的收益，平台当然乐意为其提供最好的展示机会了。
- 转化率高。如果一个商品标题的点击率很高，但却没有产生实际的销售转化，就会使平台产生怀疑，认为店家只是主图做得精美，但其商品并没有得到多少消费者的认可。这时平台为了获利，就会将更好地搜索排名和展示位提供给其他转化率高的商品。
- 坑位产出高。坑位即商品的展示位置，而坑位产出是指商品单位展现量下所能成交的总金额。通俗来说，坑位产出就是淘宝平台给商品一个展示坑位，商品最终能成交多少金额。坑位产出的计算公式为：坑位产出率＝点击率 × 转化率 × 客单价。近几年，淘宝平台的用户增长几乎进入了瓶颈期，为了保证平台成交总额的持续增长，只能对平台内的流量进行效益优化。而坑位产出的精髓在于衡量单位流量内的成交金额，作为平台方来说自然是谁的坑位产出率高，流量资源就给谁。
- 增长趋势好。大家都知道淘宝平台的商品上、下架时间是以 7 天为一个周期的，所以平台在衡量商品增长趋势时，也是以 7 天为周期进行计算。如果 7 天之内某一商品的增长趋势很好，说明该商品具有很大的营销潜力，能为平台成交总额的增长助力，淘宝平台自然更加偏爱这类商品，也愿意给其更多的展示机会。

4.1.3 优化商品标题的常见错误

很多新手店家在优化商品标题时，常常会因为不熟悉淘宝规则而犯一些错误，导致商品标题的优化效果不佳，进而影响商品的搜索权重和排名。下面就来看看优化商品标题的常见错误有哪些，以免新手店家在优化商品标题时触碰雷区。

- 抄袭销量高的商品标题。有些新手店家为了省事，也为了获取更多的流量，通常会直接将竞争对手中销量高的商品标题直接复制过来使用，对于这种情况淘宝平台是绝对禁止的。不少抄别人商品标题的店家会发现，虽然商品标题和别人使用的是一样的，但流量却还是无法增长。这是因为商品的标题并不能代表商品的搜索权重，也无法直接影响商品的搜索排名；而相同的商品标题也会使淘宝平台误认为该商品不是新品，从而不会给予相应的流量扶持。
- 不看数据进行标题组合。很多店家优化商品标题时，不进行数据分析，全凭自己的感觉东拼西凑地去组合一个标题，这也是错误的。设置商品标题，尤其是大类目（属性词多的类目）的商品标题，数据分析工作是必不可少的。这一工作将直接决定商品在后期是否可以获取到精准的流量。

- **大幅度修改标题**。如果因为标题的流量效果不佳，就大幅度地去修改标题，将大部分关键词都替换掉，则很有可能会被平台认定为是店家换了商品，从而降低商品的搜索权重。
- **长时间不进行标题优化**。有些店家看到商品标题的引流效果还不错，就长时间地不对其进行优化，这种做法也是错误的。一件商品不可能一直处于一个时期，针对不同的时期，商品标题中的关键词要适时变化。比如每逢节日大促期间，商品标题应该配合节日的氛围，适当做出一些调整，加入一些与节日促销有关的关键词，来吸引消费者的注意力。
- **组合标题时堆砌关键词**。标题组合不是简单地将一些引流效果好的关键词堆在一起或者重复使用，这样做其实对于商品权重的提升并没有任何帮助。而且根据淘宝的规定，标题的字数限制在 30 个字以内，如果大量堆砌相同或相近的关键词会减少很多其他关键词的展现机会。
- **使用与产品无关的关键词**。很多店家为了吸引客户的注意力，在标题中大量使用一些与自己产品无关或者相关性不大的引流词和热搜词。这样做的确能在短时间内提升商品的流量，但这类关键词由于精准度不高，也会增加商品的跳失率，降低商品的转化率，这就必然会影响到商品的搜索权重。

4.1.4　如何在商品标题中突出卖点

商品标题直接关系到商品的搜索量和点击率。店家如果想要让商品被更多客户关注和购买，就需要在标题中将商品的核心卖点很好地呈现出来。下面总结了一些在商品标题中突出卖点的技巧，以供店家参考。
- **标题应清晰准确**。商品标题应清晰准确地将商品的卖点信息传递给客户，不要使用不明确的词或者过于"大"的词，使客户产生误解。比如，某商品的标题为"外贸　大码　显瘦　羊绒大衣"，该标题就非常不错，商品的特点和卖点都很清晰。
- **充分利用字符**。淘宝规定商品的标题最长不能超过 60 字节（即 30 个汉字），在组合理想的情况下，标题中包含关键词越多，被搜索到的概率就越大。
- **体现价格优势**。价格是每个客户关注的因素之一，也是最能激发客户购买兴趣的因素。所以，如果商品具备一定的价格优势，就可以将其在标题中体现出来，比如，在标题中加入"特价""包邮""买一赠一"等关键词。
- **体现进货渠道优势**。如果商品具有特殊渠道，可在标题中进行注明，以吸引客户注意力，如"原厂直销""海外渠道"或"产地发货"等。
- **展示成交记录**。如果某件商品的销量很高，可以在标题中注明其大致的一个销量，以增加商品的吸引力。比如，在标题中添加"月销上千""狂卖一万件"等关键词。
- **凸显售后服务**。由于网络购物无法面对面交易，又不能看到实物，使部分客户对商品的售后服务持怀疑态度。因此，可以在标题中突显售后服务，这样可以打消客户的后顾之忧。比如，在标题中加入"全国联保""赠送运费险"等关键词。
- **适当分隔关键词**。如果 60 字节的标题一点都不分割，会使整个标题看上去比较密集。

这时可使用空格符号或半角符号适当对标题进行分割，如"全场包邮！2019秋冬新款 冬裙 羊绒毛呢 加厚短裙 半身裙 包臀裙子"。

4.2 如何寻找合适的关键词

众所周知，商品的标题是一个很重要的流量入口，而关键词则是标题引流的关键所在。如果店家想要获取到更多的自然流量，想要让自己的商品排名更靠前，就需要准确挖掘出热门关键词。寻找关键词的途径有很多，比如淘宝下拉框、阿里指数中的"阿里排行"、生意参谋的"选词助手"等，下面就针对这几种关键词获取途径进行讲解。

4.2.1 淘宝下拉框

淘宝平台会根据不同的时间段搜索的历史与热门推荐关键词相结合，组成联想。在淘宝平台有过购物经验的人都知道，在淘宝首页搜索某个商品关键词，下拉框会自动弹出关联词。如图4-3所示，在淘宝搜索文本框中输入商品关键词，比如"皮鞋"，在未点击"搜索"按钮的情况下，下拉框会自动弹出有关皮鞋的扩展热搜关键词，简称扩展词。

如果将已经扩展开的热搜关键词再扩展开来看，如图4-4所示，可以得到更多扩展词，例如鞋型、风格、款式等。

图4-3 淘宝下拉框的扩展词

图4-4 淘宝下拉框的更多扩展词

如果再次将扩展开的关键词输入搜索文本框中，又会扩展出很多新的关键词。因此，店家可以将淘宝搜索文本框里的扩展词收集起来，整理成商品词库，以便将来设置商品标题所用。

4.2.2 阿里指数中的"阿里排行"

阿里指数中的阿里排行功能，可以为店家提供权威的淘宝排行数据，包括关键词搜索排行榜、产品排行榜、公司排行榜和企业官网排行榜。其中，搜索排行榜可以帮助店家找到行业中具有较大优势的关键词。在阿里指数的搜索框中输入商品关键词，比如"女鞋"，然后进入"阿里排行"页面,即可查看"女鞋"的搜索排行榜,如图4-5所示。

图4-5 "女鞋"的搜索排行榜

阿里排行中提供的搜索排行榜分为上升榜、热搜榜、转化率榜和新词榜4类。不同类型的关键词榜单具有不同作用,各榜单的具体作用如下。

- **上升榜**。可了解商品搜索趋势上升较快的关键词。这些关键词在一定程度上代表了市场的需求变化。
- **热搜榜**。可看到近期客户集中搜索的商品名称,了解近期热门关键词。
- **转化率榜**。店家可考虑在标题中加入和商品相关的高转化率关键词,提高商品搜索权重和转化率。
- **新词榜**。通过近期搜索指数较高的新词榜,可发现搜索指数高而商品数量少的商品关键词。

4.2.3 生意参谋的"选词助手"

对于淘宝店家而言,生意参谋也是寻找关键词的一个重要平台。生意参谋中的"选词助手"专题工具可以从电脑和手机两个终端出发,分析店铺的引流搜索关键词、竞店搜索关键词以及行业相关搜索关键词,同时还提供了关键词搜索热度、引导效果等数据。

店家登录淘宝店铺的卖家后台,打开生意参谋,单击"流量"功能选项,在页面左侧的工具栏中选择"选词助手"工具,即可进入"选词助手"的界面,如图4-6所示。

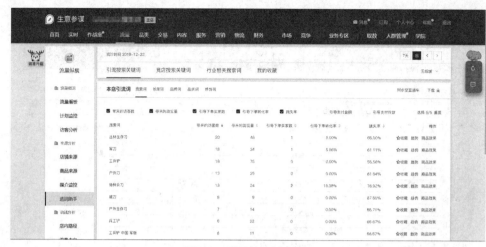

图4-6　“选词助手”的界面

相比其他寻找关键词的途径，生意参谋的“选词助手”工具所提供的数据更为精准，但缺点在于需要付费开通。

4.2.4　建立关键词词库

为了方便商品标题的设置和优化，店家可将收集到的关键词都整理成词库。在部分工具中寻找到的关键词信息可直接下载，例如，在阿里指数的“阿里排行”中获取到关键词榜单后，单击“导出完整榜单”按钮，即可直接将关键词榜单下载到电脑中，如图 4-7 所示。

导出的数据将直接以 Excel 的格式保存到电脑中，如图 4-8 所示。通过该榜单店家就可详细掌握近 7 天或近 30 天的商品关键词排名、搜索趋势、搜索指数等数据。

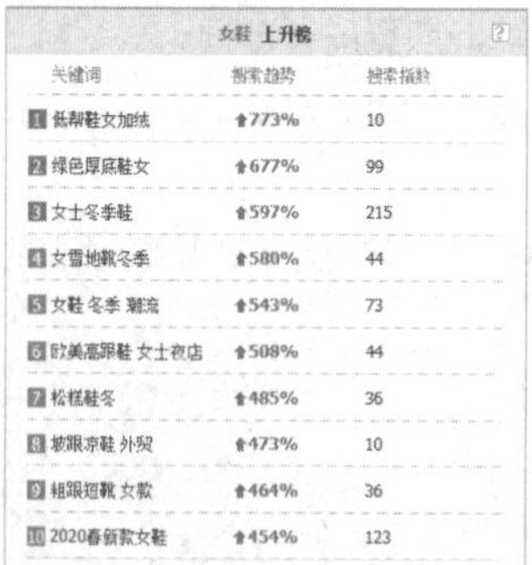

图4-7　单击“导出完整榜单”按钮

阿里指数_女鞋行业_关键词上升榜_2019-12-05			
排名	关键词	搜索趋势	搜索指数
1	低帮鞋女加绒	+773%	10
2	绿色厚底鞋女	+677%	99
3	女士冬季鞋	+597%	215
4	女雪地靴冬季	+580%	44
5	女鞋 冬季 潮流	+543%	73
6	欧美高跟鞋 女士夜店	+508%	44
7	松糕鞋冬	+485%	36
8	坡跟凉鞋 外贸	+473%	10
9	粗跟短靴 女款	+464%	36
10	2020春新款女鞋	+454%	123
11	亮片雪地靴	+424%	145
12	印花马丁靴女	+395%	128
13	真皮靴子 女士新款	+392%	44
14	女式高跟鞋	+391%	36
15	坡跟凉鞋	+381%	92
16	女硫化鞋	+369%	28
17	瑞安鞋	+367%	73
18	英伦风皮鞋女	+362%	44
19	2020女鞋	+361%	171

最近7天　最近30天

图4-8　导出的关键词榜单

按照此步骤，店家还可在“阿里排行”中下载“关键词热搜榜”“关键词转化率榜”“关键词新词榜”等内容。

4.3 如何筛选合适的关键词

虽然店家从不同的途径中获取到了大量的关键词，还建立了关键词词库，但这些关键词是否就可以直接拿来使用呢？收集到的关键词由于数量庞大，有可能会存在重复、违规、与商品不相关等现象。因此，店家还需要对收集到的关键词进行筛选，留下精准、实用的关键词，剔除没有价值的关键词。

4.3.1 剔除重复关键词

收集而来的关键词均来自用户基数庞大的网络系统，必然会存在重复现象。为更高效地利用这些关键词，应将重复的关键词剔除。下面就以从"阿里排行"中下载的关键词榜单为例，来讲解剔除重复关键词的具体方法。

第1步：打开从"阿里排行"中下载的关键词榜单，选中需要进行操作的关键词，如图4-9所示。

第2步：❶在菜单栏中选择"数据"选项卡，❷单击"数据工具"组中的"删除重复项"按钮，如图4-10所示。

图4-9 选中需要操作的关键词　　　　图4-10 单击"删除重复项"按钮

第3步：弹出"删除重复项警告"对话框，❶选择"以当前选定区域排序"选项，❷单击"删除重复项"按钮，如图4-11所示。

第4步：弹出"删除重复项"对话框，❶勾选需要进行操作的列表选项，❷单击"确定"按钮，如图4-12所示。

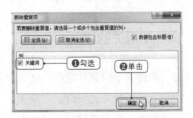

图4-11 "删除重复项警告"对话框　　　图4-12 "删除重复项"对话框

第5步：弹出显示删除数据信息的对话框，单击"确定"按钮，即可完成重复词的筛选，如图 4-13 所示。

图4-13　完成重复词的筛选

4.3.2　规避违规词

有些店家为了获得更多搜索流量，可能存在使用违规词的现象。但使用违规词一旦被淘宝平台发现，就有可能面临商品被降权，甚至被强制下架的处理。所以，店家在使用关键词设置商品标题时，一定要注意规避这些违规词。下面总结了一些淘宝平台中明确不得使用的违规词，供各位店家参考。

- 和"最"字有关的关键词，例如，最高、最好、最优、最爱、最便宜、最低价、最高档、最受欢迎等。
- 和"一"字有关的关键词，例如，全国第一、排名第一、一流等。
- 和品牌有关的关键词，以及和国家级、世界级词语组合起来的关键词，例如，第一品牌、金牌、名牌、国家级产品、世界级品牌等。
- 和权威有关的关键词，例如，国家××领导人推荐、国家××机关推荐、国家××机关专供、特供等。
- 对于食品类目不能使用虚假性词语、夸大性词语、明示或暗示有治疗作用的词语以及有封建迷信色彩的词语。例如，祖传、秘制、强力、特效、治疗、防治、防癌、神丹、神仙等。
- 对于化妆品类目不能使用绝对化用语、虚假性词语、医疗术语以及明示或暗示医疗作用和效果的词语。例如，特效、强效、奇效、纯天然制品、无副作用等。
- 不能使用与商品无关的名称关键词和功效关键词，例如，"女式大衣"商品的标题中，不能出现鞋子、裤子、食品、家电等与该商品无关的其他关键词。
- 不能涉及违法词语。

淘宝平台上不可使用的违规词每年都会有所更新，店家想要更加全面地了解淘宝网关于违规词使用方面的规定，可以自行登录淘宝卖家后台进行查询。

4.3.3　剔除不相关的词

上一小节的内容中讲到标题里不能出现和商品不相关的关键词，那么如何才能快速将关键词词库中与商品不相关的关键词剔除呢？下面还是以从"阿里排行"中下载的关键词榜单为例，来讲解剔除不相关关键词的具体方法。

假设，店家要销售冬季穿的鞋子，需要将词库中的关于“凉鞋”的关键词删除。

第 1 步：打开从“阿里排行”中下载的关键词榜单，选中需要进行操作的关键词，如图 4-14 所示。

排名	关键词	搜索趋势	搜索指数
1	低帮鞋女加绒	+773%	10
2	绿色厚底鞋女	+677%	99
3	女士冬季鞋	+597%	215
4	女雪地靴冬季	+580%	44
5	女鞋 冬季 潮流	+543%	73
6	欧美高跟鞋 女士夜店	+508%	44
7	松糕鞋冬	+485%	36
8	坡跟凉鞋 外贸	+473%	10
9	粗跟短靴 女款	+464%	36
10	2020春新款女鞋	+454%	123
11	亮片雪地靴	+424%	145
12	印花马丁靴女	+395%	128
13	真皮靴子 女士新款	+392%	44
14	女式高跟鞋	+391%	36
15	坡跟凉鞋	+381%	92
16	女硫化鞋	+369%	28
17	瑞安鞋	+367%	73
18	英伦风皮鞋女	+362%	44

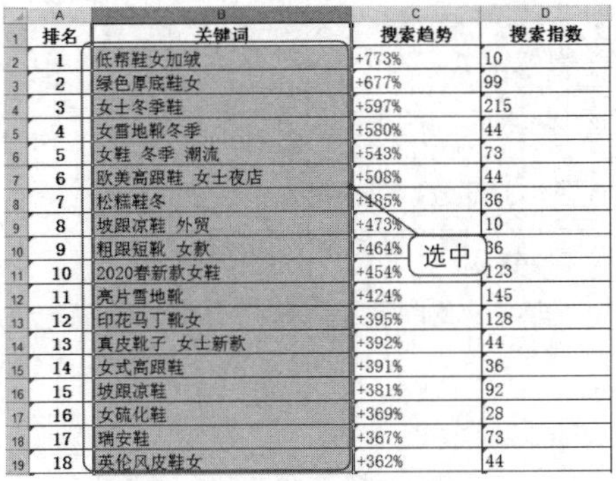

图4-14 选中需要操作的关键词

第 2 步：❶ 在菜单栏中选择“开始”选项卡，❷ 单击“样式”组中的“条件格式”按钮，展开“条件格式”下拉菜单，❸ 依次选择“突出显示单元格规则”→“文本包含”选项，如图 4-15 所示。

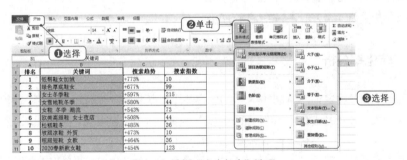

图4-15 选择“文本包含”选项

第 3 步：在弹出的文本框中，❶ 输入“凉鞋”，将“设置为”选择为“浅红填充色深红色文本”，❷ 单击“确定”按钮，如图 4-16 所示。

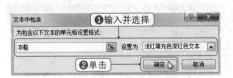

图4-16 设置筛选内容和格式

第 4 步：这时带有“凉鞋”关键词的单元格将会被填充为粉色，选中这些单元格所在的行，将其删除即可，如图 4-17 所示。

除了上述方法可以剔除不相关的关键词外，还可以采用直接筛选的方法将关键词提取出来，继而删除。

排名	关键词	搜索趋势	搜索指数
1	低帮鞋女加绒	+773%	10
2	绿色厚底鞋女	+677%	99
3	女士冬季鞋	+597%	215
4	女雪地靴冬季	+580%	44
5	女鞋 冬季 潮流	+543%	73
6	欧美高跟鞋 女士夜店	+508%	44
7	松糕鞋冬	+485%	36
8	坡跟凉鞋 外贸	+473%	10
9	粗跟短靴 女款	+464%	36
10	2020春新款女鞋	+454%	123
11	亮片雪地靴	+424%	145
12	印花马丁靴女	+395%	128
13	真皮靴子 女士新款	+392%	44
14	女式高跟鞋	+391%	36
15	坡跟凉鞋	+381%	92
16	女硫化鞋	+369%	28
17	瑞安鞋	+367%	73
18	英伦风皮鞋女	+362%	44

图4-17　删除包含“凉鞋”关键词的信息

4.4 分析关键词

为了更好地利用关键词，仅仅只是简单地建立关键词词库和初步地筛选关键词是不够的，还需要针对关键词进行更深入的数据分析。下面将从转化率分析、点击率分析、人群分析和展现指数分析 4 个方面讲解关键词的数据分析。

4.4.1 转化率分析

一个好的商品关键词，不仅要能够吸引客户关注和点击，还要能够促进商品的销售转化，为店家带来实实在在的成交量。转化率是指实际购买人数与访客人数之间的比值，公式为：

转化率 = 实际购买人数 ÷ 访客人数 × 100%

在阿里指数的“阿里排行”中就专门提供了关于关键词转化率的榜单，店家可以直接在“阿里排行”中搜索商品类目，并将“关键词转化率榜”导出作为自己的关键词词库，如图 4-18 所示。

阿里指数_女鞋行业_关键词转化率榜_2019-12-05

排名	关键词	搜索转化率	全站商品数
1	科升鞋厂	93%	468
2	老爹鞋女真皮	93%	22966
3	dr马丁靴	92%	239217
4	六孔马丁靴女	91%	356
5	内增高运动鞋女	91%	47593
6	妈妈棉鞋	91%	34065
7	5854	90%	2822
8	大码女鞋40-43码	90%	19854
9	清轩	90%	1163
10	绣花鞋女	90%	83103
11	长靴女靴	90%	627071
12	印花马丁靴女	89%	33180
13	小雏菊帆布鞋	89%	171
14	水钻雪地靴	89%	4995
15	加绒豆豆鞋女	89%	61886

图4-18　“女鞋”类目的“关键词转化率榜”

从图中可以看到，"关键词转化率榜"将所选类目下的"关键词搜索转化率"按从高到低的顺序进行排序，店家可以直接在其中选取转化率较高的关键词。

4.4.2 点击率分析

点击率是直接关系流量的一个重要指标，是指商品展现后被点击的比率。点击率的高低说明了商品对客户的吸引力，所以通过点击率分析可以反映出关键词的吸引力。既然点击率对流量非常重要，那么店家可以在关键词词库里对点击率低的关键词进行筛选并删除。下面以从生意参谋中获取的"女鞋"类目的关键词词库为例，对其点击率进行筛选。

第1步：打开"女鞋"类目的关键词词库，选中"全网点击率"列，如图4-19所示。

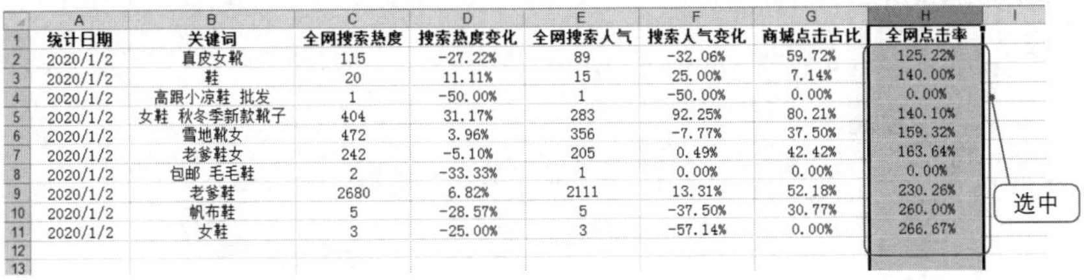

图4-19 选中"全网点击率"列

第2步：在菜单栏中选择"开始"选项卡，❶单击"编辑"组中的"排序和筛选"按钮；❷在展开的下拉菜单中选择"升序"选项，如图4-20所示。

第3步：在弹出的"排序提醒"对话框中，❶选择"扩展选定区域"选项，❷单击"排序"按钮，如图4-21所示。

图4-20 选择"升序"选项　　图4-21 "排序提醒"对话框

第4步：根据店铺销售商品的实际情况删除点击率较低的关键词即可，如图4-22所示。

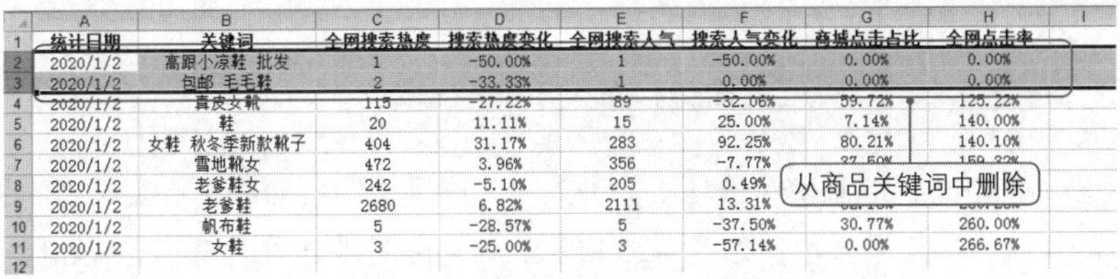

图4-22 删除点击率较低的关键词

4.4.3 人群分析

为了更好地掌握目标客户的特征，店家需要利用关键词对商品的受众人群进行分析。人群分析通常可以从性别、年龄和地区3方面来展开。在百度指数的"人群画像"页面中，通过对关键词搜索人群的地域分布和人群属性等内容进行数据统计和分析，可以很方便地了解目标客户的特征。下面就以百度指数为例，简单讲解一下如何进行关键词搜索人群分析。

在百度指数中店家可以对多个商品关键词进行对比分析。例如，某淘宝店铺经营的是运动服饰类的商品，店家想对"运动鞋"和"跑步鞋"两个关键词进行选择，因此需要对两个关键词的搜索人群进行分析，以便找到最利于商品销售的关键词。具体的方法如下。

第1步：打开百度指数，❶在搜索栏里输入关键词"运动鞋"，❷单击"开始探索"按钮，如图4-23所示。

图4-23 搜索"运动鞋"关键词

第2步：进入新页面，单击"＋添加对比"，❶输入另一个关键词"跑步鞋"，❷单击"确定"按钮，可显示近30天两个关键词的搜索指数对比，如图4-24所示。

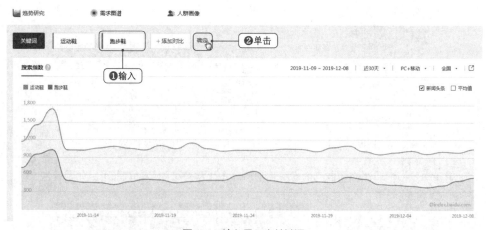

图4-24 输入另一个关键词

第3步：单击"人群画像"选项卡，进入"人群画像"页面后，首先看到的是关键词搜索人群的地域分布结果显示，如图4-25所示。该功能可以针对省份、区域和城市进行排名分析，能够帮助店家更精准地按地域投放广告。

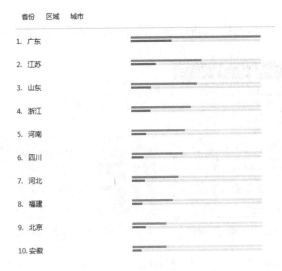

图4-25 关键词搜索人群的地域分布结果

第4步：下拉"人群画像"的页面可以看到"运动鞋"和"跑步鞋"两个关键词的年龄和性别等人群属性信息，如图4-26所示。通过人群属性分析，可以获得大量关于两个关键词的有用信息，比如，从图4-26中可以知道两个关键词的客户年龄主要集中在20～39岁，其中20～29岁这个年龄段中，对"跑步鞋"关键词感兴趣的客户比例要高于"运动鞋"关键词；以性别维度分析，可以看到女性客户搜索"运动鞋"的比例更高，而男性客户搜索"跑步鞋"的比例更高。

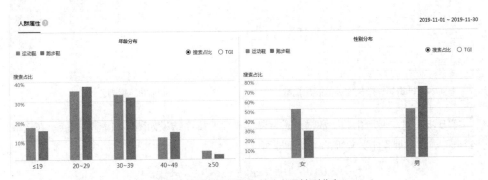

图4-26 搜索人群的年龄分布和性别分布

4.4.4 展现指数分析

展现指数反映的是被搜索商品的展现概率，其计算公式为：展现指数 = 搜索指数 ÷ 商品数量。下面以从"阿里排行"中下载的关键词热搜榜为例，讲解展示指数的计算及分析。

第1步：从阿里指数的"阿里排行"中导出完整的关键词热搜榜（这里以"女鞋"类

目为例），如图 4-27 所示。

第 2 步：在“全站商品数”后面添加“展现指数”的数据列，如图 4-28 所示。

阿里指数_女鞋行业_关键词热搜榜_2019-12-08			
排名	关键词	搜索指数	全站商品数
1	女鞋	3887	6323389
2	雪地靴女	2826	950999
3	雪地靴	2560	975725
4	马丁靴	2265	492039
5	马丁靴女	2190	187153
6	鞋	2058	13370929
7	棉鞋	1995	2107159
8	靴子女秋冬季	1555	902226
9	老爹鞋女	1538	3320643
10	女靴	1441	3857147
11	老爹鞋	1413	3846404
12	高跟鞋	1390	4030321
13	毛毛鞋	1379	493058
14	帆布鞋	1317	3056161
15	马丁靴女 皮	1317	869999
16	靴子	1240	2125765

图4-27 “女鞋”类目的关键词热搜榜

排名	关键词	搜索指数	全站商品数	展现指数
1	女鞋	3887	6323389	
2	雪地靴女	2826	950999	
3	雪地靴	2560	975725	
4	马丁靴	2265	492039	
5	马丁靴女	2190	187153	
6	鞋	2058	13370929	
7	棉鞋	1995	2107159	
8	靴子女秋冬季	1555	902226	

添加

图4-28 添加“展现指数”的数据列

第 3 步：在“展现指数”下一行（即 E3 单元格）中输入公式“=C3/D3”，按 Enter 键，显示计算结果，如图 4-29 所示。

第 4 步：将鼠标移动至 E3 单元格右下角，当光标变成十字状后向下拖动鼠标，复制公式，计算出所有关键词的展现指数，如图 4-30 所示。

E3 =C3/D3

排名	关键词	搜索指数	全站商品数	展现指数
1	女鞋	3887	6323389	0.000614702
2	雪地靴女	2826	950999	
3	雪地靴	2560	975725	
4	马丁靴	2265	492039	
5	马丁靴女	2190	187153	
6	鞋	2058	13370929	

图4-29 计算第一个关键词的展现指数

E3 =C3/D3

排名	关键词	搜索指数	全站商品数	展现指数
1	女鞋	3887	6323389	0.000614702
2	雪地靴女	2826	950999	0.002971612
3	雪地靴	2560	975725	0.00262369
4	马丁靴	2265	492039	0.004603294
5	马丁靴女	2190	187153	0.011701656
6	鞋	2058	13370929	0.000153916
7	棉鞋	1995	2107159	0.000946772
8	靴子女秋冬季	1555	902226	0.001723515
9	老爹鞋女	1538	3320643	0.000463163
10	女靴	1441	3857147	0.000373592
11	老爹鞋	1413	3846404	0.000367356
12	高跟鞋	1390	4030321	0.000344886
13	毛毛鞋	1379	493058	0.002796831
14	帆布鞋	1317	3056161	0.000430933
15	马丁靴女 皮	1317	869999	0.001513795
16	靴子	1240	2125765	0.000583319
17	鞋子女	1198	10217148	0.000117254
18	女鞋 秋冬季新款鞋子	1170	283165	0.004131867

图4-30 复制公式

第 5 步：对“展现指数”数据列进行降序排序，排序结果如图 4-31 所示。店家在选取关键词时，考虑展现指数靠前的关键词即可。

排名	关键词	搜索指数	全站商品数	展现指数
48	ugg雪地靴	540	1176	0.459183673
24	ugg	913	13260	0.068853695
31	足力健	705	21526	0.032751092
26	shoes	880	63464	0.013866129
5	马丁靴女	2190	187153	0.011701656
39	老北京布鞋	602	73333	0.008209128
25	雨鞋	906	134781	0.006722016
37	毛毛鞋女冬季加绒	608	90775	0.006697879
21	真皮女靴	986	181187	0.005441892
27	长靴女	820	160577	0.005106584
4	马丁靴	2265	492039	0.004603294
18	女鞋 秋冬季新款鞋子	1170	283165	0.004131867
44	长靴	573	163902	0.003495992
43	长筒靴	576	167186	0.003445265
2	雪地靴女	2826	950999	0.002971612

图4-31 对“展现指数”进行降序排序

4.5 如何组合关键词标题

好的商品标题可以为商品带来好的搜索流量和转化,而好的商品标题是由多个好的关键词组成而来的。通过前面的学习,已经掌握了关键词收集、筛选、分析的具体方法,接下来就需要将这些各方面都与商品非常吻合的关键词进行科学合理的排列组合,使其成为一个完整的商品标题。

4.5.1 商品标题组合原则

商品标题的组合并非关键词的随意堆砌,而是具有一定组合原则的。商品标题的组合主要有三个原则,即紧密优先原则、前后无关原则和偏正组合原则,如图4-32所示。

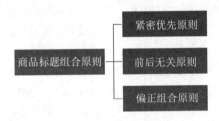

图4-32 商品标题组合原则

- **紧密优先原则**。紧密优先原则是指在同等条件下,优先展示排列更紧密的标题。例如,搜索"男士长袖T恤",有2个标题,在其他因素都相同的情况下,淘宝的搜索引擎会优先展示"冬季男士长袖T恤2019新款潮流纯棉加绒保暖打底衫男装",而不是"冬季 男士长袖T恤 2019新款 潮流 纯棉 加绒 保暖 打底衫 男装"。
- **前后无关原则**。前后无关原则是指一个关键词用一个或几个空格隔开,无论分开的小词排列顺序如何,其搜索效果都是一样的。例如,长尾关键词"2019新款女士羊毛大衣",如果将它分开重新组合,无论是"2019新款 女士 羊毛大衣",还是"女士 2019新款 羊毛大衣",抑或是"羊毛大衣 女士 2019新款",其搜索到的结果都相差无几。
- **偏正组合原则**。偏正组合原则是指在组合标题时,将修辞词放在前面,将名词放在后面。例如,某商品的标题为"2019新款女士加绒高领打底衫",其中"新款""加绒""高领"等修饰词应该在"打底衫"这个名词的前面。

这里三个原则的重要程度为:**紧密优先原则 > 前后无关原则 > 偏正组合原则**。因此,店家在组合标题时,应首先考虑紧密优先原则。

4.5.2 常见的关键词分类

在对商品标题进行组合前,应该先将关键词进行分类。常见的关键词类型有5大类,即核心关键词、营销关键词、属性关键词、卖点关键词和类目关键词,如图4-33所示。

图4-33 常见的关键词类型

- **核心关键词**。核心关键词是指商品的名称词,其根本点就是告诉客户这个商品是什么东西。例如,某款商品的标题为"2019年新米东北大米正宗五常稻花香大米5kg包邮黑龙江农家米粳米",其中"大米"就是核心关键词,无论其他关键词如何变化,这个关键词都必不可少。

- **营销关键词**。营销关键词,是指用于吸引客户点击商品详情的关键词,主要包含优惠词和描述品牌信誉的关键词。例如,某款商品的标题为"2019年新款正品加拿大进口鹅绒羽绒服轻薄时尚中长保暖派克男女款",其中"正品"就是营销关键词,告知客户这个商品是正品。

- **属性关键词**。属性关键词,是指对商品的属性信息加以说明的词汇。通常是对商品外观、颜色、材质、款式等内容的描述。例如,某款商品的标题为"韩国纯棉卫衣女加厚加绒假两件上衣2019冬款宽松超火外套",其中"纯棉""加厚""加绒""假两件"等关键词就是对商品材质、款式等进行的说明,以便让客户更了解商品。

- **卖点关键词**。卖点关键词,是指能够突显商品购买价值的关键词。无论是对商品功能的描述还是其他方面的描述,卖点关键词的作用都在于让客户找到购买商品的理由。例如,某款商品的标题为"登山鞋男 防水防滑 冬季保暖旅行户外运动鞋爬山徒步鞋子",其中"防水防滑"就是卖点关键词,体现出了商品具有防水防滑的功能。

- **类目关键词**。类目关键词,是指商品的销售类目,也是商品另外一个名称,其目的是防止客户对同一商品的不同称呼而导致的流量流失。例如,"碧根果"可以称为"坚果零食";"夹克"也可以称为"外套"等。部分商品标题可加入多个类目词,以加大被搜索到的机会。

明确了关键词的分类以后,就可以更准确地为商品组合标题了。一般而言,商品标题中关键词的组合顺序为"营销关键词+核心关键词+属性关键词+卖点关键词+类目关键词"。

在组合标题的时候,要记住一个原则:"最佳关键词优先,次要关键词补位"。而且在几类关键词中,核心关键词是必不可少的,营销关键词则可有可无,在字数受限的情况下,可优先考虑删除营销关键词。

4.6 小技巧

技巧1——常见的商品标题组合方式

常见的商品标题组合方式主要有以下几种。

- 品牌+型号+商品名称，例如"××牌B311原装无线耳机"。
- 促销、特性、形容词+商品名称，例如"年终特惠 羊绒 高领毛衣"。
- 地域特点+品牌+商品名称，例如"黑龙江稻花香 ××牌五常大米"。
- 店铺名称+品牌、型号+商品名称，例如"××小店 ××制造 手工定制皮包"。
- 促销+品牌、型号+特性、形容词+商品名称，例如"好礼相送 ××手机 全面屏 超广角 AI四摄 智能拍照手机"。
- 品牌+地域特点+商品名称，例如"××牌 重庆特产 牛油火锅底料"。
- 品牌+促销、特性、形容词+商品名称，例如"××老窖 买二赠一 52度浓500毫升 礼盒装 白酒"。
- 信用级别、好评率+店铺名称+促销、特性、形容词+商品名称，例如"皇冠店 好评过万 ××数码 10周年店庆 智能 便携式 车载音响"。

这些组合仅仅是一些常见的组合，店家还可以开动脑筋，创造出更有效率的组合来，如增加新的元素，而不仅限于上面提到的品牌、型号、地域、信用等元素。

技巧2——利用复用关键词，使商品标题一字两用

商品的标题是由多个关键字词组合而成的，在这些关键字词中，有些是可以"复用"的。假设"ab"是一个词，"bc"是另外一个词，这两个词中就包含了三个关键字"a、b、c"。原本来说，组建两个关键词至少需要四个字，但这里利用了关键字的"复用"技巧，仅通过三个字就组建出了两个关键词。

店家使用这样的技巧往往可以为商品标题多安排2～3个关键词，这样就可以有效增加商品标题的竞争力了。下面再举例来具体说明一下，某款商品的标题为"佳佳 菲尔正品牌 修身女裤加厚夹棉裤 冬季保暖羽绒裤2019女装586"。这个标题中，有"佳佳""菲尔""正品""品牌""修身""女裤""加厚""夹棉""棉裤""冬季保暖""羽绒裤""2019""女装"586（货号）一共14个关键词，其中有店铺名称关键词一个，品牌关键词一个，属性关键词7个，品名关键词2个，类目关键词2个。如果细数一下这个标题的关键词可以发现，一共包含了32个关键字，已经超出了淘宝关于标题字数的限制（30个字以内），那这个标题为什么还能正常使用呢？这是因为该标题中使用两个复用关键词"正品牌"和"夹棉裤"，"正品牌"关键词既可以被"正品"关键词搜到，也可以被"品牌"关键词搜到；而"夹棉裤"关键词既可以被"夹棉"关键词搜到，也可以被"棉裤"关键词搜到，这样就可以将一个关键词，拆分成两个关键词使用，但又没有增加标题的字数。

其实类似的复用关键词还有很多,例如"男女鞋""加大码""秋冬季""新品牌"等,只要擅于收集整理,相信店家们还可以发明更多适合自己商品的复用关键词。

技巧3——利用"您是不是想找"功能收集关键词

淘宝搜索页面中的"您是不是想找"功能与淘宝下拉框的搜索建议很相似,它们都会根据输入的关键词进行关联关键词的推荐。例如,在淘宝的搜索文本框中输入商品关键词,比如"帽子",在淘宝下拉框中可以看到"帽子女秋冬""帽子女""帽子男""帽子 女 冬天韩版"等关键词。但在搜索页面的分类下面还可以看到一栏"您是不是想找",其中也有和帽子相关的关键词,如"渔夫帽""鸭舌帽""贝雷帽"和"帽子女"等关键词,如图4-34所示。

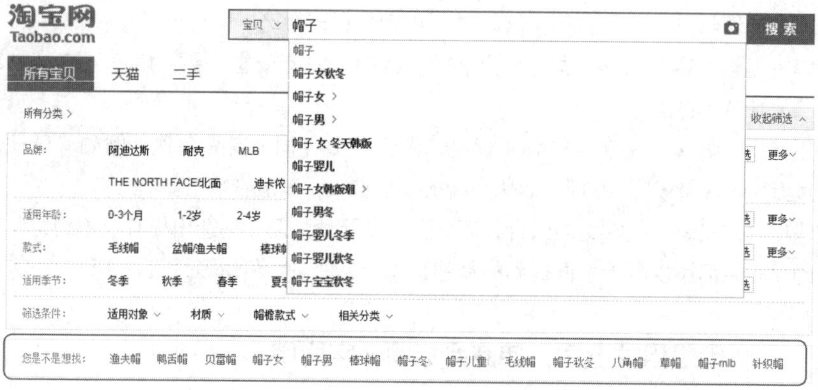

图4-34 淘宝搜索页面中的"您是不是想找"功能

淘宝下拉框中推荐的关键词和"您是不是想找"中的关键词既有一定联系却也有着一定区别。因此,店家在寻找关键词的时候不仅可以参考淘宝下拉框、阿里指数中的"阿里排行"和生意参谋的"选词助手",还可以参考淘宝搜索页面中的"您是不是想找"功能。

技巧4——关键词的养词技巧

关键词的养词原理主要是针对季节性的商品。例如,在百度指数中搜索商品关键词"短袖t恤",并将搜索时间调整为2019年1月~2019年12月,如图4-35所示。通过图4-35可以发现"短袖t恤"在5月的搜索量最高。"短袖t恤"作为季节性商品,在夏季搜索量比较高,也是很正常的事,但是也能从图中发现"短袖t恤"从2月开始搜索量就在逐步上升。假设店铺要销售"短袖t恤"类的商品,若是等到夏季到来的时候再去上新品,设置商品标题,这时对商品质量分、销量等要求都更严格,竞争会比较大。因此,店家需要在夏季来临之前提前养词,这样就可以积累更多的搜索关键词权重来增加商品的竞争力。

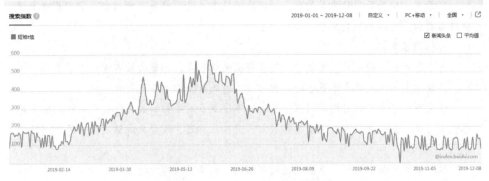

图4-35 "短袖t恤"一年的搜索指数

出售季节性商品的店家,在设置商品标题时,要充分利用关键词的养词技巧,在旺季来临之前提前养词,加大自己与同行的竞争力。例如,店家想为一款冬季销售的毛衣商品养词,可以在淡季8、9月份就开始在商品标题中加入"秋冬新品""加厚""保暖"等关键词。在冬季来临之前,使用该类关键词的商品还较少,竞争相对也较小,这时便能获得不错的流量和销量;也会在冬季来临之时,更具优势来击败同行竞争对手。

案例 普通小店家做对了哪些事,一年赚了30万

杨得水,2011年进入电商行业,曾在一家经营红酒的电商公司做过运营,2016年底,因公司所经营的产品衰败,无奈之下,选择了离职,开始自己做淘宝,经营的类目是洗护类产品。2017年又开了第二家店,做的新产品,仅用了10个月时间,便从一个新店成为了一家皇冠店,拥有1.6万分的信誉,好评率达到99.7%,现在基本保持每月14万~15万元的销售额。

杨得水是一个再普通不过的普通人,经历了职业低谷后破釜沉舟,选择电商创业,创业过程中也走过不少弯路,但最终凭借自身一百二十分的努力,稳扎稳打,收获了属于他自己的一份小事业。下面他为大家分享了一些他的电商运营心得和经验。

1. 见证一个类目的兴亡

2014—2016年期间,我在一家经营红酒的电商公司做运营,也见证了一个类目的兴亡。2014年刚进入这家公司时,酒水行业的经营形势一片大好。2014年仅双十一当天,店铺的销售额就达到了800多万元,不仅淘宝小二来买我们的产品,甚至连当地报社都来采访。2015年聚划算酒水节,店铺的坑产达到200万元,当时我们店铺的产品是酒水节中销售得最好的产品。12月底,聚划算大牌日,我们店铺又创下了500万元的坑产。

当时店铺主要靠淘抢购和聚划算等平台活动来提高销售额,虽然效果非常好,但也给这个类目的衰退埋了一个雷。当消费者不再通过淘抢购和聚划算来购物的时候,作为依靠这些资源的类目店家就必然会面临坑产骤降的情况。2015年已经有点苗头了,2016年店铺的销售额就直接出现了断崖式的下滑,淘抢购和聚划算单坑产出从刚开始的十几万、二十几万,到后来的单坑产出两三万,降得非常厉害。

直通车、钻展等广告也是处于一个赔钱的状态，竞争对手不断增加，店铺基本上没有什么利润，所以一个类目就这么衰败了。

2. 标题很关键

有了合适的标题以后，才能尽快提升商品的销售量，标题是带来流量的最基本的入口，而搜索则可以反映出消费者的购物习惯，因此商品的标题很关键。

我在开第二家店做标题的时候，发现有不少竞争对手都和最初的自己一样，要么凭感觉自己编，要么直接用行业里卖得最好的商品的标题，或者只是随便改一两个词就拿来用。

但其实对于新店来讲，商品的链接是新的，如果用同样的标题去和行业里卖得好的店家竞争，想要获得流量是非常困难的一件事。这种敷衍的做法只会令不少店家白白丢失很多来自关键词搜索的自然流量，因此非常不可取。

我做标题的经验是重点关注搜索人气和在线商品数，看竞争度。同时结合搜索人气紧密相关性去做一个30字标题，一般做好一个标题要花大半天时间。虽然花费的时间较长，但一切都是值得的。

3. 细节决定成败

我一直很认同这样一句话："当你把工作中的每一个细节做到80分，就能看到成功的方向了。"在电商创业的过程中，是容不得半点偷懒的，无论是标题，还是主图、详情页、评价、物流都需要从细节处出发，认认真真做好基础优化。前面介绍了我在做商品标题时的一些经验，下面再给大家讲讲我在做主图、详情页、评价、物流等方面的一些基础优化经验。

主图可以从产品图、文案、背景图等方面入手来超越对手，我店铺里的商品主图都是选用的清爽、简单的背景色和同行形成差异化，以此来击败对手。

商品详情页的设计考虑到成本问题，我都是自己设计，虽然水平有限，但也基本上做到了符合手机淘宝购物显示的特点：竖屏、大图、大字。和那些乱七八糟一堆字，没有逻辑的详情页一对比，差别还是很明显的。

在评价方面，我店铺中经营的产品都是以女性消费群体为主，复购率高，所以我采用的是好评返现的方式来提高店铺的好评率。直接好评返现，会被平台处罚，所以我制作了一种创意的卡片来完成好评返现这一操作，现在店铺好评率可以达到99.7%。

在物流方面，刚开始做的时候，货源都是一件代发，但随着销量逐渐增大，我选择了自己发货，因为一件代发需要6元钱的运费，价格不划算，而自己发货只要4.5元，还可以和快递谈价格，量足够大的时候3元钱都不到。

我在经营淘宝店铺的时候，一开始也犯了不少店家容易出现的问题，比如说标题直接用了别人的商标名称，被投诉，只能删除链接。再比如盗用其他店家的图片，在已经月销近千件的时候，被投诉，再次删除链接，结果压了很多的货。

出现这些问题并不可怕，可怕的是永远陷在问题里面，或者试图找寻一些捷径去解决问题。这样往往得不到自己想要的结果，也无法从充满问题的泥潭里挣脱出来。

第5讲

商品主图设计与优化

本章导读

商品主图是对所销售商品最直接的一种视觉展示方式。消费者在商品搜索页面看到的商品展示图片，或进入商品详情页后看到的第一张商品图片即为商品的主图。商品主图是商品带给消费者的第一印象，将直接决定消费者是否会点击并浏览商品详情页面，进而影响进店人数以及商品的购买率。因此，商品主图的设计与优化对一家网店来说至关重要。

5.1 主图的作用与特点

主图是商品最重要的展示方式之一,一般出现在两个地方,一是商品的搜索结果展示页面,二是商品详情页面。下面先来了解一下主图的作用与特点。

5.1.1 主图的作用

一般而言,消费者在浏览商品时首先看到的就是商品的主图,然后才是商品的价格、评价和详情,如图 5-1 所示。

图5-1 商品的浏览路径

因此,主图的作用主要体现为是否能够吸引消费者点击并深入阅读详情页面。根据统计数据显示,有接近四成的商品,其销售转化来自商品的主图。商品主图的设计要有特色,能够充分展示商品的卖点,这样才能吸引消费者注意力,有效提升商品的点击率和转化率。

5.1.2 主图的特点

电商从业人员经过长期的总结,发现一张优质的商品主图通常具备目标明确、表达精练等特点。

- **目标明确**。主图的作用是吸引消费者,所以并不是简单地将商品的特点和促销信息罗列到图片中就能达到目的,而是要站在消费者的角度进行考虑,主图中表现什么内容才能吸引消费者。例如,某款服装商品的主图,如图 5-2 所示,该主图创作目标就是进行促销,提高销量,所以这款主图主要以打折等促销活动为设计亮点,来吸引消费者点击购买。
- **划分需求**。不同的商品有不同的消费群体,而不同的消费群体又有不同的消费需求,一张好的商品主图能够清楚地划分不同消费者的需求。若某商品消费群体的定位为中低端,该商品主图就要突出性价比;若某商品消费群体的定位为高端,则需要在主图中展现商品的品质与带给消费者的感觉。例如,某款女包商品主要针对高端消费群体,所以该主图意在告诉消费者该商品是一款奢侈品,但店家能够提供正品保证、全球新品、全场免邮、极速发货等专属服务,带给消费者一种尊贵的感觉,如图 5-3 所示。
- **精练表达**。主图一般都会有大小的限制,尤其是移动端商品主图为了浏览方便通常尺寸较小,展示空间非常有限。因此,主图除了展示商品图片外,文案内容一定要精练,只为消费者呈现最重要的商品或促销信息即可。如图 5-4 所示是手机淘宝上某商品的主图,该主图中只展示了商品图片、商品价格和关键的促销信息,但也能使消费者快速了解到主图想要表达的内容。

图5-2 某款服装商品的主图

图5-3 某款女包商品的主图

图5-4 手机淘宝上某商品的主图

- **展示属性**。消费者在搜索商品主图时，通常会以商品的属性词为关键词进行搜索。因此，主图中应该重点突出商品属性的特点。这样做的好处主要有两点：一是可以吸引消费者的注意力；二是可以使店铺获取更精准的流量，提高商品的转化率。例如，某保温杯商品的主图直接将消费者最关注的商品属性"保温"用文字的形式展示出来了，如图 5-5 所示。

- **展示差异化**。主图如果能做得独具创意、与众不同，平台有可能会给予相应的扶持，使其获得更多的流量。展示差异化的方式有很多，比如卖点展示、场景展示、模特展示、视觉展示、背景展示以及搭配组合等。这几种方式可以单独使用也可以混合使用，但一定要做到美观，能够突出产品的特点。例如，某主图展示的商品就是一款普通帆布鞋，但设计者却直接将商品的主要卖点——"联名款"，通过图文结合的方式在主图中予以重点展示，以此来显示商品的差异化，如图 5-6 所示。

图5-5 某保温杯商品的主图

图5-6 某款帆布鞋商品的主图

5.2 主图设计要点

主图对于商品而言，就相当于是一个门户，想要让消费者点击进来并达成交易，就需要在商品主图的设计上下一番功夫。商品主图主要由主图背景、商品主体和附加信息三个元素构成，这三个元素各有作用，充分运用好这三个元素，就能有效提升主图的视觉营销力。下面就简单介绍一些商品主图设计时需要掌握的一些要点。

5.2.1 选择合适的主图背景

在同一类目的搜索页面中，有很多类似的商品图片，店家要想让自己的商品从众多竞争者中脱颖而出，就需要在主图背景上做出区别，让消费者感受到商品的与众不同。而且主图背景的衬托也能为商品加分，给消费者传递一种很好的心理暗示。但需要注意的是，产品的主图背景要与产品本身的风格相吻合，不要为了突出而哗众取宠，否则就得不偿失了。

图5-7 田园风连衣裙的主图背景

例如，一件田园风格的连衣裙，主图可以采用草坪、花海等作为背景，如图 5-7 所示。这样可以营造出一种野外郊游的场景，不仅突出了商品清新文艺、休闲舒适的特点，还给人一种很强的代入感。

5.2.2 在主图中展示商品卖点

主图背景已经吸引了消费者的注意力，这个时候要想让消费者进一步点击主图，进入商品详情页面并浏览商品详情页，就需要为主图增加一些产品卖点，来吸引消费者的购买欲望。在设计主图时，应该根据消费者的需求，从商品的大小、颜色、形状、重量和使用材质以及功能等方面出发，提炼商品的卖点，直击消费者的"痛点"。

图5-8 一款防水运动鞋的商品主图

如图 5-8 所示是一款防水运动鞋的商品主图，对于这款商品消费者最关心的问题在于该商品的防水性能到底如何，于是该商品的主图就直接将其核心卖点——防水，通过文字和图片相配合的方式生动地展现出来了。

5.2.3 在主图中标明商品价格

商品的价格是激发消费者购买兴趣的关键因素，如果主图中能够标明商品价格，使消费者在看到主图后，就能迅速对商品的性价比做出判断，这样就能有效地将其留住并促成交易。

例如，某芒果商品的主图中直接清楚地标明了商品的重量和价格，如图 5-9 所示，这就让消费者在浏览的时候可以很快地判断商品的优惠力度。

图5-9 某芒果商品的主图

5.2.4 在主图中强调服务质量

现在市面上很多商品在功能、外观、品质等方面的差异都很小，因此商品主图要想做出差异化，可以从服务质量方面入手。将店铺提供的优质服务作为商品卖点，在主图中予以强调，以此来赢得消费者的信任。

例如，某款热水器商品，在主图中就注明了"8年免费质保""60天免费使用"等强调服务质量的关键词，如图5-10所示，这些词汇可以消除消费者的后顾之忧，从而赢得消费者的信赖。

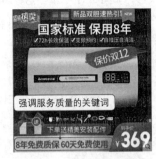

图5-10　某款热水器的主图

5.3　主图优化

主图是对商品的一种形象展示，也是店家进行视觉营销的重要武器。做好商品主图的优化，能最大限度地提高商品图片的视觉效果，促使消费者对店家销售的商品产生购买兴趣，进而提升商品的销量。

5.3.1　主图PCI策划法

主图PCI策划法一共分为三步，即定位市场（Positioning）、明确对手（Competitor）和三种创新（Innovation）。

1. 定位市场

要想设计出一张符合消费者人群定位的商品主图，首先需要对市场进行定位，明确商品销售的目标市场和目标消费群体。例如，一款海鲜酱商品，店家在最初选择市场时，既可以将商品定位为拌饭酱，也可以将商品定位为海鲜酱，但经过详细的数据分析和研究后，店家最终决定将商品定位为海鲜酱，集中权重主攻海鲜酱市场。所以，店家将商品标题和商品主图中关于拌饭酱的关键词都去掉了，全部使用与海鲜酱有关的关键词，从而取得了非常不错的销量和流量。

2. 明确对手

消费者在筛选和浏览商品时，最爱做的事就是货比三家。因此，在明确了商品的销售市场后，店家还需要在目标市场中确定自己的竞争对手，并对竞争对手进行分析和研究。比如，分析竞争对手在商品主图中给消费者提供的购买理由是什么，以此来制定出更有针对性的主图优化策略。

例如，某店家需要为店铺里销售的一款手工牛肉干设计商品主图，但他发现市场已有同类商品，并且竞争对手给出的购买理由为"不添加防腐剂"。针对竞争对手的主图，店家决定用更好的文案内容去影响消费者的感受，于是在主图中打出了"正经牛肉　有点贵！"的口号，如图 5-11 所示。这样做一方面可以告诉消费者店铺销售的牛肉干不仅没有添加任何的添加剂，而且选用的都是真正的牛肉；另一方面也向消费者解释了商品价格较高的原因。

3. 三种创新

在锁定竞争对手后，唯有从多个方面对主图进行创新，做出差异化，才能在众多竞争者中脱颖而出。通常，店家可以从产品图、文案和背景图三个方面对主图进行创新。

例如，某款脐橙商品的主图使用的是果农在果园里采摘鲜果的图片作为其背景图，并没有像其他同类商品的主图一样直接展示商品和促销信息，通过这种做法，不仅给人一种很新颖的感觉，还很好地突出了商品新鲜的特点，如图 5-12 所示。

图5-11　某款手工牛肉干商品的主图

图5-12　某款脐橙商品的主图

5.3.2　主图优化的方法

精美的商品主图，能够更好地为消费者展示商品，并给消费者留下深刻印象。商品主图的优化方法有很多，常见的有差异化、对比图、人物与商品相结合以及创意情景等方法。

1. 打造差异化

对于商品的视觉营销而言，最重要的一点就是要做出差异化。如果所有的商品主图都相差无几，必然会造成消费者的视觉疲劳，使其丧失深入了解商品的兴趣。因此，为了吸引消费者的注意力，商品主图一定要具有差异性，这样才能有效提升商品被点击的概率。要创作差异化的商品主图，可以从以下几点入手。

- 不同的商品卖点展示；
- 不同的商品展示背景；
- 不同的商品拍摄角度；
- 不同的商品展现形态；
- 不同的模特展示状态；
- 不同的商品摆放方式。

如图 5-13 所示的两款水蜜桃商品，就是通过展示其不同的主图背景来打造商品差异化的。

图5-13　差异化的商品主图示例

> **提示** 除了上述的 6 种方式以外,创作差异化商品主图的方式还有很多,如展示不同的促销活动、展示不同的优惠信息、展示不同的商品细节等。

2. 使用对比图

对比图就是将商品与另一个可以体现商品特色和卖点的物体进行对比。如图5-14所示,为了在主图中表现出红枣"个头大"这一商品卖点,店家特意将红枣与鸡蛋进行对比,这样可以非常直观地向消费者展示商品的卖点。

3. 人物与商品相结合

在进行主图优化时,将人物与商品相结合也是一个不错的创作方法,比如在主图中展示人物在使用商品时的画面,或者展示人物在制作商品的画面等。这样做的好处主要是可以增加商品的画面感,打消消费者对于商品品质的一些担忧,让消费者能够更加放心地购买商品。

如图5-15所示是一张蜂蜜商品的主图,该主图通过一位蜂农在蜂场现场收集蜂蜜的图片,来突出蜂蜜的原生态,向消费者证明店铺中销售的蜂蜜是正宗的农家自产野生蜂蜜,而且还是现采现发的。

4. 创意情景

创意情景图是指设计一个有创意的情景,并将商品带入该情景中,通过这种方式来突显商品的某一特点。如果主图中展现的创意情景十分贴合商品的特点,那就一定能引起消费者的注意,甚至还有可能会起到二次传播的效果。

例如,某款雨鞋商品的主图,该主图展现的是直接用水冲淋雨鞋的情景,以此来让消费者直观地感受商品的防水性能,如图5-16所示。

图5-14 通过对比方式创作的商品主图　　图5-15 某蜂蜜商品主图　　图5-16 某款雨鞋商品的主图

5.3.3 主图优化的技巧

优化商品主图,需要明确目标消费人群的需求,了解消费者的顾虑,站在消费者的立场来进行主图创作。下面介绍几个实用的主图优化技巧。

1. 给予消费者直接的好处

这种主图创作技巧通常是直接在主图中标明能够给予消费者打折或者赠品等好处,比如限时包邮、全场5折、满100返30等,以及买一送一、点击就送等,如图5-17所示。

2. 利用数字直观展示销量或商品卖点

利用数字直观展示销量或商品卖点，通常有以下 3 种数字展示方式。

- **从众消费心理**。1 小时卖出 100 件（小爆款），月销 20000 件（大爆款）等。
- **用数字展示产品的价格或者折扣**。让消费者更清楚能够得到的利益。
- **容量体积参数**。消费者在选购产品时需要考虑产品本身的体积、重量、码数等参数，直接展示在主图上更方便消费者比较。

例如，某款服装商品的主图，将"超大码""胖妈妈装""260 斤"等文字着重显示，意在吸引体形较胖的消费者进店，并且还将商品价格也作为展示重点在主图中进行标注，以更好地吸引消费者的注意，如图 5-18 所示。

图5-17　带有打折促销信息的商品主图　　图5-18　某款服装商品的主图

3. 通过感情触动消费者的内心

这种主图创作技巧的核心在于利用感情的描写，来抓住消费者心理的柔弱点，然后吸引消费者购买产品。例如，一款护颈仪商品的主图，展示的是使用者使用商品后很享受的画面，再配上文案"许她一份难得的放松"，一下就能触动消费者的内心，让消费者感知到这是一份充满爱意的商品，可以购买来赠送给自己心爱的对象，进而产生进一步了解商品的兴趣，如图 5-19 所示。

4. 向消费者展示商品效果

这种主图创作技巧是在主图中直接展示商品的使用效果，并为消费者描绘一幅使用商品后的理想蓝图，或者通过对比图的方式展示效果。运用这种创作技巧创作主图需要提前确定好目标消费人群，然后找准他们的需求，并有针对性地展示商品的主要卖点。例如，某款牙齿清洁商品的主图，通过商品使用前后的对比图，生动形象地告诉了消费者该商品的效果，如图 5-20 所示。

 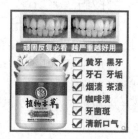

图5-19　利用感情元素进行创作的主图示例　　图5-20　向消费者展示商品效果的主图示例

5. 通过反衬方式展示商品的好处

这种主图创作技巧就是通过和品质较差的同类商品进行比对，来反衬自己商品的好处。比如，洗发水质量差可能会损坏头皮，而本商品使用天然材料提取，不伤头皮；某种食物食用过量可能会影响健康，本商品有机无污染等。使用这种技巧对商品进行描述时，切忌过于夸大，要点到为止。例如，某款洗发水商品直接在主图中呈现自家商品和同类商品的对比图，以此来反衬自己商品的质量，让消费者清楚地看到同类商品和自己商品的差距，如图5-21所示。

6. 利用热点事件或名人效应宣传商品

这种主图创作技巧在于利用明星名人、时事热点和流行语等内容，结合商品的文案来达到宣传商品的效果。通常，很多消费者会对近期流行的文化或内容感兴趣，如果商品主图中能够加入这些元素，就很容易被消费者搜索到，并进行点击和关注。例如，某款服装商品的主图，直接在图片中显示该商品为明星同款，以利用该明星的人气，来促使更多喜欢该明星的消费者关注和购买商品，如图5-22所示。

图5-21　某款洗发水商品的主图　　图5-22　利用热点事件或名人效应宣传商品的主图

5.4　主图的制作要点

主图是商品的展示图片，主要以图为主，只要图片清晰、有创意、色彩搭配得当、布局合理，再配上具有吸引力的文案内容，一般都可以获得非常不错的视觉营销效果。下面介绍一些常见的主图制作的要点，以帮助读者制作出更好的主图。

5.4.1　5张常规主图制作要点

在淘宝平台中一般有5张常规主图，这5张主图具体的布局和制作要点如下。

- 第1张主图。这张图片的主要作用是吸引消费者点击，一般为商品的正面图，主要展现的是商品的卖点，要求做到明亮好看。

- 第2张主图。这张图片的主要作用是激发消费者的购买欲望，一般为商品的正面图或背面图，同样也是从商品的卖点出发，可以展现商品的多个颜色、多个款式或者是多个种类等，给消费者提供更多的选择。
- 第3张主图。这张图片需要将商品的优点或者是细节点提炼出来展现给消费者，让消费者进一步感受到该商品的优势。所以这张图片可以是商品的侧面图或细节图，重点突出该商品与其他商品的不同点。
- 第4张主图。这张图片的主要作用是打消消费者的购买疑虑，推动消费者做出下单决定。所以这张图片一般为细节图，可重点突出商品的促销点。
- 第5张主图。这张图片最有可能成为手机端搜索展现的图片，所以该图十分重要，一般为白底宝贝图。

5张常规主图均需要上传"正方形图片"，图片大小不超过3M，图片格式可以为GIF、PNG、JPG、JPEG等格式。除此之外，主图图片在拍摄和制作时还应注意以下几点细节。

- 5张商品主图要尽量保持色系统一；
- 图片的构图要明快简洁，突出主体，商品要居中放置；
- 图片不要有边框，不将多张图拼在一起，做到一张图片只反映一方面内容；
- 杜绝"牛皮癣"，不要有太多的宣传；
- 注重细节的拍摄，细节往往最能打动人心。

5.4.2 主图视频的制作要点

相较于静态的图片，视频能更加有效地在短时间内传递更多有用的商品信息，因此也更适合将商品的亮点传递给消费者。所以，越来越多的淘宝店家选择在商品主图的展示位置上添加主图视频，这样做既可以增加商品权重，又可以提高商品的转化率和销售量。淘宝上一家店铺播放的主图视频如图5-23所示。

图5-23 某商品的主图视频

1. 主图视频的制作要求

目前，主图视频已面向所有商家开放，部分视频限权类目的商家除外（例如成人、虚拟等）。一般主图视频的要求有如下几点。

- 时长。不能超过60秒，建议将播放时长控制在9～30秒，这样可优先在"猜你喜欢""有好货"等推荐频道展现。

- 尺寸。1:1,有利于客户对主图位置的视频观看体验。
- 清晰度。画质高清。清晰度≥720p;分辨率≥720p,码率在 2 ~ 3Mbit/s 之间。
- 内容。突出 1 ~ 2 个商品核心卖点,为保证客户的观看效果,不建议使用电子相册式的图片翻页视频。
- 禁止出现的内容。站外二维码、站外 LOGO、站外 App 下载、站外交易引导等内容。

2. 插入主图视频

视频制作好以后,还需要将视频插入到商品详情页面的主图展示位置上。插入主图视频的具体步骤如下。

第 1 步:进入淘宝后台的"千牛卖家工作台"页面,❶ 在左侧的导航栏中单击"出售中的宝贝"链接;然后选择需要插入主图视频的商品,❷ 单击商品列表后面的"编辑商品"链接进入商品编辑页面,如图 5-24 所示。

图5-24 进入商品编辑页面

第 2 步:在商品编辑页面的"主图视频"栏中找到选择视频的入口,单击"选择视频"按钮,如图 5-25 所示。

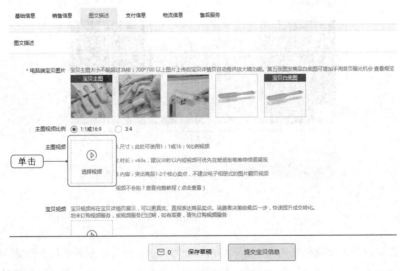

图5-25 选择视频的入口

第3步：进入"多媒体"页面，❶选择需要插入的主图视频，❷然后单击"确认"按钮，如图5-26所示。

图5-26　选择需要插入的主图视频

提示　如果还没有上传视频到"多媒体"页面，需要先单击"上传视频"按钮，从电脑上选择视频上传。

第4步：之后需要对插入的主图视频设置分段标签。进入"视频分段标签"页面，❶选择打标签的时间点，❷单击"增加标签"按钮，如图5-27所示。

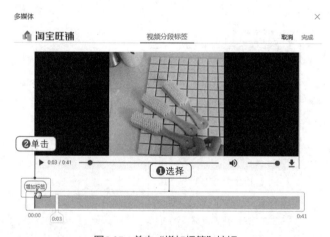

图5-27　单击"增加标签"按钮

提示　主图视频的分段标签就是将视频的内容分为几段，并为每段视频打上标签，便于平台筛选与推荐商品，因此视频打上标签后更有利于提升商品的销量。淘宝平台规定，打标签的分段内容至少1段，至多3段，且每段时长不小于9秒。

第5步：在弹出的页面中，❶选择视频需要的标签，❷然后单击"确定"按钮，如图5-28所示。

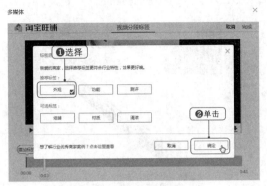

图5-28　选择视频分段标签

第6步：返回"多媒体"页面，单击"完成"按钮后，视频成功插入主图位置，如图5-29所示。在商品编辑页面下方单击"提交宝贝信息"按钮，即可在商品销售页面查看新发布的主图视频。

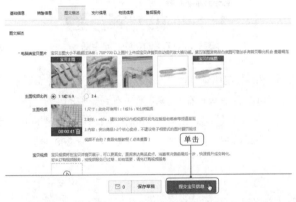

图5-29　成功插入主图视频

5.4.3　移动端商品主图的制作要点

移动端的商品主图重要性要远大于电脑端，某手机淘宝的商品主图如图5-30所示。从图中可以看到，移动端的商品主图通常占据了整个手机屏幕的二分之一，占屏比和曝光率都要比电脑端高出很多，也更容易引起消费者的关注。

移动端商品主图一般不超过10张。店家要充分利用每一张主图，力求做到图片精美、展示美观、细节突出，能够体现商品的特点，抓住客户的注意力。

移动端商品主图在滑动完后，会跳转到商品详情页的第一屏，因此怎样吸引客户连续滑动,把主图页面看完,也是值得店家思考的一个问题。具体来说,店家可以通过各个页面之间的关联,让客户不知不觉地滑动完所有的主图。比如,对商品"前、后、左、右"不同的角度进行展示;通过"一、二、三、四"陈列商品的卖点等。

图5-30 手机淘宝的商品主图

另外,移动端商品主图和电脑端商品主图有所不同,在制作时需要特别注意图片的尺寸。图片尺寸如果过大,有可能会使客户在浏览时无法看到完整的主图内容,导致图片所传递的信息不全。图片展现最大尺度是 220 像素 ×200 像素,在设计时 800 像素 ×800 像素有放大镜功能,但展现在客户眼前时,最大尺寸只有 220 像素 ×200 像素。

5.5 小技巧

技巧1——主图中的色彩搭配技巧

主图的色彩搭配直接关系着整个主图的视觉美感。无论商品再好,文案设计得再出色,如果颜色使用不当,就会给消费者带来非常差的视觉体验,从而影响主图的点击率。所以,作为网店的店主掌握一些主图色彩搭配技巧是非常有必要的。下面就为大家介绍一些关于主图色彩搭配的小技巧。

商品主图使用频率最高的颜色主要有红色、绿色、蓝色、白色和黑色,如图 5-31 所示。

图5-31　主图中常见的颜色

- 红色系。红色永远是最能彰显喜庆氛围的一种颜色，给人以活力、热情的感觉。如果店家经营的是婚庆类的商品，或者是在节庆等促销活动期间，在主图中使用红色就再合适不过了。如果店家经营的是高端典雅的古典商品，也可以使用红色系中的暗红色来设计主图。
- 绿色系。绿色是天然环保的代表，给消费者一种健康、环保的感觉。如果店家经营的商品是农副产品、环保用品等，就可以考虑在主图中加入绿色的元素，使其能够与商品相互呼应。
- 蓝色系。蓝色通常给人一种明亮、清爽的感觉。如果店家经营的是海洋风格的商品或夏季商品，那么可以在主图中加入蓝色的元素，这样便在视觉上为消费者营造出一种凉爽的感觉。
- 白色系。白色常常作为背景出现在主图中，在一定程度上给人高级、光明的感觉。如果店家经营的商品是小件商品，则可使用白色作为背景来突显商品的细节部分；如果店家经营的商品是婚纱、卫生用品等，也可以加入白色使商品看起来严肃、干净。
- 黑色系。黑色在主图中也较为常见，常给人一种高贵、稳重的感觉。如果店家经营的是客单价较高的电子商品、大牌商品等，可以考虑在主图中加入黑色元素，给商品增加一种贵重感。

技巧2——四招提炼商品卖点

商品的卖点是真正吸引消费者点击主图的关键所在。提炼出符合商品特性，且能够满足消费者需求的卖点，并在主图中突出展现，就能够有效提高商品的点击率和转化率。那么提炼商品卖点应该从哪些方面入手呢？

1. 突出消费者的诉求

首先要知道目标消费者有什么需求？有什么痛点？只有找到目标买家的需求和痛点才能对症下药。通过以下三种途径可以知道消费者的诉求。

- 客户的评论。
- 客服与客户之间的聊天记录。
- 店家对所售商品的生活感受。

2. 挖掘消费者购买的理由

淘宝上销售同类商品的淘宝店铺有很多，消费者为什么要选择在自己的店铺购物呢？首先销售的商品必须要能够解决客户的需求；此外，还可以在商品价格、售后服务、质量保证等方面给消费者提供更多的保障，增加他们的购买意愿。

3. 突出商品的特性

消费者在选择商品时，对该商品并不熟悉，店家需要将商品的特性和功能在主图中展现出来，让消费者一眼就能快速获知商品的相关信息，产生进一步了解商品详情的兴趣。另外，为突出和同类商品的不同，打造差异化，能为自己的商品增加附加价值。

> **案例　好的主图可以提升 2 倍转化率**
>
> 　　唐鹏鹏，玩具类目店家，现有 2 个淘宝店和 1 个拼多多店。年纪虽轻却已是老江湖了，身处玩具行业这几年，在产品开发和设计这方面拥有比较丰富的经验。今天他为我们分享一些关于网店经营与主图设计方面的经验。
>
> 　　我大学期间就在外面做兼职，非常辛苦也只能赚点生活费，所以一直想创业。当时电商风头正盛，所以我把目光放到了这一行。因为有亲戚在开服装工厂，所以我开网店售卖男装牛仔裤。那时淘宝还是红利期，做起来比较容易，图片也直接引用工厂档口的图片。我也不懂运营技巧，就负责上下架商品、定价、客服接待等工作。临近双 11 时，参加了一个"天天特价"的活动，一天内竟然卖了 300 多单。当时很激动，还做了双 11 活动预热。到了活动当天，单量达到 4000 单，每单纯利 20 元，一天收入 8 万元。也正是因为这件事，让我对淘宝更有信心。
>
> 　　由于没有系统地学习过电商，再加上当时年少气盛，认为只要多做销量就能做大做强，也跟着大家刷单。但 2015—2016 年，淘宝平台开始抓刷单，我整个人都蒙了。因为自己除了会刷单，其他什么都不会。一时间亏损几万元，还积压了大量库存。还好有亲戚在开工厂，把库存处理了。通过这次教训，我也深刻反思到自己太浮躁。于是决定从头开始学习各种电商知识。
>
> 　　毕业后，在一家玩具类目的电商公司做客服。因为之前有开网店经历，很快就成了老板的得力助手，也学到了一些运营方面的知识。客服做了大概 1 年，其间跟着老板接触到了一些好的供应链和货源，所以我离职单干了。当时玩具行业竞争已经不小了，但我在货源和运营技术上有优势，所以也慢慢地做起来了。
>
> 　　目前店铺是我和朋友一起在经营，选款方面主要参考生意参谋里的市场行情，查看、分析目前搜索人气高、款式流行和潜力较大的商品。然后收集商品亮点，设计商品，再去找工厂做出来。例如，当市场上大部分书包都是传统的背包和拎包时，我们就设计了新增拉杆功能的书包。拉杆可随时拆卸，这样书包既能做小行李箱，也可以做背包，解决了小朋友们杂物过多拎不动的问题。我们还及时申请了产品的外观专利和店铺卡通形象著作权，同行不能随意抄袭。
>
> 　　我们的商品能做到前几名，我觉得主要原因还是主图做得好。相信大家都深有体会，淘宝卖商品就是卖图片。我们商品单价在 100 元左右，走中端路线，主图方面主要突出

商品的高端、档次。

- 以主推书包为例，主图首图图片背景都是非常简单的灰色或白色。除了主商品，还会搭配精致的赠品。同时配上一句客户最关注的卖点文案。整体看起来信息全面但并不"牛皮癣"。
- 把商品主图的2、3、4、5图当成详情页来做。通过调查同行评价、问大家，把客户最关心的问题整理下来，然后用图片去展示出来。
- 除此之外，还增加了买家秀的合辑在5张主图之中。便于客户在浏览主图时，就达到把主图、详情页和买家评价都看了一遍的效果。
- 也细心做了首图视频。因为我们的主推包与市场上大多包相比，其优势在于功能升级，视频正好可以表现功能升级。

主图是我们最重视的，通过改进主图，我们店铺的转化率至少提升了2倍。当然，详情页也会把客户关心的点进行更加细致的描述。

我们的目标客户大多为25～35岁，分布在一、二线城市的女性。她们在为孩子购置玩具用品时，更看中好品质和好服务，所以售后服务也是这个行业的关键点。一方面，我们在品质和质保方面远超同行；另一方面，我们也会把老客户加到微信群里，做好老客户维护。

商品升级确实会带来一段时间的红利期。对于店家而言，能够抓住商品升级的机会，建立行业壁垒，才会比较顺利。当然，仅仅是商品做得好也远远不够，内功方面也要下功夫。店家一定要学会把商品的优势用最简洁有力的主图展示出来。

第6讲

商品页面策划与设计

本章导读

商品详情页是店家向消费者详细展示商品相关信息的页面。消费者是否会对商品产生兴趣,并最终下单购买,往往都是在浏览了商品的详情页后才确定下来的。因此,商品详情页的策划与设计对于提高商品转化率来说至关重要。

6.1 认识商品详情页

商品详情页是消费者获取商品信息的主要渠道,里面包含了商品具体的性能、特点、产地和物流等关键信息。商品详情页直接决定了商品的转化率,而想要做好商品详情页,首先需要了解商品详情页,掌握详情页的作用、特点和内容模块。

6.1.1 详情页的作用

商品详情页能够详细地向消费者展示商品各项信息,延长其在店铺的停留时间;同时还能促使消费者做出实际的购买行为,提高商品的转化率。下面来看看详情页的几个主要作用。

- 提升商品转化率。提升商品转化率是商品详情页最重要的一个作用。商品详情页面所呈现的内容是否能打动消费者,满足消费者的需求都会很大程度上影响商品的转化率。好的商品详情页往往能够使消费者快速在其中找到符合自己需求的内容,产生购买欲望和购买行为,进而实现销售的转化。
- 增加客户的页面停留时间。商品详情页需要通过足够吸引人的内容来呈现商品的相关信息。这些丰富、生动、具有吸引力的商品信息可以有效地激发消费者的购买兴趣,让他们愿意花更多时间去了解该商品的详细情况,进而增加在详情页的停留时间。
- 提升客单价。商品详情页不仅能让消费者了解当前商品的相关信息,还能通过关联销售其他商品,再次挖掘消费者的潜在需求,一旦消费者有新的购买需求被激发,就很容易产生关联购买行为,从而提升客单价。
- 降低页面跳失率。一个生动有趣的商品详情页,不但能够有效提升页面停留时间,同时还会促使消费者查看更多的商品推荐。如此一来,整个店铺的跳失率自然就会下降,而页面跳失率降低了,消费者购买商品的概率就会大大增加。

6.1.2 详情页的特点

商品详情页是通过视觉表现形式来向消费者传递商品信息的,一个好的商品详情页主要具有以下几个特点。

- 图文并茂。在商品详情页中,既要有必要的文字解说,也要通过精美的图片来吸引消费者的注意。只有图文结合的商品详情页,才能为消费者提供一个良好的视觉体验。当然在创作商品详情页时,创作者还需要注意图片和文字的美化。某款电冰箱商品的详情页描述内容如图6-1所示,从图中可以看出,文字主要起辅助说明的作用;图片则用以增强视觉感官体验,体现商品的真实与美观性。
- 虚实结合。商品详情页中,对于商品基本信息的描述一定要符合实际情况,确保真实可信,不能肆意夸大或者弄虚作假,但对于商品的背景介绍、消费者反馈等内容的描述可以适当进行一些美化和加工，让商品看起来更加有内涵和品质保障。例如，某大米商品的详情页中，通过一段传奇的描述，来彰显商品的品质，如图 6-2 所示。

图6-1　某款电冰箱商品的详情页描述内容

图6-2　某大米商品的详情页

- 详略得当。一个好的商品详情页文案，能够让消费者在众多的描述中迅速提炼出有用的商品信息。如果商品详情页的描述，重复拖沓，没有重点，那么消费者很有可能不会深入浏览页面，而是直接退出商品详情页面。例如，某款鱼油商品的详情页文案，如图 6-3 所示，该详情页文案以"怎样才能算是一颗好鱼油？"这个问题作为标题，让消费者去思考好鱼油标准，接着又分别从三个方面介绍了好鱼油的特点，布局合理，详略得当。
- 场景化表现。为了提高内容的呈现效果，加强消费者的感受，商品的详情页通常具有一定的场景设定。详情页的创作者可以通过某些特定的场景，来激发消费者的购物欲望，使消费者产生强烈的代入感，从而在内心深处建立起对商品的认知。例如，某款花瓶商品的详情页，通过在特定场景内拍摄的商品图，使商品不再单调，充满生活气息，从而给消费者带来良好的视觉感受和吸引力，如图 6-4 所示。

图6-3　某款鱼油商品的详情页文案

图6-4　某款花瓶商品的详情页

6.1.3 详情页的内容模块

详情页要向消费者传达的信息包括商品价格、商品基本信息、商品实拍图、商品细节展示、商品功能展示、质量认证、售后保障等。通常情况下，商品详情页面的相关信息需要安排多个内容模块来进行展现。下面就来看看详情页常用的内容模块有哪些。

1. 商品参数模块

商品参数模块主要是用文字的形式去呈现商品相关的基本参数信息，包括品牌名称、商品名称、商品型号、上市时间、商品风格等，如图6-5所示。

图6-5　商品参数模块

2. 商品整体展示模块

消费者购买商品最主要看的就是商品的展示部分，详情页中的商品整体展示模块是从不同的角度和维度对商品进行全面的视觉化展示，让客户可以对商品有一个直观的感觉，如图6-6所示。

在进行商品展示时需要注意以下3点。

- 把商品的卖点呈现出来。
- 使用场景图激发消费者的需求。
- 塑造拥有后的感觉。

3. 商品细节展示模块

商品细节展示是消费者深入了解商品的主要途径，通常情况下，如果消费者想要购买该商品，往往会查看商品的细节展示图。通过展示商品的细节，可以侧面展现出商品的卖点，让消费者有足够的理由去选择该商品。商品细节展示模块需要重点呈现商品的材质、工艺等细节方面的内容，如图6-7所示。

图6-6　商品整体展示模块

图6-7　商品细节展示模块

4. 商品卖点展示模块

详情页中的商品卖点展示模块呈现的是消费者最关注的商品核心卖点。在设计商品卖点展示模块时，需要把握住商品的差异化优势和消费者的需求，通过视觉化图片的形式将商品的核心卖点呈现给消费者，以增强详情页的说服力。某商品详情页的商品卖点展示模块如图6-8所示。

图6-8　商品卖点展示模块

5. 品牌文化展示模块

宣传品牌文化是网店运营之路上的一个必要的操作，商品详情页同样担负着宣传品牌文化，提升品牌形象的责任。在商品详情页中适当地加入一些与品牌文化有关的内容，有助于更好地获得消费者的信任，树立良好的品牌形象。品牌文化展示模块可以用来展示品牌故事、品牌的经营理念以及品牌的公益事业等内容，如图6-9所示。

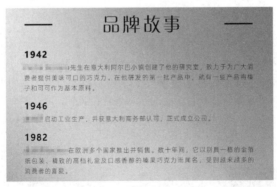

图6-9　品牌文化展示模块

6. 关联销售模块

关联销售模块有两个非常重要的作用，一是提升成交客单价，二是降低页面跳失率。在设计关联销售模块时需要注意，关联推荐的商品一定要具有关联性，比如在风格、款式、功能、价格或内容上的相关性，且要根据营销的目标选择商品。某商品详情页的关联销售模块如图6-10所示。

图6-10 关联销售模块

7. 承诺模块

承诺模块呈现的是店家根据店铺的实际运营情况向消费者做出的一些承诺，如7天无理由退换货、24小时发货、正品保障等，如图6-11所示。

图6-11 承诺模块

8. 包装展示模块

消费者在选择商品时不仅会考虑商品本身的功能、性价比，还会考虑一些与商品相关的配套服务。而商品的包装，则是服务的重要组成部分。一个精美的包装不仅可以体现店铺的实力，还能大幅提升商品的价值，增加消费者对商品的信任度和购物欲望，从而对商品的销售转化起到非常重要的推动作用。某商品详情页的包装展示模块如图6-12所示。

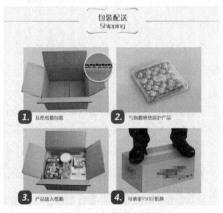

图6-12 包装展示模块

除了上面介绍的这些内容模块外,详情页中还可以添加活动信息、商品对比、搭配展示、生产流程展示、Q&A问答、会员营销等模块。

6.2 商品详情页策划

策划商品详情页并不是简单地将商品图片和相关文案组合在一起就可以了,而是必须经过谨慎的分析和策划,才能使设计出的详情页效果较好。

6.2.1 竞品的市场调研

进行商品详情页策划之前首先应该对竞争商品详情页进行解读和分析。通过分析竞品详情页中所涉及的营销点、受众人群、页面逻辑等相关内容,再结合自己商品的优势,找到商品的营销切入点,打造出差异化的商品详情页。下面介绍一种常用的SWOT市场分析方法,通过该方法来分析商品所处的市场环境,从而确定商品的营销切入点。

SWOT分析法是从**优势**、**劣势**、**机会**和**威胁**四个维度对自己销售的商品和竞品进行分析,从而将商品的营销策略与商品本身结合起来的一种科学的营销分析法。SWOT分析模型如表6-1所示。

表6-1　SWOT分析模型

优势S(Strengths)	劣势W(Weaknesses)
竞争中的有利态势,品牌形象的优势,技术工艺的优势,产品质量、市场占有率、产品成本、广告攻势等优势内容	缺少关键技术的劣势、竞争力差等内部劣势
机会O(Opportunities)	威胁T(Threats)
新产品的机会,新市场的机会,市场新需求的机会,竞争对手失误带来的机会等	新的竞争对手威胁,替代产品增多的威胁,客户偏好改变等外部威胁

进行SWOT分析需要经过以下3个步骤。

(1)通过市场调研分析出商品的优势、劣势、机会和威胁,并依照矩阵形式排列。在分析列举对商品销售有影响的因素时,先列举出直接的、重要的、急切的因素,再列举出间接的、次要的、不急的因素。

(2)将各种因素相互匹配后进行多维度分析,得出带有决策性质的结论。

(3)在完成环境因素分析和SWOT矩阵分析后,制订出相应的营销策划方案。制订营销策划方案的基本思路为:发挥优势因素,规避弱势因素,利用机会因素,化解威胁因素。

例如,某店家通过SWOT分析模型对店铺中某款热销商品进行了详细分析,并制订出了相应的营销策划方案,其具体内容如表6-2所示。

表6-2 SWOT分析模型的运用

内部能力因素 外部能力因素	优势S （1）产品技术实力较强 （2）员工营销能力较强	劣势W （1）缺乏有效管理 （2）分销渠道不均匀
机会O （1）该产品的消费人群在不断增加 （2）竞争对手A的市场份额下降	SO策略： （1）持续关注产品的消费动向，保持产品的技术优势 （2）培养更多拥有较强营销能力的员工	WO策略： 满足目标市场产品消费增长的需求以保持较强的竞争力
威胁T （1）面临市场法规的一些限制 （2）出现新的竞争对手B	ST策略： （1）通过产品技术更新，来避免法规的限制 （2）提高员工的营销能力	WT策略： （1）加强店铺的管理，以避免因缺乏管理而受到法规带来的限制 （2）通过各种促销手段来增加自己产品的市场份额

6.2.2 消费者分析

要做出能够打动消费者的商品详情页，店家就需要对消费者的购买需求、消费行为和消费偏好进行全面的分析。分析消费者的渠道主要有两个，一是数据分析工具，二是买家评价。

- **数据分析工具**。店家可以利用生意参谋、百度指数等数据分析工具对消费者的喜好、消费者能力以及地域分布等信息进行详细分析，明确目标客户群体的人群画像，然后用分析后的结论去优化商品详情页。
- **买家评价**。想要掌握更多的消费者信息，买家评价是一个不错的渠道，里面可以获取到大量的、真实的消费者反馈信息，以便于店家及时掌握消费者的购买需求，了解商品问题和其他售后问题等。某商品的买家评价如图6-13所示。

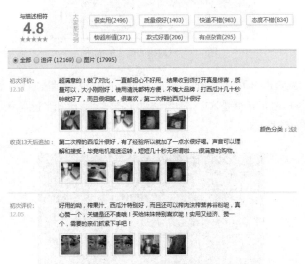

图6-13 某商品的买家评价

6.2.3 商品卖点的提炼

商品卖点是促使消费者产生购物行为的主要因素，商品卖点越符合消费者的购物需求，就越能激发消费者的购物欲望。一般来说，商品卖点应该要体现出独特性和差异性，所谓独特性就是指商品身上所具有的某些独一无二、不可复制的特点；差异性是指该产品与同类产品之间的区别。

1. 商品卖点的提炼原则

商品卖点的提炼要考虑消费者、商品本身和竞争对手三个方面的因素，可以根据以下3个核心原则去提炼。

- 商品卖点是消费者的需求点。
- 商品卖点是商品自身具有的。
- 商品卖点是竞争对手没有或没有提到的。

2. 商品卖点的三个层次

一件商品通常有很多卖点，根据完整的商品概念，可以将商品卖点大致分为核心卖点、形式卖点和延伸卖点三个层次。

- **核心卖点**。核心卖点，即商品的使用价值。例如，一款运动手表的核心卖点，包括特色功能、运动防水、防震耐摔、持久续航等，如图6-14所示。

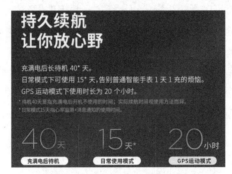

图6-14 针对核心卖点的描述

- **形式卖点**。形式卖点，即商品的外在表现，如商品的外观、质量、重量、规格、视觉、手感、包装等。如图6-15所示就是这款运动手表的形式卖点，比如半透半反屏、不锈钢表圈、康宁大猩猩三代玻璃等。

图6-15 针对形式卖点的描述

- **延伸卖点**。延伸卖点，即商品的附加价值，如商品的售后服务、商品的荣誉等可以提升商品内涵的元素。如图 6-16 所示为这款运动手表的外观延伸卖点，主要是商品的售后承诺。

图6-16　针对延伸卖点的描述

将这些信息全部收集起来，然后再提炼出与消费者需求最匹配的独特卖点，这样才能有效增加自身商品的竞争力，进而实现对消费者的吸引。

6.3 商品详情页的设计

无论商品的质量多好，如果没有一个精心设计的、具有吸引力的商品详情页，也是很难提高其销量的，因此设计一个优质的商品详情页非常重要。

6.3.1 设计详情页应遵循的前提

商品详情页的设计虽然讲究的是创意与创新，但也不能天马行空，与销售的商品完全不相符。在设计商品详情页时应该遵循以下两个前提。

1. 详情页的设计风格要与标题和主图相符

消费者通常是通过商品的标题和主图进入详情页面的，如果详情页的风格与标题和主图风格完全不一样，消费者进入详情页后看到的内容与自己想象的差异太大，就会失去继续浏览的兴趣，更别说下单购买了。例如，商品标题和主图描述的是一款森女风的连衣裙，但客户点击进入详情页后，却发现详情页展示的是欧美风格的连衣裙，不是自己想要的风格，就会马上退出这个页面。如图 6-17 所示是一款棉麻女装商品的详情页截图，通过图片可以看到该详情页充分展现出了商品清新、文艺、素雅的风格，与该商品的风格定位完全吻合。

图6-17 一款棉麻女装商品的详情页截图

配色、字体、背景素材等都会影响整个页面的和谐度，只有详情页的设计风格保持整体一致，才会让客户更加顺心地浏览。详情页设计风格的统一性，主要表现在以下5个方面。

- 商品图；
- 页面结构；
- 总体色彩；
- 标志性元素；
- 背景图及背景颜色。

2. 商品信息描述要真实

详情页中的商品信息描述一定要真实，不能故意夸大商品信息，误导消费者。比如，有些店家为了吸引客户，故意将只有90%棉含量的商品描述成纯棉商品，这样的做法不仅不能促进商品的销售，一旦被发现描述与商品不符，还有可能会受到平台的处罚。因此，在设计详情页时一定要注意保证商品信息描述的真实性。

6.3.2 商品详情页的设计内容

前文中已经大概了解了详情页的内容模块，下面将针对详情页中具体的设计内容进行详细讲解。

1. 商品的图片

相信消费者在进入详情页以后，首先吸引他们注意力的便是商品图片。在商品详情页中放入产品模特图、场景图、平铺图、细节图等，可以让消费者更全面地了解商品的各项信息，商品图片的设计需要根据商品本身类别与属性以及受众群体的不同，对图片信息进行不同的安排，但需要注意把握全面、真实的原则。下面列举3种常见类目的详情页商品图片，供大家参考。

图6-18 穿戴类商品的图片展示

穿戴类商品可以在商品的组图部分为消费者呈现商品的穿戴效果、设计亮点、色彩属性等内容，让消费者更全面地感受商品，如图6-18所示。

购买食品类商品的消费者一般都比较看重食品的口感和卫生，因此在展示商品图片时可以从食品的味道、商品信息以及配料等方面介绍食品的基本属性，让消费者既能够了解商品基本信息，又能够感受到食品的美味与新鲜，如图6-19所示。

购买家电类商品时，消费者往往更看重商品的功能与用途，因此在商品图片中可以更多地展示商品的功能和用途，如图6-20所示。

图6-19 食品类商品的图片展示

图6-20 家电类商品的图片展示

商品的种类还有很多，这里无法一一讲解，读者可以多去大店、名店观察一下别人的主图是怎么展示特点的，并将其优点应用到自己的主图中。

2. 商品文案

如果商品图片能够吸引消费者，那么接下来就需要文案设计来促使消费者下单了。店家可以在详情页的商品文案中设计一些促销的元素，比如增加开业优惠、领券立减、限时抢购、买一赠一等词汇，使消费者产生想要立即下单购买的冲动。某产品详情页中就添加了有关促销信息的产品文案，如图6-21所示。

3. 商品卖点

商品的卖点是指所销售的商品与其他商品相比所具备的与众不同的特色和特点。这些特色和特点，一方面是商品与生俱来的，另一方面是通过店家的创造进行策划的。

图6-21 在商品文案中添加促销信息

不论其卖点从何而来，只要能使其运用在商品的实际销售中，使更多的消费者能够接受和喜爱，就能达到店铺的营销目的。

通常情况下，一些在市场上存在一定时间并且拥有较高知名度的商品，会比那些上市不久并正在打造品牌形象的商品，具有更优质和更丰富的卖点提炼。例如，某款糕点商品，单从该品牌的时间优势上就能够提炼出一个很不错的卖点，该品牌是一家创始于1773年的中华老字号品牌，已经持续经营246年了，并且销售业绩十分突出，如图6-22所示。

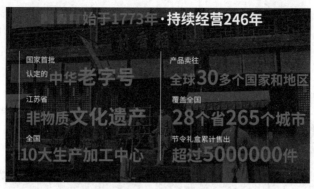

图6-22 商品卖点的提炼

4. 商品的细节介绍

商家需要从各个方面让消费者详细了解商品的每一个细节,比如商品的材质、颜色、大小尺寸等,以帮助消费者更好地选择商品。商品细节展示图一般采用局部放大的形式来帮助消费者仔细观察和研究商品,从而消除消费者购买的顾虑。细节展示图不仅能够很好地展现商品的材质、做工、设计、款式等信息,同时还能放大商品的特色和优势。如果在展示细节的同时,再添加一些文字来对商品的特色进行描述,往往能起到更好的展示效果,如图6-23所示。

对于某些商品,比如家电类商品,消费者最看重的可能并不是其外表样式的细节表现,而是希望看到商品的功能与品质保证。因此,这类商品在进行细节展示时,就需要多结合产品的功能、用途、品质等信息进行相应的介绍和说明。例如,某微波炉的详情页就通过展示细节说明该商品的功能和操作,如图6-24所示。

图6-23 局部放大　　　　　　　图6-24 家电类产品的细节展示

5. 其他消费者的评论截图

一个商品店家自己说好,不一定有人会相信;如果能够让其他购买或使用过该商品的消费者都说好,往往会更令人信服。因此,店家可以在商品详情页中放入其他消费者的好评和聊天记录,以此来增加商品的说服力。把其他消费者的信用评价添加在商品详情页中,可以有效打消部分消费者的疑虑,增加他们对商品的信任度,如图6-25所示。

图6-25　在商品详情页中添加其他消费者的评论截图

6. 商品的相关说明

说明往往是商品详情页设计的最后一个部分，通常用于添加各种提示，如购买须知、正品承诺等信息，是提高消费者信任度的关键。例如，某食品类商品详情页中的商品相关说明，不仅能为自己的商品进行信誉的担保与说明；还能提醒消费者注意验收货时可能遇到的异常情况，以免产生不必要的售后纠纷，如图6-26所示。

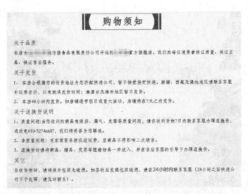

图6-26　在商品详情页中添加商品的相关说明

6.3.3　激发消费者兴趣

激发消费者购物兴趣最简单的方法就是塑造商品的实用价值，让消费者看到商品能够带给他们的利益或好处。这个利益或好处应该是消费者最关心的、最需要的，即消费者的痛点。然后利用这些痛点给予消费者信心，让消费者能够信任这个商品。最后再将这个点以醒目的形式展示在商品详情页中，如商品评价、使用前后对比和KOL使用推荐等形式。

1. 商品评价

商品详情页中的商品评价，尤其是好评，是店家获取消费者信任，激发消费者购买兴趣的重要手段之一。为了获得更多真实、优质的商品评价，现在很多店家都在尝试将消费者的商品评价营造出社区感，通过分享、评论、点赞等方式促进消费者互动；通过积分、返现等方式刺激消费者分享商品图片，进行商品评价。

2. 使用前后对比

商品使用前后的效果对比不仅可以运用于主图中，在商品详情页中也同样适用。在详情页中展示商品的使用前后对比，能起到非常直观的展示效果，特别是对于一些清洁类的商品，比如除尘器、清洁剂、洗衣液、洗发水等。大多数消费者在购买这类商品时，都会受到视觉感官的影响，商品使用前后对

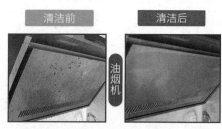

图6-27　详情页中的商品使用前后对比图

照，能对这些消费者起到很强的视觉刺激作用，从而促使他们迅速做出购买决定。例如，在某款清洁剂商品的详情页中，设计者通过商品使用前后的对比图来展示商品的使用功效，如图6-27所示。

3. KOL 使用推荐

KOL 是关键意见领袖的简称，"KOL 使用推荐"内容模块在美妆类、数码类商品的详情页中比较常见。很多专业属性较高的商品，普通消费者无法对其做出质量判断，更愿意相信意见领袖的专业性推荐。例如，某运动手表商品的详情页中就展示了多位运动领域 KOL 对该商品的专业点评，如图 6-28 所示。

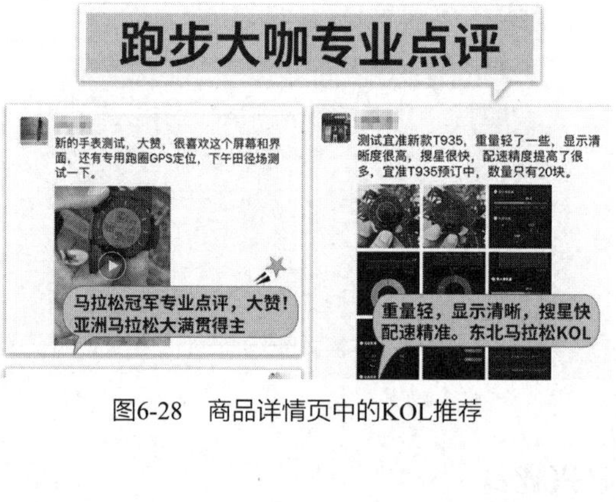

图6-28　商品详情页中的KOL推荐

6.3.4　详情关联营销设计

关联营销就是把有联系的商品放到一起，展现给消费者看，从而激发他们的购买行为。关联营销有助于提升店铺的访问深度和间接成交率，是提升客单价最有效的利器之一，因此不少店家都会选择在商品详情页中添加一些关联商品的链接以及海报图片。下面将针对关联

营销的设计要点进行详细讲解。

1. 推荐形式

关联营销的推荐方式主要可以分为同类推荐、搭配推荐、热销推荐、好评推荐以及情感嫁接 5 种形式。

- **同类推荐形式。**同类推荐形式是将主商品与在功能、产品属性、价格等方面相近或相同的商品相关联的一种推荐形式。例如，在一款毛衣商品的详情页中推荐店铺中销售的其他几款毛衣商品，如图 6-29 所示。

图6-29 同类推荐形式

- **搭配推荐形式。**搭配推荐形式是将功能互补的商品相关联的一种推荐形式。例如，在一款鼠标商品的详情页中推荐鼠标垫或者键盘等商品，如图 6-30 所示。在设置搭配推荐时，可以给予一定的价格优惠，例如，选择套餐中的任意两件商品享受 8 折优惠，购买套餐全部商品享受 7 折优惠同时包邮等。

- **热销推荐形式。**热销推荐形式是在商品类型相同或相近的前提下，推荐店铺中销量较高的商品。例如，在销量偏低的商品详情页中，推荐几款销量较高的同类商品，同时也可以给予一定的价格刺激。详情页中的热销商品推荐可以使用热销排行、热卖推荐、镇店之宝、HOT 抢购、限时秒杀、团购等主题来进行推荐，如图 6-31 所示。

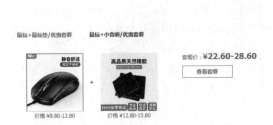

图6-30 搭配推荐形式

图6-31 热销推荐形式

- **好评推荐形式。**好评推荐形式是在商品类型相同或相近的前提下，推荐店铺中好评率较高、口碑较好的商品。例如，在评价偏低的商品详情页中，推荐几款好评率较高、口碑较好的同类商品，同时也可以给予一定的价格刺激。好评推荐形式可以采用好评商品推荐、人气推荐、口碑商品推荐等主题来推荐商品，如图6-32所示。

图6-32　好评推荐形式

- **情感嫁接形式**。情感嫁接形式立足于人与人之间的情感联系，通常利用关爱父母、关爱长辈、爱她就给她买更好的等主题来推荐商品。例如，在一款按摩椅商品的详情页中，以"孝敬父母·感恩亲人"为噱头来推荐一款小型的肩颈按摩器商品，如图6-33所示。

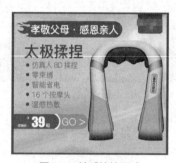

图6-33　情感嫁接形式

提示　情感嫁接形式的关联营销要注意商品的价格层次设置，推荐商品价格要低于主商品，这样更容易被消费者所接受。

2. 推荐商品的数量控制

一般而言，推荐商品的数量控制在6～9款比较合适，多了会过犹不及，引起消费者反感。如果在主商品的详情页上半部分推荐过多的商品，或者占用太大的篇幅，甚至还有可能会影响商品的搜索排名。对于搭配推荐形式来说，推荐商品的数量还要更少一些为好，2～4款为宜。

6.4　商品详情页的排版

巧妙精美的商品详情页排版，不仅可以使商品的介绍有理有序，让消费者更加清晰明了地掌握商品的各项信息，同时通过合理的详情页排版和布局也能够显示出店铺的专业化，从而取得消费者的更多信任。

6.4.1 详情页的内容排版

商品详情页的内容排版是依照商品信息递进的形式，让消费者由浅入深地一步步去了解更多的商品信息，从而做出是否下单购买的决定。商品详情页上的内容排版设计，整理如表6-3所示。

表6-3 商品详情页上的内容排版设计

详情页上的内容	要点阐述
焦点图	选择一张最能吸引人眼球的商品图片作为焦点图，尽量通过视觉效果使买家形成消费心理
推荐热销单品	在详情页中适量地进行店铺内其他商品的推荐
商品详情和尺寸表	对商品的产地、材质、款型以及尺寸大小等属性信息进行详细介绍
模特图	通过模特效果图，全方位地展现出商品的每一面，使买家能够清楚地了解商品的效果以及大小对比等
商品实物平铺图	将上身示范和实物平铺有机结合，能够更清晰地展现商品的每一面
场景图	通过不同的场景将商品的美感全方位地展现出来，进一步解决买家的疑虑和问题
商品细节图	商品细节图的展现，可以选择几处商品的亮点，将其局部放大，让消费者看得更加清晰
购物须知	通过购物须知，将店铺中关于商品交易的相关问题，如退换货处理、运费承担等问题提前做出相应的说明和解释，让消费者在购物之前就能够清楚地了解店铺的购物规则，尽可能地避免消费者因不了解店铺购物须知而引发的购物纠纷

在对商品详情页进行排版设计时，店家可以根据自己的需要和店铺的实际情况，对表6-1中的内容进行合理增减或位置调整。比如食品类目的商品就可以不使用模特图，而是适量增加商品实物图和场景图在详情页中的比例。

6.4.2 详情页的页面排版

商品详情页的排版是非常讲究的，如果排版做得不好，有可能会影响到整个商品详情页面的视觉呈现效果。下面就针对详情页排版过程中的一些细节问题进行详细讲解。

- **字体对比**。在创作商品详情页时，使用不同的字体来创作文字内容，能给人带来一种耳目一新的感觉，有利于帮助消费者快速抓住页面中的重点信息，同时也会使整个页面的视觉呈现效果更加生动。创作文字内容时，通常选择2~3种字体即可，不建议使用太多种不同的字体，否则会使页面看上去十分杂乱。
- **文字大小对比**。在创作商品详情页时，应该选择不同的字号来设置文字大小，这样做能够突出页面中的重点内容，有效地向消费者传达商品的重要信息。比如商品的核心卖点、重点功能等重要的信息可以使用大号字体表示，其他的文字则使用小号字体表示。在详情页中恰到好处地使用字体大小对比的方法，能够帮助消费者一眼就捕捉到最重要的商品信息。

- 文字粗细对比。在创作商品详情页时，通过对文字进行加粗的方式，也可以有效突出页面中的重点文字，更好地吸引消费者的注意力。当然在设置文字粗细时，有粗体字的设置也应该有细体字的设置，这样才能够形成鲜明的对比效果。

- 色彩对比。在创作商品详情页时，色彩对比是一种经常使用的页面排版方式。合理利用不同的颜色来创作详情页内容，不仅可以突显商品的核心卖点和重点功能，还能够使整个商品详情页面显得特别丰富多彩。但是在使用色彩对比法创作详情页文案时，需要注意色彩的搭配，不能把页面弄得太过花哨了，否则会影响到消费者的购物体验。

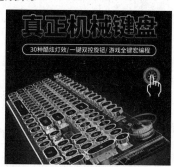

图6-34 某款键盘产品的详情页文案

例如，某款键盘产品的详情页文案如图6-34所示。在该详情页中，标题采用的是醒目的加粗大字体并配以彩色的字体边框来表现，让消费者清楚地知道该详情页介绍的商品是一款机械键盘，同时也从侧面表现了该商品的一个重要卖点——"30种酷炫灯效"；商品的三个特点则使用的是相对较小的字体来表示的，以便与文案的标题形成对比；文案的底色选用的是黑色，一方面可以与字体颜色形成对比，另一方面也可以突显出商品的科技感。

6.5 小技巧

技巧1——快速获得商品详情页图片

详情页的图片能够直观地呈现商品的外观效果，对消费者构成强有力的视觉吸引力。那么如何才能收集到大量的详情页商品图片呢？下面介绍几招快速获得商品详情页图片的方法。

（1）有技巧地把别人的图片变成自己的原创图片。把别人的图片变成自己的图片，需要一定的修图技巧，可以通过借用修图软件去进行一些如去掉LOGO、抠图、换背景等操作，以此来消除原图片的版权问题。这种方法不仅需要花费大量的精力，还具有一定的被发现的风险，因此不是在非常必要的情况下，不建议使用这种方法。

（2）店铺自主拍摄。商品详情页图片也可以通过自己拍摄的方式获得。商品的拍摄场景可以自己控制，模特可以请自己的朋友或者亲人帮忙来做，这样就能节省一部分拍摄成本。但是自己拍摄出来的图片，往往需要经过后期详细的加工，要有很好的美工基础才能把这些图片做得很精美。当然店家也可以请专业的摄影团队来帮忙拍摄商品图片，不过这样需要花费的拍摄成本也会相对高一些。

（3）通过试用报告收集大量真人秀。现在很多店铺都在做试用营销，试用营销是指一种体验式营销，是从消费者的感官、情感、思考、行动、关联5个方面来重新定义和设计营销理念，给消费者一种免费体验的感觉，一种精神上的免费体验，通过全方位的体验和感受启发消费者的思想，激起其好奇心，让其产生联想并形成长久的印象，最终促使其产生购买行为。

对于淘宝店家来说，试用营销不仅能给店铺带来人气和流量，还能给店铺带来大量精美、真实的试用报告。例如，专业的试客网站"试客联盟"上就拥有大量的活跃试客，这些试客达人大多都是淘女郎、微女郎等，如图6-35所示。店家可以在"试客联盟"上发布试用活动，以此来吸引试客参与试用，接着把试用品发放到试客的手中，试客在试用商品后会提交试用报告。试客的试用报告中包含有商品的细节图、试客真人秀，还有试客对商品真实的评价等，店家把试客反馈的这些信息收集起来，并运用到商品详情页面中即可。这种方法既节省了店铺的拍摄支出，又保证了图片的原创性。

图6-35 "试客联盟"首页

技巧2——做好商品描述的必备要素

商品描述是一件商品是否能够成交的关键，那么怎么设计商品描述才能更好地促进商品详情页的销售转化呢？下面总结了几点做好商品描述的必备要素，供店家参考。

（1）通过图片方式来展示商品描述，可使消费者印象深刻。眼睛是大脑接受信息最主要的来源，根据医学研究，人类大脑有50%的功能用于视觉信息处理，而大脑处理的信息中有90%都是依靠视觉完成的。对于网店来说，65%的消费者都会受视觉驱动的影响，从而产生购买行为，因此，视觉信息表达是非常重要的表达方式。

视觉信息可以是文字、图片和视频等。通常，图片信息会被大脑同步处理，具有视觉冲击力的图片会让人瞬间记住，并留下深刻印象；而文字信息则被大脑循序渐进地处理，不会被人马上记住，只有在多次刺激下才可能记住。因此，通过图片来展示商品描述才是商品营销最有力的方式。

（2）通过商品的色彩描述，吸引更多消费者。通过调查发现，色彩对消费者具有极大的吸引力，甚至会改变消费者的消费行为习惯，消费者在购买商品时，会将色彩作为首要考虑因素，特别是在服装鞋帽类目中，色彩的影响力最为明显。

（3）商品描述页面中的内容不宜臃肿。方便、快捷是消费者选择网络购物的主要原因之一。如果消费者在浏览网店时页面打开过慢或者长时间等待加载，就会使其产生不愉快的购物体验，甚至选择直接关闭页面，放弃浏览。据科学统计，页面内容载入的时间每增加100毫秒，就会导致销量下降1%。因此，商品描述页面中的内容不宜太多，要言简意赅。

（4）利用简单有力的广告语和标识，激发消费者的购物欲望。无论是线下还是线上的宣传，经典的广告语和产品相关标识都是吸引客户的一大利器。根据数据统计，52%的消费者都倾向于有价格标识的商品；65%的消费者都更愿意购买具有"品质保障"标识的商品。因此，利用简单有力的广告语和相关标识可以有效激起消费者的购物欲望，从而套牢消费者。

（5）要有商品的好评或口碑信息。好的评价和口碑会为商品带来源源不断的客户。商品的好评或口碑信息主要来源于已购买过该商品的客户对商品品质、价格和服务3个方面的认可，这也是新客户选择商品时的重要参考指标。

（6）展示完善的服务机制。消费者在购买商品时不仅会考虑商品的品质、价格等因素，还会考虑商品的服务。因此，完善的服务机制也是消费者购买商品时的重要参考因素。完善的服务机制主要包括邮寄方式、售后维修、退货机制等内容。

案例　如何依靠产品细分和详情页策划，做到年利润百万

封彦武，来自连云港灌云县，2016年初开始做淘宝，专营学生服装类目，依靠产品细分以及详情页策划在淘宝上逐渐站稳脚跟，仅用一年时间就做到了类目全网第一，营业额达到了400万，净利润也达到了40%。下面就来看看他为各位新手店家分享的运营经验是什么。

（1）产品细分。在选品的时候，市场以及竞争对手是最重要的两个考虑内容。由于我所在的连云港灌云县有很多以生产服装为主的小作坊，所以2016年初我决定从学生服装入手在淘宝上做点小生意。通过分析，最终决定重点经营民国风的学生服装类目。之所以做出这样的决定是基于两个原因：一是通过数据分析，发现这个细分品类有很大的发展空间；二是这个细分类目下竞争对手的实力都不是很强，我有较大的把握能在短时间内超过他们。后来店铺的成绩也证实了我当时的选择是非常正确的，产品细分是帮助新店家进入市场的一个比较有效的方法。

（2）详情页策划。不管是供应链，还是产品设计、用料、版型，我都有自信不输任何一个竞争对手，但是客户并不知道我们的这些优势。所以接下来，我必须要通过详情页的策划，让客户感受到我们产品的差异化，当然，这个差异化必须是针对客户需求而打造的。

民国风学生服装类目有一个比较突出的痛点，就是复购率非常低，基本属于一次性消费的商品。大多数的客户都是在毕业季拍毕业照、运动会，以及其他校园节庆活动的时候才会购买，而且购买后也基本上就是参加活动，或者拍照的时候穿一下，因此他们一般会选择价格较低的产品购买。这样一来，如果与同行竞争，必然是会打价格战的。我在2016年9月就经历过这么一次价格战，当时我商品的价格是28元，对手的商品价

格是 26 元，虽然只有 2 元的差价，但还是使我的经营陷入了一种困局。

为了打破这种困局，我开始对竞争商品的详情页进行分析，发现这些竞品的详情页中，基本上都把卖点放在学生表演、毕业照等方面，并以此去引导客户购物。于是我开始重新对客户需求进行深度挖掘，很快就发现了一个新的方向：已经毕业了、工作了的客户也会来购买这样的服装，在参加生日 party、同学聚会的时候穿，并且这个市场还在不断扩大。我就抓住了这个机会，在详情页中使用场景图去展现聚会的场景；而竞争对手展现的基本上都是表演的场景，这样就和竞争对手的商品形成了差异化，并且取得了非常好的效果。

（3）运营背后的思维。不管什么类目，要想做好，就一定要把握准运营背后的思维逻辑。比如我们这个行业，最重要的销售时间节点分别是 5～6 月，7～8 月以及 9～10 月份，客户的需求不同，对应的场景（卖点）也就不同，每个阶段需要完成的工作，都必须踩准节奏。

5、6 月份为毕业季，主打的就是毕业场景，这时客户对款式有一定要求，也会关注产品价格以及销量。在策划详情页时，可以以煽情、轻松、青春等主题为主，提前做一些基础销量、基础评价，并在详情页中展现给客户。

7、8 月份是大多数学校放暑假的时间，主打的就是聚会、party 场景，不管是产品还是详情页策划，都会更加注重个性、高调、热情。在保证产品品质的前提下，可以适当提高商品的客单价，以满足高端客户的需求，但对商品详情页的视觉设计以及产品包装的要求也要相应提高。

9、10 月份很多学校都会举办运动会或者国庆节表演，产品以及详情页策划中规中矩就可以了，但是客单价必须有优势。有的客户会要得很急，所以商品的供应链也要协调好。

第7讲

获取流量的方法与技巧

本章导读

　　流量（PV），指的是网店浏览量（或访问量），指客户每天在店里浏览的次数总和。同一客户多次访问同一店铺的次数可累积相加。例如，某店铺在9月1日这天，有8个人进入店铺，第1个人浏览了1个页面，第2个人浏览了3个页面，第3个人浏览了5个页面，第4个人浏览了3个页面，第5个人浏览了5个页面。可以得知该店铺的访客数是5，浏览量为1+3+5+3+5=17个。

　　流量是转化的基础，商品流量高，商品转化率才可能会高。店家应熟悉淘宝天猫的流量分配逻辑、流量渠道，知道如何查看流量数据，并掌握如何获得更多免费流量的方法。

7.1 熟悉流量分配逻辑

很多店家都会发问：网店流量如何而来？实际上，这个问题可以通过把淘宝平台比喻成一个大型超市，把商家比喻成超市里的不同品牌的商品来说明。

- 选对商品。想在超市里售卖商品，首先要考虑超市需要什么商品，而不是自己有什么商品想在超市卖。淘宝开店也是一样的，要先分析淘宝市场需要什么商品，再去开店售卖什么商品；而不是自己有什么商品，就一定要去平台里卖。
- 平台自带流量。超市里有自带流量，店家不需要对外引流。网上开店也是一样的，淘宝平台自带流量。店家需要做的工作是吸引进入淘宝站内的客户购买自己的商品。
- 单品推荐。能做好超市销售的供应商，大部分是拿一款最优秀的商品和超市合作。因为超市位置寸土寸金，如果谈成几个商品上架，但业绩平平，也会被下架。网店也是相同的道理，要有单品思维，向客户推荐最好的单品。单品上架后，销量越好，平台推送的流量也会越多。
- 平台的推送机制。超市会把最好的位置留给商品销量最好的商家，加大该商品的曝光量。在淘宝中，这样的机制同样存在。虽说平台对于新店、新品有一定的支持，但始终还是最喜欢销量好的成熟商品。商品点击率和转化率越高，越有可能获得更多流量。

所以，网上开店获取流量，和超市的逻辑思维极其相似。店家想要获得更多流量，就要熟知流量分配逻辑。平台会层层剖析商品是否符合客户的需求。例如，某店家的商品是白色球鞋，其推荐流程如图7-1所示。平台通过分析白色球鞋这个商品，从而进行流量推送。

粗略推荐	平台不清楚店家的白色球鞋适合学生还是白领，会粗略地推荐一些不太精准的流量给店家。虽然该商品的点击率和转化率等指标不太好，但平台可以判断出该商品更适合学生
精准流量	有了学生这个目标人群，平台再遇到有人搜索"学生白色球鞋"时，可能会把少量精准流量推荐给店家
测试流量	平台分析得出，该商品比同行其他商品更好，则逐步推荐海量的流量给商品。如果推荐过来的流量转化率高，则还会继续推荐更多流量；如果转化率低，则会尝试减少流量
固定流量	平台会自动分析筛选得出最受欢迎的一种白色球鞋款式，给予固定的流量推送，直至另外一双更受欢迎的白色球鞋来替代该商品

图7-1 推荐流程图

所以，想要获得更多流量，还是取决于商品自身。只有商品足够优秀，才能被平台推送更多流量。

7.2 淘宝天猫流量渠道

每个电商平台的流量来源渠道可能有所不同，不同的流量渠道也需要不同的策略。例如，想要获得更多关键词搜索流量，就应该着重优化商品关键词；再如，想获得更多参加活动流量，则需要优化商品主图、价格。所以，店家应先认识流量渠道有哪些，在哪里查看流量数据。

7.2.1 流量来源的分析

在淘宝平台，根据流量来源渠道，大致可分为搜索流量、推广流量和其他流量，如图7-2所示。

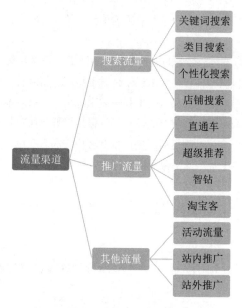

图7-2　流量来源渠道图

1. 搜索流量

不少客户喜欢在网站搜索框中输入相关关键词来查找想要购买的商品。一般电商平台都提供有搜索框供客户使用。符合客户搜索关键词的商品就有机会得到展现，获得流量。

在淘宝平台，除了直接搜索关键词外，平台还提供类目搜索、个性化搜索和店铺搜索等搜索方式。只要满足客户搜索、点击条件的商品，就有机会获得展现，获得相应流量。

2. 推广流量

这里的推广流量以付费推广为主。几乎每个电商平台都有相应的推广工具，供店家花钱为商品购买流量多的广告位。以淘宝为例，使用最广泛的付费推广工具就是直通车、超级推荐、智钻和淘宝客了。

其中，直通车和智钻按照客户的点击或展现位收费。而淘宝客必须等客户下单购买后才付佣金。对于中小店家而言，应根据店铺实际情况去做付费推广，尽量让钱都花在刀刃上。

3. 其他流量

除了搜索流量和推广流量外，还有一些其他流量。以淘宝为例，推出如"聚划算""淘金币""免费试用"等活动，店家可报名参与到活动中去，分得流量；站内也有一些推荐板块，特别是手机淘宝端（以下简称手淘），如微淘、猜你喜欢等板块也能分得流量；店家也可以通过微信、微博、抖音等社交网站，为店铺、商品获得更多流量。

7.2.2　查看流量数据

查看流量数据，以便于店家了解、分析店铺流量整体概况、流量来源和去向等。店家可针对流量不佳的渠道或情形，进行调整优化。淘宝店家可在"卖家中心"进入生意参谋，查看有关流量的数据，如图7-3所示。

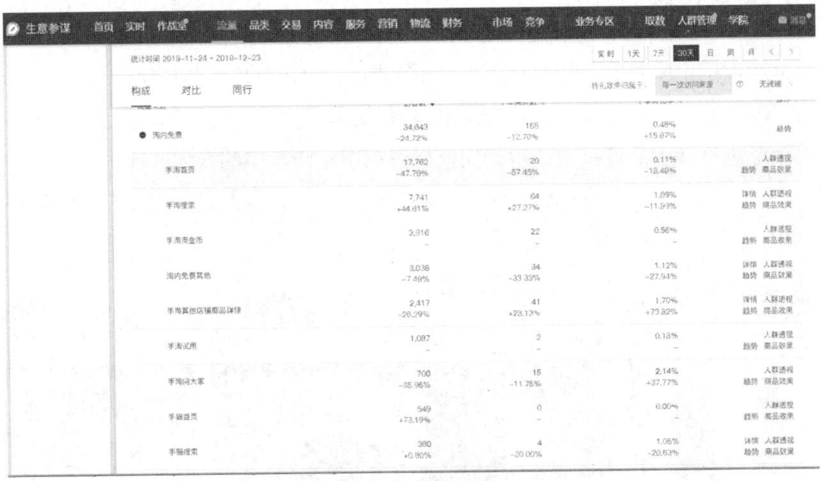

图7-3　生意参谋查看流量数据页面

生意参谋整合了量子恒道、数据魔方的功能，是淘宝中较为实用的一款收集数据信息的工具。店家可在生意参谋"流量"页面中，查看如流量看板、来源分析、店内路径、流量去向、消费者分析等数据。其中，流量来源、店内路径和流量去向，对于店家分析流量起着重要作用。

- **来源分析**。可实时监测店铺来源、商品来源等数据，便于店家验证引流策略的有效性。例如，店家为某个单品投放钻展计划，但从生意参谋中查看到该商品并没有吸引足够的流量。那么店家就要思考是否需要修改投放计划。
- **店内路径**。了解、分析客户进入店铺后，在不同店铺页面之间的流转关系。帮助店家看清店内单页面流量，调整优化相关内容。例如，客户进入某单品的活动页面后，进入首页；进入其他类似商品页面后，再进入首页，最后流失了。店家就要分析，客户为什么会流失，是不是详情页存在问题？从而进行有针对性的改进。

- **流量去向**。方便店家了解访客的去向，从而找到访客离开店铺的原因，进行调整。

生意参谋还提供了很多可供店家分析的数据，如消费者分析，可以查看客户的时段分布、访客对比、地域分布、特征分布和行为分布，便于店家清楚目标客户的大概形象，从而进行精准推广。

7.3 从搜索方式研究流量

客户在查找关键词时，平台会根据店家商品是否符合客户搜索机制来给予不同的流量展现。所以店家应分析搜索方式的流量，来优化店内商品关键词、类目、个性化及店铺整体评分等内容。

7.3.1 关键词搜索

很多客户在网上购物时，会输入关键词进行查找。如客户想购买一件外套，可能输入"外套""大衣""风衣""牛仔外套"等关键词。平台根据客户搜索的关键词和店家商品的契合度，把店家的商品进行展示。商家由此得到的流量占据搜索流量中的很大一部分。

如图7-4所示，在淘宝搜索框中输入"连衣裙"，与"连衣裙"相关的展示商品被点击后得到流量。

图7-4 "连衣裙"关键词展现的商品截图

店家想要商品排名靠前，可以在标题中加入更多符合客户搜索的关键词，从而使得商品获得更多流量。

店家如何才能使商品更加符合客户的搜索，从而获得更多流量呢？
- 找到符合客户搜索习惯的关键词；
- 分析热门关键词和自己商品是否存在关联；

- 分析既符合客户搜索习惯又和自己商品有关联的关键词竞争力量；
- 经过层层筛选的关键词，组合标题效果。

7.3.2 类目搜索

对于没有购买目标的客户，平台提供相应分类。如图 7-5 所示，淘宝网首页的主题市场中有美妆、洗护、保健品等分类。单击美妆分类下的商品，能看到"面膜""洁面"和"防晒"等小分类。

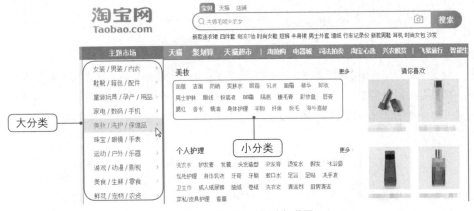

图7-5 淘宝网首页主题市场截图

客户可通过查看小分类来查找心仪商品，从而构成交易。根据这种类目逐层分类搜索习惯，可以分析得出，商品是否能获得更多流量，取决于商品是否符合大众喜好。大众喜欢的商品类目，流量相对多一些；大众不怎么喜欢的商品类目，流量则可能少一些。

7.3.3 个性化搜索

不同的客户搜索同一个关键词，可能会得到不同的搜索结果，这就是淘宝搜索的个性化，是淘宝平台针对不同客户的购物习惯进行一定运算后得出的结果。作为店家而言，如何迎合客户的个性化搜索，得到更多流量呢？

1. 商品属性

店家在上传商品时需要填写相关属性，有的标了红星号；有的则没有标。很多店家迫切地想让自己的商品上架，会忽略填写该项。不填写商品属性，也不会影响商品发布。比如，两个同样是欧美风格的包，一个在详情页中写明商品的品牌、风格等信息，如图 7-6 所示。当一个喜欢"欧美时尚"风格包包的潜在客户在搜索相关关键词时，该商品就可能得到流量。

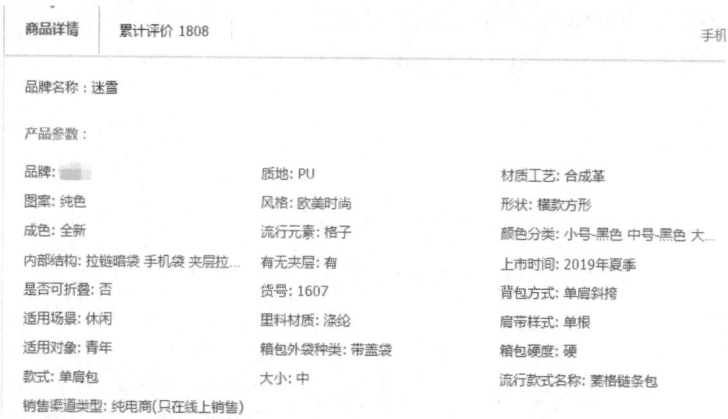

图7-6 含"欧美时尚"风格的商品

而另一个商品，也是欧美时尚风格的，但店家在填写商品属性时选择略写，如图7-7所示。那么潜在客户在搜索"欧美时尚"关键词时，该商品可能就不在搜索范围之内。换言之，就是平台无法通过商品属性这一维度去判断这个商品是否符合客户的个性化搜索。

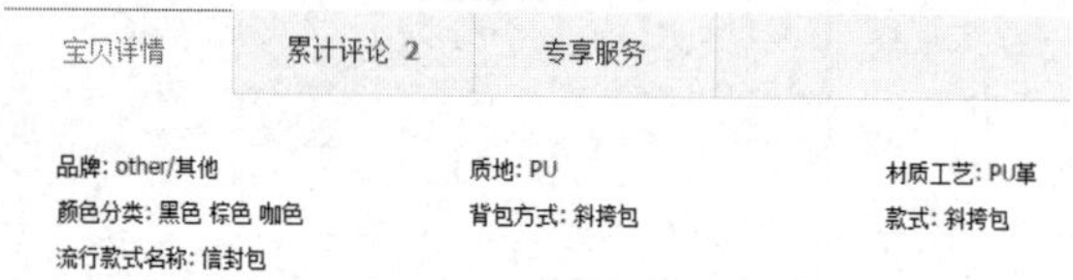

图7-7 商品属性略写的商品

所以，店家要想获得更多个性化搜索流量，填写商品属性时，在不错填属性的前提下，绝对不要漏填，把能填写的属性全部填写完毕。

2. 通过关键词进行判断

关键词的作用不仅可以界定一个好的竞争范围，组成一个优秀的标题，它对于个性化也还是有很大作用的。例如，某客户搜索"休闲外套"，平台就会根据"休闲"与"外套"这两点去分析店家的商品属性和标题中是否包含相关关键词。如果两者都含"休闲"与"外套"，则商品获得流量的机会更大；如果只有属性中含，标题中不含，则流量较少。

这也提醒了广大店家，商品属性与关键词是有关联性的。例如，一个名为"针织长袖修身连衣裙2019冬季新款女韩版气质A字高腰打底中长裙子"的标题，其商品属性如图7-8所示。

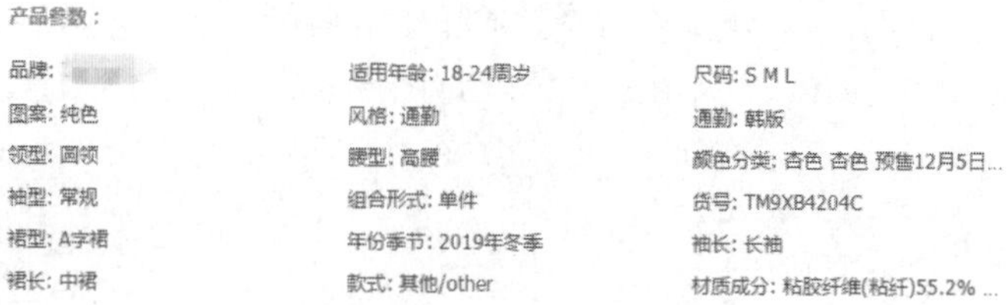

图7-8 某商品的商品属性

属性图里的"2019""冬季""A字""高腰"等属性词,都包含在了该商品的标题中。那么客户在搜索这些关键词时,符合关键词的商品属性里也有这些词,那么该商品就能获得更好的展示,获得更多流量。

但是,如果关键词和属性词不匹配,如标题中含"日韩风"关键词,商品属性中却是"欧美风",那么搜索引擎就会认为不匹配,导致商品无法获得流量。所以,店家在组商品关键词时,可以参考商品属性,把属性词进行组合,并匹配淘宝平台的搜索规则。如此一来,商品便能获得更多流量。

另外,淘宝平台还会根据商品的价格、详情页来判断商品是否符合客户的搜索。如某店家的商品以价低收获了很多忠实粉丝,当有新客户搜索相关类目关键词时,该店铺的商品就能得到展现。

7.3.4 店铺搜索

在淘宝中,还有一种搜索流量,来源于搜索店铺。如图7-9所示,在淘宝网首页中,输入搜索关键词(这里以"风衣"为例),切换到"店铺"搜索页面,单击"搜索"按钮。

图7-9 "店铺"搜索页面

在跳转的页面中,即可看到含"风衣"商品的店铺,如图7-10所示。店铺名搜索与商品关键词搜索展示逻辑不同。若按照店铺名搜索,则平台识别的是店铺名中的关键词,搜索后会结合包含相关关键词的所有店铺的综合数据进行排名,如销量、店铺信用、DSR等。

图7-10 含"风衣"商品的店铺截图

所以,店铺搜索想获得更多流量,店家应注意店铺状态是否正常。不正常的店铺会被释放或被屏蔽。店铺被释放,指的是店铺被关,店铺名可以被别人使用。释放又分为暂时被释放和彻底被释放，暂时被释放可以恢复开店状态；彻底被释放就需要再次申请开店；而店铺被屏蔽，则一般是指店铺存在违规记录。

7.4 从排序模式来研究流量

商品想排名靠前获得更多流量，需要先了解有哪些搜索结果排序。目前，排序模式包括综合排序、销量排序、信用排序、价格排序模式。店家只有将这几种排序结果进行优化，商品才有更多机会和客户见面。

7.4.1 综合排序模式

综合排序指的是平台通过对客户输入的关键词，在后台进行计算权重占比后得出的商品排序。综合排序是淘宝中默认的一种排序方式，超过 80% 的流量都来源于综合排序模式。在淘宝搜索栏中输入"风衣"，单击搜索按钮，平台默认以综合排序方式来对结果进行排序，如图 7-11 所示。

图7-11 商品综合排序结果页面图

影响商品综合排序的因素主要包括：店铺综合评分、商品下架时间、销量、信用等。每一项因素都有一个对应分数，平台会根据这些分数进行综合，得出一个综合得分，再进行排序。所以店家可以通过提升各个因素得分，从而提升商品综合排序，以获得更多流量。

7.4.2 销量排序模式

销量排序，即按照商品销量的多少进行排序。在很多客户看来，销量大的商品更可信；而且销量越多，可供参考的评论也越多。因此，销量排序也是搜索结果中较为常见的排序方式。

在淘宝的搜索栏中输入"风衣",单击搜索按钮,在跳转的页面中单击"销量从高到低"选项卡,可以看到商品销量排序结果,如图7-12所示。

图7-12　商品销量排序结果页面图

销量排序,顾名思义,即只按照销量高低来排序。店家想要提高销量排序,可以通过加大商品的营销推广力度来实现,如直通车推广、淘宝客推广。

7.4.3　信用排序模式

信用排序,即根据店铺得到的好评、中评和差评等积累分数得出的排序。店家得到的好评越多,信用也就越高。

在淘宝搜索栏中输入"风衣",单击搜索按钮,在跳转的页面中单击"信用从高到低"选项卡,可以看到信用排序结果,如图7-13所示。

图7-13　商品信用排序结果页面图

为了体现商品真实信用情况,信用排序下店铺商品计算时会根据该商品所在行业信用在该店铺总信用的占比来确定。例如,某店铺既经营女装也经营女包,其中女装行业信用95,女包行业信用5。那么客户搜索"女装"时,该店家会按信用95来排序。

所以店中如果经营多个类目商品的话,那么在信用排序中,排名就没有优势。建议店家专营一个类目商品,以提升该商品的信用排名,从而获得更多流量。

7.4.4 价格排序模式

价格排序,即根据商品价格从高到低或从低到高来进行排序。价格排序可按商品价格排序和总价排序。按照总价计算排名,指的是商品价格加上运费的总和而进行的排序。如图7-14所示,输入"风衣"关键词后单击"搜索",在跳转的页面中可选择多种价格排序方式,这里以总价从低到高为例。

图7-14　商品总价从低到高排序结果页面图

在淘宝搜索栏中输入搜索关键词后,在任意一种搜索模式下都可通过设置价格区间来进行搜索排序。如图 7-15 所示,在输入"风衣"后单击搜索按钮,在跳转页面中的默认排序下,可选价格区间。"风衣"有 60% 的用户喜欢的价格为 118 元 ~ 342 元,单击该价格区间,即可看到相应搜索结果排序。

图7-15　价格区间排序结果页面图

由此可见，价格定位对搜索流量有着较大的影响。店家可以为商品设置一个受欢迎的商品价格，以提升商品流量。

7.5 手机淘宝如何获取搜索流量

电脑端淘宝首页的主要思路是"类目"，通过分类让客户找到并购买心仪的商品。例如，客户想买一个背包，可以在首页"箱包"分类中去找相应商品。

但由于手机淘宝屏幕较小，不便用电脑端的类目推荐方式帮助客户找到商品。所以，手机淘宝和电脑淘宝在流量上有些区别。手机淘宝强调让客户更加快速、方便地找到并购买自己想要的商品。总体而言，除了从客户直接搜索得到的流量以外，手机淘宝还有三个流量入口，即分类板块、微淘板块和推荐板块。

7.5.1 分类板块

手机分类板块与电脑端的分类思路一致，目的在于把客户经常点击的频道列出来，方便客户选择跳转相应的频道。但是手机端分类与电脑端分类又略有不同。如图 7-16 所示，相比电脑端的分类，手机淘宝细分类目更少。而且手机端的分类会根据客户的喜好发生变化。如某客户的分类为"女装""百货""手机""生鲜"等；另一客户的分类就有可能为"男装""家电""宠物"等。

图7-16　电脑端分类和手机端分类对比

手机端更看重客户的个性化搜索标签，所以推荐分类、推荐关键字以及推荐商品都与客户的搜索习惯密切相关。所以，手机淘宝的店家如果想获得更多流量，更要满足客户的个性化搜索。

7.5.2 微淘板块

微淘是手机端淘宝的重要板块，其定位是便于手机端客户购物服务。微淘是一个社区化的营销方式，店家可用微淘来实现导购、销售、互动。如图 7-17 所示，某客户在微淘发布某商品的买家秀内容，引发 4359 人点赞、604 人评论。浏览到该买家秀内容的客户，都可以从微淘中直接进入商品详情页。所以，微淘也是手机淘宝流量的一大入口。

图7-17　从微淘内容跳转商品详情页

店家想从微淘渠道获得更多流量，则需要发布更多有意思的微淘内容，以吸引更多的点击和关注，也就可以获得更多流量，同时更多的关注也便于今后开展商品上新、清仓等活动。

7.5.3 推荐板块

如图 7-18 所示，手机淘宝里有很多推荐板块，如"猜你喜欢""保暖季""直播"等。客户可根据自己的需求或喜好，点按不同板块。其中，"猜你喜欢"板块是很多店家的重要入口。

猜你喜欢，就是通过客户以前的访问、收藏、购买等行为来判断他需要什么商品，进而精准推荐。猜你喜欢是中小店家获得流量的重要入口。那么，店家如何能够使自己的商品展现到这个板块呢？先来认识两种推荐机制。

1. 直接相关

直接相关，指的是客户搜索、收藏、加购物车、购买某种商品，那么客户手机淘宝首页就会出现这类商品。例如，客户搜索过"长靴"，那么客户手机淘宝首页就会出现之前搜索过或没搜索过的长靴。

客户搜索了没买、收藏了没买或加购了没买的商品，可能是因为搜索列表里没有合适的。直接相关性可以针对这种情况，再做一些相关商品推荐，帮助客户下单。

2. 间接相关

间接相关，指的是淘宝平台根据客户购买行为，自动匹配相应的商品推荐。例如，客户近期在淘宝网购买了一盒茶叶，平台认为该客户可能会需要茶杯，所以在猜你喜欢板块里对茶杯进行推荐。

猜你喜欢的核心在于：以防客户在浏览、搜索的过程中没有发现喜欢的商品，所以再在首页中推荐一些可能购买的商品，从而增加客户购买的概率。

在淘宝中，每个类目的商品数量都多不胜数，平台会推荐哪些店家的商品给客户呢？从平台角度而言，肯定是希望把商品推荐给客户后能有较高的转化率。但是对于一些没有销量和评论的新店、新品，转化率会高吗？答案是否定的。所以，店家想要获得更多源于猜你喜欢的流量，就必须有比同行更高的点击率、收藏率。

图7-18　手机淘宝板块页面图

  7.6　小技巧

技巧1——如何获得更多淘宝免费其他流量

总会有店家碰到这样的情况：在某段时间中，商品的流量来源里面，"淘宝免费其他"流量增长很大，流量排名也不低，转化率也还可以。但部分店家并不知道这些流量都是从哪里来的，应该怎么优化。

"淘宝免费其他"究竟由哪些流量构成呢？主要是以下3类：

- 通过淘宝外App访问淘宝App或天猫App等淘系App，由于目前尚未有相关数据记录，所以无法识别来源，暂时归为淘内其他；
- 淘宝App、天猫App等淘系App内有一部分无线的活动页面，由于没有打上相关的标记，暂时归为淘内其他；
- 部分在淘宝App中的插件，若手机问题导致部分日志缺失，则会将该插件部分数据归入淘内其他。

也就是说包括淘外无线端（除去能统计到的站外投放）进来的流量，也包括了淘内一部分无线的活动页面流量。相对而言比较不可控。店家如果还不明白，可通过生意参谋查看具体有哪些渠道的链接页面（生意参谋→品类→商品360→流量来源），找到"淘内免费其他"，单击右边对应的"详情",就能看到渠道下面更精细的链接。鼠标放到链接那里就会出现完整的链接地址,能看到具体流量是从哪来的。例如,来源于百度搜索、凑单助手、领券更优惠、2019年淘宝嘉年华等页面。而且这些流量来源基本都是手机端的页面。

虽然这些流量不是很可控,不过还是要建议大家:

- 跟上营销节奏,积极参与到各节点的运营中,积极配合平台的促销活动;
- 多增加品类,布局关键词推广,增加被其他各个渠道搜索到的机会;
- 可以适当尝试和投放站外,可能会带来一定的额外收获;
- 商品销量大,手机淘宝搜索或是手机淘宝首页流量大的时候"淘宝免费其他"也会更多。

技巧2——为什么首页流量突然掉

首页流量一直让人难以琢磨,有的单品5万首页流量一夜之间就掉没了。为什么会出现这种情况?这里列举一下首页流量降低的原因:

- **季节变换**。推荐流量平台的主导性会比较大,这也是为什么一换季,新一季的商品搜索流量还没有多少时首页流量就会很大。

  当平台在类目间切换流量时,即将过季的商品流量下降是必然的。所以,当商品首页流量下降时,可以去看一下同行的首页流量有没有掉。这种流量下降不可逆转,无须多做努力。

- **店铺服务、品质出现问题**。包括且不仅限于动态评分(4.7以下危险)、服务分、品质退款率、售假扣分等。推荐流量是要把好的商品推荐给客户,当上述方面出现问题时首页流量就会马上掉没,这也属于无法逆转的。

- **店铺存在乱标签的举措**。例如,大量淘客、刷单、直播、淘金币等活动,导致人群标签乱了。首页流量无法匹配流量,即使勉强匹配也可能不精准。

- **数据下滑(主要是收藏加购成交数据下降)**。手淘首页流量是人货匹配,随着商品上的标签越来越丰富可匹配的流量越多。反之,流量会越来越少。一般情况下,这种首页流量的降低是由于突然降低推广费用所致。

店家流量下降时,可对照分析是哪方面的原因,以及是否可逆转。

案例 10天首页爆30万流量

万宝路,90后年销售5000万淘宝店家,擅长首页10天爆30万流量以及免费流量的各种获取玩法。这里主要分享他首页10天爆30万流量的秘诀,包括从原理到操作的整个过程。

1. 做手淘首页的要求

对于淘宝店家而言,应该对"猜你喜欢"都不陌生。简单来说,就是优先给客户推荐他们最喜欢或者最符合他们需求的商品。为了能最大程度地引爆手淘首页流量,商品需要满足以下几点:

- 商品本身没问题,比如把握好商品质量、生产库存等。
- 了解商品背后人群的特征和需求。这对商品后期的转化很重要,也方便提炼商品卖点，戳中客户痛点。
- 主图点击率，对猜你喜欢、直通车、智钻等推广方式，都是超级重要的因素。现在基本5张主图就能展示商品卖点。我们用的是800×1220的长图，因为用的人少，就会显得与众不同。
- 如果首页"猜你喜欢"的转化率比较低，可能与引进的人群以及细节没到位有关。为了获得有价值的流量，提高转化率，我们会经常不断开会讨论方案。
- 详情页主要围绕客户的痛点来展开。我们会收集同行"问大家"的差评和评论差评，去做好同行做不好的地方，能提升转化。

在做好以上几点后，提高商品的利润和性价比。我们的利润一般在50%～70%，这样才有钱赚。

2. 如何做高点击的主图

因为淘宝给客户提供的仅仅是展现，至于能有多少客户点击进入店铺，全靠商品自身实力。所以做手淘首页最大的一个因素，就是设计高点击率的主图。那么如何设计高点击率的主图呢？必须做到：有创意，展现同行所没有的因素以及满足客户好奇心理。我们经常通过生意参谋的行业粒度收藏同行点击率高的主图，也可以通过网站参考一些创意比较奇特的主图。

如图7-19所示的几张主图，点击率都很高。部分主图的点击率甚至可以高出同行业的4~5倍。

图7-19 高点击率的主图

当然，不是所有创意的主图都会被客户买账，但只要做出一张和商品相关的高点击创意图，就离成功近了一步。

3. 影响"猜你喜欢"的因素

影响"猜你喜欢"的因素主要包括以下3方面：

首先，最重要的一个因素就是店铺模型。因为店铺模型包含的因素特别多，比如DSR评分、退款纠纷率、投诉举报、售假扣分等。

接着，是商品的优化。通过优化商品的标题、属性、主图来提高商品点击率。比如"××明星推荐"，"INS非常火同款"等。

最后，是商品的核心指标，包括新品标、销量、点击率、收藏加购率、转化率、跳失率、回访率以及商品上下架时间等。而手淘首页的第一个核心指标是点击率，第二个是转化率。

4. 手淘首页成交权重

前面讲了理论，这里再详细讲讲如何操作。我们做手淘首页也就是做手淘首页的成交权重。只要有成交权重，后期就比较容易做爆。一般第10天会是一个权重点，也是做爆的最佳时期。所以前期我们会做些基础销量。等商品有100个左右的访客时，再实施以下方法中的任意一个。

- 让客户提前两天浏览10个和我们商品相同风格、相同价格区间和属性的商品。连续浏览3天后，再浏览收藏我们的宝贝。收藏时顺便关注店铺，有利于提升商品和店铺权重。
- 让客户连续2～3天浏览同类商品，比如与商品相近，主图相似的零销量或销量比较低的商品。浏览后再去下单购买我们的商品。接下来，就只浏览同类商品，让相同需求客户的"猜你喜欢"出现我们的商品。
- 让客户浏览高销量的商品。前两天浏览高销量商品，后面再浏览我们的商品成交。如此一来，后面我们有权重时，"猜你喜欢"也会比较容易出现我们的商品。因为高销量的商品本身流量很多，客户浏览过他们的商品但不下单，在浏览到我们商品时再去成交，这样平台会认为我们的商品更加优秀。

因为猜你喜欢主要是猜客户喜欢的商品。通过以上3种方法，让我们的商品出现在更多精准客户面前，并促成订单。这样连续10天左右，流量就会翻倍增长。但要注意，做"猜你喜欢"的首页销量，一定要注意客户标签。做好标签之后，再去首页找到商品做成交，这样成功的概率在80%左右。如果没有做好标签工作，效果可能是微乎其微的。

5. 手淘首页人气权重

众所周知，做销量容易影响商品的人群标签，如何在不做销量的情况下带动手淘首页呢？

（1）拉流量指数（流量人气的增长）

连续10天用直通车定向拉人群，只要主图点击率和收藏加购没问题就能做起来，还可以顺便做一点商品首页产值。

用智钻拉人群。智钻既便宜还精准，转化率还不输于直通车。尤其是智钻的单品推广非常便宜，也很好用，建议大家重视起来。

（2）收藏加购率（高于同行）

通过生意参谋分析商品数据，我们会发现有的商品手淘首页流量能做到10万。做到这种商品爆手淘首页的原因可能是点击率高、收藏加购率高、浏览时间长。

给大家分享一个关于提高收藏加购率的窍门。在主图或详情页标注"收藏店铺送××商品"。一些成本较低的商品，可以直接写上"收藏商品，加客服微信后直接发两盒"。这样做爆流量时，还可以在微信积累一批粉丝，再去帮我们做"猜你喜欢"。因为这些人更符合我们的人群标签，就不用再去打标签了。

提到首页流量，在服装、美妆领域的顶级店家玩得比较火。他们把商品标题写得乱七八糟，但手淘首页的流量爆发厉害。这类商品放弃了原有的搜索排名流量，重点在于抓"猜你喜欢"流量，所以他们的标题不重要，搜索只要帮助商品入池就行。然后通过优化"猜你喜欢"的点击率和销量，从而大量曝光在"猜你喜欢"页面。

第8讲

利用淘宝促销活动引流

本章导读

店家想要提升流量，参加活动会是一个很好的渠道。活动可以分为官方活动和店铺活动，其中，官方活动有着流量大、转化率高等优点，但对店家和商品而言都有一定的门槛。店家在报名活动之前，应仔细阅读招商规则，争取一次入驻成功。

与官方活动相比，店铺活动有着时间更灵活、门槛低、免费等优点。由于店铺活动完全由店家自行设置活动规则、活动折扣和礼品等内容，因此需要店家掌握一定的活动策划方法。

8.1 淘宝促销活动介绍

淘宝从创立之初就有了很多促销活动,淘宝平台会投入大量的广告来进行宣传。店家如果选好商品,报名参与到活动中去,就能让店铺流量得到较大的提升。淘宝平台近期官方活动页面如图 8-1 所示。

图8-1 淘宝平台近期官方活动页面

从图中可见,店家在选择活动时,可以根据商品类目而选择活动。例如,箱包类目商品,可以参加"箱包红人馆";花鸟类目商品,可以参加"淘宝宠物—主子过冬必备 榜单活动"。由于各个活动的主题有差异,所以对店家资质的要求也可能不同。店家在参加活动之前,应仔细阅读活动规则,审视自己的商品、店铺是否与活动主题相契合。

8.2 入驻聚划算

聚划算是阿里巴巴集团旗下的团购网站,有着用户基数大、流量多等优点。店家应该认识聚划算的价值,了解聚划算的类型以及聚划算的招商规则。积极参与到聚划算活动中去,为商品争取更多流量。

8.2.1 聚划算的价值

聚划算依托淘宝网的消费群体,在 2011 年成交金额达到 100 亿元,成为当时较为火热的团购网站。即使到了 2019 年,仅在天猫 618 期间,聚划算百万爆款团就超过 4700 个,千万爆款团达 180 个。

在 2019 年的双 11 中,聚划算联合 1000 个品牌联合定制 1000 款爆款商品,为店家刷新销售纪录；联合 2000 个产业带、1000 个农业基地，5000 个数字化工厂为客户带来产地直发的货品。

而且在电脑端和手机端，都有聚划算的入口。由此可见，聚划算自身就拥有丰富的流量。对于店家而言，参与聚划算有包括加大商品流量、打造爆款商品、清理库存商品等众多优点。符合条件的店家参与到聚划算活动中去，便有机会分得一杯羹。

8.2.2 聚划算参聚类型

发展到目前，聚划算已经有如图 8-2 所示的 5 种类型。

图8-2 聚划算类型

- **商品团**。这是最常见的限时特惠的体验式营销模式，是很好的爆款营销渠道，也是降低客户获取成本的方式。店家通过商品团，能够快速规模化地获取新客户。商品团有着展位多、门槛低、流量稳定等优点。
- **品牌团**。这是基于品牌限时折扣的营销模式。是品牌规模化出货，快速抢占市场份额，提升品牌认知的好渠道。品牌团适合少量库存、多种款型的品牌商参与。
- **聚名品**。这是定位于"中高端消费人群"的营销模式，以"轻奢""快时尚"为核心定位。聚名品聚集了高端品牌、灵活佣金收费方式，包括单品团、品牌团等多种玩法。
- **聚新品**。这是全网新品首发的地方，其核心价值在于能快速引爆新品类及新商品。店家可以快速积累新用户群体，形成良好的口碑传播。
- **竞拍团**。这是中小卖家快速参与聚划算的营销模式。因为采用流程系统审核，中小店家更有机会参与进来。而且通过市场化的竞价模式，竞拍费用反映参加聚划算的意愿，由店家掌握更多主动权。

其中，竞拍团最适合中小卖家参与。所有参与竞拍店家只能在有效出价时间内进行出价，所有出价必须高于该大厅的竞拍起拍价。竞拍结束后，按照出价高低和出价时间确定入围商家。

8.2.3　参与聚划算的条件

聚划算 5 种参聚类型，其招商规则略有不同。这里以名品团为例，讲解参与条件。聚名品以汇集国际高端、知名品牌商品为目标，致力于为时尚人士打造购买品牌商品的团购聚集地。根据聚划算招商规则，店家想要报名名品团，需满足以下条件。

1. 店家报名条件

店家须符合《营销平台基础招商标准》要求。如果近 30 天内参与过聚划算的店铺（除保险类目外），近 30 天参聚订单金额退款率不超过 50%。且店家应满足以下条件：

- 店铺开店时长：≥ 90 天；
- 店铺星级：≥ 1 钻；
- 店铺近半年动态有效评分：≥ 50 个；
- 宝贝与描述相符（DSR）：≥ 4.7；
- 卖家服务态度（DSR）：≥ 4.7；
- 卖家物流服务（DSR）：≥ 4.6。

平台要求店家提供活动商品的完整进货链路或完整的品牌（商标）授权链路、完整的品牌授权链路证明。属于进口商品的，还应提供参聚商品相应近 1 年内海关报关单据、品牌商标注册证，以及商标注册人至该商家的完整销售授权凭证，如品牌商直接授权集市商家为最佳；进口化妆品，还需提供进口化妆品备案凭证；进口保健品，需提供进口保健品批注文件；进口酒类或进口食品，需提供检验检疫合格证明；海外直邮的，商家作为海外代购服务提供者，在接受消费者代购服务委托后，应确保代购商品自境外发货并在出口、运输、进口至中国大陆过程中符合相关国家的法律法规，特别是进口至中国大陆并寄送至消费者的过程中要始终符合中华人民共和国有关商品进出口、商品检验检疫的法律法规要求。

2. 商品条件

聚划算招商规则规定，报名商品必须同时符合以下条件，方可报名：

- 商品须符合《营销平台基础招商标准》要求；
- 聚名品商品报名时，不强制提供质检报告；
- 手表类目商品必须支持全球联保或国际联保；
- 天猫店铺报名商品的"宝贝与描述相符"评分达 4.7 及以上。

除以上要求外，对商品的主图和描述也有要求，如：

- 商品主图分辨率为 960×640；
- 主图左上角必须有品牌 LOGO，且 LOGO 不得有底色；
- 图片中不得有文字（除特别活动要求之外），不得有拼接图；
- 商品描述中必须有品牌故事的内容；
- 商品主图的款式在开团前必须有库存；
- 报名商品必须设置商品限购数量，限购数量最高为 5 个（特殊类目除外）。

图片如果引用官网、其他网站或人物肖像的，需获得版权所有者同意，否则因此引起的纠纷投诉一旦成立，除立即取消商品的活动资格外，还将取消该店家在当季聚名品商家资格。

8.2.4 聚划算注意问题

聚划算活动流量大、转化率高，是很多店家的必争之地。但是也因为报名难度大，竞争激烈，在参加时更需要注意一些细节问题，以提高自身竞争力。

（1）更改问题。聚划算参团描述在活动开始前，有且只有一次申请信息变更的机会。因此，店家要把自己所要修改的东西一次性修改完毕，提交给小二进行审核。聚划算在开团后，就不能更改了，大家一定要在开团前仔细检查后台相关属性，绝对不能发生错误。

（2）开团提醒。活动商品发布后，就可以有链接直接关联商品。在活动前一天，可以邀请亲朋好友，单击开团提醒，提高聚划算单品的人气值。开团提醒数量越多，越可以营造一种火爆预售的氛围，提高购买欲望。

（3）服务态度。活动当天，客户接待量比较大，而且还会有一些新手客户，在购物流程和付款流程方面，问题多而杂。但店家一定要先培养客服，让客服调整情绪，热心接待客户。客服可以适当加入表情符号，提升自己的亲切指数。当客户遇到问题时，及时解决；如无法自行解决的，要及时给予反馈。

若有客户忘记及时付款，活动后要求店家按照聚划算价格售卖。客服可以先僵持一会儿，给予合理的解释。如实在不行，可以采用优惠券赠送的形式来给予优惠。

（4）收藏有礼。充分利用收藏有礼工具。当客户收藏店铺时，就送10元优惠券。以此来提高活动当天店铺的收藏人气。

（5）处理库存不足的情况。活动期间，如出现库存不足、颜色或尺码缺货等情况，可以将事先准备好的预售链接发给客户。客户如果愿意等，则保证在7天内发货；客户如果不愿意等，可以向其推荐店内其他商品。

（6）组货包装。如果需要请人临时帮忙组货、包装，需要提前确定好邀请的人员人数和联系方式。同时，要事先对临时员工进行仓库相关知识培训，包括禁烟条例、组货规则、包装方法、产品知识等，确保其在打包发货过程中减少发错货的情况。

（7）快递发货。在活动前，确认好默认快递及补充快递。聚划算活动默认申通快递，申通不到者转发EMS，特殊情况可以发顺丰。这些快递情况，需要标注在商品详情页、旺旺自动回复中。

（8）售后服务。活动结束后，肯定会有很多客户询问发货、快递等问题。故客服应事先准备好相关话术，安抚好客户情绪。同时，做好《聚划算售后问题记录表》，后期及时跟进，做好电话回访。

8.3 使用淘金币

淘金币是淘宝网的虚拟积分。客户通过购物、签到、种树等方式都可以得到数量不等的淘金币。当淘金币积累到一定数量后，可以参加抽奖活动或在购物时抵扣部分金额。如图8-3

所示,淘金币页面显示,100金币可抵1元。而且在淘金币频道页面,可以看到很多商品不仅可以使用淘金币抵扣购买,购买成功后还能再得到一些淘金币。

8.3.1 淘金币的玩法

对于客户而言,淘金币最直接的作用就是抵扣购物金额。那么,对于店家而言,淘金币又有着什么作用呢?如图8-4所示,店家常见的淘金币玩法包括以下5种。

图8-3 淘金币活动页面

图8-4 淘金币玩法

- 签到送金币。通过客户进店签到获得金币的方式,提升客户黏性,加大复购率。
- 分享送金币。对分享店铺或店内商品的客户赠送金币,感谢客户对店铺的宣传。
- 收藏送金币。对收藏商品的客户赠送金币,既能提升店铺人气,又能增加客户回访的可能性。
- 购物送金币。对购买商品的客户赠送金币,以提升下单率与商品转化率。
- 金币抵现。通过抵扣购物金额的方式,激发客户下单的欲望。

另外,店家参加淘金币活动,还有机会获得淘金币频道的展位,进而提升商品流量和销量。

8.3.2 参加淘金币活动

店家要想参加淘金币活动,需先开通淘金币账户。具体操作步骤如下:

第1步:满足参加淘金币活动报名条件的店家进入卖家中心的营销中心,单击"淘金币"活动按钮,进入淘金币的活动页面,如图8-5所示。

第2步:跳转新的页面,单击"点击开通金币卖家账户"按钮,如图8-6所示。

图8-5 单击淘金币活动按钮　　　　图8-6 单击"点击开通金币卖家账户"按钮

第3步：进入淘金币的卖家服务中心，单击"立即申请淘金币账户"按钮，如图8-7所示。

图8-7 单击"立即申请淘金币账户"按钮

第4步：查看开通淘金币的协议，单击"同意协议并申请账户"按钮，如图8-8所示。

第5步：跳转新的页面，提示账户开通，单击"确定"按钮可以返回到淘金币首页，如图8-9所示。

图8-8 单击"同意协议并申请账户"按钮　　　图8-9 单击"确定"按钮

第6步：返回淘金币的首页后，店家可单击"报名活动入口"进入相应页面，❶选择参加活动的日期，选择活动，❷单击"立即报名"按钮，如图8-10所示。

图8-10 选择活动日期

第7步：跳转活动规则页面信息，仔细阅读规则，单击"确认报名"按钮；跳转至新页面，填写商品信息、活动价、库存、参加活动的条件、商家联系信息等内容，单击"确认报名"按钮，即可成功报名淘金币活动。

8.3.3 如何设置淘金币抵扣

综观淘金币频道的商品，可以发现不同的商品抵扣是不一样的。因为店家可以自主设置商品淘金币抵扣，所以有的商品淘金币抵扣比例高，有的商品淘金币抵扣低。那么淘金币抵扣是越多越好吗？答案是否定的。通常，只有两种情况适合设置淘金币高抵扣。一种是参加淘金币活动，活动规则要求店家给高折扣，如30%、50%等；另一种是想要客户更有动力参与到店铺签到送金币、收藏送金币、分享送金币等活动中来，就只有设置高折扣。

除以上两种情况外，其他淘金币抵扣比例一般为：2%、5%和10%。其中，2%和5%较为常见，10%都很少。不设置过高抵扣比例的原因有两个：一个是淘宝平台防止店家设置过高的比例，导致市场混乱；另一方面，店家设置抵扣比例过高，则客户支付的金额也就少了，相应的利润也减少了。所以，大部分店家除了参加活动外，不会设置高抵扣。

8.4 客户体验中心——免费试用

阿里免费试用中心，是店家和客户都很喜欢的一个平台。在平台中，店家可以拿出试用品免费给客户试用，客户在获得试用名额后，得到该商品，再反馈一个试用报告即可。

这是一个双赢的活动，因为对于店家而言，该平台可以宣传商品，增加商品流量；对于客户而言，可以通过免费得到商品的方式来体验商品。如图8-11所示，阿里试用中心提供多个类目商品的免费试用商品。

图8-11 阿里试用首页

8.4.1 免费试用的作用

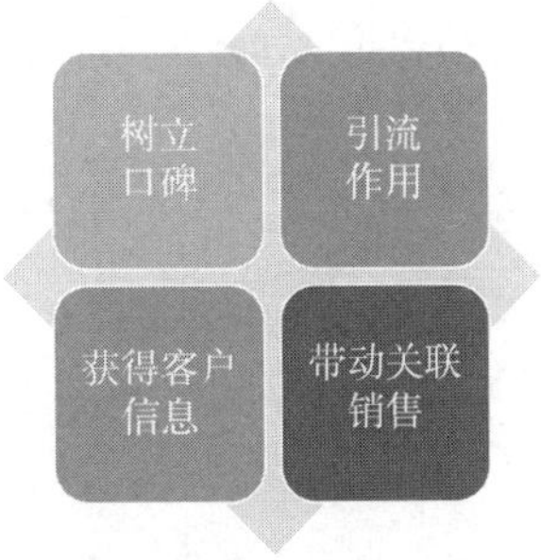

店家参与免费试用活动，需提供商品、支付邮费，相当于不收客户一分钱把商品送到客户手中。那店家为什么还要参与这种活动呢？如图8-12所示，免费试用对于店家也有着重要作用。

图8-12 免费试用的作用

- **引流作用**。很多客户对于免费、低价的商品都没有免疫力。特别是免费的商品，更具诱惑力。商品参加免费试用，客户为了解更多商品详情，可能进入商品详情页仔细查看商品。如此一来，免费试用就能起到引流作用。
- **带动关联销售**。参加免费试用的商品，可以在详情页设置关联商品销售。在引入试用商品流量的同时，也带动了关联商品的流量与销量。
- **获得客户信息**。参与免费试用活动的商品，在后台可以查看到对商品感兴趣的客户信息。店家可根据这些客户信息，制定精准活动引流。
- **树立口碑**。申请试用的客户需提供详细的试用报告。大多数客户都会站在公正的角度去写这份报告。只要商品质量过关、价格合理，得到的试用报告就是更真实、更具说服力的客户口碑。

综上而言，店家参加免费试用并不是亏本生意，能带来很多好处。所以，满足条件的店家一定要报名参加到活动中去。

8.4.2 参加免费试用活动

报名阿里试用也有相应的资质要求。如店铺必须是1钻以上，店铺评分须在4.6分以上且加入消保服务，店铺无严重违规及售假处罚扣分。参加的商品也必须满足以下要求：

- 试用品必为原厂出产的合格全新且在保质期内的产品；
- 试用品总价值（报名价 × 数量）需不低于1500元，价格不得虚高；
- 试用品免费发送给客户，客户产出试用报告，商品无须返还店家。

报名参加试用活动的商品，在无线端平台会自动设置收藏店铺申请条件，店家无须设置；手机端平台不做申请条件设置。满足条件的卖家，可按照如下步骤参加试用中心活动。

第1步：打开试用中心官网，单击"商家报名"选项卡，在弹出的文本框中单击"我要报名试用"按钮，如图8-13所示。

图8-13 单击"我要报名试用"按钮

第 2 步：在跳转的页面中单击"报名免费试用"按钮，如图 8-14 所示。

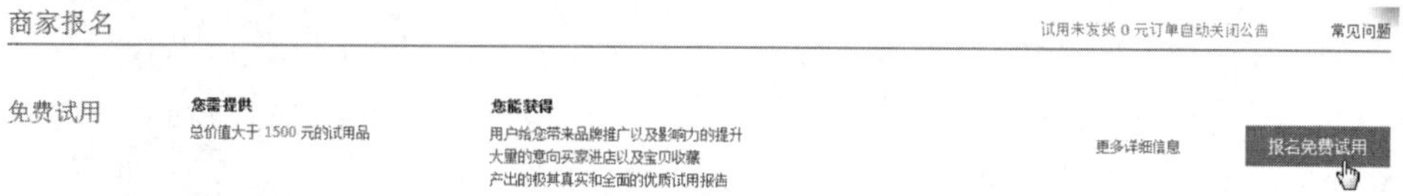

图8-14　单击"报名免费试用"按钮

第 3 步：在跳转的页面中，选择活动的时间，单击"我要报名"按钮，如图 8-15 所示。

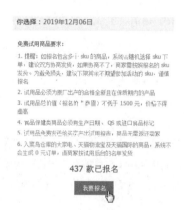

图8-15　单击"我要报名"按钮

店家根据跳转的页面提示，完善试用活动时间、试用活动基本信息、名称、商品链接等信息后，即可开通试用活动了。

8.4.3　参加免费试用活动要点

店家需要注意控制试用品的份数。份数越多当然越具吸引力，但是成本也会更大。建议对于单价较低的商品，可以多设置一些份数；对于单价高的商品，则可以减少一些份数。

每个试用者都要为商品打分，撰写详细的文字加图片的评论，也就是试用报告，如图 8-16 所示。客户对商品的正面评价可以起到良好的口碑作用，而客户提到的缺点、建议，店家也应积极采纳。

图8-16　某果茶的试用报告

大多数客户收到试用商品后,都会根据实际情况撰写试用报告。所以,店家在选择试用商品时,也要注意商品质量。如果店家为了节约成本,选择劣质商品来参加活动,反而会导致客户给予低分评价和内容,不利于商品今后的销量。当然,如果遇到竞争对手来申请试用后恶意差评,店家也可以向平台申诉。

8.5 天天特卖

天天特卖,原天天特价,是一个快速引流的淘宝活动。天天特卖在电脑端和手机端都有专门的展位显示,客户通过点击展位,进入活动页面。如图 8-17 为电脑端的天天特卖活动页面,页面中的商品价格普遍偏低,更有 9.9 元包邮、39 元包邮等板块。

图8-17 天天特卖活动页面

很多追求实惠的客户,喜欢在该活动中寻找物美价廉的商品。因此商品参加天天特卖,一般都能吸引很多流量。

8.5.1 报名条件

天天特卖活动也包括多种玩法,店家通过卖家中心、营销中心,进入天天特卖活动页面,即可看到最近可参加的活动,如图 8-18 所示。实际上,各个活动之间差距不大,店家可阅读各个活动的招商规则,选择适合自己的活动报名即可。

图8-18 天天特卖11月可选择的活动部分截图

由于天天特卖的流量和销量都一一计入搜索流量和销量，所以很多店家蜂拥而上，想报名参与到活动中去。但每个活动都有相应的条件，如"天天特卖极致爆款 9.9 元包邮"报名店家必须满足且不限于以下条件：

- 店家信用等级在一钻及以上；
- 店铺须支持淘宝消费者保障服务；
- 店铺近 730 天（含）不存在出售假冒商品扣分；
- 除部分主营虚拟商品一级类目以外，其他店铺实物交易占比须在 90% 及以上；
- 近半年店铺 DSR 评分三项指标分别不得低于 4.6 分；
- 店铺在 365 天因违反《淘宝规则》《天猫规则》等导致扣分达 12 分的，不能参加；
- 店铺开店时长在 90 天及以上。

商品必须同时符合以下条件：

- 商品须符合《天天特卖日常单品招商标准》要求；
- 报名商品除特殊类目以外，库存须不低于 1000 件；如果是女装 / 女士精品、女士内衣 / 男士内衣 / 家居服类目，库存不低于 3000 件；
- 报名商品活动价格低于《天猫及营销平台最低标价》规则中的"天天特卖最低标价"，且商品活动价格低于 9.9 元；
- 报名商品历史销售记录必须满足相应条件，如女装 / 女士精品、男装、女士内衣 / 男士内衣 / 家居服类目商品近 30 天的历史销售记录必须大于 100 笔。

因此店家应仔细阅读报名条件，挑选合适的商品来参加活动，这样才能实现引流效果最大化。

8.5.2 如何快速通过活动报名

店家有时会发现即使满足招商规则条件，却依然报不上名，这多半是因为店内商品细节有问题，店家应先修改店内商品细节，再进行下一次报名。店家快速通过天天特卖报名的技巧如图 8-19 所示。

图8-19　快速通过天天特卖报名的技巧图

- **选择活动商品**。选择应季商品，且是店内热销款。这样的商品参加活动更容易成为爆款。
- **提升商品基础销量**。招商规则对商品基础销量有要求，如男装类目近 30 天历史销售记录必须大于 100 笔。店家为了快速通过报名，可以通过优化商品标题、主图，找淘宝客推广等方式来提升商品基础销量。
- **激发客户带图评价**。通过在包裹中放置书签、品牌故事卡片等，激发客户带图评价。带图评价最好能占评价中的三分之一以上，有利于提升商品转化率。
- **商品上下架时间**。一般需要提前 3 天报名活动，商品报名时如果流量可观，被选中的概率也会更大。商品越接近下架时间，平台流量权重越高。所以店家可以注意上下架时间，把下架时间控制在报名日期。

店家如果想知道报名为什么没通过，可以马上再次进行报名，平台会有所提示。

8.5.3 天天特卖收费机制

为了更好地服务天天特卖商家和消费者，天天特卖于 2019 年 6 月 25 日开始启动收费机制。收费订单范围为：

- 客户通过进入天天特卖频道，在活动时间内在频道内加购或通过频道进入商品详情页面后进行加入购物车后购买或立即购买产生的有效订单。
- 客户通过天天特卖举办的营销活动将活动商品加入购物车后且在活动时间内购买或立即购买产生的有效订单。
- 客户通过天天特卖合作渠道将天天特卖活动商品加入购物车后且在活动时间内购买或立即购买产生的有效订单。

活动开始后，天天特卖交易订单在客户确认收货时，实时进行划扣。主要采取实时划扣软件服务费（不包含保底费用和封顶费用）的收费模式。活动开始后，天天特卖交易订单在客户确认收货时，将会实时划扣一定比例的款项。其计算方式为：实时划扣软件服务费 = 消费者确认收货的金额 × 软件服务费率。

从 2019 年 4 月 1 日后，在天天特卖活动期间，针对累计全网订单 20 万单以上、50 万单以上、80 万单以上的商品，享受佣金折扣优惠。例如，在天天特卖活动期间的累计订单量达到 20 万～50 万（含），可享受 90% 的佣金折扣系数；达到 50 万～80 万（含），可享受 75% 的佣金折扣系数。

8.6 淘抢购

淘抢购是淘宝重要的营销活动。目前的活动以时间为维度，每天 12 个场次进行商品展示，分别为 0:00 场、6:00 场、8:00 场、10:00 场、12:00 场、13:00 场、15:00 场、17:00 场、19:00 场、21:00 场、22:00 场、23:00 场，所有商品限时限量售卖。

淘抢购展位常见于电脑端或手机端的首页，其中电脑端展示位如图 8-20 所示。在淘抢购活动页面可看到已抢的件数和剩余的库存条，给客户造成急切的感觉，更容易刺激下单。如某客户看到某商品还行，但库存仅剩 5%，可能没有时间去纠结，直接下单。所以，淘抢购也是快速引流、快速转化的活动。

图8-20　淘抢购在电脑端的展示位

8.6.1 淘抢购活动类型

如图8-21所示,淘抢购活动也包括多种类型,如淘抢购智能单品团、淘抢购抢5折、淘抢购急速抢、淘抢购洋葱盒子、淘抢购单品联盟等。

店家可进入卖家中心下的营销中心,单击"淘抢购",报名相应的活动即可。

8.6.2 淘抢购的收费

淘抢购活动是收费的,但对于符合条件的店家也会有一定的现金奖励。为鼓励店家,在保证用户体验的前提下可以合理报名货值。淘抢购会设置保底费用,如果实时技术服务费的总金额和保底费用不匹配的话,那么最终会按照保底费用的金额收取。

图8-21　淘抢购活动类型

所有报名参加淘抢购活动并审核通过的店(品牌抢购除外),收费模式为实时划扣技术服务费,也就是包含保底费用和现金奖励。保底费用就是报名货值 ×30%× 类目收费费率,而实时划扣技术服务费则是消费者确认收货的累计金额 × 类目收费费率。

淘抢购会对销售率达到一定水平的店家给予当前正常费率折扣,不同的销售率有不同程度的奖励。而且每个类目的费率也会不同,具体以报名显示的实时费率为准。

例如,某商品报名参加淘抢购活动,报名抢购价50元,报名数量3000件,实际对应类目收费费率为3%。实际销售了2800件,活动开始后的30天内,消费者确认收货2700件,确认收货累计金额133000元(其中部分商品拍下时存在优惠券或淘金币抵扣的情况,合计2000元)。

保底费用= 50元 ×3000件 ×3%×30% = 1350元,商家报名时,保底费用在绑定支付宝账户里锁定;

实时划扣技术服务费= 133000元 ×3% = 3990元,活动开始后的30天内,客户确认收货时,根据确认收货金额实时划扣技术服务费;

现金奖励在活动开始后的第32天,返还到店家账号中,同时释放报名时锁定的保底费用。淘抢购作为淘宝日常重要的营销平台活动,目前平台规定价格保护期为活动结束后15天。如果商家在活动结束后15天内,出现实际成交价格低于其参加淘抢购时的活动价的情况1次,给予警告1次;如果再出现,每次扣3分。

8.6.3 如何提高淘抢购活动通过率

淘抢购分为一审(机选)、二审(淘小二审核)。淘抢购目前用聚划算的实名后台,审核时由模型跑分;淘小二在模型跑分后再对商品进行筛选。有店家发现自己的日销很好,可是还是不能通过报名,这是因为其综合评分不高的原因。就好像某学生考试成绩接近满分,但因为综合评分一般，依然考不上理想中的学校。

那么，店家应该如何提高淘抢购活动的通过率呢？淘小二审核参考的维度主要是店铺、商品和其他方面的考核。

1. 对店铺的考核

从店铺层面出发，小二会关注店铺 30 天的确认收货率，以及店铺的退货率和店铺转化率。故做好下面的几项，可以提高报名通过率。

- 装修店铺。客户在活动页面查看商品时，需要跳转商品详情页下单转化。所以，装修店铺就显得尤为重要。特别是手机端的装修页面，需要区别于电脑端。
- 设置手机专享价。建议把店内 80% 的商品设置为手机专享价，加大手机端商品的折扣吸引力度。
- 30 天的确认收货率。淘抢购小二特别重视 30 天的确认收货率，因为淘宝近两年特别重视刷单问题。
- 注意报名时间。淘抢购活动报名到上线是 13 天周期。报名期是 3 天，审核期是 5 天，备货期是 3 天，预告期是 2 天。例如，8 月 23 日的活动，11 ~ 13 日就开始报名（在报名之后产品会显示为报名中的），14 ~ 18 日活动审核（会显示为审核中），19 日就可以看到活动是否通过。如果是通过状态，就会收到相关的缴费通知了。

2. 对报名商品的考核

- 报名商品类目。平台机选会核查报名的商品是否符合提报的类目，如果不符合，会直接过滤。所以店家必须报名类目符合商品，而且不同的商品类目，会由不同的淘宝小二审核。
- 商品价格。报名商品价格是 30 天最低成交，也就是指淘抢购报名产品活动价必须低于或等于近 30 天最低成交价格。
- 不能有价格区间。报名淘抢购活动的商品不能有价格区间，且在最近 30 天内交易必须大于或者等于 10 件。
- 活动选品和库存设置。报名淘抢购活动选择很重要，要选择店内优秀商品，如热销商品、应季商品、性价比高的商品。另外库存要适量，库存报得过高，也不容易通过审核。

3. 其他方面的考核

- 报名填写规则。商品名称字数有限制，最好的格式为：品牌 + 品名 + 优惠 + 商品卖点。淘抢购活动的目标人群是冲动型的客户，客户在浏览商品时往往只有几秒的时间。在这几秒的时间里尽量用简洁文字说明商品卖点。
- 图片设计思路。淘抢购活动商品图的尺寸为 640*640，白底背景，大小在 100K 内。故店家在设计图片时，应做到图片清晰、主题明确，不能拼接、拉伸，不能有水印、文字信息、LOGO 等。尽量让客户看到的图片是干净利落、一目了然的。
- 商品不重复。在淘抢购综合维度里包括商品的重复出现率。重复报名一直上活动，也会被除去。
- 品类市场竞争力。这个由平台选品模型来筛选，筛选后会同比参考行业竞争情况、相似品类的价格、款式、热销程度等综合维度来进行比较。

店家应综合上述 3 大点，对店铺和商品进行优化，以提升报名通过率。

8.7 "双11"活动

双11活动指的是每年11月11日的网络促销日。在这一天，许多店家会进行大规模促销活动。双11活动起源于2009年11月11日，最早的出发点仅仅是想做一个属于淘宝商城的节日，目的是扩大淘宝的影响力。时至今日，双11活动不仅仅是电商消费节的代名词，对非网购商城和线下商城也产生了较大的影响。

根据阿里官方数据，2019年双11总成交额达到2684亿元，相比2018年的2135亿元，多了549亿元。由此可见，天猫双11活动的影响力之大。不少店家通过双11大促，取得傲人业绩。如在2019年的双11活动中，优衣库、格力、雅诗兰黛、小米等9个品牌，有超过10亿元的交易额；美的、阿迪达斯、戴森、南极人等148个品牌，有超过1亿元的交易额。不少小店家也因为双11大促，交易指数刷新历史最高。

店家应提前对每年的双11活动进行剖析，满足条件的店家，可以积极参与到双11促销活动中去。

8.7.1 报名"双11"活动

与前面的几个营销活动相比，双11一年只有一次，其影响力也更为惊人，在报名时间上也提前到了9月。2019年双11报名时间流程如图8-22所示。

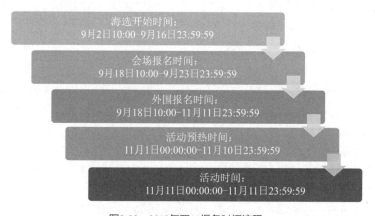

图8-22 2019年双11报名时间流程

双11活动对店铺和商品都有相应的门槛设置，如2019年的招商规则中包含但不限于以下规则：

- 近180天内店铺DSR评分三项（非虚拟交易）均≥4.6；
- 近30天内纠纷退款率不超过店铺所在主营类目纠纷退款率均值的5倍或纠纷退款笔数<3笔；
- 近90天内无一般违规行为节点处理记录；

- 近730天内虚假交易分值未达48分,且近90天内无虚假交易扣分;
- 近365天内无严重违规行为节点处理记录;
- 近730天内出售假冒商品分值未达24分,且近365天内出售假冒商品分值未达12分;
- 近90天内无虚构交易、虚构购物车数量、虚构收藏数量等扰乱市场秩序行为;
- 未在搜索屏蔽店铺期;
- 无其他被限制参加营销活动的情形;
- 本自然年度内,未因发布违禁信息或假冒材质成分的严重违规行为扣分满6分及以上;
- 本自然年度内,不存在出售假冒商品违规的行为。

实际上,每年的双11活动年招商规则都略有不同,店家可在每年的8月、9月关注其规则并进行积极的准备。

8.7.2 双11备货问题

正是因为双11活动的影响力之大,所以备货也成了很多店家头疼的问题。备货过多,则容易导致库存商品过多,资金无法正常流动;备货过少,可能会导致有流量、销量却无货可发。那应该如何来解决备货问题呢?

其实,备货问题主要还是要具体情况具体分析。例如,有的店家实力较强,在活动前就需要做活动预热,如参加聚划算、开直通车等。这类店家在备货时,就要考虑多个活动带来的流量、销量问题,因此可以适当多备货。

店家在备货时要做到量力而行,看清自己公司规模、行业排名等;其次,还应通过生意参谋来分析平时流量、转换率、销售额及往年"双11"战绩等;不能忽略整个市场环境,如竞争对手的数量、行业销售的疲软等问题。

另外,如果店家只打算参加双11活动,则只备双11的货品;如果店家有意参加双11和双12活动,则在备货时,可多备一些货品,同时为双12做准备。

8.7.3 淘宝双11运营之中小店家如何备战

对于双11的到来,可以说是整个平台的淘宝店家都非常期待的一件事。毕竟年终盛典所代表的就是巨额流量。那么在这个全民狂欢的购物节里,中小店家如何做布局优化,才能从大店家横行的市场中突破重围,去打造出属于自己的那份狂欢呢?

1. 提升商品排名

想要提升商品排名,自然流量是关键。中小店家想要活动流量,主要还应注意以下问题。

- 主图。部分小店家没有运营团队,销售模式也以选择代销模式为主,因此喜欢直接套用厂商的图片作为主图。这样易导致商品被比价,而且小店家的店铺综合实力较弱,不容易生成订单,因此商品主图在引流中的作用更显重要,店家最好能自己拍摄更具吸引力的图片,以吸引客户点击。
- 上下架时间。上下架时间影响着商品的排名。中小店家可以通过生意参谋来找到流量集中且竞争力小的时间段上、下架商品，使得商品获得更多自然流量。
- **找准关键词**。通过生意参谋来挑选和商品高度相关、高转化率、竞争对手少、点击率高的关键词，运用到商品中去。

2. 手机端流量

通过 2019 年的双 11 分析来看，手机端客户占比正在不断扩张中。中小店家应注重抓住手机端流量，使得活动效果更佳。例如，使用微淘来为活动助力：
- 从 10 月中旬开始，以抽奖的形式，吸引新客户，提高老客户回访率。应设置不同的活动规则和活动主题。例如，第一次的活动规则是抢优惠券，第二次就可以换成答题有奖。
- 在客户达到一定数量后，可通过设置粉丝专享价来吸引客户下单、转化。
- 通过微淘广播，曝光活动主推商品。既增加客户对商品的印象，又增加购物车数量和收藏数量，为双 11 活动预热。
- 在活动倒计时的几小时内，采用倒计时的方式发广播，制造紧迫感，刺激客户的购买欲望。
- 无论微淘客户的购买情况如何，都可继续更新优惠信息或感谢语，为后期的聚划算活动造势。

微淘活动的作用，主要是给双 11 活动预热。店家在策划活动前，可多多分析目标客户的兴趣爱好，策划出更具吸引力的微淘活动。

3. 开直通车助力活动

双 11 活动期间开直通车，实质上是在与同行竞争关键词。大词、热词出价的人多，竞争激烈，有时一个关键词甚至可以出价高达几十元。中小店家，经济实力稍微薄弱，在选择关键词时，就要避开热词，找到部分转化率不错的长尾关键词进行投入。

在活动前期和进行时，一定要竭尽所能地去做推广。部分店家会考虑到成本问题，不上直通车。但在活动当天会发现，再高的扣费都上不去了。不过，中小店家在开车时，要考虑推广费用及利益回收。如果能接受平本，就在平本的前提下，能花多少就花多少；如果能接受亏本，也要有个底线，不能盲目开车。

店家如果有私域流量（如微信、微博、抖音），在活动开始前，也要注重这些流量的利用。先把活动玩法和爆款商品分享出来，让更多人参与到活动中。

8.8 策划店内活动

官方活动对于新店而言，门槛高难度大，很多新手店家都无法成功报名。其实，店家也可以自己策划活动，从小做起，先熟悉店内活动类型及策划技巧，以及策划店铺活动要点，为参加大型活动做准备。

8.8.1 活动类型

如图 8-23 所示，常见的活动类型包括节日活动、店庆活动、上新活动和清仓活动等。

图8-23 常见的活动类型

1. 节日活动

节日期间通常是客户购物高峰,因此很多店家都以"节日庆祝"为理由进行促销活动。特别是母亲节、情人节、中秋节、国庆节、春节等节日,更是为促销活动提供了好的理由。

店家在做节日庆祝促销活动时,需要注意考虑到节日与店铺销售商品的关联程度。例如,经营地方特产的食品类目店铺,比较适合在端午节、中秋节、春节等传统节日进行促销活动。

2. 店庆活动

与节日活动相比,店庆活动更为灵活,可以不受时间限制。比如,在新店开张时、周年庆时、月销破万时,都是店铺进行店庆活动促销的大好时机。

店庆活动促销,一方面因为这类促销活动的次数有限,故有利于营造出一种机会难得的氛围,增加客户购买欲望;另一方面是这类促销活动可以展示店铺的历史,有助于增加客户对店铺的信任感。

3. 上新活动

新品促销是一种常见的营销活动,它可以使新品很快地打开市场,使客户能够快速地接受新品,一旦新品有了购买记录后,就更容易提升人气和销量。例如,不少销售食品的店铺就常常会推出低价试吃活动来吸引客户。

在策划上新活动时,折扣力度是一方面,更重要的是多加阐述商品的优点。例如,一款牛肉干上新了,店家在推出"新品8折购"活动时,应重点突出"8折"这个关键词,吸引新老客户的注意力;同时,也要阐述清楚该款牛肉干有哪些优点,以吸引新老客户下单。

4. 清仓活动

不少店铺都面临库存积压的问题。积压的商品如果不及时处理就会影响到店铺的资金流转,严重时甚至会影响整个店铺的正常运营。利用促销活动来销售这些库存积压商品,是大多数店家常用的办法。

库存较大的商品可作为清仓活动的对象,尽快实现资金回笼,使资金周转走向良性化。换季清仓促销是较为常见的一种清仓活动。店家在策划时,以出售库存商品为主,在价格方面应尽可能地降到最低,以吸引客户。此外,还可提前发送活动信息唤醒老客户,实现流量最大化。

8.8.2 活动策划要点

通常,在策划一个活动时,需考虑如何设计活动规则,如何做好活动的前期准备,如何处理活动中的各种状况,如何通过活动提高销量,以及如何做好活动后期维护等方面的问题。

1. 设置活动规则

为了保证促销活动能够达到良好的效果，首先需要制定合理的活动规则，以确保活动顺利进行。活动规则应该简洁明了，让客户一目了然地看懂活动主题和内容。切记不要叠加过量的活动方案，比如满减、满赠、打折与优惠券同时实施的话，在交易量较大时容易产生纰漏，同时也会增加客服的工作量。

在淘宝中，领取优惠券抵现是最常见的店铺活动。这种方式的活动规则简洁明了，易于客户理解。比起礼品赠送和折扣销售，这种发放现金优惠券的方式往往对客户也更具吸引力。

2. 活动选款

选款是促销活动前期准备的一个重要环节。选款要根据商品的销售情况和促销活动的形式而确定，这里介绍两个具体的选款方法。

（1）通过阿里指数分析

在选款时，首先要考虑客户的需求问题，有需求才会有市场。在线上商城中，通过"搜索"就能体现需求。打开阿里指数，选择商品类目，可从搜索排行榜中看到上升榜和热搜榜。

例如，某经营婚纱、礼服的店家，近期想策划一个元旦节活动。在阿里指数搜索"婚纱"关键词，如图8-24所示。通过搜索排行榜，能看到与婚纱相关的热门关键词为"婚纱新娘""伴娘服""新娘""礼服女宴会晚礼服"等。而且最热门的"婚纱"关键词，全站（阿里网站）商品数量为696334件，竞争激烈；而搜索指数也较高的"礼服女宴会晚礼服"关键词，全站商品数量为141401件，竞争相对较小。故店家可选择店内某款晚礼服来参加活动。

图8-24 阿里指数"婚纱"关键词的搜索排行榜截图

（2）关注竞争对手的销售动向

在部分类目中，竞争对手的实力可能比较强，在活动方面也更具优势，紧跟他们的动向会对选款有所帮助。如双 11 活动中，部分店家往往在 9 月底 10 月初，就已经在做主推商品的搜索权重、直通车推广、钻石展位推广等。如果密切关注这类商家的动向，有可能选到比较好的款。

比如，店家可以定时记录直通车车位商品信息，包括卖家信息、价格、销量增量、位置等。如果发现某款商品连续几天都处于非常好的展现位置，价格稳定且销量呈现平稳上升趋势，基本说明这款商品是目前重点推广的活动商品，也比较符合市场需求，选款时可考虑加入这款商品，当然，前提是该商品在自己经营的类目范围中。

3. 勾画客户画像

通过查看生意参谋"访客分析"和"买家人群画像"，可以查看店里访客和买家的年龄、性别、地域、价格等信息。店家针对客户画像，根据店铺标签，适当地添加属性词，强化标签，有利于提高商品搜索权重，进而获取更多的流量。

例如，某店家在生意参谋中查看到某款护手霜的访客和买家以 20～25 岁的女性为主，且这些人群主要分布在四川、云南、贵州等地方，消费层级在 0～15 元之间。店家猜测，这些人群可能以消费能力中等偏下的女学生为主，故在优化该护手霜关键词时加入"大学生""省钱"等关键词，迎合客户的搜索。

4. 活动备货要充足

在进行促销活动时，店铺的交易量可能刷新历史销量，因此店家需要提前准备充足的库存，以备不时之需。在备货时，店家可以根据近期的商品销量情况，或者参考同类商品在活动期间的销量进行备货。

在活动期间，店铺引入大量流量，不仅能提高活动商品的销量，还可能会带动其他商品的销量。因此，除了要准备好参加活动的商品的库存外，还要对店铺中其他商品进行适当补货。

5. 提前培训客服

活动期间，店铺的流量会不断增加，对商品的咨询和交易量也会不断增加，这也会增加客服人员的工作量。为了避免出现不必要的工作失误，店家需要在活动期间，扩大客服团队，并提前培训客服人员。针对活动期间可能会出现的问题和咨询，提前设置快捷回复短语，并对客服人员进行统一的话术培训，同时提高客服人员的回复速度和服务态度。

6. 宣传推广工作

在活动开始前，店家需要进行一些宣传推广，使用户提前了解活动内容和活动商品。如利用免费试用、发放优惠券以及直接发送活动短信和邮件等方式，进行活动前期的宣传推广。

7. 做好活动后期的相关维护

店家要对活动后期维护投入一定的资源，例如，适时地回馈老客户，定期向老客户发送优惠信息；向用户发送节日的祝福和问候；向用户定期发送新品发布信息或者活动信息等。这样可以使客户在活动完成后，仍然能感受到店家的情谊，从而变成稳定的长期客户；此外后期维护也有利于店铺塑造良好的形象。

8.9 小技巧

技巧1——错过双11，还有双12

有的店家由于对招商规则不够熟悉，导致双11报名屡屡失败；有的店家则由于准备不充分，导致大量库存积压……有上述情况的店家，可在双11后，马上报名参加双12活动，弥补损失。

继每年的双11大促后，每年12月12日当天推出网购盛宴，将延续"全民疯抢"的活动，简称双12。虽然双12的销售不如双11火爆，但早在2017年，双12成交额就已突破千亿大关。店家可以抓住机会，报名参加双12。以2019年双12活动为例，其活动时间分别有3个重要节点，如图8-25所示。

海选补报招商
- 2019年11月14日 10:00:00-2019年 11月18日23:59:59

活动预热
- 2019年12月1日 00:00:00-2019年 12月11日23:59:59

正式活动
- 2019年12月12日 00:00:00-2019年12月 12日23:59:59

图8-25　2019年双12活动时间图

已经通过2019年淘宝嘉年华海选的卖家可以直接报名2019年淘宝1212行业会场，不用再次报名海选。未报名/未通过2019年淘宝嘉年华海选报名的卖家，可以报名2019年淘宝1212海选补报。

每一年双12的主题都不一样，规则也在发生变化，因此每年的具体招商规则可能存在差异，建议店家仔细阅读该年度的规则。

技巧2——同时参加淘抢购跟聚划算要注意什么

淘宝平台允许店家同时参加多个营销活动。不少店家为了获得更好的营销效果，同时参加淘抢购和聚划算。那么，同时参加淘抢购和聚划算，有什么需要注意的地方呢？

首先，不建议一个店铺的商品同时上淘抢购和聚划算，其原因在于：聚划算可以选择部分库存商品参加活动，而淘抢购必须是所有库存商品参加活动。那么，当聚划算与淘抢购报名的库存商品不同时，容易导致两个活动都无法正常参加。

如果店家一定要同时参加两个活动，请确保两个活动参加的商品库存完全一样，也就是下架聚划算不参加活动的商品。

如果两个活动同时正常参加，则淘抢购入口展示淘抢购价格，展示淘抢购标；其他渠道展示聚划算价格和聚划算标。聚划算和淘抢购同时报名时会分别锁定报名库存，建议店家保证库存充足，否则可能会导致其中一个商品无法发布。

若两个活动重叠，则按照订单标收取费用（聚划算订单按照聚划算收费，淘抢购订单按照淘抢购订单收费），天猫佣金正常收取。

技巧3——用关联销售提高活动流量的价值

关联销售实际上就是非强制性的"搭配销售"，比如钢笔搭配墨水，售价就比单卖钢笔要高。关联销售可以有效提高客单价，使流量的价值实现最大化。店铺在参加活动后会引进大量的流量，此时做好关联销售，可以进一步提高销售业绩。

关联商品与主推商品是相辅相成的关系，在选择关联商品之前，应先分析主推商品。通常，关联商品有两种关联形式：

- **同类型关联**。选择功能相同、产品属性相近或者价格相近的同类型商品作为关联商品。例如，主推商品为一瓶蜂蜜，则关联商品可以是一瓶蜂王浆；又或者主推商品为衣服，那么关联商品可以是鞋子。
- **互补型关联**。选择功能互补的商品作为关联商品，例如主推商品为手机就可以搭配手机壳、充电宝等手机配件进行关联销售。

通常，关联销售应该根据店家所选取的关联商品的性质来确定关联位置。关联销售的商品可以放置在详情页面的上方、中部和尾部，不同的商品要放在不同的关联位置上。

- **页面上方**。是详情页最为显眼的位置，可以放置与商品有关联的商品或其他爆款商品，给客户提供更多选择的同时，也增加其他商品的曝光率。
- **页面中部**。适合放置搭配套餐，通过提高相关商品的曝光度，进一步提高商品销量以及客单价。特别是有营销场景的详情页描述（如茶叶），在描述三两好友聚在一起喝茶的场景时，提出茶叶与茶杯一起下单，可享受组合优惠价格。
- **页面尾部**。客户所关心的服务，一般都在详情页的尾部，所以很多客户会下拉到尾部查看详情，因此页面尾部适合放置与主商品关联性较高且便于搭配使用的商品。比如，需要单独付费的礼盒，与主推商品一起下单更优惠。

案例　解决双11推广费用问题

蛋蛋，90后淘宝卖家，年销售5000多万，擅长活动运营及付费推广。这里主要由她分享双11推广费用问题的解决方法与经验。

做电商的朋友，在双11当日的凌晨都在熬夜吧。我听到不少"1小时成交已经超过去年全天成交"的欢呼，在此恭喜销量不错的朋友们！当然也有部分店家销量不理想。到了现在，大家大致关心的是两个问题：今天能卖多少？今天推广费用怎么花？

1. 今天能卖多少

根据官方过往的数据，平均数据为在 1:30 能完成大盘销量 1/3。1:30 的数据没有记录，只能以整点查看。现在去看 2:00 营业额乘 3 倍基本上是店铺今天的成绩了。有些预热比较充分或是有会场的店铺，到 2 点营业额能占到全天营业额的 40% 到 1/2。

如果想要算得细致些，可以在生意参谋→实时→时实概况→大促对比页面中查看去年的数据。

今年营业额＝今年 1:00 － 去年 1:00 ＋去年 24:00

无论比去年多还是少都是这样的算法。现在销量只是定下个初步走势，随着时间的推移不一定呈现出与去年同样的走势。接下来的走向，也是我们可以自己通过推广预算来控制的。

2. 推广费用的安排问题

那么，接下来看看推广费用的安排问题。在大促之前，很多店家就非常关心大促期间不同时间段推广费用的分配问题。其实，调整推广费用最快捷有效的方法是调整计划的时间、折扣和人群溢价比例。

大促前被问得最多的问题是时间折扣怎么设置。实际上，比例的设置无非是用来调整流量获取。流量获取又是按照需求来调整，其实没有办法定下一个固定比例。我们就经常按照各店的成交情况改时间折扣。

双 11 的成交量，在凌晨 2:00 前靠之前的积累，2:00 后看当天的努力。对于投放的调整，首先看是否有钱可花，毕竟盈利比营业额重要。如前面所提到，1 小时已超去年全天的，基本上可以加大投入力度。如图 8-26 所示，店家 6:00 以后有异于大盘的增长，是靠直通车拉出来的。

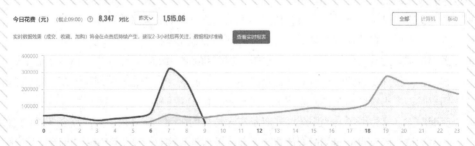

图8-26　有异于大盘的增长页面截图

对于成交没有达到预期的，就要看是营业额重要还是盈利情况更重要了。一般情况下，我会稍降一下推广费用，即使当天销量不理想，但至少保证是赚钱状态。其次，在有钱可花的前提下，尽量按照去年的走势调整投入，以实现调整成交，尽可能把走势曲线拉得更陡，如图 8-27 所示。

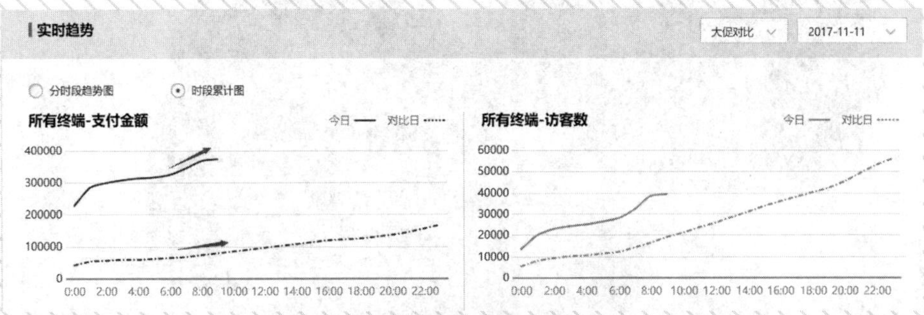

图8-27 调整走势曲线截图

如果成交非常不理想，推广费用也可以降低一些。卖不到目标，至少要保证好利润。如果是备货不足，必须停止推广。例如，我有一款大衣就是超出预期太多，备货不足100件，到1:00时已经卖了近300件，只有赶快停止推广。

再者就是控制时间，让推广费用尽量能够维持一整天的推广，不要出现提前下线的坏情况。如果有花费超出预算的情况，应及时打低时间折扣来降低点击费用。重点投放放在前一晚上10:00之前，因为从搜索到比价、下单、成交还需要时间。

最后调整细节，一般情况下调整时间折扣。如果是转化周期长的商品可以适当拉高"浏览未购买""购物车""收藏""天猫资深"几种人群溢价和双11人群溢价；如果是粉丝或是网红店可以调高"购买过"人群；转化周期特别短的低价商品可以把主要成交词用抢位助手卡靠前排名；转化周期长的商品智钻只做收割停止拉新。

最后总结：如果在双11之前是按购物车成本来调整流量的，那双11当天要按投产比来调整出价。结合上述罗列的几种情况，投产比好又有预算可以调高出价；投产比不好则降低出价。

第9讲 直通车推广技术与实战

本章导读

直通车是淘宝推出的一种精准推广工具。在淘宝首页搜索关键词后,会在页面右侧显示与关键词相关的商品,这些展示位就是"直通车"。在直通车展位中是以关键词为线索,以搜索竞价的方式,依次序来展现商品的,并且淘宝平台会根据点击量的多少,向投放者收取一定比例的费用。直通车是淘宝站内目前使用广泛的付费推广方式之一。

店家可自主对关键词进行定价并设置投放时间。出价高者被放在排名的优先位置。在显示商品的直通车推广位,如果客户点击了该款商品,平台会自动根据该关键词或者类目的预设价格计费扣款。通过这种推广方式,店家可以较为精准地将目标客户吸引进商品详情页,并通过各种方法留住客户,使之成为店铺的回头客。

9.1 认识直通车

在淘宝开店的店家,对淘宝直通车应该都不陌生。但不少店家由于不熟悉直通车操作,盲目投放直通车计划,导致亏损严重。也有部分店家认为不用投放广告,仅靠自然搜索流量即可获得流量。这里就来探讨一下网店究竟需不需要投放广告,以及直通车的投放原理,让大家对直通车广告有一个较为概括的了解。

9.1.1 网店需不需要投放广告

淘宝网自身靠什么赚钱?大多数来自商家的广告。而影响最大的广告,就是直通车广告。比如,在手机端搜索一个关键词,图中商品有"广告"标识的都是广告商品,如图9-1所示。

这里,先来谈谈3种错误的付费广告观念。

1. 淘宝平台不应收广告费

在实体商场开店创业,店家按时缴纳租金。但在互联网上,店家就希望平台给予免费流量。

图9-1 手机端广告商品

其实这是不现实的,毕竟淘宝平台也需要收入来维持运作,流量全部免费的话,淘宝将无以为继。

2. 店铺没流量,是因为投放广告少

部分店家,特别是线下转线上的店家,发现店铺没有流量,就认为需要投广告。结果花费很多广告费,连商品成本都没赚回来。

这是怎么回事呢?原因在于这部分店家不知道淘宝广告投放的正确方法。淘宝广告只能锦上添花,而不是雪中送炭。因为淘宝的展示位置,80%都是给非广告商品的,只有20%是给广告商品的。淘宝要保证这20%的位置能够收到尽量多的广告费,而运营越好的店家越愿意付出高昂的广告费。所以,如果店家运营能力一般,却花费较高的广告费去投广告,就可能亏本。店家正确的做法是,首先运营好免费的流量,再进一步去投放广告,以吸引更多优质流量。

3. 就喜欢免费流量,不想给淘宝钱

也有部分店家,免费流量运营得不错,也习惯了通过免费流量盈利。更在听多了淘宝广告亏钱的例子后,非常害怕广告,认为免费流量挺好,不需要付费流量了。

这个观念也是错误的,原因有两个:

- 如果店铺免费流量转化率高,已经能够盈利,那么为什么不通过淘宝广告来放大流量,增收利润呢?
- 淘宝有一个重要规则。如果店家投了广告,且广告的流量和转化率都不错,就会为店铺提供更多的免费流量,让店铺生意更加兴隆。

例如，一个商品原来一天有1000UV免费流量。现在投放了广告，一天投放200UV，实际上，流量很可能涨到1500UV。因为投放广告效果好，淘宝就给了更多免费流量。所以，免费流量运营得好的店家可以考虑投放直通车计划。

9.1.2 淘宝直通车投放原理

用过淘宝的人都知道，在淘宝天猫中搜索关键词时，其结果只会显示标题里有这些关键词的商品。但由于搜索结果数量过多，所以店家的商品常常很难被展现在搜索结果前几页，难以让客户看到。而投放直通车，就可以让自己的商品展现在搜索结果前几页的特定位置，同搜索结果同时显示，提高了被客户看到的可能性。

1. 选词

由于直通车是根据搜索关键词而展现的，所以投放直通车的第一步是选词，选择那些能让商品得到展现的关键词。直通车关键词可以分为：精准关键词和广泛关键词。

店家可以从后台生意参谋分析得出，客户是搜索什么关键词找到自家商品的。而这些词就是首选投放直通车的精准关键词。如某款连衣裙的精准关键词为"白色蕾丝连衣裙"，如图9-2所示。

图9-2　白色蕾丝连衣裙页面图

在直通车的后台页面，可以查看商品的相关关键词排名，如上述例子中，可能是"蕾丝连衣裙""白色连衣裙""连衣裙"等。每个关键词带来的点击量不一样，每个词语的排名成本也是不一样的。投放有些关键词，能获得很好的点击率；而投放其他关键词，可能点击率就很差。

直通车后台会推荐多个可以投放的关键词，店家可以精心测试，哪些词转化率高，哪些词转化率低。所以直通车的投放过程，是一个不断测试的过程。

2. 排名

如店家在分析选定推广关键词为"白色蕾丝连衣裙"后，整个平台里可能还有很多其他店铺也为这个关键词投放直通车广告。那么，店家要如何才能使得商品有好的排名呢？根据直通车公式：直通车广告费用＝单次点击价格 × 点击次数。

（1）点击率

如图 9-3 所示，分别有甲、乙两个商品，都投放一个相同的关键词，站在淘宝平台的角度，更愿意让谁排前面呢？

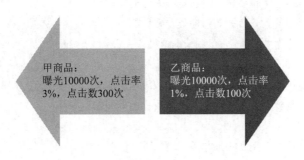

图9-3　甲乙商品的曝光量、点击量对比

显然淘宝会让甲商品排名靠前，因为这样平台可以多赚钱。所以，公式可以变成：

淘宝的直通车广告费 = 单次点击价格 × 曝光量 × 商品点击率

点击率高的商品除了可以让平台多赚钱，也更能匹配客户需求。

（2）出价

影响商品排名的因素，除了点击率外，还有出价。如果一个商品的点击率低，但是出价高，那么相应的排名也会比较好。所以，部分不擅长投放直通车的店家，就只能通过出高价来获得好排名。这显然是一种错误的策略，因为一方面高昂的费用会给予店家较大的压力，另一方面也让平台觉得把好展位分配给这样的商品其实效果不好。所以，仅当店家需要短时间内冲一下流量时再提高出价，这样才是合理的。

（3）客户体验

除了点击率和出价，第三个就是客户体验。还是站在平台的角度来思考，如果一个商品点击率高，但是转化率低、投诉多，显然会影响平台收益，还会给平台客服增加调解方面的工作量，所以平台更愿意把好的直通车展位给转化率高、店铺 DSR 评分高的商品。

因此，店家要想打好直通车广告，应从优化点击率、转化率，合理出价，提供较好的客户体验，不断测试关键词等方面做起。

9.2　直通车推广基础

店家在投放直通车计划之前，应先对直通车有一个较为详细的了解，如直通车的作用、直通车的展示位以及加入直通车的条件等。在确认可以加入直通车后，应熟悉直通车的操作流程以及新建直通车推广计划的操作。

9.2.1 投放直通车的作用

很多店家都会疑惑,为什么现在大多数店家都在开直通车,即使是亏钱状态下也要投入。这是因为直通车的作用并非赚钱,而是引流。开直通车前期最主要目的一般在于提高质量得分(简称"质量分",用于衡量推广关键词、商品推广信息和淘宝网用户搜索意向之间的相关性),使排名靠前,推广费用降低。中期最主要目的一般是精准引流,使投入产出比达到最低。所以,店家投放直通车的作用如图9-4所示。

图9-4 投放直通车的作用

通过直通车赚钱的店家其实是非常少的,所以,现在店家基本都只把直通车看作一个引流工具,将引来的客户留住成为回头客,这样才能实现盈利。

9.2.2 直通车推广展示位置

客户在搜索栏内输入关键词时,会跳转至搜索结果页面。而直通车就展现在这个搜索结果页面中。根据电脑端和手机端展示方式的不同,直通车展位也有所区别。

1. 电脑端展示位

电脑端由于屏幕大,可以显示更多商品,故相应的展示位也更多。电脑端常见的直通车展示位包括搜索结果页面上方、右侧和下方。

- 上方展示位。在淘宝的主页上找到搜索工具栏,输入相应的关键词。这里以"水杯"为例,在搜索结果页面的第1页,"掌柜热卖"区域就是直通车的展示位置。如图9-5所示。

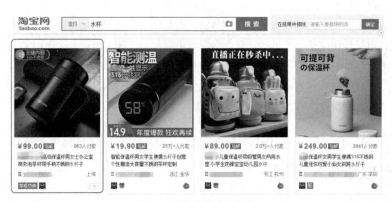

图9-5 直通车上方展示位

- 右侧展示位。按照上述操作,在搜索结果页面的右侧,"掌柜热卖"区域就是直通车的展示位置,如图9-6所示。目前,页面右侧共有16个竖着的直通车展示位。

图9-6 直通车右侧展示位

- 底端展示位。除了上述展示位置，在搜索页面的底端同样也有广告展位。按照上述操作步骤，拉动搜索页面至底端，能看到如图9-7所示的直通车展位。页面底端一般有5个横着的直通车展示位。

图9-7 直通车底端展示位

淘宝搜索结果每页基本就是22～24个直通车展示位，页面上端1～3个，页面右端16个，页面下端5个。后面的页面展示位也基本一样。

2. 手机端展示位

手机端由于屏幕较小，故直通车展示位与电脑端略有不同。如图9-8所示，打开手机淘宝，搜索"水杯"，在搜索结果页每隔几个宝贝就有带有"HOT"字样的商品，这就是手机端直通车展位。

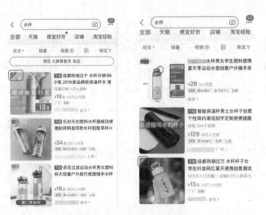

图9-8 手机端直通车展示位

3. 天猫展示位

如图 9-9 所示，天猫关键词或类目搜索，最下方掌柜热卖就是直通车展示位。展示位的个数根据电脑的屏幕显示自动调整。值得注意的是，天猫的直通车展示位只展现天猫店铺的商品。

图9-9　天猫直通车展示位

除了以上几个常见的直通车展示位外，直通车广告展示位还包括：
- **活动展示位**。淘宝网各频道页面活动。
- **淘宝站外展示位**。爱淘宝搜索页面和热卖淘宝页面搜索结果页面或定向推广展位。

9.2.3　加入直通车的条件

直通车有其相应的准入条件，不是任何店铺都可以直接投放直通车计划的。这里以淘宝店铺为例，说明直通车的准入条件。

根据阿里妈妈规定，除非与阿里妈妈另有书面约定，如要成为淘宝 / 天猫直通车服务用户，需符合相应的条件，包括但不限于以下条件：
- 店铺状态正常；
- 用户状态正常；
- 淘宝店铺的开通时间不低于 24 小时；
- 近 30 天内成交金额大于 0；
- 店铺综合排名；
- 未在使用其他营销产品服务时因严重违规被中止或终止服务；
- 经阿里妈妈排查认定，该账户实际控制的其他阿里平台账户未被阿里平台处以特定严重违规行为处罚或发生过严重危及交易安全的情形，且结合大数据判断该店铺经营情况不易产生风险。

如果是经营部分特殊类目商品的店铺，还应确保所推广商品具备根据国家法律法规之规定必须取得的所有资质文件。例如，经营化妆品的淘宝店和网店，都需要提供国务院卫生行政部门核发的批准文号。

9.2.4 直通车操作流程

如图 9-10 所示，直通车操作流程包括 6 大步。店家在投放计划时，可根据店内具体情况对步骤进行增减。

图9-10　直通车操作流程图

第 1 步：选款。选对推广款式，才有希望达到更好的推广效果；而选错款式，不仅需要花费更多财力、物力，而且推广效果也不佳。所以，店家在考虑投放直通车计划时，应参考下面介绍的方法做好选款工作。

- 凭印象选款。店家如果亲力亲为选款，须对款式有敏锐的洞察力。在投放直通车计划时，可以凭自己的印象来选款。选择 2 ～ 3 款店内畅销款，再根据测试来分析哪款走势最好。
- 查看生意参谋后台销售排行榜，根据商品的访客数和销售额，计算出适合推广的商品。
- 淘宝搜爆款。直接在淘宝中搜索相关关键词，按销量排序，查看销量最佳的款式。这种行为也叫跟款，但如果没有价格优势，也很难通过直通车打造爆款。
- 1688。在阿里巴巴的进货市场 1688 中输入关键词，按销量排序，查看拿货最多的商品款式。

第 2 步：预算。很多店家不知道怎样预算直通车费用。其实很简单，店家可以通过淘宝业内数据计算自己的需求和预算。这里以女装类目为例，具体参照行业转化率、点击率、订单量及点击单价 4 方面来考虑。

- 转化率。假设女装店铺转化率正常为 3% 左右。
- 点击率。假设女装类目直通车的点击率要在 0.5% 以上。但由于有的店铺转化率较低，综合关键词出价中间值，所以点击率取 0.34%。
- 订单量。一个普通女装店铺 1 周的访客数在 400 左右，成交量约为 20 单，平均每天 2 单。如果要推广，每天大概可以增加 3 个订单。按月计算的话，前 14 天每天约 5 单，后 16 天每天约 10 单。
- 点击单价。假设女装每 1000 点击单价为 2.1~2.5 元，这里取 2.2 元。

排除商品违规、平台因素等特殊因素后，可得出：

3 个成交量 ÷3% 转化率≈ 100 点击量 / 天；

而 100 点击量 ÷0.34% 点击率≈ 29411 展现量；

100 点击量 ×2.2 平均点击≈ 220 元总费用 / 天。

根据转化率、点击率、订单量和点击单价，能大概预测出所需要的直通车费用。当然，这也只是一个大概的估值，后期的转化率和自然流量可能有所变化。

第3步：选词。商品标题的重要性无须重复讲解。直通车的关键词也需要一步步测试得出。一般地，在前期测试时会加入一些中词和长尾词，在点击率稳定后再逐步加热词。

第4步：设置。在直通车页面创建新的直通车计划。根据行业情况，设置投放时间、投放地域、投放人群等内容。

第5步：卡位。直通车卡位，指的是通过调整商品出价，让商品占据搜索关键词结果下的某个坑位。换言之，直通车卡位就是通过直通车实现自然搜索关键词来占据排名靠前的坑位。越好的直通车展位要价越高，特别是热门词汇，由于处在较好位置，因此竞争异常激烈。对于一般的商品而言，可以放弃第1页的位置，其原因在于：

- 第1页价格太贵；
- 第1页变化太快容易失守；
- 第2页的展现量虽然比第一页低，但可以坚持更长时间。

但也不是不做第1页就行，有时第2页点击率低，质量分也会有所下跌。所以，店家要实时监控，如果第2页费用迅速高了，就要冲刺第1页。在第1页展现10分钟左右后再退回第2页。循环往复，以低价收入流量。

第6步：优化。监测直通车实时变化，做好优化工作。这步工作主要是指在固定费用情况下，提升点击率和转化率。具体操作方法如下：

- 对于低展现、高点击率、高转化率的词，做提价优化；
- 对于高展现、低点击率、低转化率的词，做降价优化；
- 对于过去7天无展现的关键词；过去30天无点击的关键词，做删除处理。

9.2.5 直通车新建推广计划

符合直通车准入条件的店家，可进入卖家中心→营销中心→我要推广页面，单击"淘宝/天猫直通车"图标，如图9-11所示。

图9-11 营销中心的直通车图标

按照上述操作，进入新的页面。店家可点击右下角的新建推广计划功能选项，如图9-12所示。

图9-12　新建推广计划页面

跳转计划创建界面后，根据页面中的提示完成设置，直至计划创建成功。由于各个店铺的计划内容不同，所以这里不便介绍创建计划的详细步骤，重点讲解创建计划中需要注意的几个问题。

- **选款**。通过生意参谋数据分析店内商品最近7～14天的转化率、跳失率、访问深度、收藏量等数据，以选出潜力爆款。
- **设置计划名称**。在设置直通车推广计划时，需要分季节性列计划，设置计划名称，方便后期操作。
- **设置时间**。一般根据行业来选择流量稍微集中的几个时间点。
- **区域选择**。在设置计划时需要进行区域选择，这个区域选择需要有针对性，根据商品成交轨迹进行选择投放。
- **日限额设置**。标准设置（有可能因为金额消耗完提前下线）、智能化（根据日限额来合理分配，避免因为金额消耗完而提前下线）。
- **人群定向选择**。针对男女、购买力、买家星级进行定向。主要针对购买力加价，买家星级次重点加价。若有两个维度的叠加，则以加价高的维度为准。人群加价只是针对定向推广有效。

有的店家可能创建了多个推广计划，如标准推广、快捷推广、活动专区以及明星店铺等。店家可以通过推广计划的暂停、参与推广操作，控制该推广计划中所有的推广投放，在首页"我的推广计划"中单击推广计划状态栏前的小框，根据需求单击"暂停推广""参与推广"按钮即可。

9.3 直通车计费

众所周知,直通车推广是需要付费才能使用的。那么,直通车又是如何计费的呢?根据阿里妈妈官方规定,直通车按点击扣费。商品在直通车展现位上展现是免费的,只有客户在直通车展现位上点击了该商品,才会产生扣费。具体出价需要店家自行设定,相应扣费总是小于或等于出价。

第一次开通直通车的店家,最低需要预存 500 元的推广费用。加入计划时,是采用预付款的方式,预付款全部是店家的推广费用。续费只要充值 200 元即可。

9.3.1 直通车扣费公式

直通车有多种推广计划,都按点击进行计费。例如,客户搜索"羽绒服女"关键词,某店铺刚好投放了这个关键词的直通车广告。当客户点击了店铺推广的商品时,才会进行扣费。实际扣费规则为:

下一位的出价 × 下一名的质量得分 ÷ 店家直通车后台处理后质量分 + 0.01

如表 9-1 所示,为甲、乙、丙、丁四个店铺,对"羽绒服女"关键词的出价和最终扣费详情。根据公式可计算出:甲的实际扣费 = 乙的出价 × 乙质量得分 ÷ 甲的质量分 +0.01= 0.63 × 1032 ÷ 1208+0.01=0.55 元。

表9-1 对"羽绒服女"关键词的出价和最终扣费详情

店铺	关键词	出价(元)	原始质量分	直通车后台处理后质量分	综合排名	最终扣费(元)
甲	羽绒服女	0.59	1208	10	1	0.55
乙	羽绒服女	0.63	1032	10	2	0.67
丙	羽绒服女	0.69	980	8	3	0.72
丁	羽绒服女	0.89	780	6	4	0.89

由公式可见,质量分将影响扣费金额。并且质量得分越好,所需支付的费用就越低。例如,丙店铺如果把质量分提升至 1080,其最终扣费应为:丁的出价 × 丁质量得分 ÷ 丙的质量分(假设提升为 1080)+0.01=0.89 × 780 ÷ 1080+0.01=0.65 元,比原来的 0.72 元少 0.07 元。所以,店家可以通过提升自己的质量分来减少推广费用。

9.3.2 高效提高直通车质量分

质量分指的是质量得分,用于衡量推广关键词与商品推广信息和淘宝网用户搜索意向之间的相关性。换言之,质量分就是衡量商品和用户搜索关键词符合程度的数字。

质量分是 1 至 10 之间的整数,分值越高则推广效果越理想。例如,某个推广计划的质量分为 6 分,则说明出价竞争同一个关键词的店家较多,所以相关性也可能只在 60% 的位置,还有40%相关性更好的人出价。

淘宝平台对于质量分的具体计算方法是保密的，但根据推测，可能与类目相关度、竞争对手同时段的强弱表现都有关。那么，如何从这几方面来提高质量分呢？

- **提升相关性**。相关性是指关键词与商品自身属性类目的文本信息，它是影响质量分的关键。所以，店家在发布商品时，一定要选择正确类目，全面地完善商品属性。同时，把商品属性词体现在标题中，以便更多客户搜索。
- **提高点击率**。影响点击率的因素包括关键词、推广图、投放时间和投放地域。所以，店家一定要经过多方选词、测词，找到搜索量大的关键词；设计出吸引眼球的推广图片；结合数据分析哪些时间段、哪些地域点击率更高，然后安排投放。
- **优化客户体验**。优化客户体验，主要是从商品、服务、流程3方面入手。在选品时，就要选择质量上乘的商品，减少因为质量带来的差评；服务方面，要求客服做好接待工作和售后工作；为方便客户购物，应简化购物流程。

9.3.3 怎么看直通车是否亏本

谈到直通车，很多店家都不由想到一些关于投放直通车造成严重亏损的传闻。实际上，如果不善于操作，使用直通车推广的确很可能带来严重亏损。店家应学会自己从ROI（投入产出比）和流量价值两个角度，来计算直通车是否亏本。

1. 计算盈亏平衡点，精准把控ROI

很多店家都有这样的思考：如何判断直通车做得好不好？如何衡量直通车车手操作的水平？付费推广，就看最终成果，因此这里引出投入产出比的概念来帮助大家理解：

$$ROI（投入产出比）= 成交金额 \div 花费$$

$$成交金额 = 客单价 \times 成交笔数 = 客单价 \times 点击量 \times 点击转化率$$

$$花费 = 点击量 \times PPC$$

$$ROI = 客单价 \times 点击转化率 \div PPC$$

> **提示** PPC，指的是平均点击扣费，是一个平均数，其计算公式为：PPC= 花费 ÷ 点击量，比如50个点击，花费是100元，算下来PPC=50÷100=0.5（元）。

根据公式，想要提升ROI，则需要重点关注3大核心指标：提高淘宝客单价。ROI究竟应该高到多少才可以盈利？低到什么程度才不至于亏损？这个临界点就叫作盈亏平衡点。这里先普及毛利率的概念：毛利率不存在100%的说法，即：

$$毛利率 = 毛利润 \div 客单价 \times 100\%$$

例如，成本50元钱，卖100元钱，那毛利率应该是50%，而不是100%。

再说盈亏平衡点，盈亏平衡点是ROI的临界点：

$$ROI = 成交金额 \div 直通车花费$$

盈亏平衡点又叫保本点，既然是保本，那么直通车花费 = 毛利润，所以：

$$盈亏平衡点 = 成交金额 \div 毛利润 = 成交金额 \div (成交金额 \times 毛利率) = 1 \div 毛利率$$

假设毛利率为40%，那么ROI=1÷40%=2.5，也就是高于2.5就是盈利，低于2.5则亏损。

例如，一款商品投放了两个直通车推广计划，看起来转化率和PPC都只是一般，ROI也马马虎虎。但是这款商品直通车是盈利的，利润率达到60%，盈亏平衡点低。所以这样的ROI其实算比较高了，流量大部分来自定向推广，如果不是急于清仓，经过一段时间优化，PPC可以再降0.2～0.3元。

2. 关注流量价值，合理出价

不少店家还纠结直通车出价的问题，担心出低了没有点击量，出高了亏损太大。其实根据前文提到的盈亏平衡点的概念，可以估算出合适的出价。例如：

某款商品的成本为60元，售价为100元，则毛利率=40%，盈亏平衡点=2.5

$$盈亏平衡点 = 客单价 \times 转化率 \div PPC$$

$$PPC = 客单价 \times 转化率 \div 盈亏平衡点$$

只要出价不高于流量价值，基本就不会亏。假设客单价为100元，转化率为2%，那么流量价值=客单价×转化率÷盈亏平衡点=100×2%÷2.5=0.8元。

但是，店家在开始投放直通车广告时，虽然知道利润、毛利率，但是无法确定转化率和流量价值，那该如何来出价呢？此时可以根据店铺的历史数据，做一个大致的估算，等积累到一定的数据量后再估算流量价值，合理出价。

提示 如果在估算出流量价值后，发现推广获得的点击量过少，建议综合评估商品点击率、转化率、收藏率等各项指标，找出数值较高的潜力商品，用高于流量价值的价格来推广。这样虽然会造成前期的亏损，但积累点击量后可以提升销量，再带动店内商品的点击率、转化率，提高流量价值，从而形成良性循环。

有店家可能觉得通过盈亏平衡点估算流量价值太麻烦，希望有更为简单直接的计算方法。实际上，可以直接根据利润和转化率来计算。假设直通车不亏损，则：

$$直通车花费 = 利润$$

$$也就是 PPC \times 点击量 = 利润$$

$$流量价值 = 利润 \div 点击量 = 利润 \times 转化率$$

3. 优化直通车计划

在计算出流量价值后，知道直通车想盈利，PPC就必须低于流量价值。那么具体如何计算直通车盈利？

根据公式： 直通车盈利 =（流量价值 − PPC）× 点击量

只有提高流量价值，降低PPC，提高点击量，才能提升直通车盈利。流量价值关乎利润和转化率，所以需要提高商品利润，提高转化率；PPC取决于出价和质量得分，所以降低PPC，需要提高质量得分，并且适当降低出价。

店家在投放直通车计划时，要根据具体店铺、具体账户以及商品推广的目的等，制定恰当的策略。综合考虑PPC和点击量的关系，最大化提升直通车效益与宝贝整体效益以及店铺效益。如果开直通车是为了打造爆款，那直通车盈利可以为零或为负，但一定要做到心中有数，不能盲目亏损。

9.4 直通车主图设计

无论店家投放的直通车广告展示在什么位置，主图都是吸引客户点击的重要因素。所以，店家应掌握直通车主图设计技巧，熟悉直通车主图设计要领、设计风格和如何与同行直通车主图做出差异化。

9.4.1 直通车主图设计要领

在投放直通车计划时，要让客户点击商品主图，除了商品本身要具有个性化特点和卖点外，直通车主图的设计也需要与众不同，一般来说要把握下面三个要领，如图9-13所示。

- **卖点明确**。在设计直通车图片时要明确突出商品的关键卖点。任何一个商品都有自己的卖点，并且有些商品的卖点有很多，但在设计直通车图片时不建议把所有卖点全体展现出来，因为卖点多了，重点反而会不突出，因此只需选择一至两个重要卖点来进行展示，能够吸引消费者的注意即可。

图9-13 直通车主图设计要领

- **文案突出**。当商品图片不足以准确地传达卖点信息时，精练有创意的文案配上商品图片就能够更好地传递出商品的卖点，因此设计优秀的文案也是非常重要的。
- **视觉差异化**。差异化简单来说就是与众不同。视觉差异化主要表现在商品图片拍摄创意和直通车图排版设计两个方面。通过视觉差异化的设计，可使自己店铺的商品直通车图从同类商品直通车图中脱颖而出，以此来吸引消费者点击。

9.4.2 直通车主图设计风格

不同的商品、店铺都有不同的风格。为更好地吸引客户点击，在设计直通车主图时，就要注意突出客户感兴趣的内容。例如，常见的突出商品功能性的设计风格和突出价格优势的促销类风格。

1. 功能性设计风格

部分投放直通车广告的商品，与同类热销商品相比不具价格优势，所以更要从其他方面去挖掘卖点。如图9-14所示的儿童电话手表直通车主图，突出了该电话手表的精准定位、一键呼救等功能，解决了很多父母担心孩子安全的问题。

店家在设计直通车图时，要懂得提炼商品的功能卖点，并合理利用商品的功能卖点。这类设计最忌讳文案没有层次感，文案的排版层次不清晰，没有突出点，让客户不知道该从哪里

图9-14 突出功能性设计风格的直通车图

开始阅读。如果采用有规律的排版方式，客户就可以有序地看完其商品的所有功能展示，所以在追求视觉设计的同时也要考虑到客户的阅读体验。

2. 促销类设计风格

促销类商品设计风格的目的，简单来说就是以促销和价格来吸引客户点击和购买。对于这类设计风格，首先用色要选择大促色彩，添加活动氛围的元素，文案对于其他类别的直通车，要更加厚重、更加突出显眼，一眼就能看到促销的价格以及力度。

> **提示** 大促色彩，指的是适合促销活动的颜色，如蓝色、粉色、红色等。例如，蓝色是冷色调，常常让人联想到海洋、天空、水，给人营造出冷静、理智等感觉，适合用于数码产品、消息产品；粉色是暖色调，代表女性的甜美、温柔和浪漫，适合用于母婴产品、少女服装及床上用品等。

如图9-15所示，该电话手表的主图不仅说明产品防水功能好，还用文字说明领券可以立减100元，到手价198元。在视觉上，给客户营造一种很划算的感觉，激励客户点击商品详情页。

另外，对于比较高端的品质类商品，其品牌就是最大的卖点。所以这类商品在设计直通车图片时，要弱化文案，尽可能地展示商品本身或是留白。如图9-16所示，为某款手表的直通车主图。

图9-15 促销类设计风格

图9-16 品质类设计风格

9.4.3 直通车主图的差异化

直通车主图的设计要想与众不同，需要充分研究其他周边商品的直通车主图特点，找出商品共同卖点和差异化，并用差异化的形式表现卖点。要实现直通车主图的差异化，可以从构图、色彩、文案和创意等方面入手，如图9-17所示。

- 构图差异化。构图方式多种多样，店家为突出商品差异化，可选用不同的构图方法来拍摄，最终选择既能突出商品卖点，又较为独特的图片。
- 色彩差异化。如果一个商品的颜色与背景色相同或相近，则容易降低商品的辨识度。在设计直通车图片时要懂得选择背景色，或者尽量在拍摄中使用与商品本

图9-17 直通车主图差异化

身色彩差异较大的颜色,但是不要让背景的颜色过于复杂,否则不能突出商品图片的主导地位。
- **文案差异化**。当商品的价格优势不明显时,可以换一种表达方式,通过文案表述的方式来吸引更多客户点击。例如,某保温杯投放直通车广告,售价为49元/个。如果店家用文字突出,"售价98元的保温杯,限量买一送一,手快的来"。一下就提升商品价值,且刺激客户抓住限量优惠,迅速点击商品。
- **创意差异化**。设计直通车图时,可以根据商品的某一卖点引申出具象的创意差异化,比如表现风格的差异化。例如,某些原创服装的直通车图就采用素描稿的漫画风格设计,给人带来耳目一新的感觉。

他山之石可以攻玉,店家平时可以多关注同行的优质直通车主图,汲取其中的优点,并用于自己的主图中,使自己的主图质量更好。

9.5 直通车推广的注意事项

直通车投放计划毕竟涉及金钱,店家投入时还是应该谨慎。例如,一些小众类目,其竞争本身就不大,店家就没必要花钱去投放直通车计划。另外,既然花钱做推广,店家就应注意到推广细节,如投放时间、投放地域和投放人群等,尽量让推广费用效果最大化。下面就讲解一下直通车推广需要注意的事项,让大家能够对直通车推广有更加全面的了解。

9.5.1 不是所有的产品都适合投入直通车

很多新店或没有流量的老店铺,一旦流量不佳就盲目投入直通车推广。这样其实是不对的,因为有的商品即使投了很多钱来做直通车推广,也很难带来流量。

特别是个别比较小众的商品,本来搜索量就比较小,即使投放了直通车,能带来的流量也很少。还有一些类目的关键词只有少部分的人知道,一些精准客户可能也需要,但不知道商品的名字,也就不知道输入什么关键词来搜索,那么这种商品的搜索力度也是非常弱的。某款商品的搜索结果如图9-18所示,从图中可知该商品的搜索结果只有7页,该商品类目的整体销量也不高。针对这些搜索量较小的商品,就不合适开直通车推广。

图9-18 搜索量较小的商品页面

还有部分商品，类目搜索量很大，但竞争也很激烈，这些类目里的低销量商品依然不适合直通车推广。因为直通车是通过搜索结果进行展现的，如果一个商品的标题和主图都很吸引人，但是没有销量和评论。这样的商品展现在销量几万或几十万的同款商品中，不一定能促成交易。如图 9-19 所示，右侧推广商品价格高、销量为 0，很难得到客户的点击。所以，低销量或零销量的大类目也不能做直通车推广。

图9-19 销量为"0"的直通车商品截图

那么，哪些商品适合开直通车呢？答案是：大类目、性价比高、有基础销量的商品。因此，店家不能盲目"开车"。

9.5.2 绝大多数店家都忽略了这些问题

店家在投放直通车计划时，可能把重心放在主图、标题方面，而忽略了一些细节，如分时折扣、地域投放、人群匹配等问题。

1. 没有设置分时折扣

直通车的投放时间需要根据商品特性进行优化，不能盲目投放。投放时间可以从周一到周日，以小时为单位。再根据生意参谋找到该类目商品的成交高峰段，设置不同的比例。可以动态设置，出价随着时间段、销量的变化而有所不同。

在确定了投放时段后，还可以设置分时折扣，来刺激客户下单。例如，某指甲油的目标客户集中在 13:00—14:00，其中 13:00—13:20 是流量最为集中的时间段。店家投放指甲油直通车广告时，投放时段可以选择 13:00—14:00。但在 13:00—13:20 这段时间可以设置抢购时间，在主图中标明，这 20 分钟内下单的客户可享受赠送一瓶卸甲水。而且这个福利是其他时间段没有的。这样的设置有利于刺激客户点击并购买该商品。

2. 忽略分地域投放

不同地域的人群喜好或运输情况会有所不同，因此在设置直通车广告计划时，可以不投放到指定区域，从而实现精准推广。比如，一些液体商品寄往边远省份的运费非常高，有的售卖化妆品等液体商品且包邮的店家，为了节约成本，就不对这些边远省份投放广告；再比如，广西、海南等地属于亚热带地区，冬季气温相对其他地方较高，羽绒服销量较低，店家在投放羽绒服直通车广告时，可以避开这些地区。

3. 忽略投放人群的匹配

为实现精准人群推广，在设置直通车计划时，要把计划投放在目标人群身上。例如，售卖母婴商品的店家，目标人群以 25 ～ 35 岁的女性为主。在投放直通车计划时，可以对目标人群提高 20% 的溢价，经过多轮测试，即可筛选出效果好的人群进行加价。分析人群时，可用生意参谋分析目标人群的年龄、性别、消费水平、职业等，从不同角度进行测试。

9.6 小技巧

技巧1——直通车标品与非标品的玩法

不同的商品，其直通车投放计划不同。标品是指形状、参数基本固定的商品，如手机、相机、电冰箱等；非标品与标品相反，是有款式可选择的商品，如女包、棉衣，有多个搜索结果。

1. 标品

在购物前，客户一般对标品都已经有了基本的了解，因此标品的转化率很高。所以，标品在投放直通车之前，一定要有基础销量和评价。在投放具体计划时，可以使用高出价、低溢价的方法。

在做标品权重时就设置好限额。通常，限额都是计划 100 个点击量乘以点击单价。限额设置好后，把点击出价出到关键词的前 3 位置，然后把和店铺匹配的精准人群溢价 30%。这样一来，虽然看上去点击单价比较贵，但前期为了做权重必须这样投入，不然没权重去投放计划，后期花费会更大。而且这样去投放直通车计划，标品的点击率通常都很高，3 天左右就能上权重。

2. 非标品

对于非标品来说，情况稍微有些复杂。因为非标品主要是由款式决定点击率和转化率，所以非标品想要投放直通车计划，应该先测试款式。等款式测试好了，再做基础销量（100 个左右）和评价（50 个左右）。

非标品一定要重视人群，多测几遍，选出精准人群，再采用低出价、高溢价的方法。因为经过选择的人群都是最精准的，所以人群可以溢价到 300%，再按自己的出价乘以溢价等于关键词前 3 出价就可以了。

技巧2 电脑淘宝直通车与手机淘宝直通车的区别

直通车投放计划中，可以选择投放 PC 端或手机端。那电脑淘宝直通车与手机淘宝直通车有什么区别呢？主要体现在以下三方面。

1. 位置多少不一样

在 PC 端，一页有 20 多个直通车展位。如果一个客户翻 3 页内容，至少就有 60 多家商品会被曝光。但是在手机端，客户如果翻 5 页内容，只有 5 家商品能曝光。从这个角度出发可知：同一个关键词，手机端直通车想获得排名难度更大。也就是说，如果店家投放直通车，但是进不了前 5 页，想要得流量是非常难的。

而且，直通车是锦上添花，而不是雪中送炭。尤其在竞争更激烈的手机端，应该更加重视为转化率高的商品投放直通车，否则就浪费推广费了。在这种情况下，直通车不是技术，而是综合实力的比拼。因此可以得到这么一个结论：手机端直通车对商品要求更高。

2. 点击率不一样

由于 PC 端屏幕大，可以容纳更多直通车展位，那么算到单个商品被点击的概率也就低了。而手机端屏幕小，直通车商品更容易被点击到。

关于 PC 端直通车，排名第 5 名和排名第 10 名的商品，点击率相差不大。如果能够达到 1% 就不错了。但是手机端直通车，排名第 1 的展位，点击率可以超过 10%；排名第 5 的展位，点击率可以超过 2%。

虽然点击率对直通车的影响很大，但因为 PC 端的点击率和手机端不一样，二者的点击率应分开计算。店家在判断这个商品的直通车点击率数据时，应综合考虑 PC 端和手机端的点击率。因为经过测试发现，PC 端的流量虽然比较精准，但由于 PC 端的流量少，所以还要对手机端进行测试。通过测试多组图片后获得一个相对的平均值，以分析该商品点击率的好坏。

3. 单个商品获得的流量数量不一样

PC 端直通车排名第 1 页、第 2 页都会带来流量，只是流量不多。但如果是手机端，排名第 1 页、第 2 页带来的流量就比较多了。

所以，PC 端直通车与手机端直通车应单独投放。手机端更强调针对少数转化率极高的词，抢前面的排名。因为一个精准词在手机端直通车排名第 1，所带来的移动端流量，可能超过 PC 端 10 个词的总流量。

案例 1　年销售额 3000 多万卖家重磅分享

2019 年 4 月，直通车有了改版。改版后，很多店家发现自己的关键词质量得分从原来的 9、10 分，掉到了 7、8 分，而且用之前的方法也很难再次回到 10 分。掉分的原因在于，直通车对于质量得分的数据考核模型进行了升级，考核变得更加细致。以前大家都是 10 分，但是 10 分与 10 分之间还是有差距的，所以现在把 10 分里表现差一点的降到了 9 分，9 分里表现差一点的降到了 8 分，以此类推。

针对这个情况，我们特意邀请神级直通车车手陈培峰。陈培峰是内衣类目店家，擅长直通车运营，年销售额 3000 万 +。他将分享直通车改版后，自己的一系列新玩法。

1. 新玩法的门槛

我认为，开直通车是很烧钱的。如果开好了后期会带来很高的利润；开不好则亏损无限大。所以在用下面我讲的方法之前，一定要慎重考虑适不适合自己的店铺。

我认为开直通车，最起码要满足下面 4 个要求。

- 具备直通车的基础认知。明白直通车是引流和拉动手淘搜索的工具，而不是赚钱工具。赚不赚钱是商品维度的问题，直通车的费用和控制以单链接或者店铺维度来衡量产出。
- 具备基础的直通车运作经验：了解选词、留词，优化点击率和调价逻辑。
- 资金问题：目前店铺直通车日消耗至少千元起步，我们操作人群的费用相对来说大一点，小店铺后期资金可能跟不上。
- 爆款商品：以冲击爆款为目的，预算以千元起步的链接。我们的这个方法就是冲着做爆款和拉搜索做的。

2. 确认人群标签

第一步就是通过人群测试，确认人群标签。先找一个权重高的计划，商品主图和关键词的点击率至少要在行业平均值。再进入四个测试阶段：

（1）第一阶段

建议大家不要个人主观去做标签，要根据行业（类目）经验或者生意参谋的市场行情数据筛选出较为精准单一的人群标签。例如，客单价处于市场价格偏高价格段位，可以选择月消费额度较高的人群标签；女性客户占比高的时候，也可以选择性别作为精准人群标签。如果你的标签覆盖人数只有几十或者几百，建议扩大标签进行测试，等后期人数增加，再进行测试。

（2）第二阶段

组建单一人群标签，进行人群溢价。统一前期溢价保持在 30%～60% 的阶段，关键词出价在 16～20 位。

（3）第三阶段

根据测试数据，筛选精准人群。前期人群主要根据点击率进行筛选，后期以转化率作为判断标准。如果关键词在两到三天，点击量都很低，建议提高出价排名，再进行测试，因为有一些偏标品位置靠前，会影响点击率。如果是费用冲突的话，可以直接卡到一个特别好的位置，快速积累点击量来测试点击率。

（4）第四阶段

删除不好的数据。经过前面两到三天点击率测试，会得到数据，然后把关键词的行业平均点击率作为参照指标，低于指标的，建议直接删除，高于或者持平可以保留，继续下一个阶段的操作。

3. 人群上分操作

确认人群标签之后，进入上分阶段，主要根据你的费用和日限额，每天分 3～4 次操作，按照下面的操作给人群上分。操作要领：

- 人群溢价提高 10%～30%，同时关键词出价降低 5%～10%（分时折扣不变，保持 100%）；
- 务必确保点击量 80% 以上落在人群标签；
- 连续操作 7 天完成更新（上分周期 3～7 天）；

- 人群点击量必须每天递增30%以上；
- 以日限额为参考标准，达到1/4的日限额后调整人群溢价及关键词出价，同时提高日限额继续消耗达到2/4时再次调整溢价及出价（大概一天提高30%～40%的溢价，降低10%～20%的关键词出价）；
- 通过直通车数据，优选点击率高的地域投放，关闭点击率低的地区。

可能不同类目有差异，因为涉及关键词，直通车权重，还有宝贝转化率等因素，但按照这个方法操作，可以发现即使是普通的图也可以达到比较高的点击率，PPC也不会太高。

在这过程中，不建议同时操作太多标签，原因在于：人群标签容易出现覆盖；预算不足会造成点击量不足，导致后续工作无法完成。所以，标签必须从一级标签做起，否则人群点击量占比会很低，也不要调整时间折扣来干扰点击。

4. 优化降PPC

经过前面7天人群上分的操作后，人群权重基本都拉起来了，接下来就是降PPC。方法和前面的操作简单反过来。操作要领：

- 人群溢价降低10%～30%。同时关键词出价提高5%～10%（分时折扣不变，保持100%）；
- 人群点击量降低幅度不超过30%；
- 连续操作7天（正常需要5～7天时间）；
- 以日限额为操作标准，达到1/4的日限额后调整人群溢价以及关键词出价，同时提高日限额继续消耗达到2/4时再次调整溢价及出价（大概1天降低30%～40%的溢价，提高10%～20%的关键词出价）；
- 调整完毕后，人群溢价基本维持在30%～80%，PPC明显降低。下一步优化手法采用降低时间折扣比例，进一步优化PPC，调整幅度每次降低5%。一天10%～20%，周期在3～5天。

名师点评

直通车改版后，不少店家的质量得分都降低了，不过流量和点击价格没什么变化。因为原来10分也不是最高分，现在相当于把以前10分以上的部分筛选了出来，从某种角度上说，也给了店家更多的优化空间。

做直通车，原来提醒店家始终要关注点击率和转化率，现在又加了一个人群权重。多了一个优化的方向，店家要更清楚自己的定位。

案例2　直通车打造爆款，年销8000万！

一个链接花费几十万的例子比比皆是，付费流量越来越贵，电商环节最大的成本就是推广。这次邀请涛涛来分享他的直通车经验。涛涛是天猫3C店家，年销售额达8000万。涛涛深耕直通车，擅长多类目直通车，打爆过3C、棉袜、羽绒服、自行车等等。以下内容源于他的分享。

1. 为什么要测图

点击率决定 PPC，人群质量决定展现。一个好的图片能够快速降低直通车 PPC，同时辅助其他流量渠道，例如手淘搜索、手淘首页等获得好的排名。

点击率决定了获取流量的速度。想要单位时间内来的人群越多，一定是人群质量权重以及点击率高。测图降低对于款式的投资风险，提升投资信心。当然，还要考虑测图时候的转化率，有的款冲到 3000 销量时却很难再有销量。所以，转化率决定投资高度。

2. 测图指标

测图指标主要包括点击率、转化率、收藏加购率以及人群数据。

（1）点击率

关于点击率，我的经验是高于行业的 1.5 倍以上。这里的 1.5 倍，需要考虑出价关键词排名在前 3 的点击率，还是关键词出价排名前 10 的点击率。排名越靠后，点击率越高，说明图片的效果更好。

点击率还要考虑个别天然高点击率关键词。例如，"麻将席"这个词语的点击率行业平均在 11% 左右。所以这个词的点击率测试，至少在 15% 才算是好图。

（2）转化率

转化率决定了成交速度，转化率高是爆款重要的基因之一。转化率，决定了成交高度，决定了这个商品最多能卖多少件。2% 的转化率和 3% 的转化率的同类商品，销量可能就是天与地的差别。

从个人投产来说，转化率比较低，推广成本就比较高，也不敢引进更多流量，从而注定了销量不会特别高，难以打爆。更广义的平台来说，低转化率的商品排名更靠后。

（3）收藏加购率

我的经验是收藏和加购率分别是 10% 以上（注意不是二者相加得 10%）。当然，这也根据类目不同而有些区别，例如女装类达到 7%~8% 就差不多了。如果不是标品，还要根据价格、描述来调整。

（4）人群特点

很多人在测图时只注重关键词，而忽略人群特点。自 2017 年以后，因为千人千面的影响，测图一定要加入人群的考虑因素。尤其是新品测图，没有历史直通车数据，淘宝、天猫平台只会参考之前的店铺数据给推荐人群。所以人群决定了点击率和转化率。

3. 测图实操

加词语："方向词""类目大词""长尾词"这三类词，建议先精准化长尾词。首先初步判断商品成交方向，针对性地选取细分方向进行测款测图。一个计划，4 张图轮播。图片一定要从本地上传，不要从图片空间，避免压缩图片质量。展现量跟人群历史数据有关，做到每一张图片都独立，测试数据更加准确。

时间上，尽量 1~2 小时测试完，小类目可以适当延长时间。测试速度越快，准确性越高。晚上 10 点以后到凌晨竞争环境相对弱，PPC 会低，出价以流量获取速度为基准。可以测试 3 天，以单创意 50 点击量为基准。

测试人群建议开属性人群，以两两组合，比如年龄加性别、月消费加性别、月消费加年龄。人群溢价20%～30%，过高难以降低PPC；过低，又没什么效果。

如果奔着大爆款而去，或者需要节约时间，则可以直接测试大词。大词的成交意图模糊，转化率不会那么高，所以前期投资很高。如果在使用大词的情况下，商品的收藏加购转化都不错，说明该商品有爆款的潜质。

4. 测图分析

如果点击率、转化率不高，但同行同款卖得很好。首先分析店铺年龄层次、粉丝基础有没有差距。例如，有的网红款很多人抄袭，但相同衣服、相同场景，模特不同就会拍摄不出那种效果。所以，跟款不一定能爆，有风险。

如果点击率高，但收藏率、加购率不好。则分析是商品原因（如价格、款式等），还是商品图片原因（如奇葩图、白底图、没有人群设定等）。分析还有没有优化的必要。

如果点击率不高，但收藏率、加购率高。则说明商品本身没问题，优化商品图片即可。

5. 如何降低PPC

直通车的权重框架：账户权重，计划权重，创意权重。账户权重15天更新一次，计划权重7天更新一次，创意权重72小时更新一次。

- 选取之前测试出的高点击主图。提升点击量，能够迅速降低PPC。
- 提高人群展现、人群点击量递增来降低PPC。
- 托价、出价降低，排名会降低。点击率点击量不变，降低PPC。
- 提升创意权重，卡关键词、卡地域、卡人群，冲高创意点击率，降低PPC。
- 提升计划权重降低PPC。用1张高点击率图片做3个宝贝。提升计划权重，添加想要推广的商品。

6. 打造爆款

要做好爆款，商品好是前提，再把握好点击率、转化率、市场需求等要点才能真正做出爆款。如应季商品在市场需求的上升期，其价格设置在大众、大市场容量能够接受的价格范围内，那么商品成为爆款是水到渠成的。

想通过直通车盈利，相对来说比较困难。特别在大市场容量下，想通过直通车打造爆款更是难上加难。一般的投放逻辑都是先亏损再盈利。店家要做好销量目标，计划好亏损预算，定好计划，周密布局，方能做个合格的直通车车手。任何不计算风险的操作都是赌徒行为。

第10讲

超级推荐实战

本章导读

超级推荐是一款在 2019 年 4 月上线，与直通车、智钻并行的推广工具。作为一款比较新的推广工具，超级推荐的功能和直通车、智钻有类似的地方。超级推荐主要通过图文、直播等形式，对商品进行推广。店家付费投放超级推广计划，可以获得更多精准流量。新手店家需要认识超级推荐的投放模式，以及了解超级推荐推广方式和创建新计划的操作步骤。

学习要点

- 掌握向顾客介绍商品的技巧
- 掌握解答顾客各种常见疑问的技巧
- 掌握让顾客放弃讲价并购买商品的技巧

10.1 认识超级推荐

超级推荐是在手机淘宝"猜你喜欢"推荐场景中穿插原生形式信息的推广产品。如图 10-1 所示,带"HOT"字样的商品为超级推荐商品。超级推荐有着全场景覆盖、多创意沟通、数据技术驱动、多维度价值等优势。其核心是用内容创造消费需求,用商品挖掘潜在人群。

超级推荐在展现形式上突破了手机淘宝原有的单一商品推荐,增加了图文、短视频、直播、淘积木等多种创意形式。在内容化运作的大趋势下,极大地丰富了店家内容化运营的场景,并加深了店家与客户的深度互动。

10.1.1 超级推荐和直通车定向有没有冲突

超级推荐从上线以来,越来越多店家开始尝试投入计划。也有很多店家发出疑问:"我做了直通车还需要做超级推荐吗?""超级推荐与直通车定向冲突吗?",其实这些问题都是因为对超级推荐不了解所致。下面就从展示位置、推广主体、推广方式3方面出发,讲讲超级推荐与直通车是否冲突,如表 10-1 所示。

图10-1 标题中带"HOT"字样的超级推荐商品

表10-1 超级推荐与直通车之比较

	超级推荐	直通车
展示位置	直通车关键词在搜索环境下展现,与超级推荐基本上没有交集,流量互补。但是直通车定向推广与超级推荐展示位置一样,都投放在"猜你喜欢"板块。所以这就是引发大家思考的地方:二者都展示在"猜你喜欢",会不会重复扣费?互相竞争?其实,平台不会重复扣费,从哪个渠道引入流量扣费就在哪个推广工具计算;也不存在互相竞争,都是按照各自的排名、展现规则出价	
推广主体	推广商品、图文、短视频、直播	只能推广商品
推广方式	全店推广的人群圈选方式	按买家购物兴趣点(购物意图)圈人

超级推荐与智钻一样,也有智能、拉新、重定向、达摩盘平台精选、达摩盘。有着流量类型清晰,新老客户分层明显等优点。有过智钻投放经验的店家,对超级推荐应该很容易上手。

所以,超级推荐与直通车并不冲突。实际上,同时使用二者还可以用更低的点击单价获取流量。假如,某店铺一天需要做 5000 "猜你喜欢"流量。如果仅用直通车,可能需要 0.6/元点击。如果组合使用直通车和超级推荐,可能只需要 0.4/ 元点击。所以,推广工具可以一起使用。至于在哪个推广工具上投入更多,取决于哪个推广工具的效果更好。

> **提示** 达摩盘是阿里妈妈平台推出的一款精准营销工具，达摩盘能快速分析店铺客户数据，便于店家对不同的人群采取不同的营销战略。当店家自定义计划时，如果发现超级推广的人群定位不准确，可开通达摩盘工具，将超级推荐和达摩盘进行接入，使计划达到更好的效果。

10.1.2 超级推荐投放模式

超级推荐推广展示位主要集中在手机端首页"猜你喜欢"板块中，也会分布在购物车、支付成功、直播板块。展位的不同，主要取决于投放模式的不同。总体而言，超级推荐包括 3 种投放模式，如图 10-2 所示。

- **商品推广**。沿用原直通车定向、智钻单品推广的功能，以商品为主的推广模式。主要把推广商品展现在猜你喜欢、首页、购物车等优质资源位。
- **图文推广**。这是一种全新的投放形式，它不局限于商品推广，会以更多展现方式来吸引客户点击、购买。例如，以图文和视频的形式，展现在微淘营销中。
- **直播推广**。在直播广场中以推广实时直播为主。

图10-2　超级推荐的投放模式

> **提示** 图文推广主要包含微淘、淘积木、视频等 3 种投放方式。就目前而言，建议店家以图文推广为主，因为图文推广支持的投放形式更多，还可以获得更多另外的引流渠道，得到更多的展现机会，提升营销效果。

使用超级推荐推广商品

使用超级推荐推广商品要建立相应的推广计划。推广计划主要包含计划名称、每日预算、时段设置、地域设置、单元名称、设置推广宝贝、设置定向人群及出价、选择投放资源位、设置出价、添加创意等元素，需要店主一一进行设置。

10.2.1 商品推广的类型

店家根据店铺营销目标，可选择推广计划类型。如图 10-3 所示，商品推广主要包括新品推广、爆款拉新、关联营销等多个智能营销场景，此外还可以由店家自定义计划。

图10-3 商品推荐的类型

- **新品推广计划**。适用于新品期（28天内）的商品推广。新品推广享有很多特权，系统会将商品推荐给喜欢新品的人群，让商品在新品期获得高曝光量，实现快速成长。
- **爆款拉新计划**。适用于店内有一定销量基础的商品来打造爆款计划。爆款拉新计划可以突破流量和销量，其操作简单，功能实用，适用类目广。
- **关联营销计划**。适用于商品需要与其他商品进行关联营销。系统基于商品搭配、兴趣关联等维度识别进行匹配人群。
- **自定义计划**。适用于有经验的店家自定义计划。系统支持各项数据任意设置组合，也可以圈定达摩盘人群。实现人群选择更丰富，数据更精准。

其中，新品推广、爆款拉新、关联营销均针对实际使用场景，属于智能推广计划。智能推广计划与自定义推广计划最大的区别在于：智能推广计划是系统自动收集、整理数据；而自定义推广计划可以由店家自主设置数据来测试。

开过直通车的店家都知道，在操作者不够熟练的情况下，使用智能计划比人工操作数据效果要好。在超级推荐中也一样，如果店家不清楚自己的目标人群，就更适合使用智能计划。智能计划会依托系统的大数据，为店家匹配精准流量，满足店家的推广需求。

10.2.2 创建智能推广计划

只要是智能推广，无论是新品推广、爆款拉新还是关联营销，投放计划的第一步都是填写推荐计划的优化目标、人群等基本信息；接下来根据提示添加商品、出价，即可创建一个超级推荐计划。店家可从卖家中心后台或阿里妈妈进入超级推荐，如图10-4所示，为卖家中心的超级推荐图标。

图10-4 卖家中心的超级推荐图标

因为超级推荐于2019年4月才上线,部分店家可能还不熟悉具体操作,因此这里以创建一个新品推广计划为例,详细讲解具体操作步骤。

第1步:登录超级推荐商品智能推广后台,❶填写新品推广基本信息页面,需店家完善优化目标、侧重人群、投放日期、每日预算、出价方式等。❷填写好后,单击"下一步,设置推广单元"按钮,如图10-5所示。

图10-5 新品推广计划基本信息填写

提示 在填写以上信息时,按实际情况填写计划名称、投放日期、每日预算等信息;出价方式推荐手动,更方便控制花费。

第2步：智能推广计划的单元设置只有两个部分，一个是推广宝贝，另一个是侧重人群溢价。这里单击"添加推广宝贝"按钮，如图10-6所示。

图10-6　单击"添加推广宝贝"按钮

第3步：❶自主添加推广宝贝，生成推广单元（单次最多可生成40个），❷单击"确定"按钮，如图10-7所示。

图10-7　添加宝贝页面

第4步：❶选中任意一个宝贝，就会出现基本价格，店家需调整基础出价及人群溢价。❷确定人群溢价后，单击"下一步，上传创意"按钮，如图10-8所示。针对商家营销目的，进行有侧重的人群溢价调整，需要重点关注的可以定高一点。

图10-8 基础出价及溢价调整

第5步：❶跳转创意图页面，上传创意图，上传完毕即可在右侧看到创意预览图。❷单击"下一步，完成"按钮，如图10-9所示。

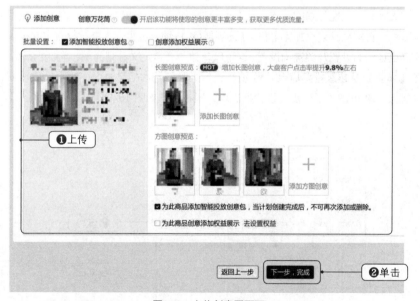

图10-9 上传创意图页面

提示 创意方图要求尺寸800×800，大小在500K以内；长图要求尺寸800×1200，大小在500K以内。

第6步：完成以上步骤，即可完成创建，如图10-10所示。该页面会写明预估人群覆盖数量以及预估展现覆盖数量。

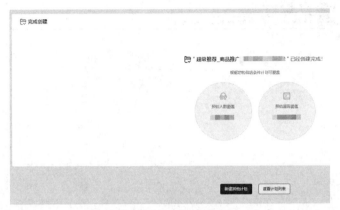

图10-10　完成创建页面

爆款拉新、关联营销与新品推广的操作步骤大同小异，店家可对不同类型计划进行操作。

10.2.3　创建自定义计划

自定义计划与智能计划的不同体现在单元设置这一步。智能计划中选择宝贝进行人群溢价设定即可，自定义计划添加完宝贝之后还可以对店铺、宝贝、人群进行重定向设置，自主进行人群更详细的设置及关键词设置。这里以新建一个自定义计划为例，详细讲解操作步骤。

第1步：登录超级推荐后台，❶填写自定义计划基本信息页面，填写投放日期、地域等基本信息。❷单击"下一步，设置推广单元"按钮，如图10-11所示。

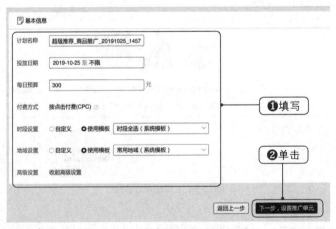

图10-11　自定义计划基本信息填写

自定义计划推广单元的设定从上到下分为4个部分：推广宝贝、定向人群、人群出价以及资源位溢价。宝贝选择跟之前的操作一样，这里就不详细讲解了。接下来说说选择宝贝之后的操作。

第2步：登录超级推荐后台，选择好宝贝后，页面中可见定向人群。所谓的定向，可以理解为超级推荐投放过程中圈选的人群。定向人群包括智能定向、拉新定向、重定向、达摩盘平台精选、达摩盘5个部分，如图10-12所示。这5点就是自定义计划中的重中之重。

图10-12　定向人群页面

店家可根据自己店铺实际情况设置定向内容：
- **智能定向**。建议开启智能定向。系统会实时根据店铺的访客标签，宝贝标题，属性等去自动匹配对店铺产品感兴趣的人群，可有效提升点击率。
- **拉新定向**。拉新定向主要拉取竞品和竞争店铺的流量，如果对于自己商品的卖点和利益点都很有信心，可以开启；反之不推荐。
- **重定向**。主要是对店铺产品有过产品相关行为的人群（包括搜索、浏览、点击、收藏、加购、预售、购买）和对店铺商品感兴趣的人群。这个主要是收割人群使用。
- **达摩盘平台精选**。达摩盘平台精选是系统选取跟店铺类目关联的人群。
- **达摩盘**。需要开同达摩盘，圈定达摩盘人群。

第3步：设置好定向内容后，进入资源位及溢价设置页面，单击"选择溢价资源位"超级链接，如图10-13所示。

图10-13 资源位及溢价页面

第4步：根据店铺实际情况，❶针对想做的资源位，进行溢价设置。❷单击"确定"按钮，如图10-14所示。

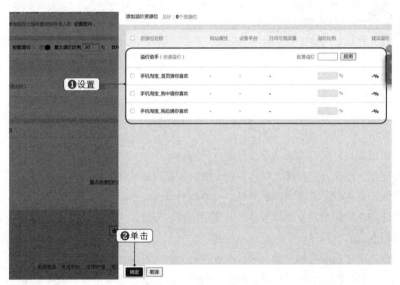

图10-14 资源位溢价设置

完成资源位溢价设置之后，即可上传创意完成自定义计划创建，这一步与智能计划一致，故不再重复。

10.3 超级推荐图文推广

图文推广主要是推广微淘、猜你喜欢里的内容,也可以投放淘积木、短视频等内容。如果店家感觉自己平时发送的微淘内容很丰富,却获取不到足够的流量和曝光,那么就可以尝试用超级推荐图文推广。如果内容被推荐到共域流量,会为店铺带更高的收益。这就给了店家一个非常优质的渠道,只要内容做好了,店铺流量发生爆发性增长也不是什么难事。

图文推广与商品推广相同,也分为智能推广计划和自定义推广计划。店家可在投放超级推荐计划时,选择图文推广。

10.3.1 创建智能推广计划

超级推荐的图文推广智能计划和商品推广类似,其操作步骤也有很多重复的。下面简单地介绍创建一下智能计划的操作步骤。

第 1 步:登录超级推荐图文智能推广后台,填写营销参数信息,如图 10-15 所示。这里需要注意的是,首先需要店家确定营销场景,也就是营销目的。例如,这个计划主要是想拉新粉,还是维护老粉,还是发展潜客?此处应如实根据店铺实际情况填写。

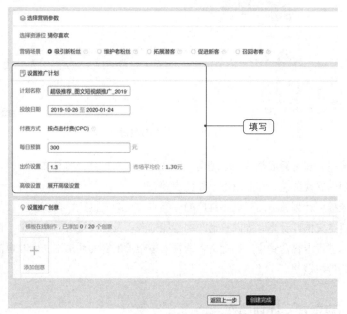

图10-15 营销参数填写

然后进行预算及出价设定,跟其他推广方式并无区别。这里需要注意的是,图文推广可以在高级设置中进行地域及时段设置。大家可根据自己的需求选择自定义或系统模板,如图 10-16 所示。

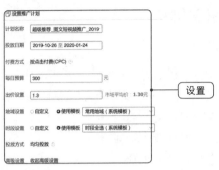

图10-16　智能计划地域及时段设置

第2步：智能计划设置完毕，接着上传创意，单击"生成创意"即可，如图10-17所示。

图10-17　单击"生成创意"

创意上传完成即可完成整体计划创建，创建完成页面也会如商品推广一样，显示预估人群覆盖以及预估展现覆盖，在此就不重复此步骤。

图文智能推广计划，不同于商品推广的分类方式。图文推广直接将推广计划分为了智能推广计划和自定义推广计划，如同直通车的智能推广以及标准推广，也是为了帮助店家能够快捷、方便地进行内容营销推广，把更大的精力集中于内容的质量上。同时也需要优秀的创意以及及时的价格调整。

10.3.2　创建自定义计划操作

图文推广中的自定义计划同商品推广计划相同，是为熟练度更高的店家提供更加丰富的设置参数，完成更多的玩法。图文自定义计划设置的参数与商品推广一致，主要涉及以下4个方面：推广内容、定向人群、人群出价、资源位及溢价，如图10-18所示。这里主要讲解

4个重点操作步骤。

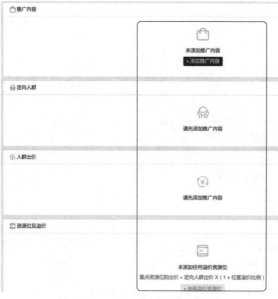

图10-18　自定义计划设置主要内容

1. 推广内容的设置

图文自定义推广首先需要设置的是推广内容,这里可以选择淘积木、图文、短视频和微淘,如图 10-19 所示。

图10-19　自定义计划推广内容选择

2. 定向人群的设置

需要进行推广的内容选择完，即可进行智能定向、拉新定向、重定向、达摩盘平台精选以及达摩盘设置，如图10-20所示。自定义单元设置中所有的操作及注意点与商品推广也一致。

图10-20　自定义计划定向人群设置

3. 人群出价、资源位及溢价

根据人群定向的选择，系统会推荐出一个市场平均价。店家可以根据系统推荐进行价格设定，如图10-21所示。

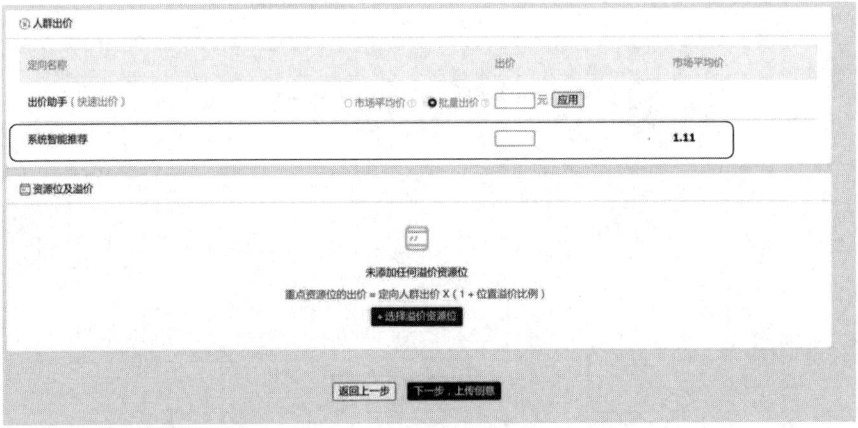

图10-21　自定义计划人群出价

接下来是资源位及溢价设置，重点资源位的出价＝定向人群出价×（1+位置溢价比例），选择好资源位，设置相应出价比例即可。目前只有手淘的猜你喜欢可选，如图10-22所示。

4. 创意上传

完成所有设置之后，进入最后一步：创意上传。其操作与所有的模板制作一样，因此不再赘述，如图10-23所示。创意上传之后即可完成自定义计划创建。

图10-22　资源位溢价比例设置

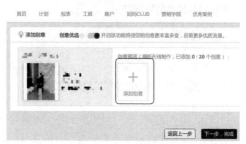

图10-23　添加创意

如同其他自定义计划一样，超级图文自定义计划需要对自己店铺和客户有足够的了解，才能把握高自由度的定义。在足够把握的情况下，自定义计划能够获取更精准的流量，可以让内容展现到更精准的客户面前。

10.4 超级推荐直播推广

直播推广以直播为主体的营销推广，将直播推广至直播广场、猜你喜欢等优质资源位，按点击或展示收费。不同于其他的两种推广，直播推广只有智能计划。

直播推广的操作步骤主要包括资源位设置、计划名称、投放日期、付费方式、每日预算、地域设置、时段设置、投放方式、单元名称、设置定向人群、人群出价、资源位及溢价、添加创意等。下面为不熟悉的店家进行简单的介绍。

第1步：和其他智能计划类似，在进入直播推广新建计划页面之后，第一步就是填写基本信息，如图10-24所示。

设置推广单元同样分为4个部分：推广内容、定向人群、人群出价、资源位及溢价。这里重点谈谈推广内容和定向人群。

第2步：进入添加推广内容页面，可以选择添加一场当天开播的直播预告。如果店家预告比较多，可以通过右上角的搜索框，搜索直播标题来快速找到想要的目标直播预告，如图10-25所示。

图10-24　填写直播推广的基本信息　　　　图10-25　添加直播预告

第3步：选择完成之后进行定向人群选择。虽然是智能计划，却类似于自定义计划，需要进行拉新定向及重定向，如图10-26所示。

图10-26　直播计划定向人群

店家如果在其他的推广中都使用智能推广，到了这一步会看到一些陌生的功能，可能不知道如何设置，因此这里进行简单的介绍。

- **智能定向**。智能定向是系统根据店铺、宝贝、访客、粉丝、内容、直播优选对宝贝、内容、直播更感兴趣的人群自动进行优化，然后根据实际自动出价，这个计划圈定人群比较精准。

- 通投。这里正常投放的话不建议一直打开通投，花费较高，可以酌情使用。
- 拉新定向。根据店铺、粉丝、场景等诸多维度去圈选的投放人群，以满足多种维度的拉新需求，这里可以根据自己店铺的类目，或者内容的粉丝等圈定投放人群。据实践分析得出，店铺定向及粉丝定向的效果都还不错，具体需要根据实际情况进行调整。
- 重定向。是根据消费者在店铺浏览宝贝、内容、看直播等行为，进行优质人群挑选，以满足精细化老客户运营的需求。所以重定向在维护老客户，促进成交进行收割的时候有着极大的作用。
- 达摩盘。根据商家在达摩盘上自定义组合圈定的人群来投放。
- 达摩盘平台精选。这是基于达摩盘丰富的标签，由平台配置推荐的个性化人群包，人群会比较精准，但是花费较高。

接下来就是设置人群出价和创意上传，设置完毕后整个计划就创建完成了。

超级推荐直播推广只能对未开始直播的直播间进行推广，直播中和直播后的直播间都不能再推广了。很多店家对直播都有一个误区，认为自己店铺直播效果不如直播达人的直播效果好。但一般情况下，店铺粉丝在查看自己直播后下单，是基于对商品或店铺的信任；而直播达人粉丝经引导在店内下单，基本是基于对达人的好感。所以，直播达人带货量虽大，但人群却没有自己店铺直播吸引的粉丝精准。有条件的店家可以自己开通直播来推广商品。

10.5 小技巧

技巧1——超级推荐能不能降价

很多店家在做超级推荐时有这样的体验：稍微调整一下价格，流量就会发生很大的变化。有时，只是加价或减价 5 分钱的差距，流量都会下降。

超级推荐的流量区别于直通车的竞价排名，做的是人货匹配。在人货匹配的过程中机器学习发生着非常大的作用，系统需要去分辨什么流量适合这个商品，并在运行的过程中不断修正。店家在计划投放中，一旦改变了出价，系统就需要重新进行人货匹配，所以流量会出现比较大的变化。

难道超级推荐的价格就不能调整吗？既然有调价的按钮，当然就可以调整。如果是在流量稳定的计划里（例如，1 天有 500 个点击），则微微调动价格问题不大；如果还在处于冷启动阶段，一调整可能就没有流量了。

> 提示　超级推荐计划有 3～7 天的冷启动过程。在这个过程中，平台会根据店内的访客属性、商品标题、商品属性等维度了解店内商品，并分析计算得出哪些商品能匹配哪些人群。在冷启动期间，商品可能没有点击和展现。如果店家在这期间再去调整价格，可能延长冷启动时间，致使商品更长时间没有流量。所以，冷启动期间不能乱调价格。

那么店家应该怎么调整超级推荐才合理呢？如果是亏钱且成交不多的计划，调没了就没了，实在不行重新建个计划再来推广；如果是亏钱且成交多的计划，因为流量特别大，降一点没关系；流量不太大的计划，可优先停掉效果不好的定向推广。

正在进行且赚钱的计划不建议直接加价，实际操作中可以先建一个出价更高的计划来进行推广。例如现计划的出价是0.8元，可以把这个计划复制一下，出价提升到1元再建一个新计划进行推广。

技巧2——3招教你提升超级推荐转化率

部分店家在使用超级推荐后，产生了一些问题，如："我的超级推荐转化率很低怎么办？""我的超级推荐不成交怎么办？"。

首先需要明确，超级推荐做的是推荐流量，将人与货匹配。相对于搜索流量来说，客户的需求没那么迫切，转化周期略长。而且，不同的流量渠道转化有高低，转化比较高的流量渠道有购物车、淘宝客；转化率低的有手淘首页。例如，某店铺手淘首页流量渠道的转化率只有手淘搜索的10%不到。超级推荐的转化率可以对标手淘首页流量，它们同样是推荐流量。这就是为什么同是推广工具，直通车的转化比超级推荐会略高一些，这是搜索流量和推荐流量的区别，不是推广工具本身的问题。

关于超级推荐不成交的问题，先看一下引入的流量有多少。有的店家投放推广计划，的确没有成交，但流量也不多。再就是转化周期的问题，推荐流量的转化周期比较长，时间也要看长一些。在超级推荐里可以看到30天转化数据，例如有的店铺在计划投放第3天时，转化投产比只有1.25，但到了第30天，投产比已经达到了2.12。

以上谈到的两点解释了超级推荐转化较少较慢的客观原因，但这并不意味着没有办法提升超级推荐的转化率，一般可用如下方法进行尝试。

- **选择转化高、直通车推广效果比较好的款来推。**找出在店铺中转化率相对高的款、与同行比较转化好的款来做推广，这样推起来效果才会好。如果贸然地拿一个情况不明的新款来推，转化也只能碰运气了。
- **当发现推广效果不好的时候及时止损。**效果不好的人群要么降价要么停止投放。去掉转化不好的，转化自然慢慢变高。
- **多种定向人群圈选方式并用，择优投放。**在不同的定向中多做比较，选择效果最好的投放。

> **案例　使用超级推荐提高投资回报率**
>
> 某女装店铺，在7月之前，付费推广主要以直通车和智钻推广为主，日消耗1.5～2万推广费用，效果一般。从7月份开始，投放超级推荐计划。店内一款客单价800元左右的裙子，付费流量构成为直通车+超级推荐+智钻，其中，超级推荐占比最大，如图10-27所示，该商品在7月的超级推荐计划中，共消耗7370.69元，成交149笔订单，获得74832.13元的成交额，投资回报率达到10.15%。

图10-27 该商品7月超级推荐数据

经过3个多月的推广，该裙子的销量和销售额得到一定的提升。如图10-28所示，仅在10月21日至31日期间，该裙子的超级推荐就消耗19461.91元，成交149笔订单，获得41971.24元的成交额。数据还显示，行业潜在消费者共计408383700人，该裙子的广告在潜在消费者中的渗透率达0.51%。

图10-28 该商品10月超级推荐部分数据

该裙子在双11当天共消耗40756.88元，对店内新老客户、潜在客户进行收割。当日，该产品的展现量达到1611582次，引导进店潜客占比达到77.28%，成交订单量共计1351单，成交金额达735011.52元，投资回报率达到18.03%。

本案例中，该店铺投放的超级推荐计划主要以商品推广为主。经过该商品的分析总结，发现店内几种推广方式中，超级推荐推广费用最低，投资回报率最高。由此可见，当其他推广工具效果不是很好时，可以试试超级推荐。

第11讲

智钻推广技术与实战

本章导读

　　智钻与直通车、超级推荐、淘宝客并称为淘宝、天猫的四大推广利器。智钻也是一种付费推广工具，与直通车不同的是，智钻既方便于推广单品，也方便于推广店铺，且效果更好，其计费方式也不是按点击计费，而是按照展现进行计费。店家应先认识智钻的适用情况、智钻的作用、智钻展现位以及智钻的操作流程，才能更好地利用智钻来推广商品和店铺。

11.1 认识智钻

智钻实际上就是一个以精准定向为核心,面向全网精准流量实时竞价的展示推广平台。例如母婴商品,在投放智钻广告时,可以单独投放给对母婴商品有需求的人群。人群越精准,转化也就越高。与直通车推广单个商品相比,智钻更注重推广某个店铺。由智钻铺位带来的流量,会以不同的比例分散给店内不同的商品。这对多个款式的收藏、加购都起着重要作用,也更容易带动整个店铺的销量。店家在使用智钻推广前,应先了解智钻的作用以及哪些店铺适合投放智钻计划。

11.1.1 智钻的作用

很多店家在看到自己的商品有了一定的基础销量和评价后,想要引入大量流量。可是如何实现呢?智钻就是一个很好的引流渠道。智钻可以跨类目定向,覆盖面更广,展现位也更多。智钻作为常见的营销工具,具有以下作用,如图11-1所示。

图11-1 智钻的作用

- **宣传活动**。如果店铺想开展一个活动,大致需要经历准备期、蓄水期、预热期、爆发期和余热期等阶段。店家可以提前投放智钻,吸引新老客户加入到活动中来,放大活动效果。
- **宣传品牌**。在品牌创建后,需要对品牌进行持之以恒的大力宣传。而智钻作为一款预算可控的推广工具,常常被店家用于品牌宣传。店家在使用智钻宣传时,一定要做好创意图,这样广告才能给客户留下深刻的印象,从而提升品牌知名度。
- **测试新品**。店铺测试新品时,新品标题、主图、收藏以及加购等都会影响目标人群的点击,因此测款千万不要一次性选择多款商品,会导致测试结果不精准。但创建智钻计划,在商品其他元素不变的情况下,可以创建不同的创意图进行测试,从而获得比较精准的新品测试结果。
- **维护老客户**。每个店铺都想维系好老客户。利用智钻对老客户投放促销活动,加大老客户对店家的好感,避免老客户流失。

11.1.2 哪些店铺适合投放智钻

智钻与直通车有相似之处,但也有不同之处。并不是所有店铺都适合开智钻,不适合智钻推广的店铺盲目投放只会花冤枉钱。智钻广告适合一些有实力、有个性的店铺投放,如图11-2所示。

图11-2 适合投放智钻计划的店铺

- **品牌商**。作为有实力的品牌商,想打造自己的品牌效应,可以通过投放智钻，增加品牌曝光率。
- **个性化店铺**。这类店铺一般有比较突出的风格，其目标客户也都比较有个性。这样的店铺投放智钻计划，能实现精准定向推广，给店铺带来更多精准流量，从而提升转化率。
- **回头客高的店铺**。店内回头客高，说明忠诚客户数量多，也说明店内商品的质量和服务都比较令人满意。在这种基础下，再投放智钻计划，能带来更多新客户。

店铺在符合投放智钻的前提下，也要考虑当前情况是否适合马上投放计划。因为有的店铺虽然是风格比较明显的个性化店铺，但由于规模比较小、经费少、人员少，就需要慎重考虑。那么，哪些情况才适合投放智钻计划呢？

- **策划大型活动时**。当店铺想开展一次大型活动时，如店庆已经有了折扣优势，就可以投放智钻计划，而且还不需要缓冲期。
- **店铺预算足够时**。智钻计划可能需要多次测款、测图、测文案，需要足够预算来支撑。
- **由专业人员操作**。智钻计划涉及的工比较烦琐，如果是一知半解的工作人员来操作，发生一个小问题都有可能影响整个计划。所以，为了效果最大化，一定要由专业人员来操作。

智钻计划需要足够的预算和专业人员，所以不建议小店铺或新店铺盲目投放。除了这种情况，一些商品和类目也不合适投放智钻计划，如：

- **销量不好的商品**。智钻吸引进来的客户，会根据商品详情、价格和评论综合考虑是否购买。如果一个商品价格低廉、详情页描述极佳，但销量为"0"。那么，客户也很难下订单。
- **价格虚高的商品**。价格始终是影响客户下单的重要因素。如果一个商品主图很吸引人，但价格虚高也很难实现转化。
- **竞争力较小的商品**。很多店家投放智钻的目的在于得到更多展现，增强竞争力。但如果商品本身竞争力就很小的话，就没必要花钱来做推广了。

店铺是否投放智钻计划，需要考虑、分析的因素还很多，不局限于上述情况。总之，如果店家在资金充足、货源质量可信、有销量基础的前提下，还想获得更多流量，投放智钻计划是个不错的选择。

11.2 智钻基础知识

在投放智钻计划之前，店家应先熟悉智钻的展现位置，了解加入智钻的条件，以及智钻操作流程图。

11.2.1 智钻展现位置

智钻展现类型包括展示广告、移动广告、视频广告和明星店铺，如图11-3所示。展现位置则不仅限于淘宝站内，还包括国内主流视频网站等。不同的展现位对应的竞价成本和流量也不相同。店家可以根据各展现位的特征优势和推广预算，选择适合的智钻展现位，让引流效果达到最佳化。

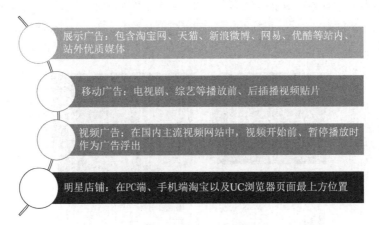

图11-3 智钻投放位置总览

展示广告可自主选择资源位、设定定向人群，以竞价的方式投放计划；移动广告支持视频主题定向，筛选热门动漫、影视、演员相关视频节目精准投放；视频广告可根据目前热播剧的名称进行定向投放；明星店铺提供多样式创意模版，满足各类客户的需求。

店家在投放智钻广告时，可以在智钻后台"资源位"中查看具体的展位。目前，智钻主要提供两种推广形式：为店铺引流和为商品引流，满足客户多样化需求。

1. 为店铺引流

常见的智钻推广方式以店铺引流为主。登录淘宝、天猫主页面，首先映入眼球的焦点展位就是智钻展位。天猫平台智钻展位如图11-4所示。这类智钻展位是展现量极大、点击率极高的信息发布位，它为店铺推广提供了良好的位置。

图11-4 天猫智钻展位

2. 为商品引流

智钻也为单个商品提供推广位，如手机端淘宝头条内容，如图 11-5 所示。两个不同客户在同一天收到的淘宝头条内容有可能不一样，从图中可以看到，该板块虽然都在推送领红包、服装、手机等类目商品，但给不同用户推送的商品却不一样。该处的智钻展位也占据了相对重要的位置，点击率可能不及主展位，但出价的成本较低，适合单品推广。

图11-5　淘宝头条智智钻展位

两种不同方式的展位不同，收费方式也不同。店家可根据自己的需求来选择展示位。

11.2.2　加入智钻的条件

投放智钻计划也需要一定的硬性指标，如淘宝店家店铺信用等级必须在一钻及以上。符合指标的店家可以在卖家中心，建立相应的智钻计划。智钻对淘宝、天猫店的要求不同。

1. 智钻对淘宝网店家的资格要求

根据阿里妈妈规定，淘宝店家店铺信用等级一钻及以上；店铺每项 DSR 在 4.4 及以上；在使用阿里妈妈营销产品或淘宝服务时未因违规而被暂停或终止服务的店铺，才有资格使用智钻推广。店铺如因违反《淘宝规则》中相关规定而被处罚扣分的，要使用智钻推广还需符合以下条件：

- 当前因出售假冒商品累计扣分分值达到 6 分及以上的，距离最近一次处罚扣分的时间必须满 365 天；
- 当前因严重违规行为（出售假冒商品除外）累计扣分分值≥6 分，<12 分，距离最近一次处罚扣分的时间必须满 30 天；累计扣分分值为 12 分时，距离最近一次处罚扣分的时间必须满 90 天；累计扣分分值>6 分，48 分，距离最近一次处罚扣分的时间必须满 365 天；

- 当前因虚假交易（严重违规虚假交易除外），累计扣分分值≥48分，距离最近一次处罚扣分的时间必须满365天。

2. 智钻对天猫店家的资格要求

根据阿里妈妈规定，天猫卖家、飞猪商家和飞猪国际商家，店铺每项DSR必须在4.4及以上，在使用阿里妈妈营销产品或淘宝服务时未因违规而被暂停或终止服务。店铺如因违反《天猫规则》《飞猪规则》《飞猪国际服务条款规则》中相关规定而被处罚扣分的，还需符合以下条件：

- 当前因出售假冒商品累计扣分分值达到6分及以上的，距离最近一次处罚扣分的时间必须满365天；
- 当前因严重违规行为（出售假冒商品除外）累计扣分分值≥6分，＜12分，距离最近一次处罚扣分的时间必须满30天；累计扣分分值为12分时，距离最近一次处罚扣分的时间必须满90天；累计扣分分值＞6分，48分，距离最近一次处罚扣分的时间必须满365天；
- 当前因虚假交易（严重违规虚假交易除外），累计扣分分值≥48分，距离最近一次处罚扣分的时间必须满90天。

11.2.3 智钻操作流程

满足加入智钻条件的店家，可在卖家中心或阿里妈妈进入智钻页面，根据相关提示完善信息即可创建一个新的投放计划。店家在智钻后台创建、投放计划的操作流程如图11-6所示。

图11-6 智钻操作流程

- **账户充值**。智钻也需要先充值才能投放计划。但智钻没有规定首次充值金额，店家可根据自己的投放计划来充值。
- **选择资源位**。在建立智钻计划时，选择资源位是尤为关键的一步。智钻所有的资源位列表在"资源位列表"下面，店家可以根据自己的实际情况选择最适合自己的资源位。如果选择不当，不仅浪费钱还达不到想要的推广效果。
- **制作创意**。按后台提供的创意模板制作出具有吸引力的创意图。因为智钻工具对素材图有要求，所以智钻创意图必须按模板作图，否则审核不通过。
- **新建计划**。根据提示详细填写计划名称、投放预算、投放日期等，新建一个计划。
- **设置投放人群**。选择投放的人群，可先通过生意参谋、店内数据来分析商品定向人群，实现精准投放。
- **出价**。为此计划出价，可选择按点击量收费还是按浏览量收费。
- **投放成功**。显示计划投放成功。

虽然资源位的数量多，可以为店铺带来更多的流量，但在资金预算不充裕的情况下，建议选择1~2个资源位，最多不要超过5个。店家应优先选择较优的资源位，根据投放的测试数据，保留适合自己店铺的资源位，最后根据预算的多少来调整资源位的个数。

11.3 设计智钻创意图

很多新手店家对智钻创意图了解不多，认为只要用一张商品主图加上文字，就可以生成创意。但实际上，智钻平台对创意图也有一些要求，如图片尺寸、图中文字等。所以，店家在投放智钻计划前，应先熟悉智钻创意常用工具和制作更具吸引力的创意图。

11.3.1 智钻创意工具简介

大店家设立单独的美工、营销岗位，由工作人员自行设计创意图。但对于一些实力稍弱的店家而言，需要自己亲力亲为制作创意图。智钻平台也提供多个工具，方便制作创意图。例如，智钻创意模板库、智钻创意快捷制作工具、智钻创意裂变工具等。

- **智钻创意模板库**。打开智钻后台，可以看到创意模板库，可供店家一次性制作出多个尺寸创意。店家可以根据自己的需求如尺寸、类目、场景、风格、推广目的等选择模板，也可以收藏自己喜欢的模板。
- **智钻创意快捷制作工具**。部分夫妻店或朋友店，没有设立单独的美工岗位，找外面的美工设计创意图可能又比较贵。针对这部分店家，智钻推出"智钻创意快捷制作工具"。该工具可以自动生成创意图，同时也支持自由编辑修改，适合智钻新手店家使用。店家进入智钻后台，依次单击"创意"→"创意快捷制作"，平台会以店内热销商品主图为素材，自动生成9张创意图，单击"一键保存"按钮，即自动生成的创意可直接用于创建计划。
- **智钻创意裂变工具**。智钻平台对不同展位的创意图有不同的尺寸要求。店家需要测试多个展位的效果，可能需要多个不同尺寸的创意图。如果一个个去调整尺寸会比较麻烦，但是智钻创意裂变就能快捷裂变创意图。店家进入智钻后台，打开创意裂变工具，上传一个裂变尺寸的创意，系统可以迅速裂变出多个尺寸的创意。店家可以圈中创意图中重要区域，区域内的部分不会被裁剪。
- **淘积木**。淘积木主要是一款面向广告主的设计人员和推广人员的工具。包括从营销落地页环节、构思指导、素材准备、平台操作方式、营销提升指导、如何投放页面等，满足广告主精细化营销的需求。

11.3.2 高点击创意图的要求

在智钻计划中,创意图的吸引力会直接影响点击率的高低,特别是部分按照展示来收费的推广计划,即使客户在看到广告后没有点击,店家仍然需要支付相应的费用。所以,为了使智钻推广费用利用率最大化,应该吸引更多客户点击创意图进入店铺中。在设计创意图时,为达到更好的推广效果,应满足相应的视觉要求,如图11-7所示。

图11-7 智钻创意图应注意的3大内容

- **主图突出**。智钻主图既可以是产品图片,也可以是创意方案,还可以呈现客户需求。由于智钻主图的尺寸相对直通车主图要大一些,且有多种规格可供选择,因此可以放进更多元素,使主图更加突出,以此来吸引客户点击。
- **目标明确**。投放智钻的目的有很多种,比如引流到聚划算,预热大型活动,进行品牌形象宣传,上新品等。在智钻图片的设计制作中,首先需要明确自己的营销目标,然后再根据目标有针对性地选择素材选择并进行设计,这样点击率才会更高。
- **形式美观**。形式美观的智钻图片更能获取客户好感,进而提高点击率。例如,一些促销活动的智钻图片在排版、配色、文案等方面的设计均比较优秀,对于客户有更强的吸引力。

提示 创意图整体设计要求:图文排版有新意,突出商品卖点,整体配色不超过3种,字体设计不超过2种,且背景图能衬托出文案文字。另外,创意图的风格要与店铺风格一致。

11.3.3 设计智钻创意图原则

创意是智钻图的灵魂,无论智钻图的展示目的是日常推广还是做大促活动,有创意的智钻图都会极大地提高其点击率。下面介绍几个设计高点击率智钻图的常用原则。

1. "图+文"构图原则

"图+文"构图原则一般是以左文右图或左图右文的方式来构图。图片大致分为左右两个部分,一边放文字,另一边放商品或者人物图片。大部分的创意图构图都符合这个原则。如某淘宝店家在PC端投放的智钻广告,该图片就采用左文右图的构图原则,左边用文案传递价格信息,右边用商品图片展示实物效果,如图11-8所示。

图11-8 左文右图构图

采用这种构图原则时,建议文案部分的内容不要超过3句话,第1句话为吸引眼球的噱头,第2句话为吸引点击的理由,第3句话是行动指令的按钮,引导点击。

2. 通栏广告的构图原则

通栏广告的构图一般应遵循"视觉认知的产品(左边)+促销文字信息+图片(右边)"这一原则,即通栏广告采用产品图片放两边,中间放文字的版式布局。因为智钻对创意图的像素限制很严格，无法放入太高画质的产品图片。所以，很多产品图片只起到一个暗示性作用，让客户知道广告售卖的是什么商品即可，无须过于追求画质；而文字作为主要的信息传递媒介，最好是放在中间，占据客户的视觉焦点。

某 PC 端淘宝店家投放的智钻计划，就采用通栏式广告，如图 11-9 所示。左边和右边分别放置图片，中间放置文字信息。左右两边的产品图片说明该店售卖服装类目商品，中间的文字说明店内商品有着精致、时髦等信息。

图11-9　通栏式广告示例

3. 整体拍摄原则

整体拍摄原则指的是拍摄出商品主体完整的原则。整体拍摄原则不仅方便构图，而且整体视觉呈现效果很好，具有场景感、真实感。因此，建议图片能拍摄成整体效果就尽量拍摄成整体效果，毕竟使用后期软件进行处理既费时间，又没有直接拍摄的图片效果好。如图 11-10 所示，某店铺使用的智钻图就是采用的整体拍摄原则拍摄的，图片既给客户传递除了一种温馨感，又让客户有很强的代入感。

4. 数据营销原则

由于人们对数据有比较敏感性，所以在营销中使用数据更具有说服力。智钻广告图中使用数据可大大提高点击率，如某店铺在智钻图中标注了"劲省1000元"，吸引了不少客户点击，如图 11-11 所示。

 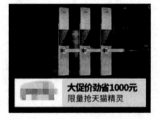

图11-10　整体拍摄原则示例　　　图11-11　数据营销原则示例

> **提示**　店家还可以把促销信息配合数字加入到创意图中。例如，两件免邮、满 300 减 20、低至 3 折、一折秒杀 100 件、送 30 元优惠券等信息均可使智钻图获得更多的点击。

11.4 智钻定向

大部分店家都认为智钻定位相对较高，只适合实力较强的店铺使用。但实际上，即使实力强，出价较高，也不一定就能够获得较好的推广效果，除了广告本身的质量的影响以外，人群定向是否合适也是一个重要的影响因素。

11.4.1 智钻人群定向设定

智钻人群定向指的找准对广告商品感兴趣人群，并对他们投放广告，这样更容易提高点击率和转化率。如图11-12所示，智钻投放人群定向，一共有4种定向方式。其中，定向自己店铺和定向竞争店铺最为常见。

图11-12　4种定向方式

1. 定向自己店铺

定向自己店铺，就是定向自己的潜在客户。这样的人群对店内商品有兴趣，也有利于转化。这种定向方式适合客户决策周期长且复购率高的商品。决策周期长的商品，客户在选择时会浏览多次，才进行购买。如果店家在抓住潜在客户的情况下，多次展现广告，更容易引起客户购买。

例如，某客户看中店内一款大衣，但迟迟没有下单。针对这种情况，如果店家投放智钻计划，让她最近在多个展位都看到自家这款衣服，她可能就购买了。如果该客户在收到商品后感到满意并写了好评后，店家还可以对她投放其他类似商品的广告。因为有信任基础在前，她复购的可能性也就会比较大了。

2. 定向竞争店铺

除了可以定向自己店铺的人群外，还可以筛选、定向同行相似店铺，拉走同行店铺的客户。在选择竞争定向竞争店铺时，最关键的三个点为：风格相似、主营商品相似、价格区间相似。

如果同行店铺客户数明显高于自己店铺客户，则可以适当调低出价。因为同行店铺的客户没有自身店铺客户精准，花高价吸引过来可能也无法得到转化。

在新建计划初期定向同行店铺，建议分不同单元进行测试。投放第1天可以以点击率和点击单价为评判标准，进行初期筛选；再结合后期报表的数据反馈，做后期出价的调整或单元调整，进行相应删减。

定向上下游店铺，和关联销售有些类似。例如，买婴幼儿奶粉的客户可能也需要买纸尿裤。售卖婴儿奶粉的店家和售卖纸尿裤的店家就是上下游店铺关系。所以，售卖婴儿奶粉的店家，可定向售卖纸尿裤店家的客户。

种子定向就是系统自动匹配定向客户，不过这种匹配可能会不精确，所以一般不建议投放。

11.4.2 定向自己店铺人群分类

在定向自己店铺时,可以对人群进行更细致的分类,针对细分后的人群投放不同广告,可实现推广费用效果最大化。

1. 新客户

新客户,指的是从来没有接触过店铺,在店内没有任何浏览轨迹的客户,包括不限于通过各种方式第一次进入店铺的人群。例如,第一次通过智钻广告点击进入店铺的人群,第一次自然搜索进入店铺的人群等。

这类客户的智钻如何投放呢?这类人群更在意商品价格、风格款式、质量、折扣力度等。店家可针对这些需求做满足需求点的创意图。例如,一些中高端客户生活质量较高,不太看重商品的价格,反倒对质量更为关心。针对这类客户,制作创意图时就着重突出商品质量。

2. 潜在客户

潜在客户,指对店铺有浏览、加购、收藏等轨迹,但是未实际下单购物的客户。例如,第二次进入店铺的客户,或者对店内商品有过收藏加购的人群等。

这类客户的智钻如何投放呢?由于这类人群对店铺有接触轨迹,说明他们对店铺或商品有兴趣,但可能是对商品价格不满,对质量存疑,因此为尚未下定决心购买;或是意外领取了店铺优惠券、红包等,进店看看,却发现没有合适的商品可以用掉这些优惠,于是离开了。针对这类客户,商品上新、会员活动、商品打折等可能会促进他们购买,因此店家可针对这些因素制作创意图。

3. 老客户

老客户是指在店铺内购买过商品的客户。这类人群对店铺比较信任,对商品比较喜爱,对商品价格、商品质量也比较能接受。所以这类客户最关心的不是商品质量也不是商品价格,而是店内商品上新和店铺活动。所以,店家可以针对这些因素制作创意图。

11.4.3 地域定向和时间定向

智钻计划比较灵活,除可以定向人群外,还可以定向地域和时间。对不同地域的人群和不同时间的人群投放不同计划。

- 地域定向。地域定向是根据访客所在地域来进行流量细分。通常,地域定向与商品的属性相关。例如,某店家的商品为特辣火锅底料,但是沿海地区的人群可能对辛辣食物兴趣不大,所以该店家在投放智钻广告时,就可以考虑排除这些地区。
- 时间定向。时间定向是指店家可以根据自己商品的特点在一天的不同时间段进行合理投放广告。在推广预算有限的情况下,合理设置智钻投放时间段,可以让广告费得到充分的利用。例如,某主营箱包商品的店铺,目标客户主要为 25~35 岁的女白领,而这类人群在流量主要集中在 9:00—11:00、14:00—17:00 以及 20:00—22:00。店家在投放智钻广告时,就可以设置为在以上时间段中进行展示。

另外，价格和时间也有所关联，一般凌晨 0:00—8:00 的价格相对较低。如果店家目标流量集中在凌晨，相对来说就会少花不少广告费用。

智钻的展现和出价

在智钻推广过程中，店家最为关心的问题之一就是投入与产出。提高出价固然能够得到较好的展示位置，但并不一定能够带来相应的流量，多投入不见得能高产出，因此了解智钻的展现原理和结算方式，有利于店家投放智钻时做到心里有数，能充分利用好广告预算。

11.5.1 智钻展现原理与结算方式

智钻按出价高低顺序进行展现。谁出价高，谁就优先展示。系统将各时间段的出价，按照竞价高低进行排名，价高者优先展现，出价最高的预算消耗完后，即展现下一位的广告。以此类推，直到该小时流量全部消耗，排在最后面的无法展现。

智钻的计费有"每千次浏览单价"（CPM）或"点击付费"（CPC）两种方法，店家应选择合适的方式来投放广告。

1. CPM 计费方式

CPM 是按照展示位的网页被打开的次数（PV）而计费的。如果竞价投放成功，智钻展位的实际计费是根据每天的预算决定的，同时受到下一位出价的影响。实际计费是在下一位有效出价的基础上加 0.1 元结算。其公式为：

$$点击单价 = CPM 单价 \div （1000 \times 点击率）$$

例如，某店家 CPM 出价为 10 元，那么花 10 元可以买到 1000 次的展现，假设该广告位的点击率是 5%，就会有 1000×5% = 50 次点击，点击单价为 10÷50 = 0.2 元。

换言之，该店家用点击付费模式设置的出价是 0.2 元，实际以 10 元的 CPM 参与竞价，最后根据 CPM 出价高低进行展现排序。假设下一位店家的结算价格为 9.8 元，那该店家投放结算的 CPM 价格为：9.8 + 0.1 = 9.9 元。

2. CPC 计费方式

CPC 是指店家可在后台可选择的资源位上投放计划，免费展示，点击扣费。在这种方式下，点击成本可控，获取的流量更为优质。CPC 模式下，"点击出价"将被折算成"千次展现价格"。其公式为：

$$CPM = 店家设置的出价 \times 参考创意的历史 CTR 预估的数值 \times 1000$$

提示 CTR，指的是淘宝网络广告的点击率。智钻系统会参考创意历史 CTR 来计算预估 CTR。如果是新上传的创意，没有历史 CTR，系统会参考同行在相同定向、资源位的平均 CTR 来修正预估 CTR。

例如，某店家设置的出价是 0.9 元，预估 CTR 是 6%，参与竞价的 CPM=0.9×6%×1000=54 元。换言之，按照 CPC 模式 0.9 元的出价，实际是以 54 元的 CPM 参与竞价，最后根据 CPM 出价的高低进行展现排序。

在竞价成功后，按照下一名 CPM 结算价格 +0.1 元作为实际扣费的 CPM 价格。如上面案例中所述，用 54 元拿到展现位，下一位的结算价格为 49.9 元。则实际扣费 =CPM÷1000÷CTR=（49.9 + 0.1）÷1000÷6%=0.83 元。

11.5.2 CPM和CPC两种出价方式的优点

CPM 和 CPC 两种出价方式各有优点，具体内容如表 11-1 所示。

表11-1　CPM和CPC的优势

角度	CPM出价方式	CPC出价方式
出价方式	提供通投、系统智能推荐、行业店铺、营销场景定向，目前支持PC端淘宝、手机端首焦流量包、PC端爱淘宝、无线的首焦流量包等资源位，后续将开通更多资源位	提供通投、群体、兴趣点、访客、DMP（需开通）、营销场景（需开通）定向，支持在所有智钻资源位上投放
人群管理	更适合维护店铺现有客户和老客召回	更适合引入新客户
推广场景	更适合活动期间爆发式引流	更适合日常引流

总体而言，CPC 的优势在于平台提供较为精准的人群、操作简单、引流成本可控；CPM 的优势在于定向人群可个性化组合、资源位出价可灵活配置。建议使用 CPC 的系统智能推荐进行店铺日常或活动前的拉新，同时用 CPM 中的自主访客、DMP 等做店铺老客重定向，新老客并进，综合提升广告效果。

11.6 小技巧

技巧1——智钻推广应注意什么

伴随着电商法的诞生和落地，对各店家的推广提出新要求。如果店家想通过智钻这个付费渠道来获取更多流量，就需要掌握一些技巧。

- 维护老客户。店铺最终目的是吸引、维系店铺的精准粉丝。因此，不少店家的运营推广重点是引入新人群。但值得注意的是，维护老客户也至关重要。维护好老客户，可以提升老客户复购率，生成更多订单。同时，老客户对店铺有了信任后，可能自发地介绍新客户进店，为店铺带来更多收益。
- 多推广有特色的商品。现在的淘宝店、天猫店可谓是琳琅满目，有特色的商品更有优势，所以店家可以考虑开发、售卖特色商品。如果店铺已经有了特色商品，应该多做推广。

推广方面，应善于抓住热门渠道。例如，2019年的短视频和直播推广正是热门渠道，店家要善于应用。在拍摄短视频时，既要迎合广大消费者的需求，也要展示商品特色，给广大客户留下深刻印象。

- **合理运用智钻新定向**。对人群的超精准数据进行实时更新，再通过智钻新定向来增加回购，能帮助店家增加销量的同时，加快商品的权重提升速度。
- **智钻流量提高转化率**。通过智钻引入的流量，一定要想办法提高转化率。店家想达到更多转化，必须做好商品的优化工作，例如商品标题、主图、详情页等。

技巧2——利用达摩盘来做精准的智钻投放

在投放智钻计划时，会涉及人群定向问题。人群定向越精准，转化的可能越大。达摩盘可以帮助店家快速找到合适的消费群体，让广告投放变得更加精准。

达摩盘是阿里妈妈推出的一款帮助店家实现精准营销的工具。店家借用达摩盘，可以快速分析店铺客户数据，对不同的人群实行不同的营销战略。店家可在阿里妈妈平台查看达摩盘的招商条件，符合条件的话直接加入。目前，

图11-13　达摩盘基础用户权限

达摩盘根据店家营销花费情况开通不同的级别，分为基础用户、S1、S2、S3以及S4，共5个级别。如图11-13所示，基础用户的权限分为：首页、标签市场、人群包50个、我的人群、报表页面。

- **首页**。可以看店铺消费者资产、热门推荐标签、老客价值细分、店铺消费者流转，还有店铺营销效果榜单。
- **标签市场**。这是一个最基本的功能，里面会有淘宝总结出来的人群标签。
- **人群包**。把不同的人群标签组合筛选形成自己可以投放的人群包。基础用户的限额是50个人群包。
- **我的人群**。建立好人群包之后，可以通过这里同步到直通车、智钻、超级推荐渠道进行投放。
- **报表页面**。可以看每个人群包的投放效果。

思路决定出路，任何推广工具的使用，一定不全是以盈利为导向。想做好智钻推广，应该利用达摩盘，筛选组合出最适合自己店铺下的人群标签。例如，作为一个服装类目品牌店家而言，需要在8月上旬不断地吸引新客户、维护老顾客、投放竞争对手。一般说，有3种定位及拉新手法：

- **价格**。定位价格上更弱的竞争对手。在广告图上突出自己的价格优势。例如，同一款商品，竞店卖99元，店家可以向竞店的客户投放智钻广告，并在创意图中标明该款商品活动期间仅售95元。
- **功能**。定位功能上更弱的竞争对手。在广告图上突出自己在功能方面的优势。例如，同等价位的竞店有一款化妆镜销量不错。店家可以向竞店的客户投放智钻广告，并在创意

图中突出自己的化妆镜新增3种灯光,解决客户化妆室灯光暗的问题。
- **品牌**。定位品牌上更弱的竞争对手,突出品牌实力,加强客户信任。例如,向一些实力比自己弱的店家客户投放智钻广告,在创意图中突出"某某指定合作品牌""某某最具影响力的十大品牌之一"等彰显实力的广告。

以上3种定位,分别用3种策略吸引了不同的人群。在投放上灵活把控,注意区分以下几点:
- **精准投放**。针对于精准人群,快速能够获得人群的大流量。
- **均匀投放**。针对于目标人群数量比较大,只为获得某一个时间段的人群数据。
- **场景定向**。定位人群购物行为的选择定向,比如收藏、加购物车、成交人群。
- **访客定向**。不同端口、不同人群、不同店铺。

智钻投放,需要店家能精准地识别自己的目标客户,建立各种组合方法。比如有10种组合,可以去测试每种组合的数据,从而留下那些有价值的组合。

案例　单品智钻实操细节

不少店家或者运营推广时,认为只要能砸钱就能挣钱。结果钱花得多,结果却不理想。想要成功推广一家店铺,态度端正、思路严谨、细节把控缺一不可。

陈忻,来自成都,从事运营四年,主营母婴类目,负责一家年销售额2亿的天猫店铺推广,同时还负责几家3千多万的店铺。由于陈忻有丰富的推广经验,这里由他围绕智钻推广展开分享。

"态度比技术更重要"这句话并不是鸡汤。我从2015年开始接触淘宝,在一家公司做运营。每天坐在电脑前,将所有数据打开,不断地刷新和测试。观察数据的变化和整体反馈,计算利润率等。持续半年,摸索到一些推广逻辑。再通过1年时间,做到了销售额2亿店铺的推广负责人。

我个人认为目前单品智钻仍有捡漏机会,可以在低PPC、低转化率的情况下,卡ROI。我的思路是在不控制转化率,不控制PPC的前提下,实现ROI。其中重点在于营销场景、地域、时段、资源位的设置以及创意测试。

1. 营销场景设置

设置营销场景时,我通常选择自定义场景。自定义场景又大致分为以下4种:
- **广泛拉新**。我在选择时会选广泛、精准、触达、认知用户,不选成交用户。因为广泛拉新会罩在所有单品单元最外层,它既是一个兜底,也决定了整体流量是否精准。
- **精准拉新**。我在建立第2个新计划时会选择它,同样不选成交用户。
- **老客场景**。只选择成交用户。但是成交用户并不一定适合所有店铺。例如,我的店铺没有多少老客,就不适合。
- **营销目标**。我一般会选择不限。

有时我也会将4项设置进行组合。先全部完成勾选,再分为两个计划。一个促进购买,一个促进进店。比如将广泛拉新对应促进购买或者对应促进进店。

2. 地域设置

设置地域时,我一般有3种策略:撒网策略(全部都开);转化策略(只开相对精准的地域）；地区性超精准策略。其中地区性超精准策略，会有针对性地做一些创意，提升点击率。例如，我之前就有做"不是成都的请别点"的创意，效果非常好。

3. 时段设置

时段设置分为计划层面和单元。如果是计划层面，我会将大计划分开做，小计划一起开，同时也设定白天计划和夜间计划。

如果是单元设置，就需要三个方向进行定向：智能、达摩盘、扩展定向。

- 智能定向主要从低出价、高溢价、少定向3点考虑。
- 达摩盘定向一般要建立一个单独计划，先做精准拉新、触达用户、认知用户的场景，再单独测试达摩盘。
- 扩展定向同样建议单独建立计划，因为扩展定向点击率相对偏低，如果开得过多，但智能定向量又不大时，会影响整体计划的点击率，也会影响整体权重。所以这需要单独测试。

不擅长达摩盘或扩展定向的普通店铺，建议只开智能定向。这样能保证大部分客单价、转化率不错的店铺可以赚钱。

4. 资源位设置

智钻资源位分为精准性和广泛性。精准性一般只开"猜你喜欢"，通过不断上浮溢价，直到流量不再增长。一般先测试"智能定向"或"我的定向"的出价，测试后再逐一增加资源位的溢价。

而广泛性是全部资源位都打开，什么流量都要。我个人认为虽然广泛性投放能获得更多展现，但点击率可能非常低，划算与否需要店家自己衡量。

5. 创意测试

创意测试前期，因为系统管控比较严，无牛皮癣信息（牛皮癣信息，指图片上带有文字，影响主图美观的内容）的创意更能通过审核。等直接上传的创意图都能过时，可以添加一些带牛皮癣的创意，吸引客户点击。特别是"猜你喜欢"板块，会更偏向点击率，所以建议可以尝试用买家秀进行测试。

第12讲

淘宝客推广与实战

本章导读

淘宝客与直通车、智钻、超级推荐，都是淘宝、天猫站内的推广工具，但与其他3种推广方式不同的是，淘宝客是雇人推广，按成交量提成计费。淘宝客的付费方式使得推广成本更可控，所以也更受中小店家欢迎。店家要使用淘宝客推广，应先了解淘宝客的推广方式和优势，了解加入淘宝客的条件，并掌握创建淘宝客计划，以及根据店铺、类目来合理设置佣金的方法。

12.1 了解淘宝客

淘宝客作为与直通车、智钻、超级推荐齐名的推广工具，被店家广泛使用。不过，很多新手店家对于淘宝客还是感到陌生。下面就对淘宝客及其推广方式、推广优势等进行全面的介绍。

12.1.1 什么是淘宝客

"淘宝客"既指为店家推广商品并按成交业绩提成的推广人员，也指淘宝平台上雇人推广的这种方式。

店家可以在卖家中心设置淘宝客推广，选择商品并设置好佣金，并将之发布出去。而淘宝客们则在阿里妈妈平台自主挑选自己想推的产品，淘宝会自动计算推广成绩并进行结算。

对店家而言，淘宝客就像一群没有底薪的推销员，只有在他们促成交易后才支付相应费用。相比直通车和智钻，淘宝客推广的管理更简单、方便，店家就连支付佣金都由支付宝自动扣除相应的费用给淘宝客，双方都能节省不少时间与精力。

部分店家认为，找淘宝客推广店内商品，仅仅是因为别的店家都在这样做，所以也效仿。也有部分店家认为，不惜一切代价给某个重点商品引流才能带动全店销量，所以设置高佣金找淘宝客推广。实际上，无论是从成本还是从效率上来看。这两种方法不值得提倡的，为此大家应该更加深入了解淘宝客，掌握使用淘宝客的精髓。

12.1.2 认识淘宝客的推广方式、适合商品

淘宝在2008年发布了淘宝客。蒋晖老师的第一桶金正是来自淘宝客推广。2009年他刚刚接触互联网，入行就学习了网络推广，包括QQ群推广和论坛推广，影响他最深的就是淘宝SEO推广。简而言之，就是做一个网站，获得百度排名，从而持续获得百度来的流量。

蒋晖老师当时做了一个网站，2年时间排名在"减肥产品"关键词的百度搜索第一。每天搜索这个词的用户都能看到并访问这个网站，而且流量特别大。而当时蒋晖老师还没有开网店，所以他就在网站中推荐了多个经营减肥产品的淘宝店。客户只要通过该网站跳转到淘宝店购买了商品，蒋晖老师就能得到相应的佣金。

1. 淘宝客推广方法

现在仍然有非常多的人从事淘宝客这份职业，顶尖的淘宝客年收入高达上千万。那么，淘宝客们是如何进行推广的呢？目前流行的淘宝客的推广方法如图12-1所示。

（1）社交平台

包括微信、微博、QQ等。例如，生活中常见一些低价抢购商品的QQ群、微信群。淘宝客把需要推广的商品信息发布在群里，供群友们选择。部分管理有方的

图12-1　淘宝客营销计划类型

淘宝客手里有成百上千个这样的群，积累了一批批爱购物的客户，推广效益很可观。

如图12-2所示，部分淘宝客把商品优惠信息发布在微信群里，以图文并茂的形式吸引客户点击链接。客户点击链接领券购买商品后，淘宝客可得相应佣金。如图12-3所示的淘宝联盟中，可以清楚地看到推广该商品可得多少金额的佣金，可领取多少金额的优惠券等信息。

图12-2　淘宝客在微信群推广商品　　图12-3　淘宝客查看推广商品佣金信息

（2）返利网

目前，网上有很多返利模式的网站，客户通过这些网站跳转淘宝网店购买商品，可以领取抵用券或直接在购买后获得相应佣金。部分返利网站的运营者其实就是淘宝客，他们在拿到佣金后，再给客户返还一定比例的金额，客户得了实惠，也会变成返利网站的忠实客户。虽然运营者把自己的佣金分了一部分给客户，但在客户数量越积越多的情况下，总的佣金盈利还是很可观的。

（3）咨询平台

今日头条的特卖频道，就是由淘宝客们组成的频道。淘宝客发布文章推广商品，资讯平台的读者们在看完信息之后，有不少人也会来这些频道看看商品推荐，有感兴趣的就会购买，淘宝客也就可以得到佣金了。

（4）淘宝店

有些淘宝客自己有淘宝店，他们会到淘宝客的市场中选择高佣金的店家合作，直接拿店家的商品信息制作成详情页，放到自己的淘宝店里售卖。如果有客户购买，淘宝客会直接到上家下单，并填写客户的收货地址，以这种方式来赚取佣金。

2. 淘宝客更倾向于推广什么样的商品

淘宝客面对的是一些更为关注性价比的客户，所以他们推广的商品以爆款商品、低价商品为主。这些商品往往是性价比非常高的商品，既能够吸引大量客户，还能够提供让淘宝客满意的佣金。如果一家店铺的商品本身没有什么竞争力，佣金就算略高于市场价，淘宝客可能也不会选择去推广，除非佣金高到淘宝客不忍拒绝，但这样对店铺来说推广费用又太高了。

因此，淘宝客会优先推广那些收益更有保障的店家的商品，而较少去推广冷门商品、新品。因为推广也有成本，冷门商品、新品不好推，对于淘宝客而言就得不偿失了。所以，很多店家发现自己的商品得不到淘宝客的青睐，原因就在于此。当然，如果店家的商品在质量与价格上均有足够的竞争力，那么可以给出合理的佣金让淘宝客们推广。

3. 是否应该开通淘宝客

很多店家都觉得自己的商品不算特别有竞争力，于是认为自己不需要开通淘宝客推广计划。其实这个想法是错误的，淘宝客计划一定要开通。

这是因为除了这些中小淘宝客外，还有一些顶级的淘宝客，或者说是淘宝客平台，例如，优酷、微博、淘宝热卖等，这些平台会弹出关于淘宝网的广告，客户点击这些广告进入淘宝网页面，展现的就是开通了淘宝客的商品。例如，在百度搜索框内输入"淘宝网"，搜索结果中排名第一的就是淘宝热卖，如图 12-4 所示。

图12-4　百度搜索"淘宝网"展现的淘宝热卖页面

这些网站真正的目的在于推广淘宝网，而不是某件商品。但是点击搜索结果跳转到的"淘宝网热卖"网页中，展现出的商品都是开通了淘宝客的商品，如图 12-5 所示。

图12-5　单击搜索结果页面跳转的淘宝网页

这就说明，如果店家不开通淘宝客，那就和这里的流量无缘，所以，店家一定要开通淘宝客。据统计，一家正常的店铺开通淘宝客，就会有 5% ~ 10% 的淘宝客流量，可设置偏低的佣金金额，对流量影响不大。

12.1.3 淘宝客推广的优势

众所周知，淘宝客是按照成交量付费的工具。这种付费方式对中小店家而言十分有诱惑力，因为事先不需要支付任何成本，只有在交易成功后才需要付费。因此，淘宝客推广具有以下的优点：

- **成本小**。与直通车、超级推荐、智钻相比，淘宝客推广的展示、点击都免费。只有在商品完成交易后才需要支付佣金，店家能随时调整佣金比例，灵活控制支出成本。
- **推广范围广**。与其他三种站内为主的推广方式相比，淘宝客的推广范围更广，如微博、微信等社交平台均可作为淘宝客的"战场"。所以，这种推广方式辐射人群也就更广。
- **新品破零**。通过让利给淘宝客的方式来实现新品破零，比其他几种推广方式破零见效快。

虽然淘宝客有很多吸引人的优点，但是也有一些不可避免的缺点。例如，目前淘宝实行千人千面排名机制。不同店铺、不同商品对应的消费人群不一样，例如，某店铺售卖婴儿奶粉，面对的消费人群应该是宝妈或宝爸。但如果通过淘宝客推广，就可能有学生或老年人，看到某款奶粉价格便宜购买，进而影响该商品的个性化标签，给千人千面定位造成一定的不良影响。

不过，推广工具都不是十全十美的，例如直通车推广虽然流量精准、效果好，但推广成本远高于淘宝客，很多中小店家根本承担不起。同样，淘宝客推广也有利有弊，店家要根据自己的实际情况去考虑是否需要投放及投放方式。

12.2 申请使用淘宝客推广服务

淘宝客作为一种推广工具，对于使用的店家也有一定的门槛限制，例如，店家近 30 天内成交额必须大于 0。满足条件的店家可以在卖家中心或阿里妈妈申请使用淘宝客推广服务。另外，淘宝客计划也分为四种类型，店家需要根据自己的实际情况去选择。

12.2.1 使用淘宝客推广服务的条件

与直通车和智钻相比，淘宝客推广吸引而来的流量和点击不收费，在一定程度上减弱了推广风险，因此深受店家们的喜爱。不过想使用淘宝客推广服务，还是有一定门槛的，店铺需满足以下条件：

- 店铺状态正常（店铺可正常访问）。

- 用户状态正常（店铺账户可正常登录使用）。
- 近30天内成交金额＞0。
- 淘宝店铺掌柜信用≥300分；天猫店铺无此要求。
- 淘宝店铺近365天内未存在修改商品如类目、品牌、型号、价格等重要属性，使其成为另外一种宝贝继续出售而被淘宝处罚的记录；天猫店铺无此要求。
- 店铺账户实际控制人的其他阿里平台账户（以淘宝排查认定为准），未被阿里平台处以特定严重违规行为的处罚，未发生过严重危及交易安全的情形。
- 店铺综合排名良好。排名维度包括但不限于用户类型、店铺主营类目、店铺服务等级、店铺历史违规情况等。

店铺如因违反《淘宝规则》《天猫规则》《飞猪规则》《天猫国际服务条款规则》中相关规定而被处罚扣分的，还需符合其他相应条件才能申请使用淘宝客推广服务。店家可自己通过阿里妈妈平台查看自己店铺是否满足申请条件。

12.2.2 如何申请淘宝客推广服务

满足淘宝客使用条件的店家，在卖家中心→营销中心→我要推广页面能找到淘宝客入口；或登录进入阿里妈妈也可找到淘宝客图标，单击后进入淘宝客设置页面，如图12-6所示。

图12-6 单击搜索结果页面跳转的淘宝网页

目前，淘宝客计划包括通用计划、定向计划、如意投计划和活动计划四种类型。
- **通用计划**。这是默认开启的计划，主要由淘宝客单独获取某个商品或店铺的推广链接分享到淘宝网以外的地方进行推广。如要推广全店商品，只能设置类目佣金比率。
- **定向计划**。由店家在后台自行创建，支持自定义部分功能，目前只能设置不公开且手动审核的定向计划。如要推广全店商品，未设置主推商品按类目佣金结算。
- **如意投计划**。由店家自行激活。阿里妈妈系统根据商品佣金比率和商品综合质量情况，智能推送到爱淘宝搜索结果页面、网站橱窗里。
- **活动计划**。店家报名淘宝客发起的互动招商活动后，系统自动生成计划。

大多数店家习惯性使用通用计划。店家可根据实际情况，投放适合的计划。

12.2.3 创建淘宝客推广计划

这里以创建定向推广计划为例进行讲解。定向推广计划是店家为淘宝客中某一个细分群体设置的推广计划，可以让淘宝客在阿里妈妈前台看到推广并吸引淘宝客参加。

定向计划不可删除，但可以修改，佣金比率最高可以设置为 90%。佣金不宜经常改动，改动后有邮件通知。定向计划也可以设定门槛，比如设定为信誉超过 1 皇冠的淘宝客可自动通过审核，低于此信誉需要店家手动审核，这样就能够保证淘宝客的质量。

另外，在投放定向推广计划后，可以把计划信息分享到淘宝客群，吸引更多资深淘宝客加入定向计划进行推广，增加宝贝的曝光度。

店家可进入淘宝客后台，单击"新建定向计划"超级链接，即可开始创建定向计划，如图 12-7 所示。

图12-7 单击"新建定向计划"超级链接

在跳转新的页面后，根据提示完善计划信息，如计划名称、是否公开、审核方式等，如图 12-8 所示。

图12-8 根据提示完善计划信息

在填写计划时，应注意以下几点：

- **计划名称**。建议填写加入条件、佣金来吸引淘宝客。例如写明初期淘宝客 10% 佣金，中级淘宝客 20% 佣金，高级淘宝客 30% 佣金。
- **是否公开**。即其他淘宝客是否可以看到此计划。
- **审核方式**。即如果对于不符合申请条件的用户，需要商家手工审核。
- **开始和结束时间**。根据店家目标来设置，是设置长期计划还是短期计划。

定向计划的审核方式与通投计划无门槛加入不同，不是所有淘宝客都可以参与，所以灵活性更强。店家可以把计划的佣金设置高一点，只有通过审核了才能推广，这样可以吸引更多资深淘宝客参加。

12.3　淘宝客推广

为了与更多淘宝客取得联系并合作，店家要知道如何合理设置佣金，并对淘宝客经常出没的地方，以及淘宝客招募与维护等信息均要有所了解。

12.3.1　设置淘宝客佣金

设置淘宝客的佣金，在一定程度上决定了淘宝客是否有兴趣合作。店家应该如何设置一个既能吸引淘宝客，又能保证自己利润的佣金呢？这就要根据不同的淘宝计划来设置不同的佣金，如类目佣金和单品佣金：

- 类目佣金比率是对店铺内同类型的商品给出一个统一的提成比例。可以直接设置成默认的最低值。
- 在设置单品佣金时，对不同的商品，佣金的设置也不同。商品的价格、功能、质量、库存以历史业绩、口碑、季节、市场竞争都是影响佣金设置的重要因素。主推商品、参与商品和非推广商品之间的佣金比例应该形成阶梯差别，主推商品应该给予更高的比例以便打造爆款。佣金设置的基准区间在 5% ~ 50%，店家可以根据商品和促销的情况进行调整。店家在设置佣金时，也要根据店内发展情况来区分设置。例如，针对新店、稳定期店铺和打造爆款商品时，设置的佣金就有明显差别。
- **新店**。一般新店的销量基础和店铺信誉都比较差，这个时候要想吸引淘宝客，最好的办法就是让利，即让淘宝客认为这家新店是一支"潜力股"，目前非常需要淘宝客前来推广。凡是淘宝客需要的推广素材，店家都要积极配合制作。除此之外，更要设置偏高的佣金来吸引淘宝客。
- **稳定期店铺**。这类店铺时不时会有淘宝客找上门，因此淘宝客的佣金比例可以根据店铺的具体利润以及行业、竞争对手的情况来设置，只要确保佣金比例达到行业的中等水平就行了。

- **爆款商品**。打造爆款商品的佣金比例一定要在利润可以承受的范围之内，最好能够设置成中等偏上。而且，爆款商品的佣金也要保持稳定的水平，一旦爆款形成，就不要大幅度地修改淘宝客佣金比例。例如，有店铺之前设置的佣金比例为30%，合作的淘宝客十分稳定。但是店家看到销量起来了，就调低佣金至20%、10%。淘宝客看到大幅度下调佣金，自然会产生流失，于是商品推广可能就会后继乏力，最终没有成为爆款。

12.3.2 淘宝客的招募与维护

店家在投放淘宝客计划后，为吸引更多淘宝客推广自家商品，就要主动去寻找淘宝客、通过写招募帖等方式吸引淘宝客的关注。为与优质淘宝客达成长期合作，更要掌握和淘宝客互动的技巧。

1. 如何寻找淘宝客

寻找淘宝客的渠道很多，如社区论坛、社交群组、贴吧、阿里妈妈等。在寻找淘宝客时，淘宝客更在意的是商品的佣金和受众面。所以，店家在写招募帖标题时最好能直接突出商品的佣金、店铺的信誉、商品的卖点等信息。当然了，在平台发布招募帖，需要遵循相应的发帖格式，以免被封帖或删帖。

2. 如何撰写吸引人的招募帖

在撰写招募帖时，不仅要注意标题的撰写，还应突出商品特点。总体而言，写好招募帖，需做好以下几方面：

- **标题诱人**。淘宝客浏览信息时，会根据标题来决定是否点击浏览帖子内容，例如，"最高50%佣金店铺求淘宝客""日销过万店铺招募英雄帖"，这样的标题就容易获得淘宝客的点击。注意标题语气可以夸张，但数据一定不要脱离实际。
- **用数据展示实力**。淘宝客喜欢评分高、信誉好、转化率高、佣金高的店家。展示一些店铺的销售数据和转化率情况，对淘宝客而言，更有说服力。
- **内容图文并茂**。可以展示店铺主推款的卖点图片，并配上文字，这种图文并茂的形式更容易吸引淘宝客。
- **设置等级化奖励制度**。如每月总推广超过10单则在10单的佣金金额上再奖励10%，超过20单则奖励15%……。等级化奖励制度能够更好地调动淘宝客的积极性。

3. 维护淘宝客

淘宝客也和网店客户一样，不好好维护就会逐渐流失，重新招募不但花费精力，双方还要再次进行磨合，这些都是无谓的消耗。因此店家尽量维护好与淘宝客的关系，一般来说可以参考以下几点：

- 建立淘宝客的交流群，保持与淘宝客的交流。
- 把淘宝客当朋友，建立物质与精神上的双重交流。
- 保持诚信，与淘宝客建立信任。
- 设置等级化佣金比例，引导淘宝客之间的良性竞争，提高淘宝客的推广积极性。

12.4 小技巧

技巧1——4阶段打造淘宝客推广

陈雪饮,主营流行饰品,年销售额1000万。目前,店内50%的流量都来自内容渠道。在淘宝客推广方面,她比较有心得。她的淘宝客推广主要分为4个阶段:

第一阶段:从0到1,在寻找或确定一个淘宝客流量渠道的路上。

第二阶段:从1到10,确定某流量效果不错时,可以加大合作数量。

第三阶段:从10到100,多渠道、多数量合作,跟上每个风口。

第四阶段:100以上,店铺成绩已经达到一定阶段,进行正常维护即可。

在第一阶段时,会多做一个测试数据的工作,找出推广效果较好的渠道,进行多次合作。每天早上10点,运营就会找一些低佣金(比如10%~20%)的活动广场报名参加活动。每一家天猫店可以报名10个活动。

持续一两个月后统计出数据,可以明显看出通过哪个渠道与哪个达人广场合作后效果较好,后期持续报名这个达人推荐的活动。

除了在淘宝客的活动广场收集达人,很多官方、第三方资源也会主动联系他们。所以,他们的选择空间也会增大。同时,做店铺分析时,也会通过正在推广商品达人,做导图找出符合商品推广的更多达人,寻找他们的联系方式谈合作。

技巧2——"双12"淘宝客玩法

淘宝网在"双12"会单独设有淘宝客会场,帮助进入"双12"主、分会场和外场并设置了淘宝客店家和商品获得额外的站外流量。淘宝客会场不需要店家报名,只要"双12"主、分会场和外场店家开通淘宝客、设置好佣金,会自动进入淘宝客会场。"双12"淘宝客的流量支持、会场安排以及时间、排序安排如下:

- "双12"淘宝客会场的流量将在千万级别。爱淘宝PC端和手机端的搜索与商品流量支持;淘宝客PC端和手机端的媒体流量支持。
- "双12"淘宝客会场安排。包括PC端和手机端28个主分会场(1个主会场+27个分会场)。
- 时间安排。会场展示时间从12月7日00:00:00至12月12日23:59:59。
- 排序规则。主分会场和外场商品在淘宝客会场的排序将根据阿里妈妈如意投及佣金高低来确定,请谨慎核算成本,避免店铺遭受经济损失。

希望额外获得站外流量的打标店家,可积极开通淘宝客、设置佣金,瓜分来自"双12"淘宝客会场中的流量。

案例　淘宝客和直通车打造爆款

淘宝客推广确实能为店铺、商品带来更多销量。但通过淘宝客推广获得的销量，只能计入销量权重，无法提升商品搜索排名。而一些销量低的商品，贸然投放直通车计划，即使流量高，转化效果可能也不好。所以，店家可以把淘宝客和直通车结合起来，先用淘宝客积累基础销量，再通过直通车计划吸引更多流量。进店流量在商品基础销量高、评论好的情况下，转化率也会更高。

在打造爆款前，首先需要选好款式。好的款式做起来能达到事半功倍的效果；而不好的款式，强推也只是吃力不讨好。所以，店家在推爆款之前，可以通过直通车或生意参谋来选择店内近段时间收藏、加购、转化表现很好的款式，作为主推款。

选好主推款后，建立直通车计划，选好精准关键词、测图、优化关键词、出价、提高质量得分，降低PPC等。做好这些直通车工作后再去发帖联系优质淘宝客进行推广。采取淘宝客佣金＋服务费模式推广，具体推多少单，视自身、行业情况来定。同时，加大直通车的投放，通过低出价高溢价的方式投放精准人群，拉回淘宝客推广打乱的店铺标签。

例如，某款主推商品在9月9日时还没有多少流量，也没有任何销量。在9月10日至13日，通过淘宝客走了4000笔销量，快速积累大量基础销量。9月14日淘宝客结束后，单品的自然搜索已经达到了570。在17日手淘搜索流量达到了1083，后期通过直通车导入精准的人群流量，拉回店铺的标签，进而获得更多的精准访客。

在9月30日时，单品已经打爆，单日销量达到了100。每日都在增长，到10月8日单日销量180＋件。这时加大直通车的投入，投放精准关键词，进而提高关键词的搜索权重，提高关键词的搜索排名，获得更多的搜索流量。投放精准关键词，进而提高关键词的搜索权重，提高关键词的搜索排名，获得更多的搜索流量后，商品得到非常高的成交量。

从案例中可见，淘宝客虽然能快速提高销量，但其购买人群定位上不精准。客户往往是冲着折扣进店下单的。所以，淘宝客活动后需要有效快速圈定优质人群，提高消费者复购率，稳定转化，保持销量提升。

同时，老客户营销也是必须做的。对老客户设置专属VIP折扣，利用店铺会员体系系统对老客户进行分类。对不同等级的会员设置不同的折扣，让老客户享受会员带来的优越感，可激发老客户购买欲。

从案例中可见，淘宝客可以快速提升商品的销量权重，直通车可以精准引流，把人群标签"拉"回来，使商品爆起来。当然，这一切都建立在商品的质量保证之上，走淘宝客的商品更易带来中差评，所以店家在质量上一定要把好关。

第13讲

网店数据分析

本章导读

店家在运营过程中,判断运营效果最直接的方法就是对数据进行分析。每个店家都应掌握基本的数据分析技能,如熟悉数据的获取渠道与整理;掌握店内的流量、转化率、访客以及客单价等,并能通过数据分析发现店铺目前存在的问题,针对问题给出解决方案。

13.1 网店数据的获取与整理

店家可以在店铺后台查看店铺运营的相关数据。但这些数据不够直观，也不便于进行计算分析，因此店家可以把数据下载下来，整理成电子表格，就非常便于浏览与分析了。

13.1.1 店铺运营相关数据有哪些

在进行数据分析之前，应认识有哪些运营方面的数据。对于淘宝、天猫店家而言，衡量店铺销售额的重点数据包括访客数、流量、转化率以及客单价，如图13-1所示。

图13-1 店家应重点关注的运营数据

- 访客数（UV）。也称访客量，指每天访问店铺的人数，是全店各页面的访问人数总和。在24小时内，同一客户（同一个IP地址）多次访问同一店铺不重复累积相加，只记录一次。
- 流量（PV）。指网店浏览量（或访问量），客户每天在店里浏览的次数总和。同一客户多次访问同一店铺的次数可累积相加。
- 转化率。指店铺转化率，即单位时间内，一个店铺的成交用户数与访客数的百分比，如过去一周内，共有1000名访客，其中40名访客下单购物，那么过去一周内的转化率为4%。
- 客单价。即平均交易金额，就是指单位时间内，每个客户平均成交的金额，如过去24小时，店铺共有25位客户下单，总销售额为5000元，那么过去24小时的客单价即为200元。

> **提示** 正常情况下，店铺的流量应大于等于访客数。因为在24小时内，同一客户多次访问同一店铺只记录一次，而该客户多次访问同一店铺的次数可累积相加。

13.1.2 网店数据的获取方法

店内重点数据包括流量、转化率、跳失率、客单价等，而这些数据大多数可以在卖家中心→数据中心查看，如图13-2所示。

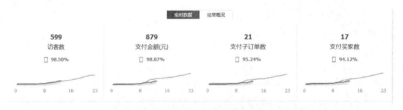

图13-2 某店铺的数据页面

如果店家还想查看更多数据信息，可在淘宝服务市场中搜索查找数据的工具。在"服务市场"平台里的"运营/管理工具"模块中,有一个"大数据应用"功能,里面就包含生意参谋店铺、生意参谋行情、店铺数据、品牌数据服务等工具,如图13-3所示。店家可根据自己的需求,自行选择订购相应工具。

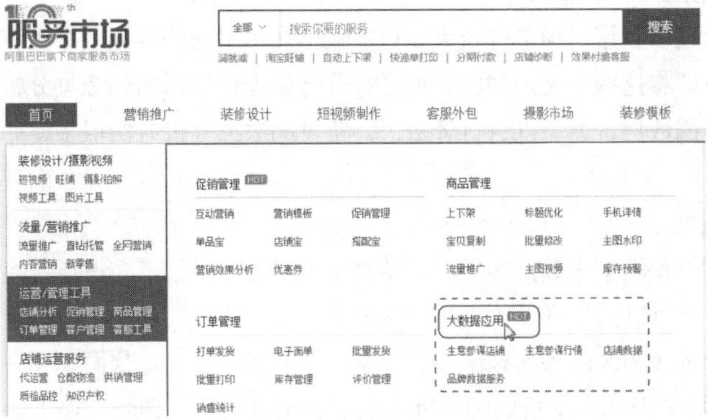

图13-3 服务市场的"大数据应用"板块

目前,数据方面使用范围最广的工具为"生意参谋",其首页如图13-4所示。该页面集合了店家常用的数据功能模块,让店家在首页中就能够快速了解店铺的经营数据动态。

图13-4 "生意参谋"的首页

无论是什么渠道获得的数据信息,店家都可以把它们下载到电脑里,并导入到Excel之类的表格软件中,方便后期整理使用。Excel是一款普及性较强且非常容易入门的数据分析工具,基本能满足大多数店家的数据分析需求。

13.1.3 使用Excel整理、分析数据

收集到Excel里的数据可能存在重复项、不符合要求的项,需要店家先进行整理,以便

后续的数据分析工作能够顺利进行。常见的数据整理包括：
- **快速去重**。在 Excel 表格中可以对原始数据进行快速去重处理，也就是删除关键词重复的项目。
- **快速标注数据**。对 Excel 表格中一些重点数据进行标注。
- **数据分组处理**。数据量通常比较大，可能包括多个月份的数据或多种流量渠道数据。因此，店家需要将这些毫无规律的数据进行分组整理，使后续的数据分析工作更轻松。

得到整理后的数据，就可以进行分析了。常见的数据分析方法很多，如预测法和异常检测法等。

1. 预测法

预测法是用来预测未来数据的方法。预测法的应用范围很广。在店铺经营的过程中，商品进入稳定期，就可以采集商品历史销售数据来预测商品后期的销售数据。可以将数据绘制成折线图，通过折线图的趋势来预测数据的走向。例如，店内一款面膜和一款眼霜的销量图如图 13-5 和图 13-6 所示。从折线图可以看出面膜销量稳定，预测后期也会呈上升趋势；眼霜销量则波动较大。

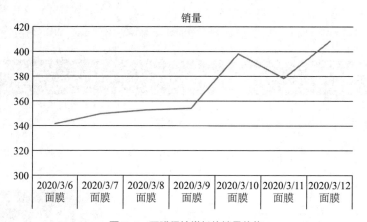

图13-5　面膜保持增长的销量趋势

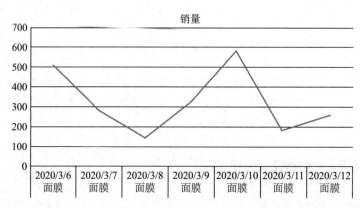

图13-6　眼霜呈波动状态的销量趋势

通过折线图能看出数据的大致走势，即上升、下降、持平还是波动。店家在打造爆款商品时，一定要选择销量稳定且保持增长的商品。另外，对于销量波动较大的商品，店家应分析波动的原因，并进行改善或保持。例如，眼霜商品在 3 月 10 日这天，销量达到历史最高。店家经过分析发现，当日与直播达人合作，达人在直播中推荐这款商品，且在线观看直播的客户都可以领取一个 5 元无门槛抵用券。所以，当日眼霜销量达到最高。至于后面几天销量下降，可能和客服回复信息不及时有关。因此，店家后期应对客服进行培训管理，提升客服回复速度。

2. 异常检测法

店家在进行数据分析时，常常会遇到异常数据。异常数据的出现有两种可能，一是数据统计时出现差错；二是在经营环节中出现了异常。检测异常数据的常用方法是衡量各数据偏离平均值的大小，偏离得越大，数据异常的可能性就越大。

要找到异常值，可先在 Excel 中计算出销量的平均值，再将 Excel 表中的数据绘制成散点图折线图的组合图表。如图 13-7 所示，图中的直线代表的是平均值，散点代表的是不同日期下的销量多少，如果散点偏离直线越远，就越说明这是一个异常数据。图中圈中这天的散点数据，偏离度最大，因此需要重点研究这天的销量情况，查看是否出现异常。

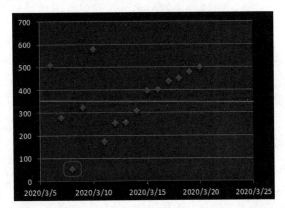

图13-7　分析数据点

店家可以根据自己的需求进行更多数据的分析。在分析时，为更直观地查看数据，可多用 Excel 的图表功能。

13.2　网店流量分析

流量和转化率直接影响店铺利润，只有在流量多、转化率高的前提下，成交额才会高。所以，店家要实时通过数据分析工具（如生意参谋）来查看店内流量数据、转化率数据。找到运营中存在的问题，并及时调整。

13.2.1 流量概况

很多店家都有这样的疑问：为什么我的流量有所下降？又是什么地方下降的？下降了又该怎么办？这些问题，都可以通过生意参谋的流量概况来分析。打开生意参谋的流量概况，可以看到 PC 端和手机端的时、日、周、月等数据统计，如图 13-8 所示。

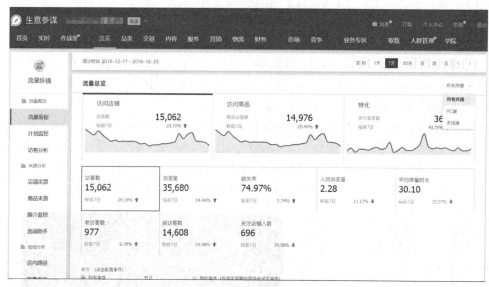

图13-8 流量概况页面

店家可以根据此板块的流量信息，直接对比同行的访客数、浏览量、跳失率、人均浏览量、平均停留时间等，发现自己有所欠缺的地方，及时做出调整策略。

13.2.2 来源分析

如果店家不知道店内流量是从哪些页面进来的，可以在生意参谋的来源分析中查看，如图 13-9 所示。在来源分析中，可以看到店铺的流量来源构成与竞店的对比数据，等等。如果发现自己的流量与同行相差过多，应及时调整策略。例如，某店铺的付费流量与同行相比过低，则应考虑投放直通车、超级推荐等计划；如果某店铺的免费流量与同行相比过低，则应考虑优化商品关键词、主图等内容。

图13-9 流量来源分析页面

13.2.3 动线分析

在实体店中,动线是指客户在店内走过的路径,店家可分析顾客的动线来优化商品摆放,以获取更高的销量。在电商中,动线是指客户在店内的访问次序以及去向,对客户动线进行分析可以找到有问题的页面进行改进,提高客户转化率。在生意参谋的流量板块,可以看到动线分析页面,如图13-10所示。

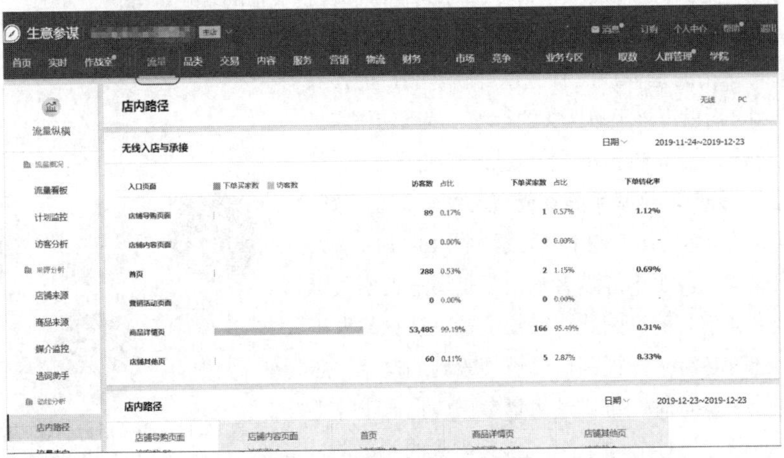

图13-10 流量动线分析页面

流量动线分析包括店内路径、流量去向、页面分析及页面配置3个方面。

- **店内路径**。可以查看访客进入店铺后,在不同店铺页面之间的流转关系。通过该板块内容,有助于店家查看店内单页面流量,知道活动页面的冷热度,从而调整活动力度。
- **流量去向**。让店家从出口页面来解决无转化、跳失过高的问题。该板块方便店家了解访客的去向，从而找到访客离开店铺的原因，进行调整。
- 通过页面分析及页面配置，可以看到店铺 PC 端和移动端的装修概况。

店家可以根据每个页面模块的点击量，进行有针对性地调整。例如，手机端首页页面点击量少，可以加强首页引流。同时，该模块的流量数据，也是测试美工的有效的手段之一。例如，美工近日调整首页布局，流量有所提升，故说明此次美工调整是成功的。

13.3 转化率分析

在淘宝、天猫中，转化率指的是所有到达店铺并产生购买行为的人数和所有到达店铺的人数的比率。其计算公式为：

转化率＝（产生购买行为的客户人数 ÷ 所有到达店铺的访客人数）×100%

店家应熟悉重点转化率以及影响转化率的因素，并能从转化率数据中分析问题、解决问题。

13.3.1 转化率分类

优化商品标题、主图详情页，参加多种活动，付费推广，都是为了吸引客户进店查看商品并购买商品。但如果客户进店了，却没有购买，就可以说转化失败了。所以，店家要多关注店内转化类指标，如静默转化率、询单转化率和付费流量的转化率等。

1. 静默转化率

静默转化指的是客户没有通过询问客服，进入商品详情页浏览后就直接下单购买的行为。静默转化率是在一定时间内，静默成交用户数与总访客数的比重，其计算公式为：静默转化率＝静默成交人数 ÷ 总访客数。影响店铺静默流量转化率的主要因素如图 13-11 所示。

图13-11　影响静默转化率的因素

- **商品关键词**。由于静默客户大多是通过搜索关键词找到详情页的，因此店家要注重关键词的准确性，通过各种手段提高商品被搜索到的概率。店家在找关键词时，可通过生意参谋、直通车等工具进行筛选与对比，找出容易被搜索到的关键词。
- **商品主图**。在搜索商品关键词的结果中，最吸引客户关注的就是商品的主图。优质的主图能够提高客户点击率，从而也能提升商品成交转化率。
- **商品价格**。价格也是影响成交转化的重要因素，商品的价格不能设置得过高，让顾客望而却步；也不能设置得过低，让客户怀疑商品的质量。
- **商品详情页**。客户在下单之前，通常都会通过浏览商品详情页来了解商品信息。因此，在商品详情页中要按照客户的浏览习惯来设计好排版布局，引导客户下单。

店铺静默转化率越高，代表客户越信任商品和店家。而静默客户直接下单也能减轻客服工作量，减低店铺的付费推广成本。同时，静默转化率也从说明店铺的整体水平较高。

2. 询单转化率

询单转化是指客户通过询问客服，而产生成交转化的行为。询单转化率是在一定时间内，通过询问客服成交的用户数与总访客数的占比。其计算公式为：

询单转化率 = 询单转化人数 ÷ 总访客数

询单转化率，既考验客服的工作专业度和工作效率，也考验店铺商品内功，如店内装修、商品文案、主图等内容。所以，影响询单转化率的不仅仅是客服环节，还包括整个店铺的运营水平。所以，店铺要想提升询单转化率，可以考虑从如图 13-12 所示的几个因素入手。

图13-12　影响询单转化率的因素

- **客服接待工作**。当客户对商品存疑时，直接联系客服。客服如果能及时解决客户的问题，自然能提升询单转化率。客服的接待工作，是成交转化的至关重要环节。所以，客服应掌握专业的接待技能，熟悉商品属性和功能。
- **商品详情文案**。客户一般对商品的主图和价格感兴趣后，会仔细浏览商品详情页。如果详情页能展示出商品的卖点，吸引客户下单，也能提升询单转化率。
- **店铺售后服务**。网购存在多方面的风险，为刺激客户下单，还应做好店铺售后服务。例如，加入 7 天无理由退换货、赠送运费险等服务。

询单转化是店铺最主要的成交转化渠道，要想提升询单转化率，就必须从点滴细节开始做起。

3. 付费流量的转化率

付费流量的转化率是指通过付费渠道产生成交转化的客户与总访客数的占比。其计算公式为：

付费流量的转化率 = 免费流量成交数 ÷ 总访客数

店家想提升付费流量的转化率，可以对以下几个方面进行优化，如图 13-13 所示。

图13-13　影响付费推广转化率的因素

- **优化商品关键词**。在以关键词为中心的付费推广工具中，关键词的精准性对推广效果有较大的影响。所以，关键词决定了付费推广搜索的流量、排名和权重。优化商品关键词，让商品获得更好的排名，提升付费转化率。
- **主图与商品信息的契合度**。商品主图是决定客户是否点击商品的重要因素，但如果客户点击主图进入详情页发现主图与详情页描述不符，也会跳失。如主图显示某款帽子原价 99 元，现在活动价只要 69 元，但当客户点击进入详情页发现该款帽子价格依然是 99 元,客户很可能就跳失了。
- **优化营销活动创意**。由于市场中各种促销活动轮番上阵,所以客户可能对营销活动有些麻木了。想要引发客户的购买欲望,需要从创意方面入手,如短视频、直播、软文营销等,来吸引客户。

付费引流是店铺与其他店铺竞争的手段之一,即使店铺在同行的排名较靠后,仍然能够凭借良好的运营策划,让商品获得更多的展现量,吸引更多的潜在客户进店访问。

13.3.2 分析转化率

部分店家有这样的感觉,虽然花费较多精力、金钱来吸引流量,但店铺的转化率却不高。很多客户在页面内停留极短的时间后就跳失了。那如何查看、分析转化率,并总结出有效解决方案呢?

店家可以整理自己店铺各个页面的浏览量、访客数和页面平均停留时间来进行分析。某家特产店的流量分布如表 13-1 所示,下面将对此表数据进行分析。

表13-1 某店铺的流量分布表

访问页面	浏览量	访客数	页面平均停留时间/秒
首页	9376	4786	115
分类页	6398	3729	65
详情页	12830	5609	179
自定义页	4890	2487	30
搜索页	3284	1968	99
其他	1200	729	25
合计	37978	19308	

1. 分析页面流量占比

不同的页面流量占比不同,店铺各类页面流量的分布直接反映了店铺的健康状况。把表 13-1 导入到 Excel 里,可分别查看各个页面的流量百分比。如图 13-14 所示,用 Excel 分别计算出各个页面的百分比并制作饼图。

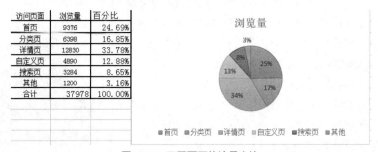

图13-14 不同页面的流量占比

根据各页面流量占比饼图可见,该店铺首页、搜索页和首页的流量占比较大,其他页面和搜索页面占比最小。正常情况下,店铺页面流量分布应:

- 首页是整个店铺的门面，也是流量转化的中转站，故首页流量占比一般在 15% 左右。
- 商品交易主要在详情页中完成，故详情页的流量占比至少要达到 50% 才算健康。
- 分类页是店铺的产品列表导航页，流量占比一般应为 20% 左右比较合适。
- 搜索页是指客户在店铺首页的搜索框中输入关键词显示的页面，搜索页的流量占比一般在 10% 左右为最佳。
- 自定义页是指店铺自定义设置的页面，该页面一般会用来介绍品牌故事、导购服务流程以及售后服务等。这类页面由于功能有限，所以流量的占比不用太大，一般在 5% 左右比较合适。

案例中，该店铺存在的问题大致如下：

首页流量占比为 24.69%，说明店铺的首页流量占比过高，但由于详情页流量占比不足 50%，这说明很多客户在浏览店铺首页后就流失了，没有及时跳转商品详情页。因此店家应该美化首页，在首页放置更具吸引力的商品主图，吸引客户跳转到详情页。

店铺分类页流量占比为 16.85%，说明该店铺分类页的设计存在一定问题，需要深入优化分类页。搜索页流量占比为 8.65%，接近正常范围值；该店铺的自定义页流量占比为 12.88%，有一点偏高。因此店家需要重点优化店铺首页、分类页、自定义页面的内容。

2. 页面平均停留时间

页面平均停留时间，指单位时间内，客户浏览某个页面所花费时长的平均值。客户在某个页面的停留时间越长，表明该页面对客户的黏性越强，页面转化的可能性也就越高。店家可以把各页面的平均时长导入 Excel 表中并制作条形图，如图 13-15 所示。

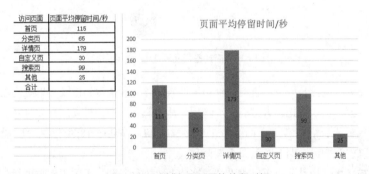

图13-15　店铺各页面平均停留时间

并不是所有的页面平均停留时间都是越长越好，根据案例中店铺各页面平均停留时间来看：

商品详情页的平均停留时间最长，这对店铺来说是一个积极的信号，因为客户在详情页停留时间越长，越能说明客户对该商品感兴趣，愿意花更多的时间去了解该商品，潜在的成交转化率也就越高。

而首页的平均停留时间较长，说明客户长时间停留在首页，原因应为没有及时找到想要的商品。针对这个情况，可以把店内爆款商品或活动商品放在首页显眼地方，供客户进入店铺首页后点击查看，也可以进一步改善商品分类，以及调整搜索栏的位置，方便客户能更快找到目标商品。

13.4 访客数据分析

当店铺流量多、转化率低、跳失率多时，店家就要分析、调整店铺内容了。通常，主图、详情页、装修、导航栏等都是需要调整的对象。调整时，最好根据客户的喜好去优化。店家可在生意参谋中，查看、分析访客数据，整理出客户喜欢的元素，进行优化工作。

13.4.1 查看访客分布

如图 13-16 所示，打开生意参谋，进入访客分析页面，可以看到访客来访时间、访客地域分布、访客的特征与行为习惯等数据信息的汇总与展示。

图13-16　店铺各页面平均停留时间

- **时段分布**。时段分布中可以查看店铺访客的来访时间段情况，以及下单时间段情况。这有利于店家分析、挖掘访客进店的高峰期，从而更合理地安排商品上架时间。例如，某食品类目的天猫店访客高峰期集中在 9:00—11:00；16:00—18:30 这两个时段，运营人员就可以选择接近这两个时间段上架商品。
- **地域分布**。通过地域分布可以查看"访客数占比排行"和"下单买家数排行"，方便地看到哪个地区的访客和下单用户最多，即可该对该地区的客户进行重点运营。例如，某店铺的访客和下单用户主要集中在江浙一带，那么在今后打造爆款商品时，着重在这个地区投放直通车广告、智钻广告。
- **特征分布**。通过特征分布可查看客户的淘气值分布、消费层级、性别、店铺新老访客等内容。例如，某零食店铺的特征分布显示，淘气值 1000 以上、老客户、女性客户的转化率最高。店家就可针对这些转化率高的客户投放一些更有利于增加客户黏性的活动。而对于转化率不高的客户，分析转化率低的原因并调整营销策略。
- **行为分布**。通过行为分布可以分析访客通过什么关键词进入店铺的，从而分析出更多客户可能会搜索的关键词。这有利于店家寻找、分析关键词。

13.4.2 查看访客对比

访客对比板块主要针对"未支付访客""支付新买家""支付老买家"3类访客的消费层级、性别、年龄、地域 TOP、营销偏好以及关键词 TOP 所做的对比分析，通过这些对比数据能够帮助店家优化和调整店铺的定位。

某店铺在生意参谋中的访客消费层级分析如图 13-17 所示。店家通过该数据，可以判断出店内客户的正常消费能力，有利于商品的定价。例如，案例中该店铺的访客消费层级大多集中在 0 ~ 15 元。店家今后在为同类商品定价时，可参考该价格区间，让商品价格受更多客户的喜欢。

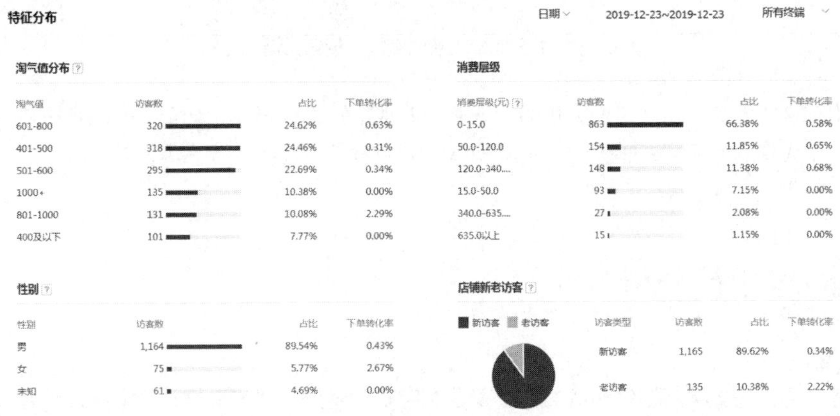

图13-17 访客的消费层级

通过访客性别和年龄分析可以得知店铺主要客户群体的性别和年龄段，再分析这些人群喜好，把喜好加入到主图、详情页中去，使商品更受欢迎。如图 13-18 所示，为某店铺的访客性别分析数据，可以知道这家店铺的用户大多数为男性，因此店家在做运营时应重点考虑男性用户的需求和消费特点。

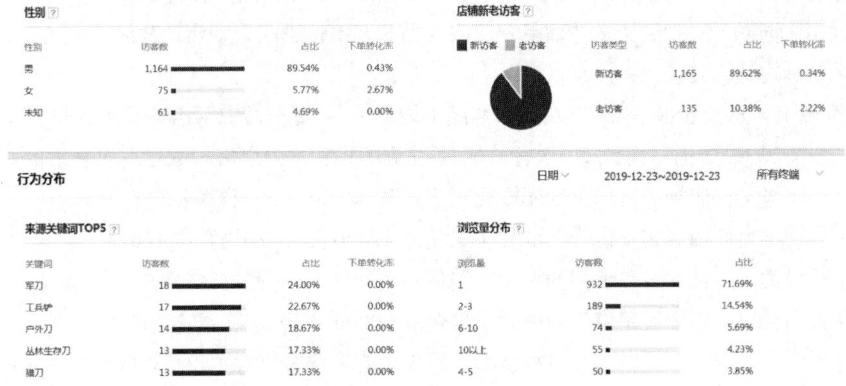

图13-18 访客性别和年龄分析

通过访客对比板块，可以针对店铺用户的地域、营销偏好和搜索关键词进行分析。例如，某家店铺的客户主要来源如图13-19所示。从图中可以看出，用户主要来源于广东省。下拉页面发现客户喜欢聚划算、优惠券等营销方式。

图13-19　访客地域、营销偏好、搜索关键词分析

根据这些数据，店家可以强化店铺或商品的地域特色风格，比如在页面设计中适当加入一些广东人喜欢的元素；根据访客的营销偏好制定有针对性投放优惠等。

13.5 客单价分析

客单价也是影响店铺销售额的重要因素。店家应充分了解客单价，并掌握查看客单价以及提高客单价的方法。

13.5.1 认识客单价

客单价指的是每一个客户在一定周期内，平均购买商品的金额。影响客单价的因素不仅仅是市场商品价格，还有人均购买笔数。例如，某店铺的商品价格在50元左右，但某日店内商品客单价却在65元左右。经分析得知，当日店内举办买两件打折活动。很多客户为了享受折扣，选择了同时购买多件商品。店内商品的客单价越高，则店铺利润才可能更高。

客单价的计算公式为：

客单价 = 成交金额 ÷ 成交人数 = 商品平均单价 × 每一客户平均购买商品的个数

一般情况下，店铺每周计算1次客单价，用1周的销售额除以客户数量得出客单价。例如：

- 某小家电类目店铺周客单价为400元（销售额32000元 ÷ 购物客户80人）。
- 某服装类目店铺周客单价为200元（销售额32000元 ÷ 购物客户160人）。
- 某鞋包类目店铺周客单价为600元（销售额36000元 ÷ 购物客户60人）。
- 某食品类目店铺周客单价为500元（销售额50000元 ÷ 购物客户100人）。

分析以上数据，可见鞋包类目和食品类目店铺的平均客单价比较高；服装类目店铺虽然成交的顾客比较多，可是平均每个顾客购买均价只有200元。如果每个顾客的购买单价能达到鞋包类目店铺 600 元 / 人水平，那么店铺业绩就可以提升至 96000 元。由此可见客单价是提升店铺业绩的关键指标。

13.5.2　查看客单价数据

店家进入生意参谋的营销中心，即可查看每天、7 天或 30 天的数据。如图 13-20 所示，营销中心展现了当日支付件数、支付买家数、支付金额以及客单价等数据。

图13-20　查看客单价页面图

店家如果查看店内商品的客单价过低，可采取不同的方法策略来提高客单价。

13.5.3　提高客单价的方法

提高客单价的方法很多，具体的还需根据店家的营销策略来制定。如图 13-21 所示，常见的提高客单价方法包括 5 种。

- **价格吸引**。利用价格优惠来吸引客户是最直接，也最常见的提高客单价的方法，在电商中应用很广，如促销活动中常见的满赠、满减等，通过多买多送的方式，刺激客户购买多件商品。

图13-21　提升客单价方法

- **提供附加价值**。店家可主动提供商品的附加价值来提高客单价。例如，手机一类的商品，很容易出现屏幕损坏、进水等意外情况。店家可以为售卖的手机提供碎屏险服务，即客户在店内购买手机时，如果再购买一个几十元的碎屏险，那么万一在一定时间内屏幕损坏，可免费换屏一次。用这种提供附加值的方式，不但能够提高客单价，还能在消除客户的一些后顾之忧，促进客户下单。
- **套餐法**。套餐法是将互补商品、关联商品，通过组合搭配的方式进行销售的方法。这种定价方法有利于提高商品销量、增加信誉度和曝光率并且为客户节省邮费。特别是零食类目，把多种零食做成礼包的形式售卖，对提高客单价有非常积极的作用。

- **关联销售**。关联销售是指把同类型关联、互补型关联以及潜在关联的商品放在一起销售。对于店家而言，关联销售可以使进店流量的利用率达到最大化，既增加店铺访问深度又提高商品曝光率，以此提高店铺客单价；对于客户而言，关联销售既能帮客户消除搭配烦恼，又能提高客户体验。特别是服装类目商品，把衣服和裤子相关联；衣服和鞋帽相关联等。

- **客服推荐**。客服对于提升客单价有着重要作用。例如，当客户咨询一件婴儿棉衣时，客服在回答问题的同时，要恰到好处地向客户推荐更多店内商品，如店内活动、搭配套餐等优惠信息，或者根据客户的需求给出搭配建议，等等。客服应通过不令人反感的话术，让客户多买商品，从而提高客单价。

13.6 小技巧

技巧1——关键词分析

店家在选择关键词时，如果借助生意参谋、直通车等工具，能得到更具吸引力的关键词。选词助手可以查看引流搜索关键词、竞店搜索关键词、行业相关搜索词以及我的收藏，如图13-22所示。

图13-22 选词助手页面

可以选择时间周期查看引流搜索的数据。例如，可以查看7天内通过淘宝首页搜索框搜索进入本店的关键词有哪些，及这些关键词带来的流量等数据。通过这些数据，查看这些关键词的流量、转化率、搜索热度等，从而决策是否需要调整投入直通车计划等。

通过每个关键词的详情分析，可以了解关键词的趋势及其给本店商品带来的引流和转化效果。查看关键词的走势，对搜索热度持续下降和持续上升的关键词进行重点关注；重点优化有访客但是引导下单转化较差的商品。

此外，还可以输入任意一个行业相关词，找到全网搜索热度相对较高的相关衍生词，同时根据这些关键词的搜索热度变化、点击率、全网商品数等指标，综合判断关键词的优劣，从而更好地调整广告投放以及优化标题。

技巧2——通过商品温度计发现商品的异常

店家在运营过程中,可能遇到商品异常的情况,而如果店内商品种类较多,可能无法第一时间察觉商品异常问题。针对这种情况,生意参谋的品类罗盘提供商品温度计功能。当商品出现异常时,商品温度计会给出提示信息,便于店家优化处理。

例如,商品温度计能够将店家较为关注的数据(转化率)数据化,让店家直观且清楚地看到究竟哪一个环节出现了问题,能够根据发现的问题对症下药,及时解决问题。如图13-23所示,为商品温度计的功能详解。

商品温度计,一键把脉!
商品引流能力强但转化低是什么引起的?是页面加载慢?是价格高?还是评价差呢?商品温度计来帮你,智能诊断优化商品!!!

量化转化率
量化商品转化率,让您清晰转化环节存在什么问题

效果解读
对转化效果数据进行解读,优先关注是哪些位置存在问题

商品诊断
从「页面性能」、「标题」、「属性」、「促销导购」、「描述」等多角度诊断商品,提供诊治方法,让您商品能起死回生

无线分析
无线端则由「描述区页面高度」、「图片查看」、「页面打开时长」三大角度诊断,助您能在无线端占领先机

图13-23 商品温度计功能页面

除此之外,商品温度计可对店内商品标题、价格、属性、描述等方面给出建议,帮助店家及时优化商品,提升商品转化率。

案例 分析店铺数据提高流量与转化

淘宝、天猫越来越成熟,能为店铺提供的经营数据也越来越多。店铺应从众多数据中厘清关系,抓住重点。目前多数中小店铺数据分析能力比较薄弱,未来需要尽快弥补。这里主要从推广角度,讲解数据分析的作用。

在淘宝、天猫平台上经营店铺,最终要解决两个问题:流量获取和转化率提升。能否持续、稳定地获得流量,决定了店铺未来业务的发展情况。如何更有效地推广,是所有店家高度重视的问题。

花钱推广的关键,在于投入和回报比。如果产出符合自己的预期,那么可以接受高推广成本;反之,推广成本再低也是一种浪费。

在淘宝、天猫中经营商品,可以看到同行推广渠道,这有利于店铺:
- 通过行业内头部卖家的推广渠道构成数据,来评估当前品类的推广成本和难度。
- 研究、判断对手的推广渠道构成,在推广策略上有针对性地制定策略。

研究同行头部店家的推广渠道构成,可以得知当前哪些推广渠道效果较好,并效仿推广渠道。因为头部店家选择的推广渠道一定是当下有效的渠道,否则他们不会花钱投入。

例如,通过生意参谋得知某摆件类目里,头部店家最主要流量渠道分别是手淘首页、手淘搜索、直通车、淘内免费其他。如果想力争进入这个类目第一,势必要在这以上主

要的流量渠道上发力，才可以抢占到足够的市场份额。

2018年以后，流量渠道更加多样化。手淘搜索、手淘首页、我的淘宝、直通车，等等，不同的流量渠道，推广的成本、难度和要求匹配的资源完全不同。

例如，某个类目里前30名店家直通车带来的流量占比超过40%，说明该类目流量获取高度依赖广告投放。这样的类目，对推广技术要求比较高。其次，对于高度依赖付费广告的品类，无论推广技术多厉害，能改变的也只是投产比，广告成本的绝对值还是比较高。

再比如，有的头部卖家流量主要来源于淘抢购活动。但对于一些中小店家而言，没有足够的实力，连报名活动的门槛都达不到。

那么，参考同行推广渠道是否还有意义呢？当然有的，通过分析同行推广渠道构成后，得知对手在哪个渠道上相对弱，再来制定针对性的推广策略。

例如，通过生意参谋查看某竞争店铺，主要流量渠道分别是手淘搜索、淘宝客、直通车。通过数据可以判断，近期正在通过直通车和淘宝客发力，目前整体流量处于上升趋势。在得知这些数据后，与这家店是直接竞争关系的店家就需要思考如何应对。这里可以分几种情况来探讨：

（1）场景1：如果店铺目前领先竞店，但由于竞店策略变化，差距正在缩小

首先分析自家店铺转化率问题，转化率的高低直接影响推广成本。如果转化率比竞店低，那么店铺目前一定存在问题，需要先解决转化率的问题。

如果转化率比竞店高，同时又有流量和销量的优势，可以选择跟进策略，加大付费广告的投入，甚至出更高的价格来争取好的展示机会。如此一来，因为自身有转化率优势，在同等情况下，广告投放可以挤占竞店，竞店想要获取同样的效果，势必要花更多的广告成本，这样在无形中就增加了竞店的负担。如果竞店不愿意投入更多广告成本，就可以限制竞店的销量增速，避免竞店拿到更多的手机端流量。

（2）场景2：如果店铺目前暂时落后于竞店，但是落后的不多

这个情况下，仍然首先分析自家店铺的转化率问题。如果转化率低很多，付费推广成本过高，应先优化基本工作，尽量缩小转化率的差距。

如果转化率比竞店高，那就非常好。通过前面的分析已经明确，竞店主要依靠直通车和淘宝客来获取流量。如果想超过竞店，必须保证自己的链接产出超过对手。此时，店家可以在直通车或者淘宝客上加大投入，超过竞店。如果店内有老客户微信群，可以做一个针对性的促销活动等等，来超过竞店。

（3）场景3：店铺目前与竞店旗鼓相当

转化率问题可同前面一样分析。此外，需要更细致地梳理各个流量渠道，对比同样的流量渠道获取流量和转化的能力。例如，直通车这个流量渠道，访客始终不如竞店，就要逐一检查直通车关键词的选择、出价、车图等细节。

具体如何看同行推广的相关数据？目前比较常用的是借助生意参谋市场行情里的行业力度这个工具。目前生意参谋提供五类数据：商品趋势、TOP10流量来源、TOP10引流关键词、TOP10成交关键词、关联购买。目前，前四类数据运用得更多。总之，通过数据分析，可以很好地和同行做对比，有针对性地实施策略，追上甚至超过对手。

第14讲

社交推广精准挖掘客户

本章导读

店家想提升商品流量和销量，除了优化商品、付费推广外，还可以通过社交工具推广、网红达人推广、短视频推广和直播推广等形式来实现。例如，店家可用QQ、微博、微信、贴吧、知乎等社交工具推广商品信息，吸引更多流量到店。另外，随着网红达人推销商品的记录不断刷新，不少店家对达人合作、短视频推广和直播推广产生了浓厚的兴趣。这里将一一讲解如何利用这些方式来推广商品的方法，帮助店家从更多渠道挖掘客户，提升销量。

14.1 社交推广工具多渠道推广

随着网络的飞速发展,网友们呈社交多元化。店家可以通过热门社交工具,主动发现、添加好友,在社交工具中进行推广营销。目前,既热门又适合做营销推广的工具包括QQ、微博、微信以及贴吧、论坛、知乎等。

14.1.1 QQ、QQ群与QQ空间

QQ作为腾讯旗下的一款即时通信软件,为广大网络用户所熟知。它支持在线聊天、QQ群聊、QQ空间等多种功能。根据腾讯数据显示,2019年第二季度,QQ月活跃账户数为8.08亿,QQ空间智能终端月活跃账户数为5.54亿。由此可见,QQ有着广泛的用户群。店家在推广时借助QQ可以获得良好的效果,推广方式主要包括个人定位推广、QQ群推广以及QQ空间推广。

1. 个人定位推广

在做推广之前,店家需要根据自己店铺的主营业务来填写自己的QQ资料,将自己的QQ定位为与业务相关的身份,这样更容易获得用户的认同与信赖。例如,店家经营女装类目商品,可以把QQ资料填写为一位喜欢穿搭的年轻女性;经营母婴商品,可以把QQ资料填写为一位勤俭节约的家庭主妇。

体现定位的资料包括QQ账号的昵称、头像、个人签名等信息。某销售电力工具店家的QQ资料如图14-1所示。从图中可见,该QQ的昵称、头像和个性签名都透露出与电力工具相关的信息。为方便客户联系,还直接在昵称中标明了自己的联系方式。

图14-1 某电力工具店家的QQ资料页面

店家在定位好自己的 QQ 后，可将之用于添加在店内购物过的客户，便于老客户维护。特别是在店内活动上新时，可通过 QQ 群、QQ 空间更新动态来推广。

2. QQ 群推广

QQ 群推广是多人交流、互动及时和低成本操作的营销推广方式。做好 QQ 群营销，可以提升引流效率，影响粉丝口碑、品牌宣传等。与其他群组不同的是，店家可以通过 QQ 主动添加群组，结识新的客户。

例如，店家经营减肥商品，需要寻找有减肥意向的人群，即可在 QQ 中搜索与"减肥"有关的群。店家可打开 QQ 查找面板，单击"找群"选项卡，在搜索栏里输入"减肥"，再单击"查找"按钮，即可显示关于减肥的群组搜索结果，如图 14-2 所示。店家可在搜索结果中查看群信息，并加入选定的群组。

图14-2　查找QQ群组页面

店家可以优先加入优质群组，即成员数量多或活跃度高的群组。例如，店家发现两个较为合意的群组，其中甲群组有 1968 名成员，而乙群组只有 500 多名成员，则店家应优先选择加入群成员更多的甲群组。在进群后，还要查看群的活跃度，选择群活跃度高的群组，重点进行营销推广。店家在群组中推广商品不要太生硬，应注意进行"软性"推广。例如，新进一个减肥群组，先进行一个简单大方的自我介绍，博取大家的好感，与大家混熟之后，再以自己减肥成功为案例，推广商品。

如果店家自建群组进行推广，则应注意对群组的管理。例如，一开始就在群公告说明，群内是否允许广告、是否允许私聊等问题。避免今后有群成员闹矛盾，扰乱整个群组氛围。

3. QQ 空间推广

QQ 空间是 QQ 中用于发布说说、日志、相册等内容的一个平台，很多 QQ 用户在闲暇时都喜欢在 QQ 空间查看好友的日志与相册等内容。店家可以在 QQ 空间更新商品信息，达到推广的目的。部分店家甚至把 QQ 空间装扮成如网店一般，吸引客户了解商品。QQ 空间推广方式包括说说推广、日志推广、相册推广和留言推广等，如图 14-3 所示。

图14-3　QQ空间推广方式

- **说说推广**。说说可以理解为微博的前身,其目的在于随时随地分享自己心情、想法等较简短的信息。当客户想了解一个账号的空间时,会首先关注这个账号的说说。所以,店家在平时可以发表一些关于生活日常、商品上新、商品活动的信息,便于新客户了解账号。
- **日志推广**。空间日志是便于 QQ 用户以较长篇幅的图文来记录事件、倾诉感情的地方。从营销角度来考虑,空间日志也是一个营销软文发布地。曾有网络大师在空间日志做软文推广,费用高达 3000 元/篇。店家可以通过日志把自己的营销目的,用非常"软"的方式表达出来,但要不让读者反感为前提下。
- **相册推广**。图片具有较为直观的引流功能,针对一些不喜欢阅读文字的客户,店家可以通过展示图片来向他们推广商品。店家可将店铺水印加在图片合适的地方,在传播图片的同时,店铺信息也得到了转播,还能防止图片被别人盗用。相册最好适当添加个人生活照片和美食美景,比起全是商品照片来,能吸引更多人的关注。
- **留言推广**。很多 QQ 用户喜欢去好友空间留言。不少店家也抓住了这一点,去好友空间评论、留言时,留下自己网店链接,吸引其他 QQ 用户点击,成为自己的客户。

QQ 推广除以上推广方法外,还有如生日祝福推广、邮件推广等。特别是 QQ 群组,可以整理出群成员的邮箱,在商品上新或活动时,给群成员发送邮件。具体的邮件内容需根据店铺、商品来定,邮件标题一定要吸引人。

14.1.2 通过微博平台将粉丝转化为买家

微博是一种"迷你"型的日志,目前比较有名的微博平台有新浪微博、腾讯微博等,其中新浪微博最为火热。根据新浪微博数据显示,2019 年 9 月的月活跃用户数为 4.97 亿,9 月平均日活跃用户数为 2.16 亿。因此店家想要通过微博来推广商品,新浪微博是首选。

使用微博,不得不提到"粉丝"这个词。粉丝即英文"fans"的音译,在微博平台上是关注者的意思。一个有意思的微博账号,其关注者就会有很多,我们通常称为"粉丝很多"。明星名人的粉丝一般都比较多。粉丝多,意味着受众多,粉丝多的微博账号在推广商品时,其推广效果往往特别好。

不过,店家一般不应在微博上直接推销一个商品,容易引起粉丝的反感,从而"掉粉"。店家应站在粉丝角度,分析粉丝喜欢什么内容,再去发布相关内容。如图 14-4 所示,为某女装微博首页,该微博博主考虑到粉丝喜欢互动和活动,便经常在微博分享店内活动、粉丝互动等内容,这就比单纯推销产品要受粉丝欢迎得多。

图14-4 某微博内容截图

除了活动外，粉丝也比较关心真实客户对商品的评价。所以，店家在积累一定粉丝后，可以在微博创建属于自己的话题标签，便于粉丝分享买家秀。某网红店家创建的话题页面如图14-5所示。店家可将美观的买家秀整理出来，发布在微博上，吸引更多客户购买。

图14-5　某达人店家创建的话题页面

店家在运营微博初期，可能因为粉丝量较少，无法顺利开展推广工作。故店家应掌握一些增加粉丝关注技巧，如：

- **紧跟时事热点**。内容中尽量包含当下热门话题的关键词，有利于微博搜索时得到曝光。如果能结合热点又能融入自己的商品进行营销，既能引发用户的兴趣，又能趁机推广商品。
- **用好"标签"引关注**。标签是一种简单的词语，用来标注一条微博的特点。比如发表了一条关于运动减肥的微博，则可以在微博中带上"减肥"的标签。其他人在搜索标签"减肥"时，带有相应标签的微博会被集中起来呈现给用户。在新浪微博中规定，凡是夹在两个"#"号中间的均会被识别为标签，如"# 减肥 #"。
- **用转发和评论进行互动**。店家可以通过转发评论的方式引起对方的注意，最终让对方也成为自己的粉丝。转发他人的微博，可以大大增加对方的好感度；而认真评论他人微博，同样可以增加互动，吸引更多人来关注正在做推广活动的微博。

14.1.3　建立微信人格化形象账号

微信是目前比 QQ 更加流行的即时通信及社交平台。根据腾讯数据显示，2019 年第一季度，微信月活跃账户数达 11.12 亿，成为社交工具中用户数量最多的工具。也正是伴随着数以亿计的用户，微信成为店家推广商品的优质营地。微信推广方法很多，如微信群推广、朋友圈推广和公众号推广等。

店家在微信运营之前，应从微信账号的昵称、头像、相册封面、个性签名、朋友圈、微信号等方面，建立一个人格化形象，如图 14-6 所示。

图14-6　微信人格化形象搭建

- **昵称**。微信昵称代表了一个账号的身份。给微信取一个简单易记又有辨识度的昵称，能给客户留下好印象。
- **头像**。头像是一个账号的脸面，适合的头像能增加客户对账号的好感，因此精心设置一个头像图片是非常有必要的。
- **相册封面**。在查看他人朋友圈时，封面照作为顶部大图很显眼。封面可以用真人头像、商品图片或品牌LOGO。
- **个性签名**。个性签名也有很高的营销价值。店家可以用个性签名来告诉别人，这个账号可以为客户带来什么价值，或用个性签名表明自己身份。例如，"***，一个专做大码女装的小裁缝"。
- **朋友圈**。朋友圈可以加深客户对账号的印象，因此店家不能在朋友圈体现出太浓厚的商业气息，应以美食、美景、正能量等信息为主。
- **微信号**。微信号是账号的唯一凭证，只能设置一次。店家在设置微信号时，应该注意是否便于搜索，最好设置为有意义的拼音，而不要使用默认的随机字母。

在建立好人格化的账号后，店家可以从两方面入手：加人、加群。首先，借助微信自带的"附近的人""摇一摇"等功能添加新好友；另一方面，通过包裹二维码、客服引导，添加店内客户为好友。

在时机成熟后，搭建自己的客户微信群。为活跃微信群氛围，要花时间管理群组。例如定期在群内分享趣事、发放福利、活动上新等。既让客户有利可图，又让客户甘心买单。

微信群已经成为各行各业进行沟通和交流的最佳平台，而且使用微信的人基本都有微信群。如果把在店内购买过商品的客户都拉到微信群里，实现一对多的信息推广和客户维护，有利于店家的发展。例如，由于淘宝、天猫平台规则不断发生变化，获客成本不断增加，店家如果能把购买过的客户都集中在微信群里，当店内进行上新或举办活动时，就可以方便地在群里发布，从而节约获客成本。

14.1.4　微信朋友圈推广

在微信各功能服务模块中，朋友圈使用率高居第一。大多数微信用户都会使用朋友圈来查看好友动态或分享信息到朋友圈。店家可以抓住朋友圈来做营销推广，但注意发商品信息不要过于频繁，不然会被客户反感，甚至可能被屏蔽或拉黑。所以，店家在做朋友圈推广时，也要注意技巧。

- **注重互动**。增加朋友圈互动，能加大品牌曝光度，加深客户印象。常见的互动方式包括投票、猜游戏、找建议，等等。例如，在朋友圈分享两款茶叶包装，询问好友更喜欢哪款，并说明理由，抽取两名好友赠送茶叶。当好友在评论区留言后，再发朋友圈标出中奖好友，并安慰其他没有获奖的好友，可享受 8 折购买茶叶并发送链接。整个互动过程中，既增加了商品的曝光度，又维护了好友关系。

- **免费试用**。在淘宝门户中，开辟了一个免费试用页面，所有用户都可以申请免费试用商品，人气火爆。店家在经营微信朋友圈时，也可以考虑推出免费试用的活动。例如，新品上新时，可以在朋友圈分享免费试用名额。好友要想得到试用机会，需先在朋友圈分享活动海报。得到试用品的好友，需在群内或朋友圈分享试用报告。这样有利于提高商品的曝光度，还能吸引更多好友转发、评论，以此吸引更多新客户。

- **热点植入**。在朋友圈发布热点内容，更能吸引好友点击查看。例如，做食品类目的店家，可在冬季初雪时，分布关于雪的内容，并在内容中植入暖胃食品。这样既分享了对于初雪的心情，又做了商品营销。

- **征集、分享买家秀**。真实、积极的买家秀，对商品的转化起着重要作用。店家可以在朋友圈有奖征集买家秀或分享买家秀。某服装类目店家在朋友圈分享的买家秀内容，如图 14-7 所示。在该条朋友圈内容中，不仅分享了买家秀，还引导好友评论选择最喜欢的买家；同时，为了刺激客户下单，还在评论区留言：姐妹们在店铺购买衣服时，备注写上某某某，有机会抽取新品半价。

店家可以把不同的朋友圈内容，设置为不同的标签，如"每日上新""买家秀""小游戏""领福利"等等，使朋友圈看起来更具规范性和可读性。

图14-7　朋友圈内容分享截图

14.1.5　微信公众号推广

微信公众号是微信中自带的一个类似于 QQ 空间的功能。微信用户可以在公众号中发布文字、图片、语音、视频、图文消息等内容，吸引其他微信用户阅读并关注。公众号作为微信生态的重要组成部分，吸引了超过 80% 的微信用户订阅使用。店家不仅可以通过公众号推广自己的店铺、商品，还能用于客户关系管理。

微信公众号消息可以实时免费触达用户，缩短营销周期并降低了营销成本，与邮件和短信相比不仅更快也更省钱。微信作为用户天然的沟通工具，极大地方便了客户与店家沟通的体验和成本。很多店家都把微信公众平台用于沉淀客户数据，与新潜在客户建立连接，利于二次营销。

店家在运营公众号时，主要以软文的形式推广商品或品牌。软文写得富有感染力，就能获得更多粉丝。软文主要是通过一个看似不相关的报道或故事，将要推广的商品或品牌悄悄地引出来，让受众不知不觉间了解商品或品牌，对之产生兴趣。此外，在发布推广文章时，还要注意以下几点。

1. 发布频率

服务号和订阅号在内容发布频率方面的规定是不一样的，服务号在一周内只能发布一次内容，而订阅号的发布数量较多，每天可以发布一次内容。

如果内容是以原创为主，则可以每天发布，这样可以造成较强的黏性，让订阅者不易离开；如果内容大都为伪原创或转载内容，建议一周控制在 3 次左右，不然可能会适得其反，因为用户可能已经在其他地方看过了相似的文章。

提示 伪原创，指的是把一篇原创文章进行加工、修改，成为一篇新文章，或者把多篇文章整理成一篇新文章。

2. 发布时间

在发布公众号内容时，需要找到推送黄金时间。由于生活节奏越来越快，很多人的阅读时间也变得碎片化，通勤途中，工间课间都成为了大家打开微信阅读公众号的好时机，在这些时间点前推送内容，即可获得较好的阅读量。店家应多观察目标人群使用微信的规律，从中找出最适合自己的内容发布时间。

3. 加大互动

在策划内容时，最好增加一些与粉丝互动的环节，这样更容易获得粉丝的认同。如聚美优品的用户以女性为主，在推送内容时，就选取了更多与女性相关的话题。3 月 8 日妇女节这天，聚美推出一篇名为《女神节福利 / 聚美优品免费送口红啦》的文章，先谈女生的友谊，再讲女生相互推荐产品（列举几款产品名，附带购买链接），再送福利（在留言区吐槽闺蜜的点赞数前 5 名可获得口红 2 支）。文章发出后，在留言区留言点赞数前五的留言，点赞数都在 3 千左右。这样极具互动性的策划，既可提升文章阅读量，还能增加账号与粉丝之间的感情，对维护粉丝与推广产品而言都是极有利的。

店家在策划内容时，应注意发送频率、发布时间和易互动 3 个关键因素。尽量做到在正确的时间点，用正确的形式去发布正确的内容。

14.1.6 贴吧、论坛精准引流到活动页面

网络论坛是聚集无数人气的平台，如果一个论坛帖子写得好，会带来非常大的传播效应，从而制造无数的商机。贴吧用户数量众多，人气较旺，其形式与论坛大同小异，也是信息传播效应较好的平台。店家可去这两种平台上寻找营销机会，实现精准引流。

店家可在与产品或行业相关的贴吧或论坛上，通过评论、点赞他人帖子或自主发帖引的方式来吸引关注。比如，一个经营减肥商品的店家，在减肥贴吧以自己亲身经历的方式发帖，吸引吧友查看，如图 14-8 所示。店家以阐述自己的减肥史引共鸣，等时机成熟后再推出自己使用的减肥方法。

店家也可以将自己的商品、店铺混在知名的同类商品、品牌或网站中进行推荐，吸引网

友关注。例如，写一篇《盘点那些白菜价的美妆店》，罗列几家性价比高的美妆店，把自己店铺也名列其中。网友在阅读帖子后，就可能会主动搜索自己的店铺，这就为店铺引来了精确的流量。

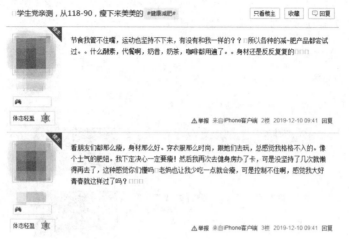

图14-8　减肥贴吧内容截图

14.1.7　通过知乎平台分割内容营销红利

每个平台的爆发，都会带来相对应的流量红利。知乎作为分享知识的问答社区，已经成为不少网店店家内容营销的战场。这里主要谈谈如何通过知乎的文章，把站外流量引到网店。

知乎平台主要有三个特点：

- 平台开放度高，话题多；
- 平台限制少：知乎对提问问题很少干预，自由度比较高；
- 平台日流量高：用户黏性比较好，流量也比较高。

知乎平台的用户多以年轻人和中年人为主，学历呈现中高等化，消费能力与消费频次也比较高。而且这类人群容易被权威引导或被某个话题下的高热度回答所影响，去购买暂时不需要的商品。所以对于网店店家而言，知乎有很大的市场潜力。

从内容角度来看，知乎作为一个分享知识的问答社区，内容载体主要以回答的文章为主。虽然也有视频，但数量较少。每个话题下的回答，组成一个庞大的信息量。每刷新一次，就会出现很多话题。这些话题有热门话题，也有少量冷门话题。

回答文章内容的浮现与知乎循环机制有关，循环周期大致分为1周、3周、2个月。浮现周期长短与制作内容的层级有关，高层级的浮现频率高。简单来说，就是店家回答质量和互动越高，循环次数越多。

1. 怎么提升回答文章的热度

质量好的回答文章的确比较容易成为热门，但如果加上适当的运作，成为热门文章的可能性就更大，退热速度也会变慢。运作主要是通过人工干预，让店家的回答占据比较高的排名，例如，找好友为自己的回答点赞，使回答保持足够的热度。

还有一个获得高热度的方法，就是与达人合作。知乎首页有"热榜"板块，里面都是高质量、高点赞且关注度和浏览量较高问答，如图14-9所示。店家如果能联系热榜里的作者，把商品链接（或淘口令）作为回答穿插到回答中去，就能引导一部分客户到商品详情页。不过这样的合作方式通常要付出不菲的推广费用。

图14-9 知乎热榜

在知乎里推广商品时，不能太直接，否则会导致文章被删，甚至账号被封。在写回答时，为避免营销痕迹过重，不要一来就推广商品，而应该根据主题内容先认真回答，再旁敲侧击地提及商品。商品的图片、描述和价格也要注意，好的图片才能激发客户点击率和转化率；描述要详细，让客户全面了解商品；最好能直接标注价格，便于客户判断自己能不能接受这个价位。

2. 热门文章从哪儿来

那么优质的文章内容从哪里来呢？这里介绍两种方式。

（1）代理投放

主动找知乎上粉丝和文章点赞量比较高的"大V"合作。因为这些"大V"文章的浮现频率比较高，与他们合作，可以保证商品的展现量。在找"大V"推广前，要筛选合适的营销话题，例如，"礼物"主话题下面有很多衍生的子话题。店家可以收集主话题和衍生话题，把想要回答的问题和链接做成表格形式，然后选择关注人数是回答人数20倍左右的话题来运作，能保证话题关注度足够多，曝光量足够大。

（2）自己投放文章

如果店家人手充足，可以自己投放文章。例如，安排10个员工，找不同话题进行回答。回答以商品清单为主，把自己的商品穿插到清单里去，并写明推荐理由、淘口令等。便于网友浏览时，跳转到商品详情页。

文章数量越多，浮现量也越大。如果10个人每人每天投放1篇，1周就是70篇。两个月下来，浮现量肯定过万。采用这个方法，前7天一定要保证这10个员工每个回答的赞大于50个，后期这些人的回答浮现才会多，热度也越来越高。

互联网流量每半年、一年都会有个风口，风口出现时，就有便宜流量出现。店家如果能抓住这些流量，就是抓住一次机会。通过知乎平台文章推荐，把客户引到淘宝，是一种有效的站外引流方式。这种方式下，只要话题本身带有话题性，回答的内容有质量，再加上一些推广手段，就可以获得不错的流量，有兴趣的店家不妨尝试一下。

14.2 网红达人推广

网上卖货，"10秒卖出上万件商品"，"2小时销售额2.67亿元"等数据不断刷新着电商从业人员的认知。各大网络达人凭借着强大的带货能力，赚得盆满钵满。而各大店家也不断看到行业中，涌现出的销售神话。这里就揭开网红达人的推广模式，以及寻找网红达人的方法。

提示 "网红"指的是通过网络走近大众视野，并聚集了一批粉丝，在特定领域有影响力的人。"达人"指在某方面比较擅长的专家，如美食达人是指在美食鉴赏或美食制作方面比较杰出的人。

14.2.1 网红达人的推广模式

2015年"双11"当天，女装网红代表张小姐的店，销售额达到5000万。2016年，她不但卖女装，还卖起了手机，且一次推广售卖2000台。什么店铺会有如此强大的爆发力？

这里从张小姐的故事讲起。张小姐原来是杭州一家女装企业的专用模特。这家店在2014年位于淘宝女装店的前10名，发展到2015年时遇到瓶颈。无意中，店家帮助已有几十万微博粉丝的张小姐开了一家店，为她提供货源。谁知这家店在开张后，随着张小姐在微博上的推广，其粉丝疯狂地在店内购物，生意蒸蒸日上。

原来，张小姐作为模特，对于女装的审美有独特的眼光，她的粉丝信任她的眼光，也喜欢她推荐的穿搭。因此，她的店一开，粉丝们开始热情地追捧。

这家公司敏锐地发现了这一现象，觉得这可能是女装企业的下一个风口。于是，公司与张小姐签了长约，另外还与张小姐类似的网红们签约，帮助她们开发产品，做她们背后的供货商。这些网络达人们只需要在微博上发广告、推荐商品，就有销售提成。

原来把微博作为娱乐工具的网红们，都找到了一个稳定的变现通道。而这家公司，在2016年，月销售额突破了1亿。随着这家公司的快速崛起，也引起了同类女装企业的关注，纷纷开始投资这一领域，网红们纷纷成为抢签的对象，月销售额过百万的网红不断涌现。

2016年开始，由于网红店的出现，大家纷纷认识到社交媒体所带来的红利，有可能是下一个电商的机会。不光女装领域，在其他领域也不断涌现网红、达人在社交媒体上推荐自己喜欢的商品，粉丝们也不断为之买单。而最早发现这个机遇的点家门，也都享受到了这波红利。

分析一下这个红利背后发生了什么？2015年开始，随着移动互联网的发展，网民数量与在线时间都有了大幅度的提升。间接导致了以微博为代表的社交媒体火热起来，网民的时间也越来越多地被社交媒体占据。大家关注自己喜欢的网红或达人，除了关注和喜欢，还信任、崇拜他们。有些网红或达人的粉丝数量甚至高达百万，所以，网红达人一旦推广商品，就能大获成功。

有人说，签约网红的操作只有大店铺能做，中小店铺是没有机会的。其实，大多数店铺都可以找到适合自己商品推广的网红达人。虽然，不是每个店铺都能和几百万粉丝的达人合作，但是可以和几万粉丝的小网红、小达人合作。这些人广泛分布在微博、今日头条、抖音等平台，也有的分布在淘宝、天猫的各个内容频道，如有好货、淘宝头条或淘宝直播等，都是很好的合作对象。

例如，某店家在淘宝经营一个售卖儿童服装的店铺。在找到达人合作时，只需支付固定佣金（如10%），就有很多达人愿意为其推广。达人推广方式主要包括图文推广、短视频推广和直播推广。某款牛仔衣的图文推广页面如图14-10所示。

图14-10　某款牛仔衣的图文推广页面

数据显示，通过某达人的推广，文案共曝光了104997次，引到店铺的访客达到3559人。由此可见，经过达人推广，该商品数据达到理想效果。而店家所需付出的广告费，也只是销售额提成。所以非常划算。

一般情况下，店家要提供文案、提供产品；达人负责发布。这样的推广方式，可以帮助更多店家低成本把店做起来。

14.2.2　寻找网红达人

阿里平台为方便店家找网红达人合作，专门在阿里V任务平台提供服务。如图14-11所示，打开阿里V任务首页，可看到内容推广菜单包括直播推广、短视频推广和图文推广。

图14-11 阿里V任务首页

任意打开一种推广方式，可看到各个行业达人的基本信息。如图14-12所示，包括达人名字、粉丝数量、合作任务数、服务评分、任务完成率、垂直领域、所属机构、报价等情况。店家可根据自己商品情况以及推广费用，选择合适的达人合作。

图14-12 阿里V任务首页

除了主动找达人外，店家也可以根据自己推广需要，发布专属于自己的推广计划。对计划感兴趣的达人自行联系店家。

中小店铺不一定要选择粉丝数量高的网红达人。因为粉丝量高的网红达人，其报价也会很高，中小店铺难以承受。其次，粉丝量高并不代表一定推广效果好，因为其中还涉及人群是否精准的问题。所以，店家应根据自己实际情况，选择与网红达人合作。

14.3 自拍短视频推广

短视频,指的是播放时间比较短的视频,如抖音短视频、淘宝短视频等。近年来,一个短视频捧红一个关键意见领袖(KOL)、一个短视频捧红一个品牌,一个短视频增加数百万粉丝的例子,已经屡见不鲜了。

14.3.1 短视频的优势

随着时代的飞速发展,网民们的闲暇时间越来越碎片化,长篇大论的文章与视频已经不是很适应大家的实际需要了。短视频的出现,正好让网民们的碎片时间能够得到充分利用。而且短视频比起图文形式的文章来,更加形象直观,所以短视频也更加能打动网友。如图 14-13 所示,短视频优势主要包括 5 大方面。

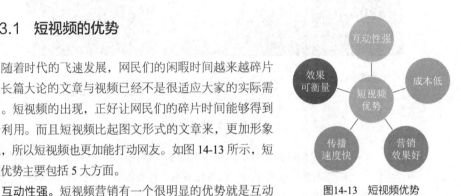

图14-13 短视频优势

- **互动性强**。短视频营销有一个很明显的优势就是互动性强。大部分短视频都支持单向、双向甚至多向的互动交流。对于店家而言,可以迅速获得客户反馈;对于客户而言,既可以直接表达自己的意见和建议,又可以帮助店家传播口碑。
- **成本低**。与传统的广告营销高额的资金投入相比,短视频无论是在制作成本、传播成本,还是后期的维护成本上的投入都要低很多。
- **营销效果好**。短视频由于画面感比较强,给人更立体、更直观的感受;又可直接与电商、直播等平台结合,实现"边看边买"的快捷营销,所以通过短视频销售商品,营销效果显著。
- **传播速度快**。短视频一旦受到大众认可,就能够迅速地在网络上传播开来。同样,营销短视频如果构思巧妙,拍摄精美,也能够引起大量用户的兴趣,并自发进行转发,从而让短视频达到病毒式的快速传播效果。
- **效果可衡量**。无论是在社交平台还是视频平台,都会展示出一条短视频内容的播放量、评论量、转载量等。通过这些数据,运营者即可方便地对短视频的传播和营销效果进行分析和衡量。

因此,店家应抓住短视频红利,把自己的商品用短视频呈现出来,吸引更多目标客户,提升店铺销量。

14.3.2 热门短视频平台

店家在策划短视频内容之前,应先认识短视频平台,找准平台特点来投放短视频,这样才能起到更好的营销效果。就目前而言,较为热门的短视频平台包括抖音短视频、快手短视频、淘宝短视频等。

1. 淘宝短视频

淘宝作为国内最大的电商平台，每天至少有上千万固定访客，有着巨大的流量优势。淘宝站内短视频从 2017 年发展至今，已经应用到了多个展现位中，如主图视频、详情页视频、每日好货等板块。淘宝站内短视频有着如下优点：

- 短视频要求在短时间内表现出卖点、创意，所以质量方面要求更高。如果在视频中加入导购，转化效果也较好。
- 短视频具有容量小、加载快，便于传播的特点。

淘宝站内短视频都对商品起着转化作用，刺激更多客户下单购买。

2. 抖音短视频

2016 年 9 月，今日头条内部孵化出了抖音短视频。截至 2019 年 1 月，抖音国内日活用户突破 2.5 亿，国内月活用户超过 5 亿，并保持高速增长。抖音用户以一二线城市为主，推荐模式以滚动式为主，系统推什么，用户就看什么。

由于抖音短视频有着市场大、用户多等优点，所以成为了很多电商商家的营销阵地。很多店家在抖音发布了营销视频，其中很大一部分都取得了较好的效果。

3. 快手短视频

快手是由快手科技开发的一款短视频应用 App，可用照片和短视频记录生活，也可以通过直播与粉丝实时互动。目前在快手平台，87% 以上都是 90 后。

快手的内容覆盖生活的方方面面，用户遍布全国各地。这些用户对新事物的接受度较强，是很优质的电商客户。由于用户基数大而广，部分平台地那家都转战快手卖货。据一位在淘宝、天猫开店的店家直言"直播卖货并不是一件新鲜事，但我们在快手里找到了新的市场"。

除以上几个短视频平台外，还有好看短视频、美拍短视频、西瓜视频等。店家在拍摄短视频时，应先分析不同短视频平台的人群特征。例如，分析平台用户的年龄、性别、地域等特征，再根据客户喜好去策划内容。

14.3.3 短视频带货

很多短视频中可以直接插入商品链接。网友在查看短视频内容时，如对商品感兴趣，可直接点击商品链接，跳转到商品详情页。淘宝微淘和抖音的带链接短视频如图 14-14 所示。在视频页面，可点按按钮，弹出商品标题、主图和价格等信息。客户如果对商品有兴趣，可直接点按"去购买"链接，即可进入商品详情页。

由于各个客户群体的购物习惯不同，店家应有针对性地策划短视频内容。例如，淘

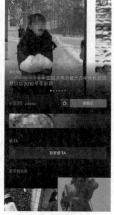

图14-14 淘宝微淘短视频和抖音短视频

宝站内快消客户占比较大,这部分客户购物目的明确。为吸引这部分客户转化,应用最短的时间表达出哪些商品性价比高、哪些商品功能性多,让客户可以快速决定是否购买。

在社交短视频(如快手、抖音等)中,不能直接夸赞某某商品好。最好的办法是从侧面出发,让受众用户在无意间认可产品,达到转化目的。

14.3.4 精心制作短视频

为了短视频取得更好的营销效果,店家应精心制作短视频。制作短视频的流程,如图 14-15 所示。

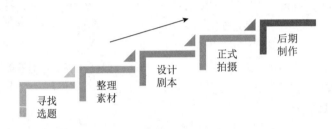

图14-15 短视频制作流程

- **寻找选题**。想要取得良好的推广效果,必须有自己的选题和风格。例如,知名网络达人李子柒,在拍摄短视频方面一直都有自己的风格。在寻找选题时,可建立多个选题,选取其中最具吸引力的来拍摄。同时,还应分析竞争对手的短视频,形成差异化。
- **整理素材**。在确定一个视频的选题后,可以着手准备素材。素材指的是从实际生活中搜集到的、没有整理加工过的、分散的原始材料。整理素材时,要提炼出一个中心点。如策划一个以情感为选题的短视频时,应围绕所需主体来整理素材。
- **设计剧本**。一个好的剧本能够对营销起到积极作用。剧本所呈现出的内容较为详细,包括视频内容的整体脉络,以及各种细节因素,甚至包括短视频内容发生的时间、地点、人物动作、对话等细节。
- **正式拍摄**。要想创作出高质量的短视频作品,就需要搭建优质的创作团队,正确选取拍摄器材,并合理利用场地。
- **后期制作**。短视频拍摄完毕后,尚需要进行后期制作,如剪辑视频,设置转场,添加滤镜、背景音乐、字幕等。可供短视频后期制作的软件非常多,如剪映、小影、爱剪辑、绘声绘影等。

视频制作完成后,可先将视频分享给多人试看,通过反馈进行修改,让视频的营销效果变得更好。不善于策划短视频的店家,则可以对一些较受欢迎的短视频进行分析,然后进行模仿、改良、升级,最终制作出属于自己的营销短视频。

14.4 直播推广

传统意义的网络直播是对各类体育比赛和文艺活动的直播，将相关信号实时上传网络提供给大家观看。网络直播多以视讯、音频、数据共享等方式，进行网上现场互动直播。与传统的直播相比，网络直播更具互动性和即时性。在线观看的粉丝可以在直播间发评论、送礼物、跳转链接购买商品。在泛娱乐的发展下，出现"直播+"形式，使得各行各业纷纷进军直播行业。

其中，阿里平台开发的淘宝直播，近年来尤为火热。据数据显示，2018年淘宝直播平台带货超千亿，创造了一个全新的千亿级增量市场。店家们也可以加入直播大军，拉近客户和商品的距离，让店铺销量更上一层楼。

14.4.1 哪些商品适合直播推广

对于网店卖家而言，网络直播就是一个新的流量渠道。通过直播，可以更加全面地展示商品卖点，在极短的时间内刺激客户下单。那么，哪些商品适合淘宝直播推广呢？

1. 适合团购的商品

从某种意义上来说，电商直播就是一种新的团购形式。把粉丝都集中在一个直播间，再向粉丝售卖商品。所以，以前就适合团购的商品，如今更合适做直播推广。如某主播在直播间推广多款儿童衣服，在线的粉丝可以让主播从各种角度展示衣服，并询问衣服价格、材质、型号等信息。主播也可以根据粉丝的问题，进行细致回答与展示，让粉丝更了解商品。对商品感兴趣的粉丝可以通过直播间跳转商品详情页下单购买，如图14-16所示。

图14-16 卖儿童服装的直播间截图

除服装类目外，还有很多可以团购的商品都适合直播推广，例如日用品和快消品。以直播形式带动的团购很容易打造爆款，店家可选择质量优、价格合理的商品来做直播推广，能在短时间内获得大量流量和销量,有较大可能打造出一款爆款商品。

2. 高客单价商品

部分高客单价商品,因其价值较高,客户需要慎重考虑其质量,所以迟迟不愿意下单。如果店家通过直播的方式,详细展示商品的功能与质量,大小客户的疑虑,则可以刺激客户下单。如某美妆商品直播间中,主播可以在线使用美妆商品,让粉丝直观地看到使用前后对比;粉丝也可以在线要求主播试用商品,消除心中疑虑,这样,及时商品价值较高,也能够获得客户的认可并购买,如图14-17所示。

图14-17 直播高客单价化妆品的直播间截图

高客单价的商品在直播时,主要以说明商品质量好、功能多、售后服务完善等特点为主,让客户认可其价值与价格是匹配的。例如,某款汉服价格都在1000元左右,而某店家出了一款改进版汉服价格为1500元,高于平均价位。店家可以通过直播的形式,从汉服的调研、设计、寓意等方面说明这款汉服为什么值1500元,以此打动客户、转化客户。

3. 重视来源的商品

随着生活水平的提高,人们越来越重视商品来源。例如,以前吃肉,最关心肉的味道。而现在,大家除了关心肉的味道,还关心肉的来源。所以,跑山鸡、泉水鱼等原生态的食物逐渐走进大众视野。店家如果能通过直播,更加全面地介绍商品来源,则更能俘获客户的心。

为迎合客户追求商品来源,也促进区域原产经济,淘宝开放村播计划。通过直播新技术带动当地农民创业,实现全年农产品直供销量超30个亿。很多经营农产品的店家都可以在直播间中向客户展示农产品的来源,这比在商品详情页中展示商品要更加能让人产生信心。

如一位售卖蜂蜜的主播,他的一场直播观看人数达到13万人,如图14-18所示。该主播在直播间展示产蜂蜜的蜜蜂的生长环境以及现场采蜜等,让广大粉丝们感受到蜂蜜的原生态,从而纷纷下单购买蜂蜜。

图14-18 直播蜂蜜的直播间截图

还有部分售卖熟食的店家，也可以通过直播形式展现商品原料、烹制过程。在表达商品安全有保障的同时，也让客户了解食物烹制过程，增加客户对商品质量的信心。

14.4.2 直播技巧

有的直播间在线人数、发言人数多，商品转化率也高；而有的直播间却只有几个闲人和主播聊天，基本没有转化率。店家如何才能让直播间气氛活跃，提高商品转化率呢？

1. 吸引更多粉丝进入直播间

店家在平时应把新老客户维护在微信或微淘里，在开播之前，通过更新朋友圈或微淘唤醒客户进入直播间。如某店家开播前在微信朋友圈分享今夜直播有红包雨，吸引了很多客户观看直播，如图14-19所示。

除了利益诱惑外，店家还要让直播间的粉丝有所收获，例如，可在直播中讲解与商品有关的生活中小技巧、小知识等，这样能够提高直播的附加值，使直播更受粉丝的欢迎。

图14-19 微信朋友圈分享直播截图

2. 树立专家形象

店家怎样才能让粉丝更加容易接受自己推荐的商品呢？由于很多客户在购买商品时，都会参考专家的意见，因此主播最好能树立起一个专家的形象，这样推荐的相关商品更能为粉丝所接受。

例如，知名的美妆博主张女士，凭借直爽的性格和高超的化妆技巧，收获了很多忠实粉丝。张女士拍摄的美妆短视频中，常常会讲解化妆技巧，在粉丝心目中树立起一个美妆专家的形象。比如，她善用化妆前和化妆后的效果对比，说明哪些产品遮瑕效果好，哪些方法可以有效祛除黑眼圈等。这些内容在她的演绎下，变得很有专业性，粉丝听了感到很是佩服，从而认为她是美妆专家。

主播在树立专家形象时，要注意两点，即既要用一定的专业名词术语，让自己显得很有专业水平，又要通俗易懂，让粉丝听得明白，这样才能让粉丝接受。

3. 让粉丝认识更"全面"的自己

一些擅长交际的主播，在直播中不仅能售出商品，更能和粉丝交上朋友。部分粉丝愿意购买主播推荐的商品，不一定是看中商品本身，而是喜欢推荐商品的主播。所以，在直播过程中，主播也可以适当谈及一些关于自己的趣事糗事，让自己显得更生活化，更"接地气"，让粉丝更容易接受自己，从而更容易信任自己推荐的商品。

例如，某大码主播在直播大码女装穿搭之余，也会在直播间分享自己生活中的趣事。很多粉丝被她的这种多角度展示自己的风格所吸引，不少粉丝还自发拉来朋友进直播室听她聊天，被她讲述的生活趣事逗得哈哈大笑。慢慢地，她的直播室变得越来越热闹，她销售的商品也越来越多。

14.5 小技巧

技巧1——直播需要哪些硬件

主播在开播前，需要准备好相应的硬件。电商直播以室内直播为主，个别类目也适合室外直播。室内直播需要的硬件包括电脑（或手机）、摄像头、麦克风、声卡等；室外主要是手机或笔记本电脑、移动电源、摄像头、麦克风等。

在选择电脑时，主流配置的机型就足以满足直播需求，不必过于追求性能。除此之外，还需要配备视频摄像头、麦克风、麦克风支架、声卡、监听耳机、台灯等。在直播界有"三大件"的说法，即指摄像头、电容麦克风、独立声卡这三个直播的核心设备。其中又以摄像头最为重要，选购时不要过于节约，去选择了廉价摄像头与廉价麦克风。如果资金不太宽裕，电容麦克风和独立声卡可以成套购买，会节省一小部分钱。总之，设备的性能与直播的效果密切相关，应该加以重视。

除了室内直播，常常可以看到各大现场来回穿梭的室外直播。室外直播使用的设备更是简单，主要包括：手机、自拍杆、耳机和补光灯等设备。

> **提示** 室内直播应注重直播间的装修与商品契合度。例如，店家想直播一批手工糕点，最好以干净、整洁的厨房为背景，带给客户卫生、美味的感觉。

技巧2——网红达人推广与淘宝客推广的区别

以内容为主的网红达人推广和传统的淘客有很大区别。传统的淘宝客，主要依据微信群、QQ群以及网站推广。这些推广有如下缺点：

- 平台相对而言比较封闭；
- 引进新流量比较少，多是淘宝客已有的客户；
- 受众人群不精准，转化偏低；
- 多靠价格的优势吸引客户，对品牌知名度的提升作用不大。

淘宝客的这些方法确实能够带来销量，但这些因淘宝客推广而进店的客户，对品牌影响力没有较大的扩散作用。例如，某客户由淘宝客分享的链接进入商品详情页，并因为价格优惠而下单，这样的客户对店铺和品牌没有太大感觉，较少会主动分享购买经验给他人。

而通过网红达人引流，因其具有淘宝客引流不具备的高售罄率以及新客户多等优点，已经成为一种趋势。2018年，阿里妈妈上线了手机淘宝红人轻店铺功能，可以帮助网红快速开店。这类轻店铺和正常的店铺界面没有区别，主要是为了帮助红人进行变现。红人可以选产品上架到小店，无须备货。

为了保证引进的流量和质量，阿里妈妈会有质量从零到一的评分，检测流量情况，并且这种引流计入淘宝权重。这也是对店家最有吸引力的一点。

目前，轻店铺已经邀请一些头部流量达人参与。这些达人在微博、抖音等平台，都有粉丝基础。达人通过发布优质的图文、视频内容，吸引客户购买。拥有轻店铺的达人，可以将小店的链接入口放置在自己的置顶微博、抖音主页、快手主页、自媒体主页中。粉丝们通过点击就可以直接跳转到商品详情页。同时用户也可以在手机淘宝中直接搜索轻店铺的名称进入店铺，客户选购由达人推广的商品，达人可以获得商品佣金。

网红达人带货和引流能力非常强，主要表现在以下两方面：

- **高售罄率**。根据数据显示，2018年"双11"，阿里的售罄率只有40%，也就是只有40%的店家把货卖完了。但是，达人基本采取预售机制，售罄率很高，而且推广效果具有长尾效应。例如，某达人新店铺在"双11"当天，通过站内的直通车和智钻推广，投入1万4千元费用，而销售额只有6万；但通过抖音、微博等平台引进的流量，当天销售额就达到300万。
- **吸引新客户**。网红达人通过抖音、微博等平台带来的流量，绝大部分都是新客户，可以避免淘宝店铺已经成形的流量体系。在新体系下掌握规则获取流量推荐，是直通车和智钻不具备的优势。

案例1　她是如何抓住直播红利，利润翻一倍？

王心怡，目前有两家公司。一家主要做淘宝、天猫店铺；另一家主要给品牌商提供拍摄、设计、运营推广等服务，直播经验尤为丰富。这里主要由她分享中小卖家如何做直播的经验，包括选择直播人员到直播规则、注意事项、审核等事项。

1. 建议店家最好自己直播

据数据显示，淘宝店家直播的在线观看人数为7000万~9000万，但是每周开播的店家不到2万，也就是说淘宝店家直播还有很大的利益增长空间。建议店家自己直播，不找机构或达人，主要有3个原因：

- 机构、达人直播的流量不够精准，客户大都是冲动购物，导致退货率高。

- 机构、达人直播的成本比较高。自己培养主播更便宜，如果是三四线城市，一个月花4000~6000元就能培养一位主播。
- 机构、达人直播可能同时推多家商品，导致自家商品展示时间短，销售量不佳。

店家自己直播，最大的好处在于流量精准。因为不同类目直播，展现在不同频道。客户来到某个直播间，很可能是对这个类目有兴趣或有需要，因此流量是精准的。虽然新开的直播间没有浮现权，但通过轮播展现机制，有机会出现在手机淘宝首页。

2. 弄清直播规则

选好主播并布置完直播间后，下一步就可以开始正式直播了。在直播之前，应先了解相关的规则，避免无意中触犯，导致直播被封禁。

（1）封面图

淘宝直播的封面图有两个尺寸，分别是：750×750的正方形，用于频道内的展现；手机淘宝首页的长方形展示图片，要求长宽比例为16∶9。封面图的注意事项：

- 封面图要美观，图片上不得出现文字。
- 封面不能使用网红或明星的图片，除非他们本人会出现在直播间，或者有该网红、明星图片的版权。
- 封面内容和标题要一致。例如，某直播间直播的商品是榴莲，封面就应该是榴莲，而不是其他水果。

（2）标题

标题有字数限制，店家可根据自己的需求填写。直播标题中不能出现任何利益折扣，例如"今日8折""粉丝福利放送"等。另外，直播标题必须与封面图、直播内容保持一致。例如，直播售卖商品是适合小个子人群的服装，标题写"小个子穿搭"，邀请的模特也应是小个子。

（3）直播内容简介

直播内容简介，用于解释标题。比如直播标题为"××网红仿妆出镜"，内容简介就可以介绍××网红毕业于哪所学校，录过哪些综艺节目，有多少粉丝等等。在介绍完嘉宾后，再介绍一下仿妆过程中即将重点推广的商品。除此之外，还可以每隔一段时间重复介绍一下直播福利，比如点赞到达某个数值可享5折优惠，整点会派发支付宝红包等。

（4）直播流程

直播的流程一定要提前规划清楚。比如，某美妆直播时长一共3小时，第1小时介绍底妆，第2小时介绍眼妆，第3小时介绍口红或者化妆技巧等。整个活动的时间安排和目的安点要非常清晰，这样才能有条不紊地实现。

3. 注意直播细节

直播之前，还有一些小细节要注意，比如：

- 直播环境要明亮，昏暗的环境很难获得流量。
- 直播时，商品不要随意堆积显凌乱。如果是服装类目，最好有大衣架整齐挂好衣服。
- 直播商品好评率在98%及以上，直播店铺DSR评分均在4.6以上，更容易获得流量和权重。

- 最好选择电脑直播，因为手机直播音质差，如果有条件最好额外购买的直播辅助工具，例如单独的麦克风、声卡等。
- 如果是电脑直播，屏幕右上方会出现信息卡，可以如实填写主播信息填。例如，主播身高、体重、年龄等。同时，第二栏会有轮播信息设置，可以设置自动循环播放的信息，可设置诸如"关注主播可以领淘金币""晚上8点有抽奖活动等"等信息。
- 在淘宝后台的权益中心，设置直播间的福利。例如，以支付宝红包的形式，设置具体红包数量和发放时间等。

4. 如何高效通过审核

在正式直播之前，需提前一天发布直播预告。直播预告最好在下午4:30前发布，方便官方进行预审。预审主要看直播的标题、内容简介和封面是否符合直播要求，审核通过才可以进行直播。

正式直播的前10分钟非常重要，甚至决定了店铺流量能否达到最高值。因为前10分钟，会有小二进入直播间观看。如果小二认为直播内容好，会给直播间引入一些公域流量，吸引更多新粉丝。

另外，直播过程中不要说脏话，不要谈论政治性敏感问题，更不要做触犯法律的事情。

关于直播的时间，虽然20:00—24:00是直播的黄金时间，但不建议小店家选择这个时段。因为这个时段的网红达人很多，竞争激烈。那么小店家，应如何选择直播时间呢？

- 避开直播高峰期：早上的时段也比较好。有些熬夜的网友就会在早上5:00—6:00去看直播，有的主播讲话很风趣，客户即使对商品没有那么大的兴趣，也可能会因为主播的幽默、风趣而下单。
- 直播时间更长：小店家想要选择高峰期直播，就需要拉长直播时间。例如，从18:00—24:00。因为直播时间越长，所累积的直播间权重就会越高。

5. 真实经历

我身边有一个朋友，之前店铺半死不活。通过我的这一套方法做直播，起死回生。这个朋友主营女装，前一年用尽各种办法，即使加班到晚上12点，每个月的销售额都止步于3万，还存在各种库存问题。

后来，她开通了直播。仅仅五六个月的时间，营业额就涨到30万~50万，店铺粉丝也保持每月1万的增速。朋友说她开始直播时也就几百个人观看，但她坚持了下来。现在她一场直播的观看人数在6万~10万，最差的时候也有2万左右。

她的店铺在一个4线城市，直播团队一共3个人，分别是主播、助理和运营。运营由她自己负责，主播每月薪资3000元+提成。主播年龄30多，之前也没有直播经验，都是从零培养的。

通过直播，这位朋友不仅销售额有所增长，还通过秒杀、清仓等活动把库存都处理了。所以，对于中小店家，直播会是一个重大的突破口。

案例2　通过全网内容推广做到年销售额4500万

毛理科，主营食品类目下的袋泡茶、代餐粉和食用油。他依靠全网推广，成功做到年销售额4500万，净利润500万。全网推广是电商发展的一个大趋势，很多店家已经着手在做，但很少有人能做到这样的业绩。这里由毛理科老师分享他的方法和经验。

淘内推广主要以淘宝达人为主，把商品更好地展现给有需求的客户。文章里可以直接推荐店铺链接，客户可以直接点击跳转进店购买。

淘外推广做得比较广，如今日头条、大鱼号、一点咨询、知乎等。和淘达人不同的是，这些渠道推广不需要付费，自己申请账号写文章发布就行。目前效果最明显的是今日头条。最开始做的一个号，截至目前积累了30多万粉丝。这里重点给大家讲讲如何用今日头条做推广。

今日头条平台推荐机制，有点类似淘宝的千人千面，根据用户的点击情况智能推荐。例如，客户喜欢点击时事类文章，下次再打开今日头条，推送的内容主要是时事类文章。我们首先会依据推荐的规律，查看一些爆文。看看这些文章具有什么特征，进行模仿。这样的文章往往容易爆，得到很多推荐。

今日头条的放心购、天猫、京东、百度自由商城、公众号微商城都可以直接成交。但也有一些平台，不能放商品链接，就需要以商品为导向去推一些关键词。这样读者不管去哪个平台搜索，都能成交，流失率比较低。

商品相关的内容输出，主要包括三种形式：文章、视频、问答。我们花在文章上的功夫最多，目前收效也最明显。我们主营功能性食品，文章有多个可切入点，如商品相关内容，与功能相关内容，与行业咨询相关内容等。

例如，每年的三四月份，是主推代餐粉的时间。因为网上流传"三月不减肥，四月徒伤悲，五月人更肥"的段子，也算为减肥商品造势。现在很多上班族，没有时间健身运动却又想保持身材，对代餐粉这样的减肥商品有较大需求。我们只要顺着这样的思路去写，一般转化率都还行。

现在的客户在接触一个新鲜事物或商品时，都会习惯性地去百度上搜索、查看相关资料、新闻。所以，我们有一个5人的工作小组，专门负责打造商品口碑。工作流程类似于电商运营中，上新一款新品，所做的基础销量及评论工作。这个工作小组提前在百度做排名，宣传商品如何好，让客户信任商品。

如何打造这样的团队？我们的团队目前一共70人，其中，负责内容推广的就有30多人。这30多人里，除了前面提到的5人工作小组，剩余的都是文案写手。

在培养新人时，都由老员工一带一。培养过程中，不断让员工总结经验，并整理成教程。新人刚入职时，可以学习这些教程，上手更快。等到新员工可以独立写文、可以带人时，就会继续招人给他们带。如果能带出优秀新人，会发给老员工200～500的奖金。

新人试用期3个月。通过工作数量考核能不能转正，如果不能，顺延一个月。第一个月没有考核，从第二个月开始慢慢增加数量的考核。一天能够完成4～5篇符合要求的文章时，基本可以转正。

转正后主要看文章的阅读量和转化率进行绩效考评。阅读量很直观，可以在文章后台直接查看；转化则以文章带来的订单来考核；淘宝达人直接看订单数；自媒体文章以文章所推关键词带来的进店流量进行考核。

　　这种模式下，虽然在推广、策划上需要花费大量的人力成本，但只要做起来就打好了基础，只要转化率能跟上，盈利将会非常可观，在同业竞争中也会很有优势。

第15讲

打造爆款，引爆流量

本章导读

爆款商品是指销售量远高于同店其他商品，或远高于平台同类商品的某一款商品。爆款商品本身可以带来丰厚的利润，也能为店铺带来巨大的流量，带动店内其他商品的销量大幅上涨，因此大部分店家都想打造爆款商品。但爆款商品打造不易，想要避免失败，店家应掌握准备工作、优化工作、推出策略以及维护工作的相关知识与技能。

15.1 打造爆款的准备工作

在打造爆款商品之前,店家应了解爆款的发展历程以及爆款商品应具备哪些属性,才能结合店内实际情况,做好打造爆款的准备工作。

15.1.1 深入了解爆款

大多数淘宝、天猫客户,在线上购物时都采用搜索方式来寻找需要的商品。客户搜索具有明确的目的性,想买某件商品就会搜索相应的关键词。但搜索结果往往多达数十页甚至上百页,平台是按什么依据来排列商品顺序的呢?

在2012年之前,对商品排名影响最大的因素就是商品销量。例如,一顶太阳帽的销量高,平台也会给更多客户优先推荐这款太阳帽,这又会导致太阳帽销量进一步提高,这种良性循环往往会导致一款商品销量急剧增加,为店家带来巨大收益,所以这种商品被形象地称为"爆款",如何将一款商品推成爆款也成了很多店家的研究课题。

显而易见,在当时的环境下,低价商品相对更容易称为爆款,店家为了降低价格,只有不断地降低商品品质,导致淘宝整体品质下滑。因此在2012年低价商品充斥整个平台,让很多追求品质的客户难以搜索到中高价位的优质商品。

淘宝官方意识到这样下去的话,平台只能成为"贫"民消费地了。为改变这一局面,淘宝推出"个性化搜索",也就是依客户的个人消费习惯,向客户推荐最适合的商品。比如,一名客户平时消费水平偏高,那么在搜索"背包"时,搜索出来的结果大都是价格中等偏上,质量有所保证的背包。这种举措导致各种价位层次的商品都有可能"爆"起来。

2013年后,淘宝的个性化搜索变得越来越智能。原来价格战的模式已经过去,流量也以更合理的形式进行分配,很多店家都分配到了一定的流量,爆款也从大爆款变成小爆款。这是因为大多数的中小店家没有实力去抢一个行业的第一款,但是他们可以满足10%的客户需求,去做一个月销1千件的小爆款。这导致爆款的规模变小了,但难度也相应降低了。

那些找到行业中竞争不大,销量一般,但毛利率较高商品的店家,利润也不错。例如,某店家在2013年做玉石时,就没有选择几十元价位的商品,而是选择价格在300~500元的商品。虽然月销量也才100多件,但是利润却比那些卖几十元的商品还多。所以,店家一定要打造属于自己的爆款,来获取更多利润。

15.1.2 爆款的属性分析

很多店家一直在琢磨如何打造爆款,却不知道爆款应具备什么属性才能更加受到平台的"青睐",更加容易被平台推荐给客户,这样很难打造出爆款。所以,了解爆款能"爆"起来的属性非常重要。

1. 点击率

爆款商品首先一定要非常能吸引客户。淘宝、天猫的搜索引擎在考核一个商品时，都会给这个商品展现机会。商品得到展现后，平台会监控该商品吸引客户的关键指标，也就是点击率，然后判断该商品的受欢迎程度。例如，一款帽子上新后，通过关键词搜索流量、类目频道流量、个性化匹配流量等展现给客户，平台根据客户的点击率来判断该帽子是否受欢迎。

所以想打造爆款商品，必须先关注该商品的点击率是否能达到或超过行业均值。如果达不到，应先分析影响点击率的因素。当客户查看商品时，有很多因素都可能影响点击率，有的因素可以优化，而有的则不行。

如搜索"帽子"关键词时，其中的部分搜索结果如图15-1所示。从搜索结果中能看到关于商品的信息包括标题、主图、价格、销量、店铺名称、发货地等信息。

在搜索结果中，可以优化的因素只有标题、主图、价格这三个。

图15-1 "帽子"关键词的部分搜索结果

- **优化标题**。标题优化可以从三个方面出发：通过生意参谋，选择点击率高的关键词；关键词和商品一定要高度相关；注意标题的可读性，不要让标题读起来拗口。
- **优化主图**。在不违规的前提下，利用各种方法让图片更能吸引客户点击。
- **优化价格**。如果商品定价能在客户喜欢的价格区间，能提升商品的点击率。

2. 收藏量与加购量

当一个商品上新，在没有销量和评价的情况下，可以通过收藏量和加购物车量来分析商品是否受欢迎。一个好的商品在上架后这两个指标会随着访客数量上升而增加。

店家可以在生意参谋查看各商品的收藏量和加购量，从而分别计算这两个指标。如果这两个指标都高于行业平均值，那就具备爆款的基因。

3. 单个访客

淘宝、天猫都非常关注的一个标准，就是单个访客所能够创造的价值。这个指标由多个指标决定，例如访客的收藏、加购、关注行为，以及访客的转化率和客单价等。这些指标也可以在生意参谋中查看。如果某商品的这些指标均高于行业均值，则具有成为爆款的潜力。

4. 退款率

如果某个商品的流量多，转化率高是否就一定是爆款商品了呢？不一定，因为还需要关注退款率。除某些特定类目外（如服装类目通常退换货情况较多），退款率、退款时长也影响店铺的自然搜索排序。

平台如果发现一个新品虽然销量高，但退款率高，就会判断这个商品虽然能吸引客户，但是并不能让客户满意。因此，平台不仅不会给予该商品更多流量，反而会取消之前的流量扶持。所以，低退款率也是爆款商品不可或缺的一个特征。

15.2 打造爆款的准备工作

在打造爆款商品之前，需要做大量的准备工作，比如，精心选择适合成为爆款的商品，选择一个合适的定价，优化好关键词、主图、详情页等。做好了这些工作，商品"爆"起来的可能性才会更大。

15.2.1 如何选择爆款商品

选对商品，才有可能打造成为爆款。如果选择一些不利于爆款打造的商品，即使花费再多时间和精力也是徒劳的。所以，爆款打造第一步，就是选款。店家在爆款选品时，应考虑如图 15-2 所示的因素。

图15-2 爆款选品考虑因素

- 观察市场行情。一个商品的市场接受度高，意味着它的受众面很广，需求量较大，这样的商品才有可能达到较高转化率。所以，店家要观察市场接受度，挖掘到店内具有爆款潜力的商品。
- 应季性。应季商品更容易打造成爆款。例如，客户在夏天对薄款女短裙的需求更大，也更容易下单购买。
- 地域性。不同商品，在不同地区的需求量有所不同。在选品时，要分析自己的商品在哪些地域需求量大，以及这些地域的人群是否适合做推广。
- 销量基础。客户大多有从众心理，选择的爆款商品必须有一定的基础销量，才能让客户觉得有安全感，从而放心购买。而且商品有基础销量后，才有真实客户在"问大家"板块进行互动，更能吸引其他客户购买商品。
- 评价基础。商品有一定数量的优质评价，更容易得到客户青睐，也更容易吸引客户下单，提升商品销量。
- 利润空间。打造爆款意味着要投入很多钱进行推广，如直通车推广、淘宝客推广以及站外推广等。如果一个商品的利润空间小，则意味着可能赚不回推广费用，会出现亏损；而利润空间大，则商品售价高，竞争力弱，不易被客户接受。所以，店家在选择商品时，要注意将利润空间控制在一个合适的范围。
- 供应链。一旦打造爆款成功，该商品的需求量会持续增长。如果没有稳定的供应链，可能出现很多缺货问题。因此，店家在选择商品时一定要调查好供应链的产能，保证货源充足。

- **无违规降权**。违规被降权的商品，不利于获得自然流量和推广流量，引流效果不佳，不建议选择这类商品。

除以上内容外，店家还应通过生意参谋、直通车等查看商品的点击率、转化率等数据，分析出最受客户欢迎的商品。

15.2.2 爆款商品如何定价

很多店家认为，影响商品流量和转换率的最主要因素是商品关键词、主图和详情页。其实，价格也是影响以上问题的关键因素之一，特别是打造爆款时，如果价格定位不合理，商品很难热起来。爆款商品价格应定在该类商品消费人群最多的价格段，一般从以下两个渠道进行研判。

- **参考前 20 名产品的价格**。如果是高客单价的商品，在搜索关键词后，按综合排序，找到前 20 名的商品。看看商品大多在哪个价格区间，这个价格区间就是最受欢迎的。
- **分析搜索人群价格区间**。在生意参谋分析近 90 天的客户支付金额，得出哪个价格区间最受欢迎。再看看这个价格区间是否与综合排序靠前的商品价格区间相吻合。如果吻合，基本可以按照这一价格区间来定价。

除此之外，还要对店铺商品价格进行布局。因为店铺的盈利、流量都不能只靠单品来支撑，而要靠全店商品组合来实现，所以要准备不同价格的商品线，涵盖目标群体的高低端，才能实现店铺的全面发展。

15.2.3 优化爆款商品关键词

爆款标题一般都是流量大词和热词的组合。很多店家习惯直接复制别人的标题，但其实每个店铺、商品的权重不一样。如果店家的权重低，就算套用别人的热门标题，也没有什么效果。

在撰写爆款商品的标题之前，要结合生意参谋、直通车等工具确定主关键词。主关键词越少越好，尽量控制在 3 个以内。确定主关键词后，选择流量比较大，点击率、转化率比较高，竞争比较低的关键词进行组合。

不同的组合顺序对权重也有影响，最好先用直通车做测试。标题字数上，能写满尽量写满。至于留不留空格，各有各的优点，空格符号能分割关键词，且空格前面的关键词权重更高；而不加空格，可以节省资源，多写几个关键词。所以，留不留空格，可根据店家自己的经验和需求来决定。

总体而言，爆款标题所用的关键词权重一定要高，搜索的人气指数和流量也比较大。而且权重最高、流量最好的词放在标题的前后，方便搜索引擎抓取。标题写好了之后，用自己写的全标题去搜索，如果出现的商品和自己商品的属性都差不多，那么这个标题就是一个合格的标题。

15.2.4 优化爆款商品的主图

商品点击率是决定商品是否能成为爆款的基本因素之一,而商品主图就是影响商品点击率的要点。所以,打造爆款商品应注意优化商品主图。店家在优化商品主图时,应注意以下因素。

- **图片的清晰度**。在满足规定商品尺寸的前提下,还要注意商品图片的清晰度。特别是很多商品由本地上传储存到空间,会被压缩,导致图像不清晰。
- **商品的背景色**。最好选用较浅的颜色来做背景色。例如,白色是很多商品常用的背景色,也是天猫商城规定的背景色。白色可以很好地突出商品。当然,如果是金银首饰或其他浅色商品,可以选择颜色稍深的颜色做背景,例如很多银饰品会选用黑色做背景。
- **图片的真实性**。店家可以用 PS 稍微修改一下商品图片,使图片看上去更具吸引力,但千万不要过分修改,不然可能带来很多"实物与描述不符"的差评。
- **防止牛皮癣效果**。部分店家为了让主图容纳更多卖点信息,在主图上放置了很多文字。适当的文字确实能起到积极的作用,但放入太多文字,会造成"牛皮癣"效果,让客户感到眼花缭乱而忽略商品本身。

另外,店家在优化商品主图时,可多参考同行热销商品的主图,把其中的积极因素融合在自己的商品主图中,让自己的商品主图更具吸引力。

15.2.5 优化爆款商品详情页

商品详情页能展现很多商品信息,如商品材质、细节、功能描述以及使用场景等,很多客户被商品详情页说服后,就会做出购买的决定,因此优化商品详情页对于提高转化率有很积极的作用。

店家在优化商品详情页之前,可以先调研顾客购物决策流程。通常,一个客户的购物决策流程如图 15-3 所示。

图15-3 客户购物决策流程图

从图中可见,客户最为关心详情页前后 4 张描述图、评论和问大家板块。前 4 张主图一般是介绍商品属性信息,后 4 张一般是介绍商品加入的服务。评论板块前文内容也谈了很多,这里重点谈谈问大家。

"问大家"是淘宝平台为店家提供的一个内容营销阵地，其入口位于手机淘宝商品详情页中，如图15-4所示。客户如对商品存疑，可以直接在该板块提问，由平台推送该问题给购买过的客户回答。当然，店家也可以自己回答。

在手机淘宝"问大家"板块，很多问题都是客户最关心的问题，如果大家的回答不能令客户满意，则会影响商品的销售。例如，新客户进入店铺看到其他客户提问"该商品掉色吗？"，而连续几个回答都说掉色严重，那新客户很可能就跳失了。

所以，店家应密切关注"问大家"板块的问题和回答，如果存在不利于商品销售的问题或答案，最好联系客户进行删除。

图15-4 问大家板块

15.3 爆款的推出策略

爆款在推出前，需做好一定的营销策略。例如，在商品发布前就做好店内宣传、客服培训等准备工作；为商品获得更多自然流量，通过生意参谋选择商品最佳上架时间点；通过站内活动、站外推广、优化商品、付费推广相结合的方式引爆流量等。

15.3.1 爆款发布前的预热

爆款商品除了前期策划、优化外，还需要预热工作，吸引更多客户注意商品。例如，店内宣传爆款商品、培训客服提升询单转化率、设置关联商品提升客单价等。

1. 店内宣传爆款商品

在推出爆款商品前，需要让客户事先关注商品，并不时去造势，让客户一直保持着关注的状态。这样，在商品推出时不少客户就会进行抢购，有利于快速积累商品的基础销量和评价。这里介绍几种常见的让客户关注的方法。

- **店铺首页放置爆款商品信息**。店铺首页信息一般最能引起客户关注，可以在此放置爆款商品信息。为了更好地吸引客户购买，在放置商品基本信息时，还应标注活动、折扣等信息。某女包旗舰店在首页放置了某款单品的信息，起到了良好的效果，如图15-5所示。店家除了放置商品图片外，还标注有"专区第二件半价""专享到手价239"等信息。客户在看到这些信息时，可能好奇折后价是239元，那原价是多少呢？继而单击商品主图进入详情页。在对比原价499元后，认为239的价格很划算，可能就会进行收藏或加购。

图15-5　某女包旗舰店首页放置某款单品

- **在导航栏中设置爆款商品分类选项**。部分店家会在店铺首页的导航栏中专门设置爆款商品分类选项。如图15-6所示，为某女包旗舰店的分类导航，标注有"热卖榜单""秋冬新品""清仓特惠"等分类。分类有利于客户快速找到热销商品、活动商品。在打造爆款时，可以把商品放在新品活动分类，也可以放在热卖榜单分类，吸引客户点击。

图15-6　某女包旗舰店的分类导航

- **分享有礼**。为了快速扩散爆款信息，店家可以举办分享有礼活动。如首先在微淘、微信朋友圈分享活动，吸引老客户关注，刺激老客户分享活动至社交软件吸引更多人关注。活动开始时，就能让这些关注活动的新老客户贡献第一波流量、销量。

2. 培训客服提升询单转化率

当客户查看详情页对商品感兴趣时，可能会咨询客服关于商品的更多信息。客服如果能在合适的时机下引导客户下单，则可以提升询单转化率。因此在爆款商品销售前，应对客服集中进行商品知识、销售话术等方面的强化培训。

当客户提出关于商品的问题时，客服应利用巧妙得当的话术进行回答，不能存在因不熟悉商品信息而无法回答或错误回答的现象。例如，客户对商品质量存疑时，客服可以用细节图来说明商品材质、做工方面都很好，有理有据地说服顾客。

在客户有意向下单时，客服还可以连带销售其他商品，提高客单价。例如，客户有意向购买一款面膜时，客服可以这样说："亲，店内还有一款某某直播达人推荐的眼霜，保湿效果非常好，而且近期在做买二送一的活动。您有兴趣的话可以看看哟。"

3. 设置关联商品提升客单价

爆款商品往往是单个商品。不过，由于单个爆款商品能带来很多流量，所以店家可以想办法转化这些进店流量，来提升整店销售额。转化流量最好的方式就是关联销售。

- **买满包邮**。关联营销可以采取买满包邮的营销策略。例如，客户根据直通车广告进入商品详情页，在详情页客户看到"全店购满199元的商品，可享受包邮服务"的提示信息。由于商品活动价格为169元，邮费需要12元，单买共需花费171元，那么很多客户会选择再去购买一个价格为30元左右的商品来凑单，省去邮费。
- **买满减**。关联营销也可以通过买满减的方式来设置关联商品。客户为了享受折扣价而去购买更多商品。例如，还是在那款活动价格为179元的商品详情页中标注，店内购买

199元可享受9折优惠。很多客户为了享受折扣，就会再去选购店内其他商品。
- **需求关联**。很多商品都有需求关联商品，如洗发露和护发素。店家在打造商品爆款时，就应该思考是否有需求关联。部分关联商品无须使用包邮、打折等优惠，也能刺激客户下单购买。

15.3.2 优选上架时间

根据淘宝、天猫的商品排名规则，客户在搜索一款商品时，越靠近下架时间的商品，排名越靠前。所以，店家要让爆款商品排名更靠前，获得更多自然搜索流量，应考虑爆款商品的上下架时间。

根规定，商品的上架周期为7天。商品在某个时间上架，在7天后的同一时间就会下架，形成自动循环的周期。这个周期内的起始时间就是商品的上下架时间。只要知道了商品的上架时间，也就知道商品的下架时间。因此，店家只要分析、计划商品的上架时间点，就能有效地提升商品搜索排名。

由于商品的类目和客户购买习惯的不同，流量高峰时段存在一定的差异。因此店家在设置商品上架时间前，一定要先去生意参谋查询自己商品类目的商品上架时段分布。

例如，查询"户外刀"的上架时段分布，如图15-7所示。从图中可以看出该类商品的热门下架时间集中在周一、周四。店家应该根据自己销售商品的实际情况来合理选择商品上架时间。

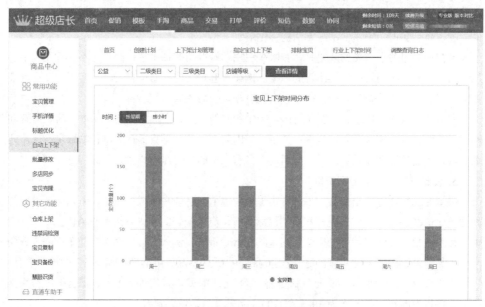

图15-7 "户外刀"的上架时段分布

15.3.3 多渠道同时发力推出爆款

爆款商品在上架后需要通过站内活动、站外推广、商品优化等多渠道同时推广，才能使商品在最短的时间内爆起来。了解这些渠道的推广。

1. 站内活动推出爆款

淘宝、天猫官方为商品提供诸多站内促销推广的活动，例如聚划算、免费试用、淘抢购等。这些活动中部分流量、销量计入商品总流量、总销量中，可以提升商品搜索权重。因此店家应多参加合适的活动，获得基础销量，为下一步的爆款推广工作打好基础。由于部分活动有高门槛限制，部分店家无法参与，所以店家在报名活动之前，应做好以下准备工作。

- 选择活动平台。店家应先根据自己的意向，初步选择一个活动平台，并对该平台上销量较好的同类商品进行观察并分析其热销的原因，评估自己的商品推广后是否能获得相近或更好的效果。
- 明确活动要求。每个活动都有不同的招商规则。店家在报名意向活动时，要认真阅读招商规则，并检查自己是否符合规则。如符合则应快速报名参加活动。
- 做好准备活动。在活动前，店家一定要做好优化商品标题、详情页、首页等工作；策划好关联销售页面；做好培训客服工作等。总之，尽可能考虑到每一处细节，减少客户的顾虑以及客服人员的压力。

在活动结束后，店家应组织员工对此次活动进行总结，找出自身不足的地方，便于改进；同时也找出做得不错的地方，形成条文以便在后续的活动中沿用。

2. 站外推广爆款商品信息

店家要为爆款商品推广引流，除了积极参加站内活动外，还可以结合多种站外推广方式。例如，比较热门的微信朋友圈、微博、抖音短视频等。

店家把老客户引入微信后，可以在推广爆款前在微信朋友圈分享商品信息。例如，一家经营红糖的店家在甘蔗收获季节，可在朋友圈分享如"今年的甘蔗已砍，你们猜猜，把它做成红糖发到你们手里需要几道工序？"的内容，引发老客户对甘蔗的联想，以及对红糖的期待。随后再推广爆款红糖，就能引来更多客户了。

3. 优化商品信息，提升自然流量

通过优化商品信息，能提升商品的自然流量。至于优化，可以从商品排名相关因素入手。对商品的搜索排名产生影响的因素很多，例如，商品相关性、商品上下架时间、淘宝标签、商品基础销量以及店铺评分等。对这些因素的具体分析和优化方法会在本书的相关章节中进行详细讲解。

当然，店家必须严格遵守淘宝平台的交易规则，不要为了排名而违规操作，否则将会受到平台的惩罚，得不偿失。

4. 付费推广

为商品获得更多流量，最直接的方法还是付费推广。如前期投入淘宝客推广计划，在积累基础销量后，再投入超级推荐或直通车计划，引爆商品流量。由于付费推广所需成本较大，所以店家一定要慎重，合理地分配资金。

15.4 做好爆款维护工作

如爆款商品营销得当，即有可能长期性的热卖。店家应做好爆款商品的维护工作，使商品长期热卖而不衰退。维护工作主要包括：处理好退换货问题，处理客户评价问题，培养新的爆款等。

15.4.1 处理好退货问题

爆款商品在热卖后，很可能迎来较多的退换货。如果是发错货导致的退换问题，可能只是手续比较烦琐，对商品影响较小；但如果是由于质量、色差等问题导致退货问题过多，平台就可能判断该商品与实际描述不符或是商品质量不好，所以退货才如此频繁，因此平台会减少对该商品的流量扶持，这对爆款后期是相当不利的，所以店家应处理好退货问题，尽量减少客户的退货率。

爆款商品的退货从时间上来看主要分为3种情况。

- **店家未发货时产生的退货**。指客户下单付款成功购买后，发现该商品不合适、不想要，发起的退货要求。这种退货与店家商品质量、服务没有太大关系，所以不会对商品造成负面的影响。当客户发起这种退货要求时，客服应同意退款并耐心指导客户进行退款的相关操作。
- **店家已发货，但客户还未收货时产生的退货**。这种情况多出现在快递正在运送的途中。针对这种情况，客服应先记录客户退货要求，并通知快递将商品退回或告知客户拒收该快递，快递将会被自动退回。等发出的货物顺利返回仓库时，再进行退款处理。
- **客户已收货后发生的退货**。客户在收到商品后，如果发现商品实物与描述不符、与自己的期望差距太大或商品有质量问题时，要求退货。针对这种情况，如果客户选择"七天无理由退换货"的售后服务，客服也应同意。但如果客户选择"质量差""描述不符"等原因要求退换货时，客服应主动联系客户，询问客户对商品哪些地方不满意，以便后期改进，最重要的是，在客户坚决要求退货时，客服应劝导客户不要选择"质量差""描述不符"等原因，并给予一定的补偿，这样才能减少商品被平台判定为不受用户欢迎的可能性。

15.4.2 妥善处理中差评

商品售出后，难免会被客户打中评或差评。在打造爆款商品的过程中，中差评的负面作用非常大，因为花费很多精力与钱财引流进店的客户，可能一看到中差评就流失了，这对爆款的打击是非常大的。

所以店家在打造爆款的过程中，应密切关注客户的评价。如果发现中差评，要立即与对方联系，通过各种方法说服对方修改评价。如果确定自己的商品和服务都没问题，客户是在进行恶意差评，则可以保留对话截图等证据后，向平台提出申诉。

例如，某客户在购买一件羽绒服后给予"味道大"的差评，客服通过旺旺联系客户：

客服：亲，不好意思耽误您两分钟的时间。留意到您评论某某羽绒服味道大，这边想帮您处理一下。

客户：怎么处理？味道真的太大了。

客服：您看这个羽绒服价格很低，其原因就是我们是工厂价，没有中间商。又为了压缩衣物体积，衣服从生产到送至您手里，都一直密封在包装袋里。没有透气，所以味道大了些。但也说明这是真材实料的羽绒服，没有用棉服来糊弄你们。我们这边应该提醒您，收到货后把衣服拿到通风的地方晾晒两天，味道就慢慢散去了。

客户：羽绒服倒是真的，但是晾晒几天就能去味了吗？

客服：是的，可能您没留意到，我们在商品详情页里也有温馨提醒。这样吧，反正这件羽绒服也参加了7天无理由退换货，我私自给您延长退货时间。您只要不剪吊牌，不损伤衣物，晾晒后如果还有味道，10天内您都可以退货，邮费我出。您看这样处理行吗？

客户：其实款式和价格我都蛮喜欢的，不然我就直接退货了。你既然都这么说，那我也相信你，去晾晒几天吧。

客服：谢谢您的信任，您有什么问题可以及时联系我。

客户：好，谢谢。

客服：我们小店创业初期，需要你们的支持。有什么问题或建议都可以及时联系我，还希望您删除一下差评呢，这对我们太重要了。

客户：好。

案例中，客服主动出面解决问题，说服客户删除差评，是最有效率的操作方法。当然，也有的客户既不愿意删除评论也不愿意接受退换货，针对这种客户，要仔细辨别是否是同行恶意竞争或职业差评师。如果确实是上述两种情况，可以向平台提出申诉。

15.4.3 筹备下一个爆款

任何一个爆款商品都有生命周期，如图15-8所示。所以店家必须在一个商品走到成熟期或衰退期时，策划下一个爆款，以保证整个店铺的流量和销量。

- **导入期**。即商品上架初期，店家在这个时期主要观察客户对该商品接受程度、消费情况等。这个时期，爆款的转化率较低，重点关注流量和收藏率、加购率。
- **成长期**。这个时期店家应加大商品的推广力度，并观察商品是否值得更多投入。该时期内，流量和转化率增长较快，适合更直接的推广（如直通车、超级推荐）。

图15-8 爆款商品生命周期

- **成熟期**。这个时期商品的交易额可能会比较稳定,当达到一个固定数值,平台会判断为热销商品,给予更多流量。该时期内,店家应重点关注商品的售后与评价,尽量减少售后问题,同时促进商品关联销售。
- **衰退期**。这个时期中,商品的成交量与流量有所下滑,因此应减少对该商品的推广投入,重点做好维护客户的工作。

在爆款商品的成熟期和衰退期,重点应放在带动关联销售上,推出下一个爆款。常见的关联销售是在爆款商品详情页中通过合理的方法放置店铺中其他热销商品的推荐或者搭配。某款牛肉干的详情页就放置了店内关联商品,如图15-9所示。

图15-9 某牛肉干详情页放置的关联商品

新爆款的筹备,除了能使店家获得更多的人气和销量以外,也能够延长当前爆款的生命周期。一个接一个地打造爆款商品,能使店铺持续获得更多关注和销量,得到更多搜索权重,店内商品也能获得更多曝光,更利于爆款商品的打造,从而形成良性循环。

15.5 小技巧

技巧1——有效延长爆款商品的生命周期

很多店家都会遇到这样的问题:商品在大促活动后,无论怎么投直通车、超级推荐、猜你喜欢,爆款商品的流量和销量都会不断下滑。这其实就预示着爆款商品的生命周期到了衰退阶段。

不同的爆款商品,其生命周期不同。例如生鲜类商品、服装类商品,就极为明显的受季节制约,生命周期较短。还有一些商品,受到季节因素影响较小。例如内衣,受季节因素影响就比较小,生命周期也特别长。这也说明,爆款商品的生命周期受到如市场竞争、季节、环境等诸多因素的影响。除去一些无法改变的因素外,如何通过改变其他因素有效延长爆款商品的生命周期呢?

1. 提高商品质量

无论在何种环境、何种因素下,商品质量永远都是商品的灵魂。只有在保证商品质量的前提下,商品的生命周期才可能长。特别是对于客户而言,最关心商品质量。只有质量好的商品,才能获得忠实客户。所以在打造爆款商品时,为了延长商品生命周期,应不断提高商品质量,保证得到客户满意回馈,使商品取得良性发展。

2. 更新商品信息

在线下实体经营中,常常看到升级商品外包装来延长商品的生命周期。这一点,在线上一样受用。通过更换商品主图、详情页、商品外包装等,让商品重新获得活力,延长生命周期。特别是在更新商品详情页时,通过讲故事、做内容营销的方式,让商品形象更加深入人心。商品在获得客户的情感认同后,通常会具有更长的生命周期。

技巧2——推新品的712法则

现在网上开店的人越来越多,想经营好一个店铺也越来越难。很多店家在开店后,会选择打造爆款引流。但并不是每一个爆款计划都能成功,据了解很大部分店家因为对"推新"这一技能掌握不好导致失败。

这里分享一下如何练习推新。经过长期的实践,我们总结出一个推新"712法则"。"712"指的是新品打造过程中,学习、交流和练习的时间占比,如图15-10所示。

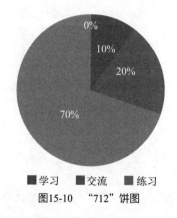

图15-10 "712"饼图

- 用10%的时间主动学习;
- 用20%的时间与人交流,沟通和讨论;
- 用70%的时间去练习。

通过学习,从无知到有知,会让人有成就感。但因为实践有时会带来失败,所以很多人不自觉地放弃了实践。持续输入却没有输出,无法学以致用,然后就开始抱怨"知道很多道理,但还是做不好"。其实从知道到得到需要靠行动,无法践行的道理,就不能说自己已经掌握。

所以,店家想要打造爆款,应在学习基础方法后,多与同行朋友交流、讨论,得出认为可行的方法后需要不断实践，从而找到最可行的方法。

案例1　传统行业转做电商，做到年销售额3000万+，让对手遥不可及？

闫石磊，传统行业转做电商，从3个人小团队做到30人的公司，现为天猫母婴类目店家，2018年销售额3000万。擅长通过各个维度的分析对店铺进行定位，对产品进行分析，打造爆款产品。以下内容源于他的分享。

1. 爆款的核心——商品

不是所有的商品都适合打爆款，就像一个先天身高不够的人，成为不了职业篮球运动员，只能成为篮球爱好者。同样的，决定爆款核心的是商品本身。无论是淘宝天猫，还是其他电商平台，本质都是满足客户需求。只有抓住客户"痛点"，客户才会心甘情愿地下单。

如果一个商品竞争力不强，无法有效地满足客户需求，花再多的时间、精力去打造也是徒劳的，因为所有的运营技巧都以商品为基础，客户更关注的是商品本身。

那么如何知道客户的需求呢？这就需要店家通过生意参谋分析数据，因为数据不会说谎。除此之外，我也会让客服留意、总结商品详情页里"问大家"板块的问题。下面看一看"问大家"问答截图，如图15-11所示。大家关心的问题多集中在"杯子是否烫手？""杯子质量如何"等问题上。这些问题在一定程度上反映了客户的需求。

图15-11　"问大家"问答截图

所以，客服可以收集商品的问答情况，分析出商品客户的整体需求，有利于打造爆款。

2. 前期分析要透

打造爆款前，还需要分析店铺模型、商品特征以及行业环境。

（1）分析店铺模型

店铺模型分为两种，全店动销型和单品爆款型。其中，单品爆款更常见。做单品爆款，只要确认目标竞品，并从UV价值和坑产上超越竞争对手，基本可以拿到可观流量。

（2）分析需品特征

如果是标品，商品差异不大，则更强调运营策略；如果是非标品，则强调对商品本身的需求，在功能功效、性价比上超过竞品。一些低频消费商品，如婚纱照、家居类目，想要获得高利润，可以在风格原创上有更多创新。

（3）分析行业

通常，店家所处的竞争环境分为四个阶段：诞生阶段，竞争阶段，品牌阶段，消亡阶段。在这四个阶段，大多数店家都处于竞争阶段。破局的方法有四个：

- 一是打造爆款，获得更好排名，有更多流量；
- 二是增加品线，扩充品类，布局好引流款和利润款，把利润最大化；
- 三是从客户需求里挖掘更细分的市场，把商品升级再拉入到诞生阶段；
- 四是抢IP跨界，代理知名度较大的品牌商开发的跨界商品。例如上海冠生园以生产糖果著名，其产品"大白兔"更是影响了整整几代人。冠生园在2019年依托"大白兔"品牌推出香水、唇膏、护手霜等商品，大受欢迎。很多网友纷纷表示为了情怀也要试试这些商品。商家如果代理这些商品，能获取更多的流量和销量。

3. 打造爆款过程中的两个重点

前期按上面准备后，还要注意打造爆款过程中的两个重点：淘宝客和推广。可以详细关注行业中销量好的商品，进行效仿。具体做法如下：每隔一段时间，看商品排行榜的数据，按增长率进行排序。通常商品增长最快有两种情况：一种是通过活动首页进来的；另一种是打爆款，所以增长率比较快。详细记录竞品店家的使用方法，分析流量通过哪个端口进来的，然后按照竞品店家的方法进行复制。

另外，强调一下，打爆款还要考虑到供应链、商品、视觉、团队、运营这几个板块。

- 供应链涉及成本控制、商品开发、库存风险和生产能力。店家在这几点上，要做到自我预估和自我判断。
- 在商品方面，主要是找准客户需求，在满足需求的基础上优化商品综合实力。
- 视觉方面，主要指主图和详情页。可以查找这个类目中价格高、销量好的商品，效仿其主图和详情页。
- 团队也非常关键，人才是一个团队、公司发展的核心。需要优化团队的承接能力、岗位标准化建设、执行力、仓储能力等。
- 运营方面，主要是对运营、推广引流、活动策划方面，找到自己优势并扩大。

4. 构建企业壁垒

当店铺还在盈利时，就要考虑构建企业壁垒，不然容易被对手超越。关于构建壁垒模型，这里有以下几种方式供大家参考。

- 规模化：是比较常见的形式，主要通过占据更多的流量市场，实现利润最大化。规模化主要有两种模式：多开店，降低库存风险，拿到更多流量；价格带布局，吸引更多人群。
- 成本门槛：商品没有太大利润，可以通过降低成本来保证利润。
- 资源专利：就是平台资源。例如，保健食品、药房本身就是一个壁垒。如果商品能申请专利一定要申请，构建自己的壁垒。
- 品牌IP：一种是代理品牌，另一种是抢IP跨界。例如，参加北京某个母婴展会时，发现云南白药开始做母婴纸尿裤。
- 风口趋势：就是选择一个趋势市场，跟着主流趋势走。例如，近年来的直播、内容营销、抖音等，不要局限于淘宝、天猫。

被很多人忽略的是，其实团队管理也是一个壁垒。储备公司中层和高层人员，不断开拓项目，对团队进行标准化的搭建。

案例2　销售过亿大卖家倾情分享，教你玩转爆款打造

李先生，主营户外运动和基础建材类目，目前共有4家天猫店，3家京东店，年售销额1亿。擅长把握打爆款节奏，在不依靠货源优势的情况下，做到类目第一。以下内容源于他的分享。

1. 打爆款整个流程

打爆款主要有两个前提：把握时间段；分析市场行情。解决两个问题后，就可以开始打样品、拍图、上架。

因为我经营的是标品，所以也不存在测款。商品上架后，用螺旋做基础销量的方法操作。一般可以在7天左右爆发，达到行业均值。假设行业均值7万，那么在第7天的销售额就要达到7万；第6天比第7天少30%。所以，第2天和第4天的销售额必须翻倍。在7天达到平均值之后，后面30天慢慢做到行业优秀。

第1天上架，商品销量一定要破零；第2天开始开直通车。直通车设置每天固定100～200的流量，选择投产好的精准词投放。

第2天或者后面几天，开始有销量。根据客户可能感兴趣的问题，安排身边的人在"问大家"提问，并及时做出回答。除了直通车，还在相关商品的详情页推广新品；在微淘、微信朋友圈宣传商品，为商品带来更多流量。

2. 打爆款的一些细节工作

想要成功引爆一个款，必须注意细节。只要一个地方没有做好，就会导致这个爆款打造失败，不仅费钱还费精力。

- 在用螺旋式方法做基础销量时，如果商品的转化率很高，且没有达到目标销售额，可以适当补大单，降低转化。
- 新品开直通车有一个比较取巧的方法，就是选用之前类似商品开直通车时效果比较好的词，再放在新品里，开车效果可能更好。
- 如果直通车的投产不好，可以在做基础销量时通过直通车成交几单。
- 新品做基础销量时，最好让老客户来做。所以，一定要维护好老客户的关系。

新品前期可以通过增加基础销量获得更高流量，后期要把重心放在商品主图、详情页上、价格、赠品等方面调整，吸引更多客户。

3. 优化产品细节，面对价格战

标品因为款式等差异不大，拼价格的现场很常见，利润也不稳定。所以在打爆款过

程中，要从商品细节面对价格战。

- 调整商品属性、名称：例如，某款商品因为竞争激烈，价格都压得很低。竞争对手的商品分为豪华版和尊享版。我们把他们的尊享版改为自己的豪华版，从名字上与竞争对手区分开来。
- 商品改良：很多客户不懂商品里的配置，一般都通过名字和外观来区别商品，所以对商品的外观进行改良。
- 测图：因为是标品，所以很多店家的主图都类似。要做出差异化，还得在原有图片上下功夫。有时间时，也会使用直通车来测图。因为这种标品，吸引客户的，除了价格就是主图。

截至目前，店内商品销量都挺好。一方面是价格不高，另一方面是在打造爆款过程中，不断地对商品进行优化、修改。

案例 3　新店如何通过老顾客打造爆款？

每位店家都希望打造自己的爆款，做到一个不错的销量。但是具体如何去做？有哪些注意事项？这里特邀苏泽鹏给大家分享他的经验。苏泽鹏，一个专注食品类目大家，品牌创立两年时间，全网多平台布局，销售额 4000 万。

1. 爆款的策划思路

我认为标品做爆款最重要的是商品和商品的销售模式，绝对不能去模仿现有成熟的爆款模式。并且，模式创新不能站在自己的角度考虑，而是去观察整个行业，找出直接竞争对手，找利益点、销售模式、定价等。参考竞争对手，去思考自己的模式，找出比他们更有优势，可以吸引客户的利益点。

前期策划，对打造爆款起决定性作用。如果这个款没有爆款基因，那么后面一切都徒劳。如果店家不是有经验的操盘手，那建议不停地做测试，直到测出一个具有爆款基因的款。

例如，我们现在的款在没有操作前就已经策划了两个多月，包括如何做这个款？怎么做基础销量？怎么做评价？怎么维护综合评分？怎么利用老客户快速打爆商品？计划投放多少钱在直通车、超级推荐计划里？做多少钱的亏损预算？等等。

只有做好前期策划工作，做好预算，再去打造爆款，才有更高的成功率。

2. 打造爆款，越快越好！

一般来讲，一个商品的销售模式、定价、供应链、推广预算都有利于打造爆款。而且，打造爆款的速递越快越好。特别是标品，能做到前面的几点，说明大家实力相当，那么取胜的关键就在于速度，谁第 1 个占领市场或谁第 1 个占到前几名，就占据了绝对优势。

速度也包括做推广的预算，例如可以亏损几个月，累计亏损预算多少等等。因为在其他条件大致相同的情况下，打造爆款的速度和投入金额多少有很大的相关性。此外，谁能坚持亏损最长时间，谁有可能就是最后赢家。我们类目，前几年亏损几万可以做一个爆款，但目前，可能亏损几十万也很难打造爆款。

3. 如何利用老客户资源

不同类目有不同的老客户，像我们食品类目，老客户支付比例可以达到 50%。所以，店家要学会利用老客户打造爆款。

在做好基础工作的前提下,老客户自然就会来。因为老客户是随着商品、爆款的稳定而积累的,所以平时就可以把老客户引到微信里,搭建属于自己的圈子资源。圈子资源不能随便浪费、消耗。我们把客户引到微信里,并不会刻意打广告。在分享朋友圈时,也主要分享各地风景、美食或商品的流程、商品活动等信息。

我们的天猫店在 2019 年 4 月才开张,因为之前在淘宝已经积累了几十万的客户,也加了几万的微信好友。所以在新店开业时,给老客户分发新店开业优惠券。部分商品在第 1 周时,就积累了几千销量。再通过直通车推广,第一个月的月销量达到 2 万多。

在这个新店打造爆款商品过程中,商品的款式、质量、供应链、时间点、预算都没有问题,又有老客户的积累,所以成功了。所以说,做好一个爆款商品的前期策划,打造爆款成功率能达到 80% 以上。

爆款对于中小店家来说,是最广泛、最方便的店铺宣传方式。想要成功打造爆款,老客户是很好地资源。店家要维护好老客户,保证这些资源发挥最大效用。

第16讲

客服管理与中差评处理

本章导读

对于一家网店来说,客服是一个非常关键的部门,是网店运作不可或缺的一部分。客服的工作影响着店铺的服务质量、店铺销售额等。经营者需要重视客服,注重客服团队打造、技能培训以及绩效考核,而客服人员要熟练掌握基本技能,对沟通话术了然于胸,并学会妥善处理客户中差评等。

16.1 为什么要重视客服

网店客服是在网络购物兴起后应运而生的一个职业，是沟通客户与店铺的桥梁。网络客服的工作不仅仅作用于网店的服务环节，而是对推广、销售环节，也具有十分关键的作用。在分担网店繁忙工作的基础上，客服在与客户的直接交流中，能第一时间掌握商机，辅助管理店铺。

16.1.1 了解网店客服

店家将自家店铺的商品展示在网络上，供客户浏览选购，而客户通过各种在线支付手段在网络上购买商品，一切流程都通过网络进行，双方基本不会见面。这种情况下，客服的重要性就凸显出来了。

如果客户需要咨询任何问题，不论是关于商品还是物流等，都会通过即时通信软件（IM软件）向网店的客服进行了解。淘宝平台专用的 IM 软件叫作"阿里旺旺"，客户和网店客服双方通过它进行交流。

区别于传统实体店，网店客服与客户的交流主要在 IM 软件上进行，交流形式为文字、图片等，与客户的互动性不如实体店强，交流效率也偏低。而在实体店中，客户一进门，导购人员就可以上前热情交谈，同时观察客户的特点，估计客户的收入层次、购物偏好等，可以灵活制定、更换推销策略。

但在网店中，客服人员只能通过缓慢的文字交流来揣测客户的年龄、性别、偏好等信息，其弱点是很明显的，很多在实体店中一看就能得到的信息，在阿里旺旺的交流中需要逐一询问，甚至从客户的字里行间进行揣测，如图 16-1 所示。

图16-1　客服与客户在阿里旺旺上进行交流

毫无疑问，这种获取信息的效率远不如实体店中面对面的交流高，这就对网店客服人员的耐心程度与敏锐程度提出了更高的要求。但从另外一方面来说，这种相对低效率的沟通方式也有好处，它给予客服人员更多的时间来组织语言，或查询客户需要的信息并予以反馈，这显著提高了客服人员的利用率，使一名客服人可同时与几名甚至十几名客户交流，在实体店中是不可想象的。

在实体店中，很多客服人员都有自己熟悉的回头客，在网店中也一样。但在网店客服工作中，老客户的信息通常可以备注在客服人员的账号里，这样一来，即使某位客服人员离职，也带不走客服账号。接手的客服人员只要进入这个客服账号就能够看到老客户的信息，并能实现"无缝衔接"，粗心一些的老客户也许根本无法意识到对面的客服已经换了一个人，这样可以将因客服离职而造成的老客户流失率降到最低。

总的来说，网店客服和实体店客服还是有较大的区别，网店客服对工作人员的耐心程度要求更高，工作内容要繁杂许多，即时性不那么强，但对于客服人员的年龄、容貌、气质、普通话等都没有什么要求，反而比较注重打字速度、掌握电脑与网络技能等，这是网店的特殊性造成的。

16.1.2 网店客服的工作特点

网店客服的工作简单来说就是一直坐在电脑前，与客户进行交流，安抚客户的情绪，处理交易订单，有时候也要与其他客服，或库管等同事进行沟通。具体说来，网店客服的工作特点包括以下几个方面：

1. 工作语言较为特殊

网店客服的工作语言是较为特殊的，这是因为网店客服同时兼具两个领域的特点，即：服务领域的普遍性以及网络环境的特殊性。从服务业来讲，客服人员在语言上应礼貌、得体、亲切，与实体店客服相同；但同时网店客服的语言也具有鲜明的网络特点，比如称呼客户"亲""客官"，自称"小二"，还可以使用一些时下流行的网络词语和句子，这种方式能普遍得到客户的认同，如图16-2所示。

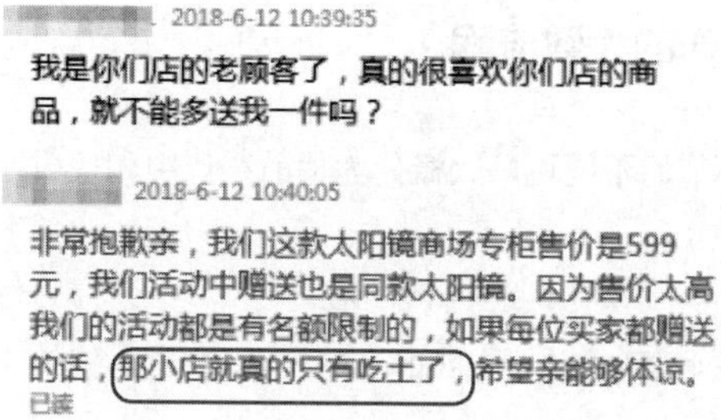

图16-2 客服运用网络流行语与客户交流

2. 工作内容重复性高

网店客服的工作形式虽说是坐在电脑前，但是其工作量并不小。据统计，一位网店客服平均每天要接待数十位甚至上百位客户，而客户的问题重复性是很高的，通常可以概括为以下几种类型：

- **产品质量。** 客户通常看上了某个产品，并已经有了一定的购买意愿，但仍有一定的不确定性，此时就会联络客服询问该产品的质量。
- **如何选择尺寸或规格。** 此时客户通常已经确定要购买，但对商品尺寸把握不准，于是询问客服如何选择，通常询问后就会马上下单。
- **议价或要求优惠。** 这类问题通常以"能不能再便宜点"或者是"有没有其他优惠或者赠品"的形式出现，很多客户都是抱着"有枣没枣打一杆"的心态来问，成功了可以省一点，不成功通常也会下单。
- **快递问题。** 有不少客户希望明确了解发货时间和所用的快递类型，以及询问快递中出现的物流信息滞后、包裹破损等问题，因此和客服沟通。
- **售后问题。** 当客户拿到商品以后，会有一些常见的疑问需要和客服进行沟通，比如色差较大、缺货少货，需要退换货等问题。

以上这些问题都是客服人员在工作中经常遇到的，具有很大的重复性，关于这些问题的回答，可以事先编辑成标准答案或回答模板，在客户询问时，直接粘贴或稍作修改就能发送。这样可以极大地提高工作效率，也降低了失误的概率，同时有利于新客服快速上手。

3. 客户来自天南地北

在实体店中，客户一般都是本城市的居民，在习俗、习惯、语言等方面差别不大；网店客户来源更加复杂，可能来源于天南地北，甚至可能出现境外客户，这就要求网店客服能够拿出处变不惊，不卑不亢的交流态度，平和地应对任意类型的客户。

4. 熟练掌握相关技能

网店客服与客户交流以及处理订单时，需要用到各种软件，并且还要熟悉网购交易流程。网店客服要高效率地完成工作，就必须熟练掌握关于电脑、相关软件（如店家版 IM 软件、商品管理软件、订单软件、发货软件等）的使用，不仅如此，还需要掌握客户端购物软件、IM 软件的使用，以便有时可以指导新手客户使用。

16.1.3 网店客服工作的大致流程

网店客服工作按照环节的不同可以大概分为售前、售中和售后三个部分，这三个部分有各自不同的工作流程。

1. 售前部分

售前客服的工作流程主要包括：售前知识储备、客户进店接待、督促客户付款、确认订单信息。

- **售前知识储备。** 客服人员需要提前储备大量的产品知识，并随着产品不断更新。这是因为产品相关的问题是客户咨询最多的，网店客服必须对产品具有相当程度的了解，才能够熟练地回答客户的问题。一般情况下，新客服上岗前就会进行集中培训，在每一件新产品上架之前，相关负责人也会将产品知识发送给所有的客服人员。
- **客户进店接待。** 当客户对某件商品产生兴趣时，就会进店询问客服人员与该商品相关的问题。客服人员不仅要回答客户的问题，引导客户下单购买，在可能的情况下，还要向客户推销关联产品，增加店铺的整体销量。
- **督促客户付款**。有部分客户下单之后并没有立即付款，对于这样的订单，客服人员要及时与客户联络，督促客户及时付款。
- **确认订单信息**。等客户下单并付款后，要向客户确认订单信息。有的客户是为他人购买，但是却忘了修改地址，确认订单信息有助于客户及时发现错误；有的客户本想将快递邮到公司，但却忘了默认收货地址是家里，这种情况下，确认订单信息同样是有帮助的。如果客户对确认信息没有进行回应，则按默认地址发货。

售前客服最重要的职能在于促单与销售，这点与店铺销售额是直接挂钩的。但在工作过程中一定要注意对客户心理的把握，防止因为"用力过猛"而导致客户流失。

2. 售中部分

售中客服的工作流程主要包括：商品库存确认、订单变更通知、发货通知。

- **商品库存确认**。很多时候，商品在页面上的库存量与实际库存量是有出入的，有可能客户下单以后，仓库里却没有足够的货物。因此，客服在发货前有必要与库管确认商品的库存量，以确保商品能够按时发货。如果出现货物不够的情况，就要及时向上级通报。
- **订单变更通知**。如果有各种原因，导致订单不能及时发货，或者根本无货可发，此时需要在订单上进行相应的标注，标明变动事由、修改人工号以及修改时间；同时要使用电话或短信及时通知客户，取得对方的谅解。
- **发货通知**。很多客户在网购中都非常关注物流问题，因此在发货之后，最好用阿里旺旺或者短信给客户发送已发货信息，通知客户商品已经发出，并告知快递单号，这样可以增加客户对店铺的好感。

售中客服的作用在于衔接售前与售后的工作，在中间环节做好服务与协调，虽然这部分工作销售性质不那么强，但也需要做到积极主动服务，才能达到维护客户的目的。

3. 售后部分

售后部分的工作流程主要包括：评价处理、售后维护、客户回访。

- **评价处理**。交易完成以后，客户要对此次交易作评价，客服也需要对客户进行评价回复，如果客户对交易给出了好评，则客服人员应在后台给出感谢性的回复评价，如图16-3所示；如果客户对交易做出了中差评，则客服人员需要联系客户，协商修改中差评为好评，如果未能成功劝说客户帮忙修改评价，则应对此做出解释性的回复评价。
- **售后维护**。当客户对产品的使用方式或者质量有疑问时，通常会联系客服进行反映，客服人员要进行详细的回答与说明。不得不进行退换货时，客服人员应向客户提供相应的退货地址，并与之协商好邮费等问题。
- **客户回访**。交易完成后，客服还要对客户进行定期或不定期的回访。回访内容主要包括：是否满意产品质量，使用过程中有无问题，对相关产品有没有兴趣等。回访的目的，一是为了及时发现客户未能反馈的问题；二是为了提高店铺在客户心中的存在感，留下深刻印象，为回购打下铺垫；三是为了推销其他的产品。

图16-3　客服做出好评回复

回访一般通过短信进行。为了提高客户对回访的回应率，可以在回访短信中加入一定的优惠、奖励等，促进客户主动反馈，或再次进店消费。比如，短信中可以加入这样的内容："即日起，可到店内领取20元无门槛抵用券，全店适用哦！"

16.1.4　客服应掌握的基本技能

淘宝平台后端的相关操作，是每一位客服都需要熟练掌握的技能。在网店规模上升到一定程度后，有限的客服人员可能无法在第一时间回复每一位客户的咨询，那么为了维护服务质量，我们需要借助某种手段或工具来分担客服工作。

千牛是一款为店家设计的网店管理与沟通平台，客服人员可以利用千牛设置旺旺分流、自动回复等。

1. 设置旺旺分流

旺旺分流又称E客服分流，是指当所有账号都处于常规在线状态时，向主账号发送的消息将会在主账号旺旺的聊天窗口中显示，而点击店铺中的"和我联系"来发送消息，则会分流给子账号。当消息无法被分流时（如账号都离线或挂起），用户可以设定将消息发给某个指定的账号。

分流可以让每个账号处理大致相同数量的客户消息，将工作尽量平均地分配给不同的客服。如果设置主账号不参与分流，用户的消息将不再分流给主账号（已经在联系的用户与主账号私密联系人消息仍发给主号）。在店铺流量即将上涨之前，提前完成这些准备工作是必不可少的。

2. 设置自动回复

很多客户在购买商品时会进行提前咨询，例如尺码推荐、是否包邮、是否有优惠活动等。这些都是常见的咨询问题，而客服人员如果针对相同的问题多次回复，效率是非常低的，所以可以提前在千牛工作台中设置自动回复。

注意，自动回复模板有时具有时效性，客服人员一定要注意及时更改，否则会给客户留下不专业的印象。比如"双11"期间关于发货时间较长的回复，在"双11"时期过去后一定要迅速更改过来。

3. 设置自动核对订单

自动核对订单是在客户下单后，店铺将客户的订单详情自动推送给客户，促使其进行二次核对的便捷服务。这一环节的添加，使得客户下错单、填错地址等问题，可以在源头得到解决，一定程度上避免了后续纠纷，以及对人力物力的浪费。

4. 标准化流程处理退款

在淘宝平台中，退款是十分常见的情况，一般分为三种类型：退货退款、部分退款和退款。到底选用哪种退款方式，要根据具体情况而定。比如商品出现部分功能失效的现象，与客户协商后，客户表示可以接受，但要求补偿，此时可使用"部分退款"，退回部分钱款给客户；如果商品本身价值很小，小于等于退货邮费时，例如一双厨房手套，客户对商品表示不满意，这时可以考虑"仅退款"，而不要求客户将商品退回。

常见的退货原因及其处理方法如图16-4所示。

- 联系客户，提供实物图片或视频，确认问题是否属实。确认后，则与客户商量退货退款，部分退款，换货补差价等处理方法。

- 检查商品与宝贝描述是否有歧义或让人误解的地方；检查是否发错商品；如果属实，可以与客户商量退货退款、部分退款、换货补差价等处理方法。

- 联系客户，提供实物图片或视频，并自检是否发错货。如非发错，应向快递公司确认签收人是谁，根据签收人是否为客户本人而做对应的处理，或拒绝退款，或由快递公司承担责任，但可以先退款给客户。

- 联系客户，提供发票图片，确认是否发错，或发票是否有问题。如确认，则应该和店家协商解决，如补发发票，退货退款等。

- 联系客户，提供实物图片或视频，并自检是否发错货。如非发错，应核实供应商供应的商品是否为真货，并联系客户进行退货退款，减小影响。尽量不要使用部分退款或仅退款，将商品留在客户手里，以免以后成为店铺的污点。

图16-4 不同退货原因的处理方法

16.2 客服聊天话术与禁忌

网络客服与客户沟通的形式主要是语言文字,而语言文字与面对面交流相比,是有些冰冷、不带感情色彩的。这就要求网店客服人员能很好地运用聊天的话术,规避与客户沟通的禁忌,给客户营造轻松、亲切的良好氛围,拉近店家与客户间的距离,促进销售量的提升。

16.2.1 客服聊天话术整理与总结

网络客服的工作是在帮助客户解答疑惑、解决问题的基础上,促进店铺产品的销售量。因为大部分客户的咨询内容具有相似性,所以客服的回答也带有较大的重复性,客服可以将常用的回答整理成可以套用的话术,以便提高响应速度与服务质量,还可供新手客服研究,让新手客服更快上手。下面介绍客服人员在不同情况下的常用话术。

1. 开场白常用话术

在客户主动对网店客服进行咨询的时候,客服人员要把握住机会,用有特色的开场白吸引客户,让店铺在客户心中留下深刻印象,促成良好互动,具体话术如下:

- 投其所好。如果客户的头像是某位名人,可以适当地与客户聊这位名人,"亲,您的头像是×××(某明星)的剧照啊,您肯定是他的粉丝吧?"
- 称赞对方优点。有时客户在问及商品特性等问题时,可能会表现出一定的专业性,客服可以借助这个机会对客户进行夸赞,有时会有意想不到的效果。其他情况下也应找到机会赞美客户,通常情况下会让客户感到愉悦。
- 幽默搞笑表情包。客服人员除了打造具有亲和力的形象外,也可以形成自己独有的风格,幽默风趣是最容易拉近双方距离的风格类型。比如,一位小伙子来店铺购买一条裙子,客服问及需要什么样的风格与款式时,小伙子表示其实是女朋友要求自己买的,自己并不知道需要什么风格,也不理解这类裙子的审美风格,于是客服回复了一张表情包幽默应对。
- 成为客户的帮助者和倾听者。客户对客服进行咨询,说明他/她需要帮助,客服理应对客户进行热心的帮助,并适时进行关联销售。还有些客户倾诉欲十分强烈,比如全职妈妈等等,这个时候客服只需要耐心聆听并适当回应即可。
- 利用客户逆反心理。有小部分客户,为了能与客服砍价,横向比较了许多家店铺,在客服对本店商品的优势进行说明解释后,仍会一再地对该商品从价格等方面进行挑刺。这种情况下,客服人员可以直接请客户去别家店再看看,多方斟酌之后再决定。语言上要保持礼貌。

在与客户进行交流时,营造轻松氛围是基本技能,客服人员应多对这方面技能进行锻炼,向有经验的老客服进行请教和学习,这样才能得到提升,能更好地为店铺服务。

2. 咨询类常用话术

客户在见到心仪的商品后,通常会向客服人员进行相关咨询,比如询问合适的尺码推荐等，这时客服人员应当用亲切热情的话语回复。
- 询问开头语。"您好，××××淘宝店，很高兴为您服务，请问有什么可以帮您的吗？"
- 帮助查询。"请您稍等，帮您查询！"（查询时间如果超过30秒，应对客户表示"很抱歉，因为×××原因，请您稍等！"），"不好意思久等了，已经为您查询到……"
- 询问尺码。"亲，在商品详情页下面有尺码表的，您可以对应自己的腰围等数据进行选择。"
- 询问是否有色差。"亲，网上购物色差是无法避免的，不同的灯光、不同的相机拍出来的照片都会有色彩上的区别，即使我们根据实物校对过照片颜色，但客户使用不同的显示器或手机观看时，还是有一定的色差存在，具体颜色以收到的实物为准。也可以参考评论中同款商品的客户秀，考虑清楚后再购买。"
- 询问质量如何。"放心吧亲，我们这款商品是公司专门推出的网销款，主要是为了配合马上要举办的'双12'促销活动而设计的，为了充分吸引客户购买，所以价格定得比专柜要低一点，但是质量一点都不缩水，保证和专柜卖得一样好，还享受和专柜品一样的售后服务。所以您一点都不用担心质量有问题的。"
- 询问发货时间。"亲，您现在下单的话，我们下午4点就会把货发出去。到您所在的地区大约要两三天时间，没有意外的话，大约大后天上午您可以收到货。"
- 询问价格。客服人员常常会遇到客户讲价的情况。"亲，我们这款求生刀，不仅做工精良，而且功能齐全，刀身可以切、锯、钻，刀柄里还藏有针线、鱼钩、镁棒打火石、刀柄盖上还有指南针，可以应对许多野外状况，非常方便。这款刀是我们设计师调查了五百多名资深驴友的需求以后设计出来的经典作品，仅仅是调研设计费，我们公司就花掉了几十万，定型生产后，驴友们都反馈说不错。您看这么一把好用的求生刀，才卖您××元，真的不算贵了，毕竟我们除了生产成本以外，还有设计成本在里面。所以请您别再砍价了，我们也要回本吃饭的啊！"
- 结束语。"请问还有什么能帮您的吗？"

客服在应对客户的疑问时，在维护商品口碑质量的前提下，可以尽量用客观且不卑不亢的态度回答客户，而不是千方百计地"求"客户购买，有时反而会获得意外的效果。

3. 售后咨询类或投诉类

在客户已经收到商品后，向店家进行商品咨询或者要求售后服务时，一般是商品出现了问题，这个时候客服可以从以下几个方面应对：

- 解释说明操作步骤。"亲，这款挂烫机的使用步骤是：第一步，先往水箱中加水，注意不要超过水位线……"
- 引导客户维修解决。"亲，这款鞋架如果是钢管折断了的话，我们在售卖的时候是有考虑到这个问题的，所以有给您多发两根预备钢管噢。您可以先找到预备钢管，将之前折断的钢管拆下，然后按照步骤重新组装就可以了呢。"

客服人员在面对售后咨询或投诉时，应先安抚客户情绪，然后帮助客户解决问题。如果商品有保修服务，则在了解清楚情况后按保修程序进行。如果没有配套的售后服务，客服人员应当尽可能帮助客户。

16.2.2 客服绝对不能碰的高压线

在客服人员的日常工作中，有的语言和行为是明确规定不能出现的。如与客户交流中语言随便，精神萎靡，态度不耐烦，以及频繁使用口头禅和对话出现错别字等。以下重点列举客服忌用语、禁忌行为及常见错误。

1. 忌用语

客服工作人员代表企业形象与客户交流，在交流过程中应注意避免使用如非敬语、不确定回答、明确拒绝等类似用语。

- 使用非敬语。如"你""你好"，给客户留下不好的第一印象。
- 出现不确定的回答用词，给客户留下不专业的印象。如"大概""大约""应该""左右"等，在回答快递到达日期时除外。
- 明确拒绝，没有顾忌客户的感受。如"不行""不可以"等。
- 语气生硬，态度冰冷，给客户留下不好的印象。如"随便""哦"等。

例如，新手客服小林是某店铺的售前客服，在工作中与客户产生了以下对话记录：

客 户：你好，这款纸尿裤包邮吗？
客 服：亲，您好。这款纸尿裤除新疆、西藏地区外，其他全国包邮哦。
客 户：可以再便宜点吗？
客 服：不可以。这款商品已经是活动商品了，又包邮，很划算的。
客 户：我没在网上买过东西，听别人说可以讲价的，你们怎么不行？
客 服：那你去别人那里买吧，我们不讲价。

事件发生后，客服主管向小林询问当时情况，小林表示：由于当时这款纸尿裤在做引流活动，价格低廉，所以询问的客户较多。当这位客户讲价时，他觉得有些应该快速结束对话，一是因为该商品的确不能再讲价，二是可以将时间留给其他客户。

客服主管劝导小张：客户咨询量大时，确实应简短解说，但不能直截了当地拒绝客户请求，这样十分容易导致客户流失，与店铺进行低价活动吸引客户的目的背道而驰。后期，在客户要求优惠时，可以这样回答：

"亲，如果您能够一次性购买5件以上，我可以给悄悄您打九五折。要是少于5件我也爱莫能助了，因为这款活动商品其实是用来吸引客户的，基本不赚钱的。"

如果客服人员确实一点降价的权力都没有，可以这样回答：

"亲，刚替您问了主管，主管说这款纸尿裤是包邮活动款，已经没有降价的空间了，您可以搭配我们店里其他非活动款商品一起购买，到时候我再帮你向主管申请一下优惠。"

2. 禁忌行为

作为网店客服人员，除了不能在语言上直接得罪客户外，有些行为举止也要注意。避免在工作中，因为某些不当行为，导致企业形象受损。如：

- 与客户发生争辩、争吵。
- 一口拒绝客户的要求。
- 不履行给予客户的承诺。
- 拒绝提供联系方式给客户。
- 在接电话或挂断电话时发泄情绪，出现砸电话，摔手机等行为。
- 独断独行，不听取他人意见，也不将好的工作经验传授于人。
- 从不与同事交流沟通。
- 工作没有效率，做事拖拖拉拉。

例如，在新手售后客服小王的工作中，遇到一位客户对于物流信息有异议。小王在查询物流后，看到快递员已经录入妥投信息，于是直接向客户表示，可以自行去菜鸟驿站拿包裹。客户表示没有取件码是很难找到的，要求给出小王将快递员联系方式。小王则回答取不到再联系自己就行。

而在客户亲自去到菜鸟驿站之后，驿站工作人员表示没有取件码找不到客户的快递。客户十分生气，再次联系小王，小王则表示快递员和菜鸟驿站的衔接出现问题，自己也没有办法。客户盛怒之下决定直接退货处理。

其实当物流出现问题时，客服应先联系快递员，确认处理方式，再转告客户。必要时，可以将快递员联系方式告知客户，便于客户自发联系快递员处理，这样一来效率更高，二来也便于客户辨明责任归属方。因为，在客户的角度上，很多时候认为快递和店家是一起的，认为快递出现问题就是店家出现问题。所以，客服在接到客户反馈快递问题，应端正态度，耐心解答，表示积极帮助解决问题的态度。切勿像小王一样，将自己与快递撇开，这样只会给客户留下推卸责任的不良印象。

3. 其他注意事项

客服工作往往是忙碌而又琐碎的，下面总结了几点客服人员容易忙中出错的事项，客服人员可以时时对照自省。

- **业务知识不熟悉**。当客户提出商品相关疑问时，无法给予客户准确回答。
- **未及时回复客户**。答应稍后回复，却将客户抛之脑后，引起客户强烈不满。如售前客服在说完"稍等"后，足足让客户等了10分钟，这段时间很容易造成客户流失。
- **怠慢客户**。在客户咨询量集中时，有意或无意地怠慢客户。
- **快递错误**。备注错快递，或改错地址。
- **发票错误**。开错品名、金额或抬头。
- **频繁使用快捷回复**。比如同一条快捷回复使用2次以上。重复的快捷回复会给客户带来不好的购物体验，客户会认为是机器人在自动回复，或者客服人员已经产生不耐烦情绪，对自己态度不佳。
- **自动回复文字过期**。如"双11"已过，自动回复中依然包含"双11"的相关信息。

- 售后信息疏于记录。应记录的问题件没有记录或者记录不全,以及记录了的问题件没有处理。

可见,这些忙中出错的事项大多集中在快递信息填写、发票开具、业务知识、客户接待等方面。可见,客服人员一定要耐心细致,做到有条有理才能尽可能避免失误的发生。同时应养成详细记录需要重点注意的问题的习惯,比如准备一个工作本,随时记录下当日需要完成或需要继续跟进的事项,定时翻看,时刻提醒自己,避免遗漏重要处理的事项。

例如,网店客户由于商品质量问题,联系客服小吴进行退换货处理时,小吴为表示歉意,承诺在重新发出的包裹中赠送一件小礼物给客户。但是由于没有进行记录,小吴忘了通知库房人员发货时在包裹中放置小礼物,导致客户在收到货后发现客服没有履行承诺,感到非常生气,认为店铺信誉非常差。客户在该商品评价中,先对商品质量进行抨击,然后上传了聊天记录,对店家承诺进行质疑,造成了较坏的影响。最后由客服主管出面,多次向客户郑重道歉并补发了赠送的小礼物,客户答应才删除原来的评论。

16.3 处理中差评

中差评是客服人员以及网店经营者,在网店存续过程中必然会经历的,好评不可能百分之百地出现,那么在中差评出现的时候要怎样妥善处理,才能避免其对网店的影响呢?

16.3.1 出现中差评怎么办

通常情况下,客户给到某款商品中差评,根本原因都是对商品本身不满意,认为商品质量差。而客户从对商品感到不满意,到在商品评论中留下中差评,产生过程分为两种,第一种是:客户因为商品质量问题,与客服进行沟通依然没有得到满意的结果,于是愤而打了中差评;第二种是:客户觉得商品质量太差,没有与客服沟通,直接打了中差评。针对这两种过程,客服人员的处理方式也不同。

1. 与客服沟通后给的中差评

当新的中差评出现时,客服人员应第一时间查看与该客户的交谈记录,或售后记录,此时会发现这位客户已经与客服沟通过了,但没有解决问题,所以客户才会留下中差评。这样的情况下打的中差评,是比较难修改的。

针对这种情况,最常用的一招就是"换人说服,适当让步"。所谓"换人说服"并不是真的换一位客服对客户进行劝说,而是告诉客户,由于之前与他/她交流的客服是刚上岗的新手,不太熟悉店铺的售后服务规则,导致他/她的售后问题没有得到解决,为此感到非常抱歉,店铺目前已经严肃处理了该客服,现在客服主管亲自来与他/她协商处理售后问题。这样说的目的,是把责任转移到之前的客服头上,缓和客户情绪,也给对方一个台阶,继续商量售后问题。

"适当让步"就是接受之前客服未能与客户谈妥的赔偿条件，甚至可以在成本允许的范围内，再小小地让一步，使客户感受到实实在在的诚意，以换取客户修改评价。当然，如果客户的要求实在不在客服能力范围内，还是不能应允，这个度要根据店铺的情况具体掌握。

> **实例**
>
> 客服：亲，您好，我是×××店铺的客服主管××。刚刚看见您给我们店铺打了一个差评，我已经找当时和您沟通的客服小美了解过情况了，发现其实这是个误会。小美她刚刚入职几周，还在试用期，对店铺的赔偿补偿条例还不是很熟悉。小美之前跟您说，您的情况是没有办法申请换货的，这是她记错了，我们已经对她进行了罚款处理。
>
> 客服：您这种情况符合我们店铺的换货或部分退款政策。具体来说，我们可以给您换货，换货邮费就按您说的那样，由我们店铺方来承担；或者我们给您补偿20元现金，因为商品功能还是完好的，只是外观上有点破损，并不影响使用。您看您选择哪种方案呢？
>
> 客户：好吧，既然你们愿意退赔，我也懒得换了，给我补偿20元现金吧，我的支付宝是××××××××。
>
> 客服：好的，亲，感谢您的理解，还麻烦您把差评删除一下，我们马上把款转给您。
>
> 客户：不行，我删了差评你们不给我转款怎么办？
>
> 客服：放心吧亲，您可以保留我们的交谈记录，如果您删了我没有给您处理，您可以拿着记录去平台投诉我们。我们也不可能为了省这点小钱，而招来平台处罚的。
>
> 客户：好吧，我删了通知你们。还有，你们的客服业务能力有待提高啊，明明可以赔偿的，她都说不可以，太气人了。
>
> 客服：给您带来麻烦实在不好意思！新入职的客服都有一个成长的过程，我们尽量加强对新客服的培训，让他们尽快成长起来。

客户听说之前与自己交涉的客服受到了惩罚，心里的火气一下就会缓解很多，之后再获得了适当的赔偿，自然也就愿意将中差评改为好评了。这就是"换人说服，适当让步"的具体用法。

2. 直接给中差评

也有部分客户因为觉得商品本身质量有问题，所以没有与客服沟通，直接打了中差评。在这种情况下，客服要主动询问客户打中差评的原因，再针对性地劝说客户删除中差评，并给予客户满意的售后处理。

> **实例**
>
> 客服：亲，您好，我是×××店铺的客服主管。我刚刚看见您给我们店铺打了一个差评，并且评论说商品有问题。我查了一下售后记录，好像您没有向我们客服反映过商品问题呢。商品具体有什么问题，您可以告诉我们吗？
>
> 客户：就是扣子有点问题，扣不上。我是没和你们联系，因为这个手包本身就不值几个钱，我懒得去折腾退换货了，给个差评完事。

客服：对不起！这个事情我们没做好，给您带来困扰了。商品有问题，我们一定会给您退换，一会我去交代库房免费给您发一个同款的手包，您看行吗？

客户：无所谓了，好吧。

客服：我们小本经营不容易，还希望您在收到新发来的手包后，帮忙删除一下差评。这次发来的包我会亲自检验过再发货，保证不会有任何问题。原来的包也不用退回了，您看着处理就行了。

客户：行，只要没问题，就删除评论。

客服：谢谢亲！亲真是通情达理！

客户不与客服联系，直接给出中差评的原因是多种多样的，有的是因为商品本身价值不高，所以懒得花时间和客服交涉；有的是因为商品质量太差，认为没有沟通的必要，愤怒之下直接就打了中差评；还有可能是蓄意报复，总之客服首先要做的就是要摸清原因，之后再进行处理，但也要注意店铺的利益，不要无条件地让步。

3. 物流给中差评

部分客户会将物流的问题也怪罪到店铺身上，不仅给店铺打了中差评，还在评价里对快递表示不满。对于这样的客户，客服要耐心解释，表明店铺并不能控制快递公司的运输，同时对客户的心情表示理解，请求对方谅解，并在可能的范围内对对方进行补偿。

实例

客服：在吗？小仙女。看到您给我们的店铺打了一个差评，我们有什么做得不好的，还请小仙女指教。

客户：哎呀，你们快递太差了，到了我这几天都不给我送货，我打了五六个电话才给我送，气死我了。

客服：实在对不起，惹小仙女生气了。我也觉得，这次的快递实在过分。不过也请您理解，我们店铺把快递发出以后，快递公司怎样运输我们是控制不了的，您因为快递问题给我们店铺打差评，其实我们店铺是无辜的……

客户：谁让你们选那家快递呢！

客服：和您说实话，其实我们签约的几家快递都是国内的一线快递，服务质量都是差不多的。但这次出现延误，让我们也觉得很意外，后期会把情况反映给上级，让上级考虑是否还与这家快递合作。

客户：额，其实其他快递也偶尔会出现问题。但如果像我这种情况多，确实也可以考虑换合作快递了。

客服：嗯嗯，就是为您带来不便真是不好意思。要不我做主，退还您8元邮费做补偿吧，真是太对不起您了。

客户：那么好啊？那我还是把差评删了吧，你们也是受害者。

客服：谢谢小仙女的理解。

4. 因为客服给中差评

因为客服态度不好，而为交易打上差评的案例比比皆是。至于其发生原因，则应具体分析。有可能的确是因为客服态度不佳，也有可能是因为客户本人太过挑剔，最有可能是因为双方沟通不畅造成误会。不论原因是哪一种，只要客户在评论中提到了客服态度问题，那么店铺在处理时，遵循"换人处理，赔礼道歉"的原则，通常会取得较好的效果。

> **实例**
>
> 客服：小姐姐，我是×××店铺的客服主管××。刚刚看见您给我们打了一个差评，并且评论说客服态度非常冷淡。我已经询问了与您沟通的客服，并且查看了当时的交谈记录，发现我们那位客服回复您的消息确实不很及时，给您造成了不快，是我们的错，非常抱歉。
>
> 客户：你们那个客服爱答不理的，问她什么问题，半天才回几个字，太气人了！我是来买东西的，不是来看人脸色的！
>
> 客服：您说得对，这样的工作态度存在严重问题。我们已经按照店铺规定，给他记了一次重大工作失误，停岗三天学习，回头我让那名客服打电话向您道歉，您看可以吗？
>
> 客户：处理了就行了，电话就不必了，没时间听。
>
> 客服：那这样，我们赠送您一张五元优惠券，下次您来店购物可用，算是我们一点道歉的心意。麻烦您把差评给我们改一下吧，行吗？
>
> 客户：看你们道歉还算诚恳，这次我就改了。
>
> 客服：谢谢您！您真是宽宏大量！

其实，真实的原因可能是因为当时进店询问的客户太多，客服忙不过来，才没顾得上及时回答对方的问题。但即使是事后将这个情况反馈给客户，客户在情绪影响之下，也可能认为是在店铺找借口，还不如直接告诉客户之前的客服已经受到了惩罚，让对方消气。

16.3.2 如何消除中差评

在店铺经营过程中，中差评是难以避免的。中差评会给店铺信誉以及后续销售产生不小的负面影响，因此客服人员需要尽量与客户沟通，尽可能消除中差评。

1. 处理中差评的技巧

评价中出现一些差评是每个店家都不愿意看到的，但也是每个店铺无法全部规避的问题。那么作为一名客服人员应该如何去应对这些中差评呢？客服人员可以按照以下4个步骤去处理客户差评：

第1步：真诚地向客户道歉。当和客户产生了对立关系，不管是哪方的原因，作为一名客服人员都应该首先主动地表示歉意，以真诚的态度去面对客户，使客户的情绪得到缓和，这样有助于问题的解决。

第 2 步：给客户清楚地解释。客户给出一个中差评，必定是有原因的。他们有可能是对商品的质量不满意，也有可能是对客服人员的服务态度不满意，还有可能是对商品的发货速度不满意。作为一名客服人员，需要去探究他们给出这些评论的准确原因，并对症下药，进行清楚地解释说明，给客户一个满意的答复。

第 3 步：提出让客户满意的解决方案。在寻找到客户不满意的原因之后，客服人员要想办法去解决这些问题，消除客户购买商品后的困扰。客服人员可以通过赠送优惠券、赠送小礼物、退部分货款、包邮退换商品等方式，让客户对店铺重新树立信心。

第 4 步：再次声明店铺的商品和服务是有保障的。在解决了客户的疑虑之后，客服人员一定要维护店铺的立场，再次声明店铺的商品和服务都是有保障的，并对客户的下次光临表示欢迎，同时请求客户修改差评。

2. 客服人员如何避免中差评

客户给出中差评的原因各种各样，店家们只有把握好商品的质量，不断提高客服水平，才能最大限度地消除中差评。那么客服人员要怎样做才能够尽可能地避免中差评呢？

- 对待客户要热情。客服人员在与客户的沟通中，如果不能热情地为客户服务，客户很有可能就会因为客服人员的服务态度不好而给出中差评。因此客服人员无论是在交易前后，都应该拿出足够的热情为每一位客户服务，这样才能有效地避免中差评。客服人员在与客户沟通时，应该多使用能够表达热情的词语和表情，给客户带来亲切感，让客户感受到客服人员的热情，从而给予好评。

- 面对客户要耐心。客服人员在与客户沟通时，一定要耐心地去解答客户提出的每一个问题。如果客服人员表现得不耐烦，会使客户感到不满，从而给出中差评。因此无论是在交易前后，客服人员都要保持足够的耐心，才能让客户感受到自己的真诚，促使他们给出好评。

- 售后问题不推诿。在解决售后问题时，如果客服人员能够积极回应，妥善处理，是有可能为店铺赢得好评的；反之，如果客服人员面对问题不是逃避就是敷衍，一味地推脱自己的责任，则可能惹恼客户，最终导致他们给出中差评。

16.4 客服绩效考核

客服人员的绩效考核是量化客服水准高低的重要指标，也是正反双向激励客服人员的指导方案。经营者应当制订行之有效的绩效考核方案，促使客服团队形成良性竞争的氛围，同时不断强化自身技能与水平，为网店做出更多的贡献。

16.4.1 考核客服的几个重要指标

客服人员的工作与店铺的服务质量与销售利润息息相关，那么分解之后可以落实到客服人员的工作指标有哪些呢？下面分别讲述售前/售中客服的考核指标，与售后客服的考核指标。

1. 售前/售中客服的考核指标

售前/售中客服的考核指标主要有以下几项：

（1）询单转化率

询单转化率是指：客服接待的询单客户数量中，最终下单的客户数量与接待的客户总量之比。其公式为：

$$询单转化率 = 下单购物的客户数量 \div 客服接待的询单客户数量$$

举例说明：某日某店铺的店内客服团队一共接待520名客户，下单客户量为18，则当日该店铺询单转化率18÷588=1.54%。

询单转化率表明的是客服人员究竟能够引导多少询单客户下单，引导得越多，说明该客服人员或该客服团队的推销能力越强。询单转化率既可以是整个客服团队的转化率，也可以是单个客服的转化率，在进行考核时，分别代表团队或个人的工作能力。

（2）联单销售率

联单销售率是指：客服接待过的客户中，有多少客户因为客服人员的推荐，购买了一件以上的产品。其公式为：

$$联单销售率 = 接待客户中下单数量超过两件（含两件）的人数数量 \div 客服接待的询单客户中下单总人数数量$$

举例说明："双11"当天，某店铺的客服团队一共接待2000名客户，客服劝导后下单数量超过两件的客户人数为1054名，则当日该团队的联单销售率为：1054÷2000=52.7%。

联单销售率体现了客服人员在接待客户时，精确把握客户需求，利用娴熟的话术技巧劝导客户购买更多商品的能力，属于销售能力的一大重要部分。

（3）客单价

客单价是指某客服人员或团队，接待客户中，下单客户的个人平均订单金额。其公式为：

$$客单价 = 下单客户的订单总金额 \div 下单客户数量$$

举例说明：六一儿童节当天，某童鞋店的客服团队接待客户总人数为1687人，最终下单人数为95人，订单总金额为17580元，那么客单价为：17580÷95=185元。

客单价越高，表明客服人员或客服团队的销售能力越强。

（4）响应时间

在客户进入店铺询问商品相关情况时，客服反应时间越快，给客户的感觉就会越好；反之，客户则会认为店铺回应不及时，态度不热情，不重视客户，造成负面影响。当客服反应时间超过店铺规定时间，应该给予一定的惩罚。这项指标反映的是客服的反应能力，以及工作态度是否积极。

（5）服务态度

服务态度是客服在销售能力之外，需要拥有的另一项能力：服务能力的重要指标。具体体现为是否对客户进行主动询问，是否给出了清晰准确的回答，是否有及时解决客户的问题等等。

（6）评价回复

每一位客户都拥有对店铺商品等方面进行评价的权利，而客服人员则可以对客户的评价进行回复。评价回复的考核指标，与客服人员对客户的中差评进行回复解释的速度以及质量有关。

2. 售后客服的考核指标

判定售后客服的工作质量的指标与售前/售中客服大不相同，主要体现在以下几项：

（1）退款速度

退款服务也是客服服务的重要部分之一，这部分工作的效率与质量不能忽视。退款的速度除了影响客户对店铺的印象外，如果退款时间很长，速度过慢，则会加重客户的负面情绪。

退款速度是考验售后客服人员服务能力的重要指标，一般资历越深，能力越强的客服，都会在第一时间为客户妥善处理退款事宜。

（2）退款纠纷率

退款纠纷率指的是在店铺所有退款订单中，产生退款纠纷的订单数量占总退款订单量的百分比。其公式为：

$$退款纠纷率 = 产生退款纠纷订单数量 \div 退款总订单量$$

举例说明：某店铺的客服团队本月共处理退款订单共118单，其中有29单产生纠纷，那么退款纠纷率为29÷118＝24.58%。

开店时间长了，客户与店铺间总会发生关于退货退款的纠纷，而有能力的客服通常能将这一指标控制在较低的范围，而退款交涉技巧欠佳的客服，退款纠纷率会明显高出许多。

（3）退款原因正确归类

客户进行退款操作时，选择的退款原因对于店铺有着不小的影响，如选择了某些分类，会印象到店铺相关方面的打分，甚至导致店铺降级。要说服客户选择正确的分类，则需要客服人员具有较强的沟通能力。

（4）服务态度

客户对于店铺的客服会有不同等级的评价，从客户的评价可以直观地了解客服人员的服务质量，客服好评率越高的，服务能力越强，服务质量越高，如果某些客服的客服好评率比较低，则可以考虑进行处罚或再培训。

（5）问题处理是否及时

售后客服对于客户的售后咨询以及投诉都需要及时处理与反馈，这项指标是客服人员工作协调能力以及工作态度的重要体现。

16.4.2 如何定制绩效考核方案

客服主管可对主管级以下的客服制定按月考核，每月为一个考核单位。通过各量化指标的考核结果对客服人员的工作能力、工作态度以及工作业绩做出判定，以百分制为单位进行加减。但考虑到各公司考核的侧重点不同，其考核方案也略有不同。例如，某店铺售前、售后客服的关键考核指标如表16-1所示。

表16-1 某店铺客服考核指标

岗位	考核指标	指标定义/计算公式
售前客服	日常询单转换率	日常询单转换率＝个人转化率÷目标×100% 目标＝平均转化率×增长值
	店铺销售总额	店铺销售总额＝实际完成额÷目标销售额×100%
	联单销售率	联单销售率＝实际完成额÷目标销售额×100%
	服务态度	对客户的询问，表达模糊不清或不予理睬者每次扣2分，3次以上者该项目0分
	评价回复	对有问题的评价给出解释，发现延迟、错误、遗漏每次/处扣0.5分
	响应时间	响应时间应控制在20秒之内，每超过1秒扣1分
售后客服	退款速度	退款速度＝（本店退款速度÷行业退款速度）×100%
	退款纠纷率	纠纷率越低，则该项得分越高；纠纷率越高，则酌情扣分；纠纷率过高的，则该项以0分处理
	退款原因正确归类	采用扣分制，分类不正确，按情节一次扣2～5分
	服务态度	根据店铺客服好评率、中差评率酌情加、减分
	问题处理是否及时	对于各类售后问题，及时处理，如有延迟扣2分
	独立处理能力	由客服主管灵活打分，如该月能独立处理90%以上（包含90%）售后问题，该项满分；独立处理售后问题达到60%以上，该项0分；对于咨询已经处理的过的事情，再次发生时不知道怎么解决或者需要再次询问的，直接扣3分/次

除了以上关键考核指标，客服主管还可对客服人员的部门协作能力、工作主动性和学习能力等指标进行考核，分数加减依旧算在百分制绩效内。

- **部门协作能力**。非常积极主动，参与部门内外配合协作，遇事主动参与付出不计较，5分；能主动积极配合部门工作，并取得部门满意，4分；团结协作性一般，但能配合部门间工作要求，2～3分；不注重团结协作，部门工作勉强配合，0分。
- **工作主动性**。工作积极主动，能分清轻重缓急，遇到问题及时解决处理，4～5分；工作上按部就班，按自己的节奏工作，2～3分；工作被动，交办的工作或事项不闻不问，没有结果，该项0分。
- **学习能力**。进步速度快，岗位相关专业水平不断提升，办事效率明显提高，5分；进步明显，能随着公司的发展需要，逐步提升岗位能力，办事正确率提高，4分；进步一般，在领导指导下，能胜任岗位要求，3分；进步不明显，安于现状，不思进取，2分。

需要客服主管注意的是，绩效考核一定要与奖励挂钩，如每月评出综合分数最高的客服，并给予一定的奖励（如1000元现金）；评出综合分数最低的客服，应给予谈话或罚款的处罚。

16.5 小技巧

技巧1——客服如何通过关联销售提高客单价

客服人员在沟通协调能力以外,更关键的能力是销售能力。由于与客户直接进行沟通,客服人员可以对客户进行销售,一旦成功就会直接带来客单价的提高。销售技能强的客服,其关联商品销售量就越高。关联销售就是在客户想要购买主商品的情况下,客服可以在介绍主商品特性之余,再介绍一些相关商品给客户,举例来说,如果一位客户要购买的主商品是平板电脑,则可推荐同款保护套、钢化膜给客户;或在客户想购买主商品时,利用店内促销活动,促使客户出于优惠心理多购买一些商品。

关联销售的目的是劝说客户多买商品,提高客单价,常见的小技巧有以下几种:

- **限量发售**。从商品数量上进行限制,使客户产生紧迫感,觉得"再不买就买不到了",促使客户快速做出下单购买的决定。
- **限时促销**。主要针对有"拖延症"的客户群体,这些客户在看中商品后,往往需要考虑很长一段时间才下单。而这一举措就是在时间上进行限制,制造紧迫感,使客户尽快做出决定。
- **买一赠多**。是最常见的营销手法,比如,奶粉买一盒送一盒,买靴子送鞋垫和鞋刷,等等。买一赠多活动能够显而易见地提升店铺的销量,客服在促单时也比较轻松。成本较大的商品,买一赠多的活动形式不能一直实施,会给店铺造成较大的损失。
- **搭配套餐**。客服与客户交流时,可以推出搭配套餐,提高客单价。例如,客服在客户购买店内童装后,给出搭配建议,并提到"再选购正价商品,还可以再优惠3元",这是典型的以主动搭配加优惠的方式,来建议客户多买产品,提高客单价。

技巧2——双11大促销如何群发短信

短信作为一种最便捷、最实惠的信息传播方式,在"双11"期间被广大的网络店家所使用,它可以向广大的消费者传播商品的信息,以及"双11"期间的优惠活动,短信作为互联网媒介传播的一种方式,店家如何利用它达到高效的传播呢?

- **选择适合的时机**。之所以选择群发短信,是因为成本低、效果好,但不同时间的投放效果是不同的,店铺应选择合适的时机进行投放,否则会引起客户的反感。例如,"双11"之类一年一度的大活动,覆盖范围可以大一些。
- **选好精准的客户群体**。店铺的客户群体是什么?针对这部分目标群体应当怎样进行宣传与营销?这都是店家应该了解和掌握的。而在目标没有太多数据支撑或没有预算的情况,就应当先寻找目标客户。比如,可以根据之前聚划算、淘抢购等活动中比较精准的客户类型,分析出适合客户群体,将这些群体筛选出来,尽量在短信群发方面做到全覆盖。

- 做好客户来源登记。店家通过不同推广渠道引流来的每一位客户，都应该做好客户来源登记。否则容易发生从短信渠道被吸引来的客户，被误认为是从其他渠道过来的情况，这样会导致统计不精准，埋没了短信群发在引流中发挥的作用。
- 做好短信内容编写。编写短信内容时需要注重客户的服务体验。例如在给客户推送小常识的时候，加上淘宝店的链接、名称，或根据客户的需要发送一些优惠打折的信息，等等。
- 选择正规的短信服务公司。现在市面上有非常多的具有短信群发业务的公司，店家可以从短信通道质量、公司资质、短信价格、服务支持等方面来考虑。
- 决定发送数量。要决定出短信群发的数量，首先要明确店铺在这场活动中要达到一个怎样的销量。例如这次活动店铺目标是 1 万单，通过引流、推广等可能会拥有 8000 单新客户，那么就需要老客户贡献 2000 单。然而日常老客户销售可能只有 500 单，这时就可以通过短信对老客户进行营销来达到目标。
- 短信群发响应率。指发出 100 条促销短信，回购客户的数量所占的百分比。例如响应率为 4%，想要完成 2000 单的目标，就得保证 5 万名客户确定有 4% 的响应率，这意味着店家要根据销售目标去制定群发短信的数量。特别是在活动的后期，短信是快速弥补目标的可行方法。比如进行付尾款提醒，等等。

案例　他用 3 点打造差异化客服，年销售额 3000 万元

孙世杰，从事电商 5 年，主营运动户外和母婴商品。拥有一家近 40 人的客服外包公司，同时每年会注册天猫店铺出售获取利润，年销售额 3000 万元。从众多店铺脱颖而出，加深客户印象，几乎是所有店家目标。这里孙世杰老师分享的正是通过打造差异化客服，提升转化率，使客户牢牢记住店铺的方法。下面他将会分享他的一些"小心机"。

我在 2013 年开始做淘宝，当时因为自身是死飞自行车（Fixie Bike）的爱好者，所以开网店售卖该商品。但等真正开始做这个行业时，我发现整个行业已经有非常明显的下滑趋势，热度逐渐褪去，以每年 40% 的比例下滑。

当时完全不懂如何做淘宝，也不懂直通车运营，只会上架、拍照、等客户。于是我就将全部精力放在如何使客户下单付款。当时也惊奇会有客户进店，所以异常珍惜每位客户。即使客户当场不买，也会尽力收取定金，约好下次购买时间。我一般会先判断客户性别与交谈风格，来决定回复的风格，在解答专业知识的基础上不断套近乎。

我当时最重视的是客服销售话术，会在打招呼、引导、聊天、带节奏、售后、要好评、让老客户转发介绍等方面多花精力。后来通过贴吧、QQ 部落引流，配合研究出的销售话术差异化，在淘宝创业第一年就获得了 100 万元利润。那时我只做了第一个评价优化，后期都是客户真实评价客服、店长、售后等。越来越多的真实评价出现后，又带动了老客户转发介绍，口碑一下子起来了。

打造差异化客服的优点很明显。首先，方便要好评。很多客服运用以上技巧后通常与客户聊得比较好，可以轻松要到好评。因为客户在与客服斗图时，至少是网友关系。如果商品质量不是很差，客户基本会主动给好评。即使没主动给，成功要到好评的概率也不低。

其次，可以降低售后难度。当商品出现售后问题时，让售前客服出面解决非常容易。之前我们有一款价格为1万元的商品，1周才发货。客户找上门时已经不耐烦，加上当时让仓库多包几层，但仓管人员没执行，导致商品磕碰掉漆，正常情况得赔偿几百到一千元。当时的售后实习客服不太灵活，虽然态度负责但处理方式很硬，只会一直道歉，眼看后果不是差评就是退货。客服主管立马换成了之前交流较深的售前客服去衔接。客户没有再刁难，最后还给了客户秀好评。我们也因此省下了售后费用。

1. 改变死板话术

第一年赚到钱后，我对销售进行复盘和分析，认为70%的功劳在客服销售。我经常去同行店铺咨询、研究他们的话术，发现淘宝95%以上的客服聊天都很机械化。包括聊天方式、态度基本都相似。导致客户无法分辨对方是人还是智能机器人，接待语第一句都是"在的，亲"或"您好，亲"。客户购物多年，被这样称呼至少几千次，有可能已经麻木了。

而客户购买稍贵商品时会咨询2个以上的店铺。如果商品本身没竞争力，赠品又相似，只有客服才会留住客户、转化客户。所以，我会格外强调几点：

- 根据不同消费者随机称呼客户。比如称呼十六七岁青少年为"老铁"；喊中青年女性消费者"小姐姐""小仙女"等，灵活变通。
- 适当使用行业里有趣的行话或当下有趣的网络、二次元用语等，引起共鸣，拉近距离。
- 除非客户过于还价或必须官方表示时才能用"亲"，其余时间减少使用这个称呼。
- 多使用语气助词和拟声词，比如"啦""呀""呢"，凸显热情。
- 多用表情包，拉近距离，客户会比较放松，也会比较开心，同时也能消除对客服的负面情绪。

2. 催单催付话术

催付话术需要单独细说。因为很多客服与客户刚聊天，就开始催付，方式也十分直接"您现在付款吗？"。这既唐突又尴尬，客户很难体会到服务，反而认为你急功近利。

道理看似简单，但仍有人犯。所以我要求客服，如果解答问题后已经与客户打成一片，就直接催付款。例如，"老铁啊，你看的怎么样了？这个产品行不行？"。如果没有深入展开沟通，就尽量不要催付，继续找话题多聊，等印象较好后再委婉催付。例如，"你需要今天发货吗？我现在帮你备货怎么样？""我现在去通知仓库怎么样？晚了今天会发不了货"。

催单同样要委婉，"无招胜有招"。客服每天要将下单未付款或聊得不错但忽然不回复的客户进行标记。每天某个时间段再过一遍，3句话内以开放式提问将客户重新引导出来。比如"你为什么会喜欢这个颜色？"，围绕商品继续询问，等回复后再提及关键点，伺机可以催单就催单，或者不买先交定金。但一定不要问封闭式问题，尤其是"在吗"，肯定不会被回复。

3. 改变客服思想

很多客服会将工作定位为接待客户、回复问题、做好基础服务。但客服真正的职业是销售、业务、扮演。通过与客户交流，了解客户性格、身份；制造聊天环境；扮演不同角色，亲近关系和增强信任。

面对不同客户时，应该有不同的角色。如果客户是小哥哥，你就是小仙女；客户是辣妈，你就是比她更专业的二胎母亲。利用不同身份进行有趣的聊天，让客户认为这是一场有意思的购物体验。

其次，客服解答完问题后，要有来有往地向客户提问题。像我们自行车行业就会问进圈子的时间，是否有骑车经验等。让客服学会找话题聊，而不是死板等待询问，既能表现自己幽默、灵活的一面，也加深客户印象。

客服话术和思维差异化打造看似简单，但需要很灵活的员工才能胜任。我们一般招聘客服时，5个人中只能留下1~2人。死板的人肯定无法胜任；情商不够的也会招来无妄之灾。所以我们在招聘时，会先加应聘人微信或QQ，先通过网上聊天，判断他的反应速度和灵活度。在客服实习期，观察他是否会举一反三。

我将客服培训分为视频培训和师徒制。客服新入职后先学习销售部分的视频，学完后根据客服性格判断适合销售哪款商品，再学习商品知识视频和仓库认货。视频培训完毕后会安排老员工带。新员工一旦开始回复，主管会坐在旁边监督，直到出错率很低后再安排老员工每日检查聊天记录。

第17讲

店铺管理与团队建设

本章导读

经营者对网店的管理可以从"物、财、人"三大方面入手。"物"一方面指商品本身以及对商品的管控,另一方面商品物流也属于"物"的范围;"财"则是指财务管理;"人"则是指网店团队。

由于前文已经对商品货源选择进行了阐释,所以本章将从商品物流、网店财务、电商团队三个方面进行讲解,为网店经营者提供系统的思路与方法。

17.1 精打细算选物流

把握好商品每一个销售环节的质量能有效地提高用户体验。在消费者下单后,商品的包装、寄出过程就是物流,这一过程的效率和质量对网店的服务质量起着至关重要的影响。店家应熟练掌握不同商品的包装方式,并根据自身情况选择最合适的快递公司,以及跟踪物流的方法。

17.1.1 商品包装有讲究

商品包装不仅能保护商品的完整性,还体现了店家对消费者的用心,是消费者感受店家服务的重要细节。假如一位消费者在 A、B 两家店铺买了两瓶一样的化妆水,结果收货时,A 店铺的化妆水由于包装不好,瓶身已经打碎,而 B 店铺的化妆水外层包装良好,打开后,瓶身也用泡沫纸包装得十分仔细,没有任何液体漏出。那么消费者后期会在哪家店铺进行回购的可能性更大呢?答案不言自明。

不同的商品有不同的包装方法,但都需要遵循包装的一般原则,一是保证其实用性,二是保证其美观性。

- 实用性。实用性就是商品在长途运输后到达消费者手上时,依然保持完好无损(软包装可不考虑变形问题),数量、质量都没有发生变化。
- 美观性。商品包装的美观性是消费者感受店家经营用心的重要部分,如果消费者发现自己购买的商品是用塑料袋或报纸等废料包装的,可能会产生非常不好的体验感。反之,则会给消费者带来惊喜般的感受。

在实用性与美观性二者中,实用性是基础。如果商品安全无损都无法保证,那么再美观也是毫无意义的。要想同时保证实用性与美观性,店家需要用到常用的几种包装材料。例如,常见的纸箱、牛皮纸、编织袋、专用塑料袋、泡泡纸等包装材料。在包装商品时,也要根据不同商品,使用不同的包装方式。例如,数码产品是网购商品中价值相对较高的一类,通常需要轻拿轻放。在包装数码产品时,应先用泡泡纸、珍珠棉包裹结实,然后再多套几层纸箱或者包装盒,同时放入填充物,尽量保证运输过程中商品的安全。

17.1.2 物流公司的选择

网上的大多数商品都是包邮的,只有小部分商品需要消费者自行负担邮费,然而,不管是店家承担邮费还是消费者自行支付,邮费的高低不仅会影响消费者对于商品的选择,更与店家的销售成本息息相关。

1. 快递公司的选择原则

选择一个好的快递公司对于网店店家来说显得尤为重要,一个"物美价廉"的物流运输服务不仅可以保证店铺的日常经营,节约成本,还能减少快递方面的失误,避免客户流失。

选择一家好的快递公司应该从哪些方面入手呢？可以从 3 个方面进行选择，如图 17-1 所示。

看规模
- 店家在选择快递公司时，应选择至少2家以上的快递公司进行比较，考察它们在全国的网店规模覆盖率如何，这一点将直接对店铺的营业范围产生影响。如果是同城快递较多，则可以优先选择本地的快递公司，它具有同城速度快、价格调整空间大的优点。

看特点
- 这要求店家熟知不同快递公司的特点，然后根据店铺情况进行选择。例如：申通快递在苏浙沪一带的运输质量很高，那么如果店铺的主要客户集中在苏浙沪一带则可优先考虑申通快递。各个快递公司的特点可通过网上查询等方式进行了解。

看评价
- 店家在选择快递公司之前应充分利用身边的渠道和资源，了解各大快递公司的真实用户评价。例如阿里巴巴物流论坛就有一个专门的国内快递公司评价板块，可查看不同地区用户对快递公司的反映情况。

图17-1　快递公司的选择原则

2. 如何签订优惠合同

网店店家的走货量非常大，每次作为散户发货一定是不划算的，因此可以与快递公司或者快递员签订优惠合同。快递公司对于大客户是有优惠折扣的，不仅量大从优，还可月底结算。店家如果不了解与快递公司合作的程序，也可以直接和快递员直接协商，成为快递员的协议客户。快递员的送货收入属于工资中的小部分，协议客户的发货邮费才是他们的主要收入来源。店家与快递员签约后，快递员会每天定时上门取货，为店家节省了很多时间，店家只要在快递员上门前包装好商品，贴好快递单即可。

3. 如何办理快递退赔

快递运输过程中，有一定概率会发生商品丢失或损坏的情况，这时店家应该先与消费者联系，向对方提供重发或退款的解决方案，安抚好消费者，另一方面与快递公司协商退赔。

（1）商品损坏

店家有必要提醒消费者：在签收易碎物品或高价值物品时先验货，确认无损后再签收。因为一旦签收，对于快递公司来说，他们就已经完成了本次运送，对这次运送不再负任何责任。

发生商品损坏的情况时，店家应当与快递公司协商处理，处理方式分为两种，如图 17-2 所示。

有些快递公司在发件前会对寄送物品进行严格的检查。部分快递公司会声明，对于玻璃制品或液体等商品，如运输过程中造成损坏，公司不予赔付。这就要求店家在包装商品时选用尽可能安全的包装材料以及包装方法，同时建议进行保价。

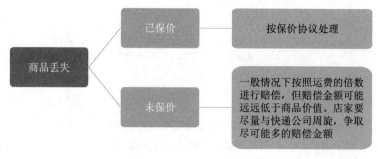

图17-2　商品损坏处理办法

（2）商品丢失

商品丢失的情况发生概率比较低，一旦遇上，店家应第一时间与消费者联系，给出补发商品或其他补偿方式。商品丢失的处理也分为两种情况，如图17-3所示。

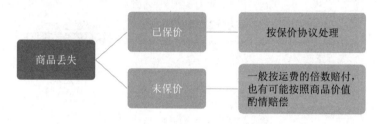

图17-3　商品丢失处理办法

17.2 做好网店财务管理

在网店经营过程中，店家需要对网店资金进行有效的管理。只有把店铺的资金账目管理得井井有条，才能清晰地掌握网店的利润、开支以及销售状况，为后续店铺经营制订合理的规划。

17.2.1 熟悉交易退款的操作

当消费者已经拍下商品并付款，这时，无论是因为店家还是消费者的原因导致交易中断或终止，那么都应该由消费者来发起退款/退货请求，店家对于不曾操作过退款/退货的新手消费者可以进行指导。申请退款详细操作如下。

第1步：进入卖家中心的"已卖出的宝贝"页面，找到申请退款的交易，单击"请卖家处理"超级链接，进入退款处理页面，如图17-4所示。

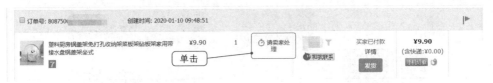

图17-4 进入退款处理页面

第2步：再接着打开的页面中单击"同意退款"按钮，如图17-5所示。

第3步：审核退款的员工会在电脑或手机上收到确认退款的信息。这里以手机支付宝为例进行讲解，在手机支付宝上单击"确认"按钮，如图17-6所示。

图17-5 同意退款　　　　　　图17-6 确认退款

第4步：经确认退款操作后，稍等片刻，卖家中心会提示店家退款成功，如图17-7所示。此时消费者支付宝账户即会收到相应的退款金额。

图17-7 退款成功的提示

此外，淘宝和天猫为交易诚信记录良好的会员提供了"极速退款"服务，只要消费者申请退货退款，那么在寄出商品，并填入快递单号后，会马上收到该商品的退款，该流程平均用时不到1秒。

在消费者享受了极速退款情况下，店家也不必担心自身的权益得不到保障，因为极速退款是由淘宝先行垫付款项给消费者的，店家只需按正常流程进行操作即可，店家确认后的退款会直接转到淘宝消费者保障基金账户中。

作为刚开始经营网店的店家，也许会对退款、退货这类情况感到十分不习惯，但其实这是网店经营过程中十分正常的事，甚至与消费者产生纠纷，需要淘小二介入调停也是常有的，店家要用平常心对待。

17.2.2 使用Excel表格管理网店

Excel 是我们常用的一款办公软件，它能进行各种数据处理、统计分析和辅助决策操作，也可以根据需求进行二次开发。网店店家可以利用 Excel 的功能特点来进行网店管理，让财务管理和商品管理都清晰明了，一目了然。下面就以创建并使用"进货"工作表、"销售"工作表和"进销存自动统计"工作表为例进行讲解。

1. 创建需要的表格数据

"进货"工作表、"销售"工作表和"进销存自动统计"工作表均创建在一个工作簿内，并根据当前的销售状态输入相应的表格数据，再以"进销存自动统计系统"文件名称将此工作簿保存起来。相关操作步骤如下。

第 1 步：新建一张空工作簿，双击修改 3 张工作表的名称，如图 17-8 所示。

第 2 步：❶ 单击 Office 按钮；❷ 单击"保存"命令，如图 17-9 所示。

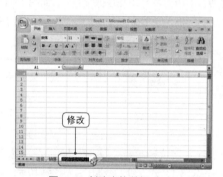

图17-8 创建表格数据（1）

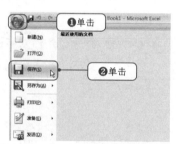

图17-9 创建表格数据（2）

第 3 步：❶ 选择存储路径；❷ 输入保存名称；❸ 单击"保存"按钮，如图 17-10 所示。

第 4 步：❶ 单击选择"进货"工作表；❷ 输入表格数据，如图 17-11 所示。

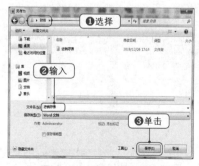

图17-10 创建表格数据（3）

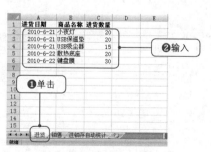

图17-11 创建表格数据（4）

第 5 步：❶ 单击选择"销售"工作表；❷ 输入表格数据，如图 17-12 所示。

第6步： ❶ 单击选择"进销存自动统计"工作表；❷ 输入要统计的表头（数据标题），如图 17-13 所示。

2. 定义统计公式

有了表格的原始数据后，接下来的工作就是在自动统计工作表中定义出统计公式，让各个表格的数据变化能够联动起来，实现自动统计功能。相关操作步骤如下。

第1步： ❶ 单击选择 B2 单元格；❷ 输入公式并按 Enter 键，如图 17-14 所示。

图17-12　创建表格数据（5）　　图17-13　创建表格数据（6）　　图17-14　定义统计公式（1）

第2步： 向下拖曳 B2 单元格右下方的黑十字至 B6 单元格，复制公式，如图 17-15 所示。

第3步： ❶ 单击选择 B3 单元格；❷ 修改"小夜灯"为"USB 保温垫"，如图 17-16 所示。

第4步： 修改 B4 至 B6 单元格，修改依据为"进货"工作表商品名称，如图 17-17 所示。

图17-15　定义统计公式（2）　　图17-16　定义统计公式（3）　　图17-17　定义统计公式（4）

第5步： ❶ 选中 B2～B6 单元格；❷ 向右拖曳 B6 单元格右下方的黑点至 C 列，如图 17-18 所示。

第6步： ❶ 单击选择 C2 单元格；❷ 将公式中的"进货"修改为"销售"，如图 17-19 所示。

第7步： 同样方法依次修改 C3～C6 单元格公式中的相应数据，如图 17-20 所示。

图17-18　定义统计公式（5）　　图17-19　定义统计公式（6）　　图17-20　定义统计公式（7）

第8步： ❶ 单击选择 D2 单元格；❷ 输入公式"=B2-C2"，按下 Enter 键，如图 17-21 所示。

第 9 步：向下拖曳 D2 单元格右下方的黑点至 D6 单元格，复制公式，如图 17-22 所示。

第 10 步：根据进货工作表完善自动统计表的商品名称项，如图 17-23 所示。

图17-21　定义统计公式（8）　　　图17-22　定义统计公式（9）　　　图17-23　定义统计公式（10）

17.3　团队组建

优秀的电商团队不仅可以帮助企业提高综合竞争力，还可以降低经营资本并优化资源配置，因此对于企业来说是非常重要的。在组建团队之前，须了解常见的电商团队组织架构，以及各部门的职责、工作内容。同时，为了更好地管理各部门员工，管理人员应制定相应的考核表进行考核和激励，以及组织员工培训与学习，提升员工的工作能力与企业向心力。

17.3.1　了解常见的电商团队组织架构

组织架构是团队的流程运转、部门设置及职能规划等最基本的结构依据。想要组建一个团队，首先要了解相关行业团队的基本架构，电商行业的团队按照规模大小分为 3 种不同的团队架构，分别是：小微型团队架构、中型电商团队架构和大型电商团队架构。

1．小微型团队架构

小微型团队架构常见的形式有：夫妻二人开店，二三好友合作创业等。由于团队成员少，一般没有明确的上下级关系，也不存在明确的分工，团队决策通常由所有成员共同商定，事务也由团队成员共同处理。

这类团队的优势是：意见分歧小、执行效率高、团结协作、工作热情高等，但也存在明显的弊端，比如无人员负责专门项目，如平面设计等，同时，店铺经营出现状况后极有可能互相推诿责任。

小微型团队架构只适用于网店创立初期，销售量较小的时候。若销量上升，业务量扩大，就必须扩充团队。

2. 中型电商团队架构

中型电商团队由于规模比小微型团队架构略大，一般会设置三级架构，即总负责人、部门或小组负责人、基础员工。但依旧缺少专业的组别设置，例如财务以及美工等。通常情况下会设置三个部门或小组：

- 运营部门。负责产品采购（这也可以由经营者亲自负责）；产品上新；编辑详情页文案、制定价格、策划活动等。
- 客服部门。负责产品售前、售中和售后工作，负责直接与消费者联系沟通。
- 库房部门。负责产品的打包、发货、退换货等问题。

3. 大型电商团队架构

电商企业进入成熟期后，规模也扩大到了一定程度，这时需要一个健全的团队来进行管理与运营。健全的团队并不意味着成员数量多，而在于具备常见的各类部门，各部门分工明确，相互之间能够密切配合。一个成熟期电商团队架构一般包括这样几个部门，如图17-24所示。

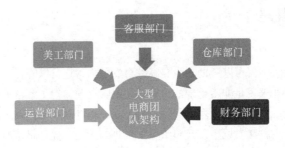

图17-24 成熟电商团队架构示意图

- 运营部门。公司综合职能部门，对公司经营管理的全过程进行计划、执行和控制。主要负责整个经营店铺、规划发展、团队管理等。
- 美工部门。主要负责网站维护、编辑产品、美工和文案编辑等，店家可以聘请专业美工来负责，或外包美工团队来进行网店装修、产品上新等工作。
- 客服部门。主要负责售前、售中、售后咨询和处理，配合市场工作等。成熟的客服部门一般设立有售前、售中、售后以及主管等职位，如果规模扩大到一定程度，还应对客服进行分组，另设立组长进行管理。
- 仓库部门。主要负责处理订单、打包商品、发货，配合客服部等工作，一般设立打包、打单、采购、仓库主管等职位。
- 财务部门。负责团队账户收支、员工工资结算，掌握团队的各项收费准则。

团队发展后期，管理者也可以设置具有行政职能的部门，对全体员工的考勤、排班等后勤工作进行管理，并协调各部门的工作。同时，管理者还可以定期举行多职能部门之间相互交流与学习的会议或活动。

17.3.2　团队成员的招聘与面试

在网店经营初期没有专业人力资源团队时，需要经营者自己充当 HR，寻聘合适的团队成员，组建团队。因此，经营者需要了解有哪些可靠的招聘渠道，以及有效的面试方式，才能更高效地进行招聘。

1. 成员招聘渠道

如今，使用最广泛的招聘渠道就是网络招聘，网络招聘一般通过专业的招聘网站，常见的几大招聘网站包括：智联招聘、前程无忧、BOSS 直聘、58 同城等。除此之外，也可以通过熟人介绍等渠道进行招聘。

经营者需要在招聘网站上发布招聘信息，并定时进行刷新，以保证自家招聘信息被更多寻找工作机会的人看到。在这之后，可以等待求职者主动投递简历，也可以自己寻找合适的简历进行联系。

2. 面试团队成员

面试前要先联系应聘人选。如果人选就在本地，那么可以直接约定面试的时间与地点，见面沟通。如果发现人选并不在本地，可以通过电话、视频等方式进行初步沟通，筛选合适后再进行下一步约见。

面试时首选形式是当面沟通，其次才是视频与电话面试。这样有助于更直观地判断面试者的综合能力。不推荐用文字消息的形式进行沟通，此方式效率不那么高，表达的信息也有限。文字消息形式的沟通可以放在初选阶段。

面试环节最重要的还是双方见面沟通的部分，在这个环节，面试官可以通过下面四个步骤对面试者进行综合评判。

（1）观察

在双方见面时，以及沟通过程中，面试官应对面试者的穿着打扮、精神面貌、神态行为等方面进行观察，并据此进行一些初步的判定。

- 比如面试者穿着得体，明显为了面试提前整理了仪容仪表，那么大致可以判定，此人态度比较积极，对自我要求较严格。
- 如果面试者穿着比较随意，但干净整洁，那么可能比较习惯于宽松的工作氛围。
- 如果面试者面容疲倦，黑眼圈比较重，那么可能是习惯长期熬夜，或是遇到了突发情况，面试者可寻找适当时机进行询问来核实自己的猜测。
- 如果面试者在面试过程中有抖腿之类的动作，可能是由于自制力较差，或不那么重视这个工作机会等。

（2）倾听

见面后双方坐定，面试官可以要求面试者进行一个简短的自我介绍，看看面试者的语言表达能力与逻辑思维如何，是否对于面试有提前准备，对于工作的设想与实际情况是否有出入等。面试者在此期间也可以再次浏览面试者的简历，对面试者加深了解，同时便于后期提问。

（3）询问

面试官应通过询问，对面试者的个人信息，以及工作技能进行了解。比如：面试者身体状况、是否接受加班、前期工作经历和技能、后期职业规划方向等，同时将招聘职位的特殊性进行介绍和解释，比如需要轮班等，为什么需要轮班等，了解面试者的接受程度，同时观察面试者的反应。

（4）考察

面试官应对面试者的必要技能、知识储备等方面进行考察，看面试者与岗位的匹配程度。考察形式分为很多种，最简单的是直接进行口头询问，专业性强一些的岗位可以要求面试者出示自己过去的作品等，想进行更加全面的了解可以进行笔试考察。

如果有需要招聘客服人员的经营者，可以参考和借鉴这份笔试试卷，并结合店铺情况进行一些修改，来对面试者进行考察。

17.3.3 建立电商团队管理体系

团队建立完成后，第一件事是建立高效的管理体系，对员工进行考核，定期组织学习培训以及团队建设活动，这样才能让员工紧跟时代的步伐，更好地为企业发展做贡献，同时增加团队凝聚力。

1. 团队激励机制

为了更好地管理员工，团队管理者应当建立合理有效的绩效考核以及相应的激励机制。绩效考核是为了让员工对自身工作有更高的要求，提高效率，而激励机制则是为了从正负两个方向激励员工。绩效考核要制定合理的标准，激励机制要做到赏罚分明，这样才能让员工更加认同企业、服从管理。

员工激励具有多种不同的形式，主要包括以下三种：

- 精神激励。口头赞美，通报表扬，颁发奖状等精神激励是鼓舞员工的重要手段。
- 物质激励。对表现优异的员工给予物质奖励，有利于提升员工工作积极性。一般体现为工资、奖金、福利等。
- 个性化激励。员工的需求多种多样，应根据员工的不同阶段、不同情况，采用不同的个性激励方案，如需要员工参加技能证书考核，公司报销部分学费等。

管理者在激励员工时可以多种激励形式结合进行，效果会更好。最常见的是精神激励与物质激励相结合的形式，这样的激励方式要在公开场合，例如月会、年会等场合进行，对其他员工也能起到十分明显的激励作用。

2. 定期培训与学习

培训是提升员工个人能力、工作技能，以及促进团队团结的重要手段。培训就像投资，有投入也会有回报，越成熟的企业越重视对员工的培训，因为优秀的人才是企业前进的一大动力。培训也分为多种形式：

- 自学培训。自学培训是员工以及管理者需要长期进行的，它不受时间、地点、形式的限制，特别适合新入职员工培训。团队在缺乏资金时，可以该培训方式为主。
- 视频培训。市面上有许多优秀的视频类学习网站（如淘宝大学培训视频），一般花费几千元即可购买一年的视频服务，可重复使用于员工培训上。

- **外部培训**。自学和视频存在滞后性，员工在培训过程中遇到问题可能无法得到及时的解答。管理者在企业发展到达一定程度后，可以花费更多的资金和精力在培训上，如找外部培训机构到公司来进行现场培训。
- **内部讲师培训**。当公司员工规模达到一定规模，且持续增长的情况下，请外部讲师培训，势必增加培训成本。这种情况下，可以考虑组建内部培训师团队。内部讲师的培训内容可根据企业发展实情进行专门地制定，并定期更新，使之与时俱进。

培训也是一种教育活动，目的是将企业文化、思想、知识和技能传达给员工，使企业获得长足发展。所以在培训前，相关人员需要有完善、科学的计划，并且不断创新，才能使培训效果最大化。

3. 举行团建活动

举行团建活动，可以增强团队的凝聚力和团队精神，营造一个积极向上的工作氛围，使员工对工作持续抱有激情。团建活动的形式丰富多样，可以组织员工一起进行娱乐活动，比如烧烤、农家乐，等等。管理者或有关部门在活动结束后可以继续进行"后续工作"，如整理和发布员工活动照片，在企业媒体平台编写文案进行活动总结等，这样有助于展现和传播企业文化。

17.4 小技巧

技巧1——如何跟踪物流进度

不论店家选择哪种运输方式，都要保留发货单，在确认消费者收到商品之前，要将发货单好好保存，以免出现纠纷时没有凭据。另外，在发货后，消费者对于物流进度是十分关注的，在自己不方便查询时可能会向店家询问，这时店家可以通过发货单来进行查询并告知对方。

物流跟踪方式有很多种，例如查官网、扫码查询、百度查询等。一般情况下，在快递面单上，快递单号的上方，会有单号对应的条码。直接用微信扫一扫功能对条码进行扫描，同样能直接获取商品的实时位置。如图 17-25 所示。

图17-25 微信扫快递单条码查询物流

技巧2——如何节省商品物流费用

如何节约商品物流费用,这是每一位网店店家都在思考的问题。毕竟物流费用降低会直接导致网店利润增长,下面介绍几个能开源节流的方法。

- **联系多家快递公司。** 不同快递公司的资费标准是不同的,店家可以不只选用一家快递公司,而是多家一起合作,这样发货时可以联系几位来自不同快递公司的快递员一起上门,造成价格竞争压力,迫使快递员进行低价竞争,最终得益的就是店家本身。
- **多方面考虑。** 快递公司的运输质量是店家选择时最重要的参考标准,店家不要只看价格高低而忽略运输质量。有些快递公司的报价确实便宜,到苏浙沪地区甚至只要6元,但是这样的公司一般是联盟性质的小公司,寄送时间慢、包裹丢失等问题多。如果因为价格与这些快递公司达成合作,然后频繁发生此类问题,造成与客户之间的纠纷,这对网店来说是得不偿失的。所以店家尽量多种角度考虑,选择有保障的知名快递公司。
- **大宗货物火车托运。** 大宗货物如果走快递运输,成本还是比较高的,这时可以考虑火车托运,价格低而且速度快,最低收费1元,每千克的费用一般在1~3元。有需求的店家可以查询火车托运价格表进行价格参考。

案例 通过团队裂变实现销售递增

石金忠,2012年跨入电商领域,目前共有5家天猫店,4家京东店,主要涉及潮牌和运动户外两个类目。2017年销售额1700万元,2018年通过团队裂变,做到年销售额4000万元。以下内容源于他的分享。

第一次使用团队裂变,是一件很偶然的事。在2017年10月,距离2018年只有3个月。为了激励4个团队,我们提出店铺在这3个月做到200万元的销售额,就给店长发3万元奖金。方案提出后,明显感觉团队积极性有所提升。再有"双11""双12"活动的支撑,最终每个店铺都完成指定销售额。我也履行承诺,给每个店长奖励了3万元奖金。

我觉得这个效果不错,2018年年初就提议再开4家店铺,由每个店长自己负责店铺。还是采取2017年年底的策略,按照每个季度的销售业绩分奖金。从2018年的效果来看,这个策略成功了。当年,销售额增加了一倍多。而且因为员工的自主性提高了,我也更轻松了。

其实,团队裂变的背后逻辑很简单。假设有10个店长帮你做店铺,只要每个店铺的月销售达到40万元。那么整个公司的月销售额能做到400万元,年销售额就能做到4800万元,这是一个很简单的账。

当然,我们团队裂变成功的原因,也包括类目市场的不饱和。因为有同行开新店铺,两个月时间就能做到日销额2~3万元。正好我们单店的销售额增长也遇到了瓶颈,就采用多开店铺的方式抢占市场份额。

1. 团队裂变的优势

根据我们的总结,发现团队裂变还是有很多优势。

(1)权力下放,自主性更强

现在店铺数量比较多,如果自己亲自管理,精力不足。目前,我把管理店铺的权力全部下放给店长。包括店铺运营、资金管理等工作，都可以由店长自己运作；店家也可以和财务申请限额备用金，自己合理利用。保证店长在允许的权力范围内，可以最大程度地发挥他们的自主能动性。

（2）责任转移，增强责任感

在把店铺转交给店长时，责任也随之转移给店长了。我会把控店铺发展方向，但是具体如何计划，如何执行，都由店长决定。当责任压在他们身上，会增强他们的责任感。

（3）优势最大化，降低运营风险

这对我们做服装的来说，是很重要的一个点。因为我们类目会遇到很多爆款，同行也都会操作相同的款式。如果只有一个店铺风险很高，一不小心就会被同行反超，甚至被同行投诉、恶意差评，等等。如果你还有大批库存，更是艰难。

例如，我们2017年有一款户外羽绒服，客单价为1500元。当时整个搜索的前5名，除了第2名，其他都是我们的链接。但由于我们排名第1的链接出现了差评，迅速把排名第3的卡到了第1位。而排名第2的那家店铺，因为销量多，也出现了差评，排名很快就掉下去了。排名前5的位置都被我们占了，最后这款羽绒服销售额做到了1100万元。因此，我觉得做服装、标品等类目，采取团队裂变很有优势。

2. 用人标准和内部培训

我的用人标准非常简单。首先，执行力要强。即使能力差一点也没关系，但工作态度要积极主动。其次，团队配合力要好。我们员工近80%都是这样的人，能力强的只占10%左右。我认为这80%非常重要，因为他们负责执行店铺绝大部分的任务。

在员工培训方面，我们要求员工观看规定的培训视频。每周选1位店长进行内部分享，大家共同学习。

还有一带一的计划，即店长在一个阶段会挑选1位客服熟悉他的工作内容。这么做是防止店长忽然离职，或其他原因没时间打理店铺，能够迅速提拔出新人代替，而他带的员工是首选。

除此之外，也会邀请专业人士进行分享。比如擅长直通车、智钻、设计、摄影等方面的老师来做分享。因为目前团队的信息或技术只是来自某一个人，进步很缓慢。多学习专业知识，也有助于打破目前店铺遇到的技术限制。

3. 项目店长的选择

下面讲一下我们选拔店长的方法：

（1）内部提拔

从现有的客服、美工等岗位选拔执行力比较强的员工，这些员工主要负责把研究出来的打法一步步执行。从内部提拔的好处是成本低、更清楚员工的情况；避免外部招聘的员工与公司的价值观不符；公司的基础岗位员工主动性更强，因为他们也有机会成为年薪20万元的店长。

（2）外部招聘

外部招聘，我们更倾向于选择"技术宅"类型。主要是为了打破公司现有的技术瓶颈。因为如果是客服美工提拔的店长，可能执行力强，但技术和玩法相对薄弱。

（3）内部竞聘

当有新的项目，需要选择新的店长时，会邀请各个店铺的店长作为评委，对竞聘的员工进行打分。为了打分更加公平，所有参与的店长必须在新项目中投钱，防止店长因人情而打高分。因为一旦店长也投钱了，他会更在意项目的成功与否，会真正地考虑谁更适合这个岗位。

参与竞聘的员工也必须讲述对新项目的运营规划。例如，具体如何去做，自己为什么适合该岗位，等等。评委再结合员工平时的表现等各个维度判断他是否合适。

4. 项目店长的薪酬设置

我们店长的薪酬设置比较简单。店长工资＝基础工资＋抽成＋1/4 的年终奖（即上面提到的季度奖金）。

（1）基础薪资

先谈一下基础薪资。我们的基础薪资只有 2000 元，但是最终店长到手的月收入有 2 万元。之所以基础工资很低，是为了筛选只注重基础工资的应聘者。我们希望店长更看中后期的发展。当然，这么做也有弊端，会错失很多优秀运营。这就要求人事在面试时讲清楚，让应聘者知道只要做得好，工资可能会比之前拿得高，也更有发展潜力。

一般外部招聘时，如果我很看重这个面试者，如果他很关注利益，我会告诉他目前店长的平均年薪在 20 万元，最高的甚至可以拿到 50 万元；如果他更关注发展，我就谈一下公司的发展前景，未来规划。

如果是内部提拔的员工，对公司已经很了解，能降低一些沟通成本以及信任成本。

所以，我基本会优先考虑内部提拔。

（2）提成

在提成方面，我之前设置的销售额提成是销售额的 2%，除此之外还有 KPI 的考核等。具体如图 17-26 所示。

季度销售额	运营		预估		预估	难度预估 18年公司完成人数		
			季度总薪资预估		年薪预估	1. 这个目标你要让他们觉得很简单，方法是拆解目标。 2. 给他估算出年薪，按照最低标准，你都能赚这么多，会尽全力来做		
100万	季度奖 15000	年总奖 60000	41000		164000		5	
季度销售额 200万	季度奖 30000	年总奖 120000	季度总薪资预估 76000		年薪预估 304000		2	
季度销售额 300万	季度奖 50000	年总奖 200000	季度总薪资预估 116000		年薪预估 464000		1	
这个跟苗校长的时薪协议有相似之处								

图17-26　店长提成表

从图 17-26 中可以看出，店铺销售额不同，店长奖金不相同，最后年薪差距也很大。我给店长设置目标销售额时，会使用拆解法。比如年销售额如果要做到 400 万元，拆解到每个季度就是 100 万元，那一个月只需完成 30 多万元。只要完成这个目标，每个季度的奖金就有 1.5 万元，全年就有 6 万元。这样可以让店长有更清晰的目标概念，拆分后的目标比总目标让店长更易接受。

第18讲

开通手机淘宝让销售额飙升

本章导读

随着无线互联网和智能手机的普及，手机购物已经成为人们的新习惯，消费高峰出现了"多频次"的特点，比如睡前消费、通勤消费、课间消费、工间消费等逐渐成为新的购物潮流，甚至有的消费者凌晨一两点都在用手机购物。据统计，2019年"双11"购物狂欢节交易额达2684亿元，而手机端交易额超过90%，与PC端相比，手机端销量拥有压倒性的优势。由此可见，做好手机淘宝店的营销，能够为店铺带来更多的盈利。

18.1 手机开店的优势

如果移动端电子商务是电子信息化时代高速发展的必然趋势,那么手机淘宝店就是移动端电子商务的优秀结晶。随着手机互联网用户数量日增,大众更习惯用手机购物,手机开店的优势逐渐显著起来,越来越多的店家开始重视手机开店。那么,手机开店具体有哪些优势呢?

- 用户流量广。据了解,截至2015年年底手机端互联网用户已超过6.2亿,而PC端用户不到5亿,网民的上网设备明显倾向于手机。
- 符合消费者购物习惯。随着移动端网络的日益普及,现在的手机用户随时都能浏览网页,简单地扫描二维码就能看到较为详细的商品信息。与此同时,许多用户已经习惯了在手机端随时与店家联系,获得商品信息等,方便、快捷的手机成了用户和店家之间的一架桥梁。
- 手机淘宝搜索页展现方式。搜索结果页展示不同,商品影响点击的效果就不同。相对PC端来说,手机淘宝用户很少再对结果进行二次排序,大部分是按照默认的顺序进行浏览,因此手机淘宝的搜索排名对浏览和销售的影响比PC端上高。

18.2 手淘的基本设置

想要获得更多手淘流量,应根据客户浏览手淘页面习惯,去设置手淘店铺页面。实现客户更快速、便捷地在店内购物。

18.2.1 用户浏览手机淘宝页面的习惯

用户浏览手机淘宝页面的习惯通常是指用户浏览时已经形成自然的行为,一般可以从用户搜索浏览习惯、用户图片浏览习惯、用户活动页浏览习惯、用户浏览作息习惯几个方面进行研究。

- 用户搜索浏览习惯。用户搜索浏览习惯是指用户用手机淘宝搜索框搜索商品时,会自动弹出与一段时间内用户常用的搜索关键词相关的词汇,店家可以通过中心词和长尾词来提高搜索机会。
- 用户图片浏览习惯。用户浏览图片的习惯一般从图片每个角度去了解商品的细节,店家可以根据自身商品特性完善细节图等。
- 用户活动页浏览习惯。用户活动页浏览习惯一般指用户在手机淘宝官方、店内和站外活动页面浏览习惯。活动页的展现方式通常具有商品照片清晰、卖点明确、营销方案显眼的特点,这些也是用户关注的,店家在策划活动海报和文案时可重点这些特点,激发用户购买欲。

- **用户浏览作息习惯。**用户浏览作息习惯简单来说就是用户喜欢在什么时间段浏览手机淘宝。据统计，用户浏览手机淘宝页面的时间段主要集中晚上 11 点以后，店家可根据具体的统计数据做出一些针对性的营销方案。

18.2.2 手机淘宝店铺的设置

要开设手机淘宝店铺，登录到淘宝后台进行设置即可，由于手机的屏幕相对 PC 端显示器来说太小，手机淘宝店展示商品的方式以及文字描述都和 PC 端网店有一定的差异，因此在设置手机网店时，有很多和 PC 端网店不同的地方。店家登录到淘宝店家后台，在"我的淘宝"，可以方便地为自己开通手机移动店铺，只需要简单地设置手机店铺信息即可。

1. 手淘首页设置

一般来说，手机店铺的首页包含热销、推荐等版块，基本上足够使用了。不过有时候店家会搞一些活动，如店庆打折、限时热卖、秒杀等活动等，往往需要专门的页面来进行介绍。这就需要在手机店铺中新增活动页面，并在首页增加活动简介，客户点击简介时，即可跳转到活动页面查看详细的解说。

2. 制作手淘商品详情页

很多店家以为淘宝网店的手机端和 PC 端的商品详情页是一样的，所以并不注重手机端淘宝详情页的制作。

如果不制作手机端商品详情页，当客户通过手机查看商品详情时，淘宝网会自动抓取 PC 端商品详情页的内容，经过简单的编辑发送到手机端淘宝上。这样浏览的缺点是显而易见的，一是 PC 端上的图片分辨率较高，在手机端浏览会难以看清内容的；二是 PC 端商品详情页可以求全求精，但手机端商品详情页却要求内容简洁、直接，把卖点高效地传达给消费者，促成交易，所以店家制作一个简单有层次、突出商品重点的手机端商品详情页是很有必要的。

18.3 手机网店流量结构及转化

所谓的"流量"，通常是指一个网店被浏览的次数。流量越高，说明网店在吸引关注这方面做得越好。但流量本身是带不来利润的，店家们还要分析流量的来源和构成，针对访问者的习惯来做出针对性的运营方案，增加访问者的页面停留时间，增加支付转化率，增加商品的销售量。

18.3.1 手机网店流量从哪里来

淘宝流量来源主要分为两种：**站内流量和站外流量**。

淘宝站内流量是从淘宝网站上通过一定方式（如搜索商品、进入某活动的宣传页面等）

进入到网店的流量,这对所有淘宝店家而言都是主要渠道;淘宝站外流量,也就是除淘宝网以外的所有互联网上直接访问自己网店的流量,这类流量主要来源于广告。

流量主要分为免费流量和收费流量,获取流量最重要的方式就是推广。推广按区域划分,可分为站内和站外进行推广。为方便读者阅读,下面将用表格的方式列举出站内和站外具体的推广方式,如表18-1所示。

表18-1 手机端网店获取流量的方式

手机端网店获取流量方式	站内推广方式	免费推广	①网店与实体店联合 ②淘帮派、社群和淘吧 ③搜索和类目导航:产品标题、商品描述和类目导航的关键词 ④发帖回帖:淘宝论坛、掌柜说
		付费推广	①淘宝直通车 ②淘宝客 ③智钻 ④淘宝达人 ⑤群软件工具:旺旺群、QQ群、邮件群发工具付费发信息
		活动推广	①购买淘帮派广告位 ②参加淘宝各类主题活动("双11"、国庆、元旦等) ③一元拍、荷兰拍 ④超级客户秀或者客户分享 ⑤秒杀、团购
	站外推广方式	免费推广	①搜索引擎:在百度、网易、谷歌等搜索引擎网站上搜索有关本店产品的帖子,进行发帖、回帖、问答推广 ②社交推广:微博、小红书、抖音、知乎等知名网站建立账号推广,注册、发帖、吸引人气、发布产品图片和链接进行长期发布更新推广 ③间接性方式:各地的城市网网站二手买卖市场、财经市场、跳蚤市场里发布信息,增加店铺曝光率
		付费推广	①直接联系网站站长买广告位。选择大流量且和本产品相联系的网站,购买广告位进行推广 ②通过广告交易平台买流量。如购买阿里妈妈广告位等 ③在搜索引擎上买竞价关键词广告。如百度竞价排名、谷歌竞价广告、有道竞价广告、搜狗搜索引擎等 ④通过流量站购买弹窗流量

对于初始阶段的网店来说,可以先通过付费流量的导入来测试市场,磨合团队,但不宜盲目扩张,付费流量占比维持在25%~35%即可;对于扩张阶段的网店来说,大流量的导入是为了重拳出击,快速占领市场,付费流量占比维持在35%~45%为宜;对于稳定阶段的店铺来说,合理的流量结构才是销售与利润最大化的一个必要条件,付费流量占比可以维持在20%~30%。

18.3.2 流量来了如何转化

据相关数据统计,很多网店的手机端流量都超过了店铺总流量的60%,按理说网店销售量也会有很大的提升,但实际上许多网店的销售量仍然没有起色,其原因在于流量的转化率太低,流量的转化率低了,销售量自然上不去。

流量是提升网店销售额的基础,而把流量转化为实际购买行为,则是提升销售额的保障。那么,手机网店要做一些什么样的改变,才能提高流量的转化率呢?

1. 标题关键词

淘宝网手机端显示的内容远比PC端要少,所以一个能体现商品特性和卖点的标题,就显得尤为重要。在设置标题时候,不仅要有描述商品的词汇,更要有商品的特性词。淘宝PC端的标题内容繁多,很多都是为了搜索而加入的热搜词,而手机端的标题更多是为了转化服务,加入商品的卖点元素才是关键,如图18-1所示。

图18-1 两种商品标题关键词比较

虽然两款商品都属于同一类,但上面的商品明显要比下面的商品销量好很多,读者可以看看,两个商品的标题有什么区别。

可以很明显地看到,销量上千的商品在标题中加入了"打底""秋季"和"修身"等卖点词汇,准确地描述了商品的特点和使用季节;而销量不足一百的商品,其标题仅仅是对产品本身特点的描述,卖点词汇则只有"修身"。由此可见,标题里面同时具有商品特性词和卖点词是很有必要的。

2. 商品详情页

商品详情页是否优秀,直接影响整个页面的视觉美感和客户的体验。商品详情页足够优秀,客户才会下定决心购买,商品销量才能得到提升。

很多店铺没有为商品制作手机端详情页,直接调用PC端的图片缩小来当作手机端的描述,使得整个商品的描述很长、内容不清晰。如此一来,很多客户就会直接离开页面,这样对于销售商品来说是极其不利的。

那么,一个优秀的商品详情页是怎样的呢?一般来说商品详情页应该有六屏,如图18-2所示。

图18-2 商品详情页模板图

按这样的布局来设置手机端详情页的话，就能有效减少页面加载时间，展示起来也比较清晰明了。同时，客户花费的流量也会大大降低，还可以在较短时间内就获取关于商品的关键信息，从而判断商品是否适合自己的需要，是否值得自己购买。反过来说，如果页面冗长、重点不突出，客户找不到自己需要的信息，很可能直接就跳转到别的页面去了，那么，这一页的转化率自然就很低了。

3. 商品的活动

对于商品的活动，读者并不陌生。这是很多店家都会采用的一种将流量转化为实际支付的方式。以某服装店正在做的活动为例，如果买四件就打六折，买两件就九折。通常客户都会选择购买四件。在此次活动中，客户得到了实惠，店家也通过薄利多销的方式提升了店铺商品成交率和客单价。

可能有的读者会问，在商品的活动中，还有没有其他方式可以让流量转化成实际支付达到最大化？答案是有的。店家可以在活动页面展示淘金币抵扣和手机专享等，因为现在绝大多数客户都是通过手机端淘宝购物，而且淘金币是可以免费领取的，很多客户账号中都有不少的淘金币，当看到除活动以外的福利，更加会激起客户的购买欲。例如某款女装在满减活动的基础上，还加上了淘金币抵扣现金的活动，如图18-3所示。

图18-3 正在进行满减活动的某款女装

4. 商品的评价

商品的评价是客户决定是否购买商品的重要参考。在淘宝手机端商品详情页的第一页只展示一条，这条评价的内容是关键，很多客户为了节省时间，直接就看这么一条评价，来决定购买与否，如图18-4所示。

绝大多数的客户会根据商品的总体评价来决定是否购买某款商品。如果评价里存在差评，依旧会让这部分客户对商品持怀疑态度，这对于商品的销售是非常不利的。如图18-5所示。

图18-4 某网店商品展现在首页的评价

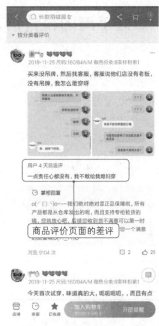

图18-5 某网店商品评价页面

客户会给商品做出差评多半是因为对商品或服务有意见。那么，店家应该从哪些方面做出行动，让商品的差评尽量少，甚至做到零差评呢？

- **保证商品质量**。如果商品质量没有达到客户预期或货价不符，客户内心难以平衡，就会给出差评。如果店家保证了商品的质量，给客户一个舒适的购物体验，客户自然而然地就会给出好评。
- **客服服务态度**。如果客服对于客户的咨询态度不好，客户也很容易做出差评。因此客服在接待客户时，应做到及时回复、言语亲和、耐心周到，设身处地为客户着想，让客户满意。
- **售后服务**。网店的商品大多数是通过邮寄的方式送给客户，运输过程中难免会遇到挤压等问题，导致客户收到的商品受损。如果店家不能及时解决，客户也会做出差评。因此，在售后的工作上应该做到更加细致，让客户放心，成为店铺忠实用户。

所以，为了让客户对商品放心、对店家信任、重复购买，店家把控好商品的质量、客服服务、售后服务才是硬道理。

5. 其他因素

商品的销量、是否包邮、收藏等特惠信息和客服的反应时间、客服对商品了解的程度、客服的亲和力等都是影响购买率的因素。

淘宝网手机端的流量不容小觑，若想经营好店铺的手机端，那就要做好每一个细节，让客户信任。

18.4 做好手淘内容营销，提升店铺转换率

随着手淘用户数量的增加，淘宝、天猫平台为手淘端分配了更多流量。例如，微淘、淘宝平台、有好货、爱逛街等。店家只有在熟悉这些流量渠道，并做好相应的内容营销的情况下，才能吸引更多流量。

18.4.1 玩转"微淘"

微淘是淘宝手淘的一个重要板块，淘宝店家在这里为消费者提供店铺最新资讯和发布新品。店家可在微淘中发布文字、图片、视频等内容来实现新品发布、导购、互动、销售的目的，如图 18-6 所示。

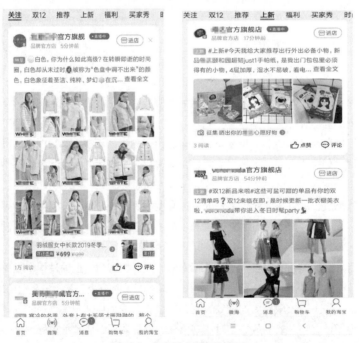

图18-6　店家发布微淘的页面

运营微淘，店铺的粉丝和营销内容是关键，粉丝是营销的基础，粉丝越多，内容才有可能被更多消费者关注，而内容则决定了营销的效果，只有符合消费者喜好的内容，才可能被引起关注。

因此，在运营微淘时一要注意店铺的粉丝数量，如果粉丝较多，店家可着重维护老粉丝，如果粉丝较少，重心内容则应主要放在引流上；二要对商品的目标消费者进行分析，如消费者的年龄、性别、爱好、消费习惯等。根据消费者分析结果策划消费者可能感兴趣的话题。

比如，一家经营大码女装的网店，分析得知目标消费者是 18～22 岁的偏胖女性，这类女性主要是学生，她们没有收入来源，"价格"和"显瘦"则成了她们选购服饰时主要的关注点。店家在做营销时，可以用"显瘦""优惠券""限时促销"等内容刺激目标消费者的关注，如图 18-7 所示。

图18-7　某大码女装店铺发布的微淘内容

在策划微淘内容时，还可以从以下几个方面入手：

- 店家可在微淘分享促销活动信息，吸引消费者关注。促销活动既可用于清仓，也可用于新品发布，它能帮商品动销，也能让店铺的沉睡粉丝重新苏醒过来，以及吸引新粉丝。
- 不定期地在微淘分享品牌文化，分享店铺动态，如上新、品牌故事等，在宣传没有中间商吃差价的同时，也增强客户对店铺的黏度。
- 大多数的消费者都喜欢八卦和新鲜事，店家可在内容中插入当前的热门事件，能引起不少消费者围观。

除了上面说的内容策划，微淘运营在内容布局上，可以加入多种元素，不要单一地发布活动或单一的上新，以免粉丝产生阅读疲劳。

例如某箱包网店的微淘内容布局，分别在"种草"和"上新"栏目中发布内容，看起来没有直接联系，但都宣传了店内商品，如图 18-8 所示。

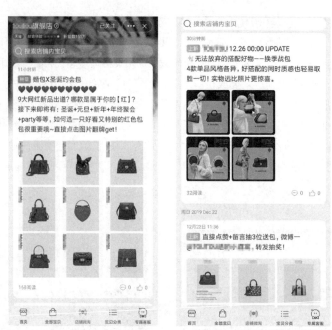

图18-8 某箱包店铺发布的微淘内容

微淘内容的篇幅可根据实际需求来安排，长短皆可。内容应当言简意赅，通俗易懂，让消费者快速理解，如果冗长而复杂会让消费者失去阅读的兴趣。微淘内容推送的时间可通过店铺内的具体数据，选择流量最多时进行推送。

18.4.2 玩转"淘宝头条"

淘宝头条是手机淘宝里面一个生活消费资讯媒体聚拢板块。媒体、达人及自媒体可以通过这个信息发布平台，创建"淘宝头条号"发布内容，并借助手机淘宝巨大的流量和大数据下的精准算法千人千面推送，可以让内容高效率地获得更多曝光和关注，达到为店铺、商品引流的目的。

淘宝头条涵盖了多方面的栏目，如精选、新品、新闻、新鲜等，如图18-9所示。

随着"淘宝头条"在手机淘宝内容营销的作用上越来越显著，越来越多的店家加入这个平台，"淘宝头条"竞争力日益显著，各大淘宝店家开始对内容不断挖掘和创新，力求引起用户注意。与此同时，"淘宝头条"也受到了越来越多用户的关注，据最新数据显示，"淘宝头条"的月活跃用户已经超过了一亿人，日活跃用户已经超过千万。由此可见，"淘宝头条"的流量是非常大的，做好了"淘宝头条"的内容，引流的速度非常快。例如，某网店开通的"淘宝头条"号，通过一篇爆款文章给店铺引流用户超过一千，这样的数据对于新店铺来说是非常可观的，如图18-10所示。

图18-9 淘宝头条在首页的位置以及板块内的类目　　图18-10 爆款头条号内容

18.4.3 玩转淘宝直播

淘宝直播是电商内容营销一个重要平台，主要通过直播售卖商品，消费者可以"边看边买"。同时，淘宝直播还弥补了以往电商单调的售卖方式，让售卖过程互动性更强、转化率更高。据淘宝直播负责人介绍，淘宝直播涵盖多个类目，如护肤、穿搭、男士、亲子、珠宝、家居、美食等，消费者打开淘宝直播间，任意点击一个直播间，就可以看到直播间的详情页，如图18-11所示。

进入淘宝直播间的流量都是对店铺的商品有一定购买需求的人群，是精准的流量，店家务必要抓住。在开直播之前，先要对直播有一个总体的规划或做好直播预热；在直播过程中，主播不仅要对用户提出的问题耐心解答，更要用有趣生动的方式吸引用户直接购买直播间商品；在直播过后要做好用户的维护工作，让直播间用户成为店铺粉丝，尽可能地去实现更多的营销，如将直播间好玩有趣的内容和商品发布到

图18-11 淘宝直播页面

微淘或者"淘宝头条"和"有好货"平台上去做内容积淀。同时关注用户体验，送优惠券等福利，刺激用户再次消费。

据淘宝数据显示，淘宝直播平台自2016年正式推出，经过不断发展，到2018年淘宝直播平台带货已经超过千亿，同比增速近400%，销售额屡屡创造新纪录。越来越多的店铺选择了开通淘宝直播来营销推广商品，吸引粉丝，例如某手机店铺通过淘宝直播吸引了三十万人观看，吸粉近十万，这个数据是相当惊人的！

那么，开通淘宝直播需要满足哪些条件呢？

- 店铺满足一钻或一钻及以上（非珠宝类目的企业店铺除外）；
- 主营类目在线商品数≥5，且近30天店铺销量≥3，且近90天店铺成交金额≥1000元；
- 店家必须符合《淘宝网营销活动规则》；
- 申请开通淘宝直播的自然年度内不存在出售假冒商品违规的行为；
- 店家具有一定的用户运营能力。

如果店家满足了这些条件，可开通淘宝直播吸引更多客户。

18.4.4 玩转淘宝"有好货"

"有好货"定位于为中高消费人群提供品质生活指南服务。它在手机端淘宝首页占据了显著的位置，为消费者提供优质准确的内容，这些内容主要来自不同领域的购物达人或是各大社交平台有一定影响力的人。淘宝"有好货"涵盖类目有多个，如格物志、精选、时尚馆、美妆馆等，栏目内容展现形式一般为单品图文、搭配套装图文、短视频。如图18-12所示。

图18-12　"有好货"在手机端淘宝首页的位置以及板块内的类目

"有好货"是淘宝内容营销一个重要的手段，也是许多店家推广商品时不容错过的一种内容营销方式。那么，使用"有好货"营销主要有哪些作用呢？

- **流量巨大**。"有好货"位于手机端淘宝首页显眼的位置，在手机端淘宝巨大的流量中，很大一部分流量都流入了"有好货"板块。板块内栏目清晰，消费者可以一目了然找到自己喜欢的商品，很多消费者会从这个入口进入。由此可见，它带来的流量不容小觑。
- **消费者群体精准**。"有好货"改变了之前消费者只能通过搜索浏览比较再进行购买商品的烦琐的方式，直接通过大数据以千人千面分流模式将商品精准地推送给不同需求的消费者，不仅提高了消费者的体验，也给商品带来了更多的金砖流量，为提升店铺的转化力有着很大的作用。

- **商品展示时间长**。虽然每款单品只有一次上"有好货"的机会，但如果能够通过有好货的报名，该款商品就能拥有 3 60 天的展示时间，这对商品（或店铺）引流来说是一个重要的途径。如果店家多投入一些商品，获得展示的机会也会大大提高，为店铺（商品）带来的流量也会随之增加。可以为商品为店铺带来源源不断的流量。
- **低成本投入，收益明显**。店家可以自行推广或与达人合作，与达人合作的成本一般不需要太多，如果达人推荐效果好，不仅能为商品带来大量的曝光，还能获得流量和转化，带来巨大的收益。

"有好货"作为一个官方定位于"为中高端人群，发现和挖掘新奇特、有格调的精品导购平台"，立志于给消费者带来最新的潮品、最有特色好物介绍、最可信的品质保障，为消费者带来"发现""购物新认知"的购物体验。近两年，"有好货"在商品的选择上做了很大的优化，管控了质量，提升消费者的信任度，更用可具体化的资质指标，明确地向消费者传递了"好货"的概念。

要做好"有好货"营销，有哪些技巧呢？

- **做好商品定位**。入选有好货的商品大多具有调性、创意、口碑好、品质佳的特点，店家要在众多商品中脱颖而出，不妨选择交了五万保证金的全球购。全球购的商品范围广，也会增加商品在消费者心中的信任度。因为，消费者在对同等价格同款商品的比较上，通常也会选择更有保障的商品。
- **做好商品图片**。消费者在网购时一般是通过图片了解商品。店家在上传图片时，可选择清晰真实、卖点突出的图片，增加图片对消费者的视觉冲击，激发消费者购买欲。
- **写好商品文案**。商品文案也是消费者在网购时的重要参考，店家可用简单明了的文字来描述商品的卖点、优点。展现的文案内容要直接、精练，快速吸引消费者眼球，从而进行购买，提升商品销量，提升店铺转化率。

"有好货"是一个巨大的流量池，流量源源不断，同时竞争力也很大，店家想要自己店铺的商品长时间在"有好货"平台上展示，增加商品曝光率，达到销售的目的，不仅清晰"有好货"入选条件，更要保证商品的质量。

18.4.5 玩转淘宝"哇哦视频"

"哇哦视频"的前身是"爱逛街"，于 2018 年 10 月正式更名为"哇哦视频"，它是电商短视频内容产出的核心阵地，涵盖了红人买手、搭配达人、品牌助理人、时尚模特等的购物经验分享，在为消费者提供优质内容的同时，也帮助店家更好地实现了种草和支付转化。"哇哦视频"在手机端淘宝首页的位置以及板块内的栏目展示如图 18-13 所示。

"哇哦视频"在手机端淘宝首页占据重要位置，也是很多消费者的导购入口，流量不容小觑。店家们想要为店铺引流，达到提高店铺销售额的目的，在发布短视频时，有必要知道以下几点：

图18-13 "哇哦视频"在手机端淘宝首页的位置以及板块内的类目

- **深挖商品卖点**。短视频能够让商品全面且直观地展现给消费者，在发布短视频时要围绕商品本身展开，紧抓商品的卖点和功能，从而吸引消费者购买。例如垃圾袋，可以拍出它的容量、承重力等卖点。
- **站在消费者角度**。这点主要是为了让消费者看到视频后产生共鸣，从而在心理上认可商品。因此视频内容要注意消费者的情绪和感受，例如粉底液，可以拍出它的上妆效果或者成分等。
- **创意和格调**。淘宝短视频数不胜数，要在众多视频中脱颖而出，首先封面要有足够的创意，促使消费者打开短视频；再则内容要具有格调，让消费者眼前一亮，从而不断吸引新流量。

在流量十分抢手的背景下，店家们更应该抓住"哇哦视频"这个良好的引流平台，在遵守平台规则的基础上，花费时间和精力制作出消费者喜欢的视频。

18.5 小技巧

技巧1——如何解决手淘排版不美观的问题

手机端淘宝页面的设计、排版有许多规范，大到整个页面排版的呈现方式，小至图片尺寸大小、页面字数、字体大小，都直接影响整个页面的视觉美感和用户的体验。

手机端淘宝页面排版布局对于提高商品详情页转化率、提高商品销售额起着不小的作用，如果页面排版出现错误，不仅会降低消费者的购买欲、降低商品销售额，更加会拉低品牌的形象。所以，店家应了解手淘页面排版技巧，解决手淘排版不美观的问题。

1. 图片尺寸不匹配

多数店家以为淘宝网店的 PC 端和手机端没区别，在给手机端上传图片时直接调用 PC 端的图片，忽略了手机端的实际需求。图片尺寸太大或太小，都会导致在手机上不能清晰显示，影响信息的传达，也影响整个版面的美观。

因此，店家在设计图片时，一定要注意手机端淘宝规范性尺寸，以手机端商品详情页为例，图片尺寸为：480 像素≤宽度≤1242 像素，高度≤1546 像素，但是考虑到展现效果，手机端图片的宽度在 750 像素较好。如果是针对手机端的规范性尺寸压缩图片，一般以通用尺寸进行，若图片宽度在 480 像素≤宽度≤1242 像素，高度≤1546 像素，不做修改，若图片宽度不在这个范围中，则等比压缩至 480 像素≤宽度≤1242 像素，高度≤1546 像素即可。

2. 手机页面字体过小、字数过多

因为手机端淘宝页面的尺寸比 PC 端页面小很多，所以无法和 PC 端一样求精求全。有的店家会通过将字体缩小的方式把 PC 端的内容搬到手机端上，但这样会导致文字过小过多，让页面显得十分拥挤，降低消费者的阅读兴趣，让消费者直接离店。所以，在进行内容处理时，不仅要做到内容精准、字数适中，更要注意字体大小。

在进行商品介绍时，标题长度一般为 1～2 行字，突出核心卖点即可；详情页的字数可根据具体的商品来决定；在字体大小上，通常 12～14 号的字体用于正文，16～18 号的字体用于小标题，而 24～30 号的字体一般用于重点突出的大标题。

3. 出现左右排版、上下留空白的情况

手机端淘宝页面左右排版、上下留空白，往往是因为直接调用 PC 端的排版方式造成的。

因为电脑显示屏宽度大于高度，所以 PC 端详情页可以适当地放一些并排的图文，而不显得局促。但手机屏幕比较小，而且高度大于宽度。如果采用左右排版的方式，会让图片变得很小，导致消费者看不到图片细节，如果图片上有商品卖点、特点的描述性文字，还会影响文字的可读性，导致消费者难以看到关键信息，从而离店。因此，手机端采用上下排版更好。

PC 端的详情页描述一般是比较有设计感的，在制作详情页时经常会出现空白的页面。如果屏幕较小的手机端也采取这样的方式，只会导致页面内容看起来不够完整，布局分散，甚至留白的地方不仅会占用布局空间，还会因为信息分散，分离消费者的视线，找不到重点。因此，手机端淘宝排版尽量让一张图片充满手机屏幕，上下不留空白，把商品的重要信息传达给消费者，给消费者最舒服的购物体验。

4. 手机页面信息量过多

淘宝网 PC 端页面是比手机端页面大许多的，展现出来的内容信息量大、全面，手机端页面比较小，页面展示的内容信息只需简单有层次、突出重点即可。很多店家以为"多就是好"，将 PC 端的文字、图片一个不落地全部搬到手机端上，企图将商品的信息一股脑地展示给消费者。这样不但会让页面显得拥挤、杂乱，还无法突出商品的重要信息，让消费者没有看下去的欲望。

因此，店家在处理页面内容时，要记住三点："要精不要多，要重不要次，要简单不要复杂"。例如某女装类网店在大促之前的店铺首页信息，如图 18-14 所示。

图18-14 某女装店大促前的首页

根据上面的图片,不难看出这家店铺的首页内容设计是非常优秀的。本书的读者也可以根据自己店铺的风格,设计合适的版面,填充精练的信息内容。

技巧2——用好码上淘,推广更便利

码,通常指二维码。它是一种正方形的编码,看上去杂乱无章,实际上蕴含着大量的信息,这些信息可以是任何含义,如网址、字符、图片等。码上淘一般指的是消费者通过扫描或识别二维码,在淘宝上购物、领取福利、了解商品信息、与店家互动等。某服装的商品二维码如图18-15所示。

二维码不仅可以传递商品的基本信息、物流信息、自动连接到店铺或商品页面,还可以通过扫码快速确认收货、评价物流。同时,任何下单的消费者在扫码时将自动被淘宝系统添加为店铺的关注粉丝,若店家设置了优惠券,消费者还可以领取到优惠券,促成下一笔交易。

在店家的码上淘后台中,还可以对扫描二维码的用户信息进行统计分析,帮助店家更有针对性地展开营销活动。

图18-15 为某服装的商品二维码

案例　手淘搜索新玩法

寒羽，17年销售额就过亿的店家，主营生活电器、汽车用品、数码配件类目以及多个冷门小类目。擅长研究电商平台的搜索规则，从而获取免费的搜索流量。以下内容是由寒羽老师分享的手淘搜索的规则和打法。

1. 搜索展示价的概念

在研究好规则的基础上，再去研究打法，实行起来更容易。这一套打法更适合标品类目，即以运营导向型为主的商品。

在讲手淘搜索权重之前，先讲一下搜索展示价权重。因为搜索展示价的权重，是获得手淘搜索核心权重的门槛。只有增加商品搜索展示价的权重，才有机会获得综合排名前几的位置。

那什么是搜索展示价呢？例如，打开手机淘宝搜索关键词，会出现商品和价格，这里显示的价格就是搜索展示价。理论上价格越高，搜索展示价权重越好。但实际上会有一个合理区间值，因为价格高到一定金额就无人问津了。所以我们在操作一个链接时，应该给这个链接设置一个合理的价格区间，否则可能花了大力气做销量，排名却不理想。

如何确定合理的价格区间呢？先准备几部手机，在不登录淘宝账号的形式下，分别搜索你商品类目下的热词和大词，按照综合排序，整理排名前10的商品。再在生意参谋里，把这10个商品添加为竞品关注。根据竞品数据，分析获得手淘搜索流量最高的商品，再看它们的搜索展示价区间。这个区间基本就是你商品类目的热词最佳搜索展示价区间。只要你的商品也在这个价格区间，就拿到了进入手淘综合搜索前几名的门票。

在整理综合排名前10商品时，应去除销量排序因素。因为销量排名高的商品，本身就自带搜索流量。所以把销量很高的商品挑出来，剩下销量排名在前4名之后，但是综合排名非常高的前10商品挑选出来，然后添加到竞品关注。

2. 手淘搜索的核心权重

我认为手淘搜索的核心价值就是曝光价值，即展现价值。曝光价值＝点击率×转化率×客单价。这3个数据共同构成了手淘搜索的核心权重——曝光价值。

先讲客单价权重。去年3月份的拍大单黑搜风波封了很多店铺，很多人认为那是坑产权重。其实不是，那是客单价的权重。因为当时淘宝对客单价没有设置高阈值，你的曝光高，很大原因就是你的客单价权重高了，所以综合排名上去了。

但是，黑搜事件之后，淘宝对客单价权重设置了阈值。如果你的客单价过高，可能拿不到排名，还有降权的风险。而在12月份，淘宝大幅度提升了每个类目客单价的阈值，相应的客单价的权重也大幅提高了。所以之前补销量的行为也受到了限制。

我们给出的应对策略，是在合理范围内尽可能提高搜索成交的客单价，稳住综合排名。比如，单SKU的商品，尽量劝导客户不用优惠券，按照原价成交，提高客单价；多SKU的商品，则让客户拍最贵的商品；特殊类目的商品，可以通过增加商品件数，提高客单价权重。

转化率权重的核心是搜索转化率要稳定高于同行。如果你的商品点击率高，只要补高转化即可；如果点击率一般，则应在保持一定转化率的前提下，再补充搜索点击流量。

点击率权重的核心是确保你的点击率比同行高。当你和同行的位置差不多，关键词也相通，但由于你的流量比同行少，就需要补流量，点击率超过他。

另外，要多关注热词下和你位置相近的商品，分析它们获得流量的强弱。如果比你强，就需要补流量。

3. 手淘搜索的权重分配

明白手淘搜索权重分配的原理，有助于店家后期做类目关键词的布局。

首先，讲一下搜索的基础权重。一个类目的大爆款标题由多个关键词组成。我们随便搜一个关键词，这个链接都会排在前面。哪怕这个关键词之前没有成交过，但因为它是类目大爆款，所以搜索基础权重高。

那搜索的关键词权重是什么呢？每个类目中，综合排名靠前的爆款，都靠关键词权重较量。因为不同关键词的搜索展示价，其门槛和曝光价值权重高低有所不同。而爆款标题覆盖关键词基本一致，所以前几名的排名相差都不大。

如果想要更多流量，就要提高类目大词的曝光；如果想要转化，在流量进来之后，要分析哪些词的成交更多，补一些转化率。但是大词补量不够时，排名和流量方面就会比对手弱。

4. 实时赛马机制

操作综合排名的店家肯定有这种感觉：同一个手机、同一个展示，在每天不同时段搜同一个关键词，展示的排名也有所不同。出现这个现象是因为手淘搜索根据每个小时的曝光价值，对商品的排名进行赛马。因为现在淘宝购物时间越来越碎片化，所以淘宝也特别注重每个小时的曝光价值。对于补销量的店家，要保证每小时都有不错的曝光价值。

这里说一个小技巧：零点赛马机制。针对有条件补销量的店家，可以在每天的0:00—1:00，补一天补单预估量的10%~15%，这样早上的排名比较稳。这也是我们经过多个类目测试，验证确实有效的一个技巧。

店家需要提升的能力很多，其中就包括熟悉淘宝各种免费流量渠道的规则，来获得更多流量和转化。因为淘宝平台的付费流量基本无法直接盈利，要靠付费流量转化出来的商品权重，去获得更多免费流量盈利。店家在明白了各种渠道的规则后，能更清楚地知道如何布局。